Wolfgang Neugebauer
**Der österreichische Widerstand
1938–1945**

Rudolf Geist

WIRD ALLES BALD VORÜBER SEIN

Wird alles bald vorüber sein –
doch heute ist der Tod die Macht:
der holt die Völker in die Schlacht
und sperrt der Menschheit Beste ein,
um sie zu holen in der Nacht.

Fallbeil wartet und der Strick,
die Kugel und der Sturz hinab –
der Moorgrund frißt, es schlingt der Schlick
die Sinkenden ins braune Grab,
und Schweigen folgt, der Zeit Geschick.

Gefängnisse sind übervoll,
Guillotine rastet nicht;
der Erdensohn birgt sein Gesicht
und schreit, und weiß nicht, was er soll,
schon wartet seiner das Gericht.

Die Juden holt man in den Tod,
die wahren Christen mit dazu –
und als der Völker Morgenrot
erstrahlt der Tod; und stumme Ruh
folgt nach der Millionen Tod.

Die Todesgräben, bis zum Rand
mit Hingemähten angefüllt,
in Kowno, Riga – ach ! wie brüllt
sich tot der Wehrlose im Land:
in Schweigen ist es doch gehüllt.

Für dieses Schweigen, stumm und kalt,
wird einmal kein Verschweigen sein;
der Schuldbaum wird zum Schandenwald,
der blüht als Deutschlands grauser Hain
und wirft des Todes Frucht und Pein.

Den Blutigen gehört die Welt –
doch lange nicht! Und sollt' es mein
und dein Geschick auch sein, nach Pein
im Mord zu fallen: er auch fällt !
Wird alles bald vorüber sein !

Der Dichter Rudolf Geist (1900–1957) schrieb dieses prophetische Gedicht 1941 nach 18-monatiger Haft wegen „Vorbereitung zum Hochverrat".

Wolfgang Neugebauer

Der österreichische Widerstand 1938–1945

EDITION **STEINBAUER**
Wien 2008

Dieses Buch entstand mit Unterstützung durch:
Die Kulturabteilung der Stadt Wien, Wissenschafts- und Forschungsförderung
Das Bundesministerium für Wissenschaft und Forschung in Wien

Bibliografische Information der Deutschen Bibliothek
Die Deutsche Bibliothek verzeichnet diese Publikation in der Deutschen Nationalbibliografie; detaillierte bibliografische Daten sind im Internet über http://dnb.ddb.de abrufbar.

Edition Steinbauer
Alle Rechte vorbehalten
© Edition Steinbauer GmbH
Wien 2008
Redaktion: Reingard Grübl-Steinbauer
Druck: Druckerei Theiss GmbH
Printed in Austria

ISBN: 978-3-902494-28-3

Inhalt

9 Einführung
12 Zur Geschichte der Widerstandsforschung
15 Das DÖW und dessen Widerstandsbegriff

18 Österreich und der Nationalsozialismus
21 Repressionsapparat und -maßnahmen des NS-Regimes gegen den Widerstand
21 Die NSDAP und ihre Gliederungen
25 Die Gestapo
27   Folter, Morde und Selbstmorde
29   KZ-Einweisungen
32 Kripo und SD
33 Die NS-Strafjustiz
34   Volksgerichtshof und Besondere Senate der Oberlandesgerichte
39   Sondergerichte und andere NS-Gerichte
41   Haftanstalten, Massaker, Strafeinheiten

45 Ausgangsposition des österreichischen Widerstandes

49 Sozialistischer Widerstand
49 Organisierter Widerstand
60 Individuelle Widerstandshandlungen

66 Kommunistischer Widerstand
66 Politische Orientierung
67 Sozialisten im kommunistischen Widerstand
68 Das Ausmaß des kommunistischen Widerstandes
70 Lokale und regionale Gruppen
73 Zentrale Leitungen
81 Jüdische KommunistInnen und die Rückkehrergruppe aus Frankreich
84 „Tschechische Sektion der KPÖ"
86 Der „Lit-Apparat"
90 Kommunistischer Jugendverband (KJV)
94 FallschirmspringerInnen und deren Unterstützer

- 97 Die Anti-Hitler-Bewegung Österreichs
- 99 Kommunistische Propaganda von Einzelnen
- 102 Rückblick aus heutiger Perspektive

104 Weitere linke Widerstandsgruppen
- 104 Widerstand in Betrieben
- 111 Trotzkisten und andere linke Kleingruppen
- 112 Die Jugendgruppen um Josef Landgraf und Ernst Gabriel (Deutschkreutz)

114 Katholische Kirche im Widerstand
- 116 Widerstand von einzelnen Priestern, Ordensangehörigen und katholischen Laien
- 120 „Blutzeugen des Glaubens"
- 127 Der katholische Widerstand gegen die NS-Euthanasie
- 131 „Hilfsstelle für nichtarische Katholiken"

133 Katholische, konservative und legitimistische Widerstandsgruppen
- 135 Die drei „Österreichischen Freiheitsbewegungen"
  - 135 Gruppe Scholz
  - 136 Gruppe Kastelic
  - 137 Gruppe Lederer
  - 138 Zusammenschluss und Aufdeckung
- 139 Katholisch-konservative Jugendgruppen
- 143 Gruppe Meithner-Kühnl
- 144 Gruppe um Wolfgang Mayer-Gutenau
- 145 Legitimistischer Widerstand
  - 145 Gruppe Burian
  - 146 Gruppe Hebra
  - 146 Gruppe Müller-Thanner
  - 147 „Österreichische Volksfront" (Gruppe Zemljak)
  - 147 „Österreichische Arbeiterpartei" (Gruppe Polly)
  - 148 Gruppe Schramm
  - 148 Gruppe Mahr
  - 149 „Illegale Österreichische Kaisertreue Front"
  - 150 Gruppe um Franz Seywald
  - 150 Verbreitung legitimistischer Flugblätter
- 152 Antifaschistische Freiheitsbewegung Österreichs
- 153 Gruppe um Karl Wanner
- 154 Die Widerstandsgruppe Maier-Messner

156 Christliche Arbeiterbewegung; Karl-Vogelsang-Bund
156 „Österreichische Freiheitsfront" – Gruppe Knoll
157 Zur Rolle des Cartellverbandes (CV)
158 ÖVP im Widerstand entstanden

159 Widerstand weiterer religiöser Gruppen
159 Zeugen Jehovas
162 „Siebenten-Tags-Adventisten Reformbewegung"
164 Tschechischer spiritistischer Zirkel „Libuse"
165 Evangelische Christen

166 Jüdischer Widerstand

174 Exilwiderstand

179 Bewaffneter Widerstand, Partisanenkampf
181 Die „Österreichischen Bataillone" in Slowenien
181 Slowenische Partisanen in Kärnten

185 Widerstand im Militär
185 Verweigerung, Fahnenflucht und Hochverrat
192 Der 20. Juli 1944 und die militärische Widerstandsgruppe um Carl Szokoll

195 Überparteiliche Widerstandsgruppen in der Endphase 1944/45
195 „Freies Österreich"
196 Die Widerstandsgruppe O5
198 Die Tiroler Widerstandsbewegung 1944/45

200 Widerstand in Gefängnissen und Lagern: „Geist der Lagerstraße"?

204 Widerstand von Einzelnen: „Kollektive Systemopposition" – „Resistenz"
204 Regimefeindliche Äußerungen
209 Denunziationen regimefeindlichen Verhaltens
211 Anti-NS-Flugblätter und -Aufschriften
212 „Rundfunkverbrechen"
215 Sabotage
216 Resistenzverhalten
218 Unangepasste Jugendliche: „Schlurfs" und „Swing-Jugend"
220 „Gerechte der Völker": Hilfe für verfolgte Juden

225 Hilfe für Gefangene, Kriegsgefangene und „Fremdarbeiter"
227 Spionage
228 Widerstand gegen die NS-Euthanasie
228   Betroffene und Angehörige
232   Bevölkerung

236 Resümee
236 Größenordnung, Ergebnisse und Bedeutung des Widerstandes
238 Zum Nachkriegsdiskurs

241 Anmerkungen
264 Quellen- und Literaturverzeichnis
275 Abkürzungsverzeichnis
277 Personenverzeichnis
287 Bildnachweis

Einführung

„Dokumentationsarchiv eines in Wirklichkeit doch niemals existent gewesenen österreichischen Widerstandes" – mit diesen Worten verhöhnte 1971 der damals meistgelesene Kolumnist Österreichs „Staberl" in der Kronen-Zeitung sowohl das Dokumentationsarchiv des österreichischen Widerstandes (DÖW) als auch den Widerstand selbst und bediente damit wohl die Vorurteile seiner Leserschaft.[1] In der Zwischenzeit hat die Abwertung des österreichischen Widerstandes eher einer Instrumentalisierung für politische Legitimationszwecke Platz gemacht – worauf noch näher einzugehen ist. Abgesehen vom Sonderfall Kärnten, wo die slowenischen Partisanen von vielen und maßgeblichen Leuten immer noch als „Tito-Kommunisten" und Quasi-Landesverräter diffamiert werden, finden die WiderstandskämpferInnen und der Widerstand inzwischen weithin Anerkennung und lösen kaum noch negative Emotionen aus. Ein deutliches Indiz dafür ist die Tatsache, dass 2007 der langjährige, heftige Widerstand von Kriegsteilnehmern gegen die Seligsprechung des katholischen Kriegsdienstverweigerers Franz Jägerstätter, einer Symbolfigur des österreichischen Widerstandes, nahezu erloschen ist.[2] Selbst die schwarz-blaue Regierung ließ 2005 im Parlament eine Enquete über den österreichischen Widerstand veranstalten.[3]

Der siebzigste Jahrestag des Untergangs von Österreich 1938 und damit des eigentlichen Beginns des österreichischen Widerstandes ist daher ein nahe liegender Anlass, sich mit diesem Thema zu beschäftigen. Die Einladung der Edition Steinbauer, ein Buch über den österreichischen Widerstand zu schreiben, war für mich als langjährigen wissenschaftlichen Leiter des DÖW mehr als verlockend. Ich habe zu dieser Thematik zwar zahlreiche Referate gehalten, kleinere Arbeiten und Beiträge zu Sammelbänden verfasst sowie an umfangreichen Quelleneditionen mitgewirkt, aber bislang keine zusammenfassende Darstellung meiner Kenntnisse vorgelegt; nicht zuletzt deshalb, weil ich mich immer wieder auch mit anderen wichtigen Themen wie z. B. Rechtsextremismus und NS-Euthanasie zu beschäftigen hatte.

Meine wissenschaftliche Arbeit ist in einem hohen Maß durch die spezifische Struktur des DÖW geprägt worden, wo ich seit 1969 tätig und in ein Milieu von ehemaligen WiderstandskämpferInnen und Verfolgten eingebettet bin. Das in den frühen sechziger Jahren entstandene DÖW war keine Schöpfung von Politikern oder Behörden der Republik Österreich, mit der die offizielle Auffassung von Österreich als erstem Opfer des Nationalsozialismus („Opfertheorie") unter Beweis gestellt werden sollte. Im Gegenteil, das DÖW entsprang ausschließlich der Initiative Betroffener: Es waren ehemalige WiderstandskämpferInnen, KZ-Häftlinge, aus dem Exil Zurückgekehrte, die sich unter der Leitung von Herbert Steiner zu gemeinsamer

Arbeit zusammenfanden. Sie hatten das Anliegen, ihre schmerzlichen Erfahrungen in Widerstand und Verfolgung zu dokumentieren und an die heranwachsenden Generationen weiterzugeben, damit niemals wieder die Gefahr von Faschismus, Rassismus und Unmenschlichkeit heraufbeschworen werde. Mit einem hohen Maß an Idealismus wurden die fehlenden Mittel wettzumachen versucht. Am Anfang gab es keine hauptberuflich Beschäftigte, der Kreis der MitarbeiterInnen und Vorstandsmitglieder bestand ursprünglich fast ausschließlich aus ehemaligen Verfolgten und WiderstandskämpferInnen, die sich – meist als PensionistInnen – ehrenamtlich zur Verfügung stellten. Bis heute sind Charakter und Tätigkeit des DÖW von dieser Gründergeneration geprägt. Das DÖW ist daher kein totes Archiv, wo nur Akten, Bücher und dergleichen verwaltet werden. Es ist eine lebendige Einrichtung, wo die Vergangenheit auch durch die von den MitarbeiterInnen eingebrachten Erfahrungen vermittelt wird. Lange bevor Oral History als geschichtswissenschaftliche Methode aufkam, fand die Weitergabe mündlich überlieferter Geschichte in der täglichen Praxis des DÖW statt: durch unzählige Gespräche am Arbeitsplatz, in Kaffeepausen, bei Arbeitsbesprechungen, bei Veranstaltungen und Vorstandssitzungen. Bei Anfragen von BenützerInnen, bei wissenschaftlichen Arbeiten, Ausstellungen u. dgl. floss automatisch das persönliche Wissen der MitarbeiterInnen ein, und von diesem Erfahrungsschatz habe ich auch persönlich stets profitiert.

Die Vielfalt der Erfahrungen dieser Gründergeneration führte dazu, dass weder in den Arbeiten des DÖW noch in meinen eigenen eine enge Beschränkung auf den politisch organisierten Widerstand und die Verfolgung der politischen GegnerInnen stattfand und auch keine politische Verengung oder Einseitigkeit zum Tragen kam, sondern alle Formen des Widerstands und der NS-Verfolgung zu dokumentieren versucht wurden. Im Gegensatz zu den von rechtsextremer und FPÖ-Seite immer wieder vorgebrachten Verdächtigungen „kommunistisch" oder „linksextrem" herrscht(e) im DÖW ein Geist der Offenheit und des Pluralismus, der sich nicht nur in der überparteilichen Zusammensetzung des Vorstands, sondern auch in der inhaltlichen Arbeit des DÖW niederschlug. Obwohl ich selbst einen klar deklarierten politischen Standort habe, habe ich mich in meiner Arbeit (und auch in diesem Buch) stets bemüht, der Überparteilichkeit des DÖW Rechnung zu tragen.

Der breit angelegte Widerstandsbegriff des DÖW, auf den noch näher einzugehen ist, wurde auch der vorliegenden Publikation zugrunde gelegt. Das heißt, es werden nicht nur alle Gruppen und Strömungen des Widerstandes, bis hin zu dissidenten politischen und religiösen Kleingruppen, berücksichtigt, sondern auch die verschiedenen, über den engeren politischen Bereich hinaus gehenden Formen von Widerstand und Opposition behandelt.

Quantität und Qualität des Widerstandes, der Einsatz, das Risiko und der Mut der WiderstandskämpferInnen können m. E. nur dann entsprechend eingeschätzt werden, wenn auch der Repressionsapparat und die Verfolgungsmaßnahmen in vollem Ausmaß sichtbar gemacht werden. Daher war es notwendig, im Zusammenhang mit dem Widerstand auch die Gestapo, die NS-Justiz, die Konzentrationslager u. a. Verfolgungsinstanzen darzustellen, wobei ich mich bemüht habe, neue Forschungsergebnisse zu den Opfern der NS-Justiz sowie der politischen und rassistischen Verfolgung einfließen zu lassen.

Vor diesem Hintergrund des NS-Terrors, aber auch der nationalsozialistischen Durchdringung breiter Bevölkerungsteile wird ein Überblick über die Gruppierungen und Formen des österreichischen Widerstandes gegen das NS-Regime von 1938 bis 1945 gegeben. Der Bogen spannt sich von sozialistischen und kommunistischen Organisationen über den Widerstand aus dem christlichen, konservativen und monarchistischem Lager, über überparteiliche Gruppen wie etwa „O5", den Partisanenkampf insbesondere der Kärntner Slowenen und Widerstand im Militär (Desertionen, Aktionen am 20. Juli 1944 und im April/Mai 1945) und in KZ bis hin zu den von unzähligen Einzelpersonen gesetzten Widerstandshandlungen („heimtückische" Äußerungen, „Schwarzhören", nonkonformistisches Jugendverhalten, Hilfe für Juden und andere Verfolgte). Ergebnisse und Stellenwert des Widerstands werden auch in Zusammenhang mit dem von den Alliierten in der Moskauer Deklaration 1943 geforderten „eigenen Beitrag" Österreichs zu seiner Befreiung behandelt. Um nicht in einer Organisations- und Deliktsbeschreibung stehen zu bleiben, schien es mir sinnvoll, einige herausragende Persönlichkeiten des österreichischen Widerstandes, wie z. B. Karl Roman Scholz, Franz Jägerstätter oder Herbert Eichholzer, mit biographischen Skizzen hervor zu heben. Darüber hinaus habe ich zahlreiche kurze biographische Angaben zu WiderstandskämpferInnen gemacht, um den Gruppen und Formen des Widerstandes auch ein menschliches Gesicht zu geben. Die Ungerechtigkeit, dass viele andere WiderstandskämpferInnen nicht angeführt werden können, musste in Kauf genommen werden. Einen Schwerpunkt in der Darstellung habe ich im – bislang wenig bekannten – Widerstand gegen die NS-Euthanasie gesetzt. Zur Veranschaulichung der Darstellung werden zahlreiche wichtige Dokumente – zumindest auszugsweise – wiedergegeben.

Der Rahmen dieser Publikation ermöglichte es nicht, sämtliche Aspekte der Thematik ausreichend zu behandeln. So konnte ich die geographische Dimension des österreichischen Widerstandes nur wenig ausleuchten und verweise diesbezüglich auf die vorliegenden Dokumenteneditionen des DÖW zu Widerstand und Verfolgung in sechs österreichischen Bundesländern.[4] Auch auf die zahlreichen Widerstandsaktivitäten und -gruppen der zu hunderttausenden nach Österreich verschleppten ZwangsarbeiterInnen, Kriegsgefangener und anderer Ausländer bin ich nur in Zusammenhang mit österreichischem Widerstand eingegangen. Ausgeklammert habe ich aus verschiedenen Gründen die Zeit 1933/34 bis 1938 bzw. den in diesen Jahren von verschiedenen politischen Gruppierungen geleisteten Widerstand, die eine eigene Publikation erfordern.⁵ Bei der Darstellung der einzelnen Widerstandsgruppen bzw. -kämpferInnen erfolgte allerdings aus Verständnisgründen vielfach ein Rückblick auf die Zeit vor 1938. Auf Grund mangelnder Vorarbeiten und der Komplexität der Thematik bin ich auch nicht näher auf die psycho-sozialen Voraussetzungen des Widerstandes eingegangen.

Ich bedanke mich bei allen, die mir bei der Abfassung der Arbeit behilflich waren, insbesondere bei den MitarbeiterInnen des DÖW, namentlich bei den Archivarinnen Dr. Elisabeth Klamper und Dr. Ursula Schwarz, bei den Bibliothekaren Willi Skalda und Mag. Stephan Roth sowie bei der wissenschaftlichen Leiterin Univ. Doz. Mag. Dr. Brigitte Bailer, die mir die Benützung der Infrastruktur des DÖW ermöglicht. Die von der DÖW-Mitarbeiterin Dr. Christa Mehany zusammengestellte, im Internet zugängliche, umfangreiche biographische Sammlung zur Erkennungsdienstlichen Kartei der Gestapo Wien war mir eine nützliche und viel zitierte Hilfe. Dem Wiener Stadt- und Landesarchiv und seinem Direktor Univ. Prof. Dr. Ferdinand Opll bin ich für die Großzügigkeit bei der Auswertung dieser Gestapofotos dankbar. Last but not least danke ich dem Verlag, der mir die Möglichkeit zur Publikation eröffnete und diese vorbildlich betreute.

Zur Geschichte der Widerstandsforschung

In der von den Außenministern der drei Alliierten – USA, Großbritannien, Sowjetunion – am 1. November 1943 veröffentlichten Moskauer Deklaration wurde in dem auf Österreich bezogenen Passus die Wiederherstellung eines „freien unabhängigen Österreich" versprochen, gleichzeitig aber auch ein eigener Beitrag zur Befreiung („own contribution of her liberation") gefordert, der bei der „endgültigen Abrechnung", also einem Friedens- oder Staatsvertrag, berücksichtigt werden sollte. Bei den im Jänner 1947 in London beginnenden Staatsvertragsverhandlungen verlangten die Alliierten tatsächlich den Nachweis des „eigenen Beitrags" der Österreicher zu ihrer Befreiung, und die österreichische Delegation legte am 8. Februar 1947 ein ergänzendes Dokument zu ihrem bereits überreichten Memorandum vor.⁶ Schon zuvor hatte im Hinblick auf diese Verhandlungen im Auftrag der Bundesregierung ein eifriges Recherchieren der österreichischen Behörden nach Dokumenten, Unterlagen und Informationen zu Widerstand und Verfolgung eingesetzt, um diesen Nachweis erbringen zu können – es war im Grunde die erste grobe Aufarbeitung des österreichischen Widerstandes gegen das NS-Regime. Die damals gesammelten Unterlagen liegen im Österreichischen Staatsarchiv (bzw. in Kopie im DÖW) und bilden bis heute eine wichtige, wenn auch nicht unproblematische Quelle für Forschungen und Publikationen in diesem Bereich. Auf der Grundlage dieser Dokumente wurde 1946 von der Bundesregierung das „Rot-Weiß-Rot-Buch" herausgegeben.[7] Dem ersten Band folgte freilich kein weiterer, weil das politisch-gesellschaftliche Leben im Nachkriegsösterreich nicht von den WiderstandskämpferInnen und NS-Opfern dominiert wurde, sondern von der Generation der Kriegsteilnehmer und ehemaligen Nationalsozialisten. Diese Bevölkerungsgruppe, die ungleich größer war als die der Verfolgten und WiderstandskämpferInnen, wurde von den beiden Großparteien als Wähler und Mitglieder umworben und nach einer kurzen Phase der Entnazifizierung wieder in das politisch-gesellschaftliche Leben Österreichs integriert.[8] Da die „Ehemaligen" naturgemäß wenig bis gar kein Verständnis für den Widerstand hatten – Eidbrecher, Verräter oder Kameradenmörder waren (und sind) gängige Bezeichnung für Widerstandskämpfer[9] – war die Beschäftigung mit dem Widerstand, das Hervorheben oder gar die Ehrung und Würdigung dieses Personenkreises – politisch nicht mehr opportun. Bis Ende der fünfziger Jahre gab es in Österreich keine Publikation zu diesem Thema. Diese Tabuisierung betraf allerdings nicht nur den Widerstand, sondern erstreckte sich im Grunde auf die gesamte Zeitgeschichte – Forschung wie Schulbildung.[10]

Der auch in Österreich sich auswirkende Kalte Krieg zwischen den ehemaligen Alliierten prägte die ersten, durchaus wichtigen Publikationen von Otto Molden 1958, der den kommunistischen Widerstand aus Gründen des Antikommunismus exkludierte[11], und von Hermann Mitteräcker 1963, der den kommunistischen Widerstand in den Vordergrund stellte[12]. Die erste eingehende wissenschaftliche Beschäftigung mit dem Widerstand erfolgte in der ersten Hälfte der sechziger Jahre. In zwei verschiedenen, aber personell verflochtenen Projekten wurde versucht, den österreichischen Widerstand gegen das NS-Regime aufzuarbeiten, wobei bei beiden Projekten die NS-Justizakten die wichtigste Quelle für die Dokumentation und Darstellung des Widerstandes, aber nicht eigentlicher Gegenstand der Forschungen sein sollten.

Das eine Projekt wurde 1962 von der österreichischen Bundesregierung gestartet und sollte bis zu den 20-Jahr-Feiern der Wiedererrichtung Österreichs 1965 die „Herausgabe einer geschichtlichen Darstellung über den Beitrag Österreichs zu seiner Befreiung im Sinne der Moskauer Deklaration" bewerkstelligen.[13] Mit der Bearbeitung wurde (der spätere erste Ordinarius für Zeitgeschichte an der Universität Wien) Ludwig Jedlicka beauftragt, der u. a. Karl Stadler, den nachmaligen ersten Professor für Zeitgeschichte an der Universität Linz, und den Leiter des 1963 gegründeten DÖW Herbert Steiner, also die Pioniere der österreichischen Zeitgeschichteforschung, als Mitarbeiter heranzog.[14] Von Anfang an stützte sich diese Arbeit auf die Akten der NS-Justiz, soweit sie damals greifbar waren, während die Einsichtnahme in die Gestapoakten zwar zugesagt, aber nicht ermöglicht wurde. Die

Frage der Namensnennung der in den Akten vorkommenden Personen führte zu Diskussionen und schließlich zur Entscheidung, in dem geplanten Buch nur die Initialen anzuführen. Der maßgeblich mitwirkende Justizminister Christian Broda erklärte in einem vom 20. 7. 1965 datierenden Brief an den gleichfalls involvierten Außenminister Bruno Kreisky:[15]

„Im Ministerkomitee wurde die Frage mit meiner ausdrücklichen Zustimmung dahin entschieden, dass nur die Initialen und nicht die voll ausgeschriebenen Namen gedruckt werden sollen. Es ist dies nicht eine Frage des Schutzes der damals beteiligten Gerichtspersonen (bis auf eine einzige Ausnahme kommt kein derzeit im aktiven österreichischen Justizdienst tätiger Richter bzw. Staatsanwalt vor)[16], sondern eine Frage des Persönlichkeitsschutzes für Angeklagte und Zeugen."

Aus jahrzehntelanger Erfahrung im Umgang mit betroffenen WiderstandskämpferInnen weiß ich, dass diese Einschätzung nicht zutrifft. Im Unterschied zu den durch ihre Mitwirkung belasteten NS-Justizjuristen hatten die von diesen verurteilten Personen im Allgemeinen kein Interesse, ihre – aus heutiger Sicht durchaus ehrenvolle – Widerstandstätigkeit zu verheimlichen; ganz im Gegenteil: viele haben sich später bemüht, ihre Widerstands- und Verfolgungsgeschichte zu veröffentlichen, bzw. treten als ZeitzeugInnen in der Öffentlichkeit in Erscheinung.[17]

Jedenfalls wurden diese Überlegungen und Diskussionen bald hinfällig. Das Ende der großen Koalition von ÖVP und SPÖ im Frühjahr 1966 führte auch zum defacto-Ende dieses mit großem Aufwand vorbereiteten und weit gediehenen Projekts. In der neuen ÖVP-Alleinregierung gab es offenbar wenig Interesse an diesem Vorhaben, und mangels finanzieller Unterstützung konnte die geplante Publikation nicht herausgegeben werden.[18] Da das Projekt nicht offiziell eingestellt worden war, wurden die nun in beträchtlicher Zahl vorliegenden NS-Justizdokumente nicht bzw. erst viel später der Forschung zugänglich gemacht.[19]

Zeitlich parallel zu dem Regierungsprojekt wurde, großteils vom gleichen Personenkreis, ein Publikationsvorhaben über den österreichischen Widerstand vorbereitet, und zwar die Reihe „Das einsame Gewissen" in dem – politisch eher rechts stehenden – Herold-Verlag des Verlegers Willi Lorenz.[20] Protegiert von den Ministern Broda und Kreisky und finanziert von dem sozialdemokratisch dominierten Theodor-Körner-Stiftungsfonds wurden von Karl Stadler, Maria Szecsi und Ludwig Jedlicka Publikationen zum Thema österreichischer Widerstand und NS-Justiz vorbereitet. In dem 1962 von Szecsi/Stadler vorgelegten Werk „Die NS-Justiz in Österreich und ihre Opfer"[21] sind viele Erkenntnisse, etwa zu den Opferzahlen, aus heutiger Sicht überholt. Noch bedenklicher erscheinen die von Gerhard Oberkofler dokumentierten politischen Eingriffe von Broda und Kreisky in das in Entstehung begriffene Werk. So wurde der Teil über den kommunistischen Widerstand auf Verlangen der Politiker um ein Viertel gekürzt. Nach Kenntnisnahme des Erstmanuskripts hatte Christian Broda am 13. Februar 1961 in einem Brief an Maria Szecsi die Streichung der „Namen der Richter bzw. der einzelnen Senate" gefordert und am 11. März nochmals kategorisch erklärt": „Die Namen der Richter im Text müssten jedenfalls eliminiert werden." Kreisky empfahl, kommunistische Publikationen der Gegenwart „nicht als Quellen zu verwenden". Es ist evident, dass diesen massiven Interventionen Rechnung getragen worden ist. Insbesondere an der Weglassung der Namen der NS-Justizfunktionäre setzte bald heftige Kritik ein, als deren Wortführer, der einstige kommunistische Widerstandskämpfer und Mitkämpfer Stadlers und Brodas in den 1930er Jahren, Eduard Rabofsky, in Erscheinung trat.[22]

In der Reihe „Das einsame Gewissen" folgten noch Publikationen von Ludwig Jedlicka zum 20. Juli 1944 (1965) und von Karl Stadler über Österreich 1938–1945 (1966)[23] sowie weitere in unserem Zusammenhang nicht relevante Bände; eine geplante Publikation über den Betriebswiderstand kam nicht zustande. Die Zusammenarbeit zwischen Willi Lorenz und den Ministern Kreisky und Broda bzw. dem Theodor Körner-Stiftungsfonds wurde von sozialdemokratischer Seite beendet, als der Herold Verlag eine Festschrift zum 50. Geburtstag des zu dieser Zeit heftig umstrittenen Otto Habsburg herausgab.[24] Jedenfalls sind diese ersten Projekte, die den Widerstand und die NS-Justiz wissenschaftlich bearbeiteten, nicht zuletzt infolge politischer Faktoren in Ansätzen stecken geblieben.

Das DÖW und dessen Widerstandsbegriff

Erst nach der Gründung des Dokumentationsarchivs des österreichischen Widerstandes 1963 und der Schaffung universitärer Zeitgeschichteinstitute ab 1965 wurde die Widerstandsforschung in Österreich breiter und systematischer betrieben.[25] In den neu geschaffenen Zeitgeschichteinstituten und -abteilungen der Universitäten Wien, Linz, Graz, Salzburg, Klagenfurt und Innsbruck entstanden zahlreiche einschlägige Diplomarbeiten und Dissertationen. 1970 begann der Autor des vorliegenden Buches im Rahmen des DÖW mit dem Projekt „Widerstand und Verfolgung in Wien", das 1975 mit einer dreibändigen Dokumentation abgeschlossen wurde und dem gleich gelagerte Projekte für weitere Bundesländer folgten. Im Zuge dieser wissenschaftlichen Projekte wurden erstmals, unter nicht geringen Schwierigkeiten (Archivsperren, Datenschutz), die damals greifbaren NS-Justizakten, insbesondere die Verfahren vor den Besonderen Senaten des OLG Wien und der verschiedenen Sondergerichte[26], gesichtet, teilweise kopiert und als wichtigste Quellengrundlage für die Dokumentation des Widerstands und der daraus resultierenden Verfolgung verwendet.

Durch die pluralistische, staats- und parteiunabhängige Konstruktion des DÖW sind von Anfang an politisch motivierte Einengungen der Widerstandsforschung (wie in der BRD und DDR, in Ansätzen auch in Österreich) unterblieben und das gesamte politische Spektrum des österreichischen Widerstandes, aber auch schon sehr früh die verschiedenen Formen nichtorganisierten Widerstandes und Oppositionsverhaltens archiviert und aufgearbeitet worden. Das DÖW orientierte sich dabei an dem von Karl Stadler formulierten breiten Widerstandsbegriff: „Angesichts des totalen Gehorsamkeitsanspruches der Machthaber und der auf seine Verletzung drohenden Sanktionen muss jegliche Opposition im Dritten Reich als Widerstandshandlung gewertet werden – auch wenn es sich nur um einen vereinzelten Versuch handelt, anständig zu bleiben'."[27] Die im Opferfürsorgegesetz vorgenommene Beschränkung des Opfer- und Widerstandsbegriffs auf „Opfer des Kampfes für eine freies, demokratisches Österreich [...], die um ein unabhängiges, demokratisches und seiner geschichtlichen Aufgabe bewusstes Österreich, insbesondere gegen Ideen und Ziele des Nationalsozialismus, mit der Waffe in der Hand gekämpft oder sich rückhaltlos in Wort oder Tat dafür eingesetzt haben", konnte keine Grundlage für die Widerstandsforschung bilden, denn damit wären weite Teil des österreichischen Widerstandes, z. B. der religiös motivierte oder die lebensgefährliche Hilfe für verfolgte Juden, von vornherein ausgeklammert worden.

In der Reihe „Widerstand und Verfolgung" sind bislang 13 umfangreiche Bände über Wien, Burgenland, Oberösterreich, Tirol, Niederösterreich und Salzburg veröffentlicht worden, an denen zahlreiche ZeitgeschichtlerInnen österreichischer Universitäten sowie regionale HistorikerInnen mitgewirkt und wichtige Beiträge zur Widerstandsforschung geliefert haben. Fragen der Abgrenzung von Widerstand und Opposition zu „asozialen" Verhaltensweisen und Kriminalität werden in den Einleitungen zu diesen Bänden behandelt; darauf sowie auf Methoden- und Theorieprobleme der Widerstandsforschung kann in diesem Rahmen nicht weiter eingegangen werden und nur auf einschlägige Arbeiten verwiesen werden.[28]

Nicht zuletzt die systematische Aufarbeitung der Quellen des Widerstandes – insbesondere der Gestapo- und Gerichtsakte – durch das DÖW ermöglichte dem in den USA wirkenden Historiker Radomir Luza, selbst Widerstandskämpfer in Tschechien, eine umfassende, übersichtliche und durchaus beeindruckende Gesamtdarstellung des österreichischen Widerstandes, die allerdings durch ihre begriffliche Einschränkung große Teile des (nichtorganisierten) Widerstandes ausklammerte und deren Ergebnisse heute teilweise korrektur- und ergänzungsbedürftig sind.[29] In Ablehnung des in der deutschen und österreichischen Forschung weithin verwendeten breiten Widerstandsbegriffs versteht Luza den Widerstand als ‚politisch bewusste, vornehmlich konspirativ organisierte Aktivität', beschränkt sich also auf die ‚Widerstandsbewegung' und schließt den nichtorganisierten Widerstand und Oppositionsverhalten aus.³⁰ Diese verengte Sichtweise führt u. a. dazu, dass Schwester Restituta und Franz Jägerstätter, zwei Leitfiguren des katholischen Widerstands, nur wenige Zeilen gewidmet sind oder Ella Lingens, die wegen Hilfeleistung für verfolgte Juden nach Auschwitz kam und als „Gerechte der Völker" ausgezeichnet wurde, überhaupt nicht vorkommt.

Im Zuge der durch den Fall Waldheim heraufbeschworenen zeitgeschichtlichen Kontroversen in den späten 1980er Jahren hat sich eine kritischere Sicht auf das Verhalten der Österreicher in der NS-Zeit ergeben. Insbesondere die Involvierung der Österreicher in den Nationalsozialismus und dessen Verbrechen, die so genannte Mittäterschaft, wurde in der Öffentlichkeit zuerst von Literaten, dann auch von Historikern thematisiert und hat zu einem gewissen Umdenken geführt. Marksteine dieser Entwicklung waren die Rede Bundeskanzler Vranitzkys im Nationalrat mit dem Eingeständnis der Mitverantwortung der Österreicher (1991), die Schaffung des Nationalfonds für Opfer des Nationalsozialismus (1995) und die Zwangsarbeiterentschädigung (2001). In überzogenen Interpretationen ist dieser an sich begrüßenswerte Erkenntnisprozess manchmal mit einer Abwertung des österreichischen Widerstandes einhergegangen. Jedenfalls ist das einseitige In-den-Vordergrund-Stellen und Hochstilisieren des Widerstandes zu politischen Legitimationszwecken obsolet geworden. Ich verhehle allerdings nicht, dass ich auch das andere Extrem – Leugnung oder Bagatellisierung des Widerstandes – für wissenschaftlich nicht vertretbar und gegenüber den Umgekommenen und Überlebenden menschlich für nicht gerecht halte. Für die Widerstandsforschung hat es vielmehr um eine Einbettung des Widerstands in einen politisch-gesellschaftlichen Gesamtzusammenhang und um sachliche Darstellung der Fakten zu gehen.

Ausgelöst von der Waldheim-Kontroverse hat sich in den letzten zwei Jahrzehnten ein Paradigmenwechsel im politischen und zeitgeschichtlichen Diskurs vollzogen, in dessen Verlauf eine Verlagerung des Forschungsinteresses zu Holocaust, KZ-Forschung, ‚Arisierung', NS-Euthanasie und NS-Täter bzw. zu damit zusammenhängenden Nachkriegsproblemen erfolgte und eine nicht zu leugnende Stagnation in der Widerstandsforschung eintrat. Neuere Arbeiten, darunter viele biographische Studien, beziehen sich vor allem auf den Widerstand der Zeugen Jehovas und der katholischen Kirche, die sich nun im Zuge von Heilig- und Seligsprechungsverfahren (Sr. Restituta, Franz Jägerstätter, P. Jakob Gapp, Pfarrer Otto Neururer u. a.) ihrer – lange verdrängten – Märtyrer in der NS-Zeit annimmt, sowie auf den kommunistischen Widerstand und den 20. Juli 1944. Die von der Bundesregierung initiierte, 1995 unter Beteiligung von Zeitzeugen und ZeithistorikerInnen durchgeführte Enquete über den österreichischen Widerstand machte sichtbar, dass immer noch große Defizite und Lücken in der Widerstandsforschung bestehen.³¹

Österreich und der Nationalsozialismus

Zur Beurteilung des Verhältnisses Österreicher – Nationalsozialismus ist die Einschätzung der Ereignisse vom März 1938 von großer Bedeutung; damals fanden zwei wesentliche Vorgänge gleichzeitig statt:
a) eine revolutionäre Machtergreifung der österreichischen Nationalsozialisten in Wien und in den Bundesländern, bedingt durch den unter deutschem Druck zustande gekommenen Zusammenbruch des Schuschnigg-Regimes, und
b) eine militärische Okkupation durch das Deutsche Reich und die Annexion an Hitlerdeutschland.

Auch in den folgenden sieben Jahren existierten diese beiden Faktoren – österreichischer Nationalsozialismus, deutsche Fremdherrschaft – nebeneinander, wobei m. E. dem äußeren Faktor der weitaus größere Stellenwert zukam. Jedenfalls ist es aber unzutreffend, Österreich ausschließlich als Opfer der Hitlerschen Aggressionspolitik anzusehen. Der Staat Österreich war zwar Opfer und mit ihm nicht wenige Österreicher, vor allem Juden, Roma, Behinderte aber auch politisch Andersdenkende; die Österreicher als Volk waren aber nicht nur Opfer. Denn: Der Nationalsozialismus war zweifellos auch eine bodenständige österreichische politische Bewegung mit weit zurückreichenden Traditionen. Der österreichische Nationalsozialismus war kein Ableger der deutschen, sondern eine eigenständige, erst seit 1933 von Deutschland kontrollierte Partei, die sich sogar in der Zeit ihrer Unterdrückung 1933–1938 als illegale Bewegung behaupten konnte. 1943, am Höhepunkt ihrer Macht, wies die NSDAP ca. 700 000 Parteimitglieder auf, d. h. sie war eine Großpartei vom Umfang der heutigen ÖVP oder SPÖ, zugleich auch eine „Volkspartei", die, wenn auch nicht gleichermaßen, in allen Schichten der Bevölkerung verankert war. Von Relevanz war auch die Tatsache, dass die NSDAP – sowohl in der „Verbotszeit" 1933–1938 als auch nach der Machtübernahme 1938 – offenbar eine besondere Anziehungskraft auf Jugendliche ausstrahlte. Freilich ist bei der „Attraktivität" des Nationalsozialismus zu berücksichtigen, dass die NSDAP eine allein regierende Staatspartei war, der anzugehören Vorteile insbesondere im Berufs- und Wirtschaftleben mit sich brachte – in einem weit höheren Maße als dies heute bei Regierungsparteien der Fall ist.

Es ist daher meines Erachtens nicht angemessen, Österreich als „besetztes" Land auf die gleiche Stufe zu stellen wie tatsächlich im Krieg besetzte Länder wie z. B. Frankreich, Niederlande oder Norwegen. Auch der Begriff „Kollaboration" – die Zusammenarbeit von Okkupanten und Teilen der Bevölkerung des okkupierten Landes –, der etwa für die Quisling-Anhänger in Norwegen oder das Vichy-Regime in

Frankreich durchaus zutreffend war, ist angesichts der Stärke und Bodenständigkeit des österreichischen Nationalsozialismus für die Verhältnisse in Österreich nicht adäquat. Anderseits aber kann Österreich – damals „Ostmark" bzw. später die sieben Alpen- und Donaugaue – auch nicht als x-beliebiger Teil des Deutschen Reiches wie Bayern oder Sachsen angesehen werden, denn zu groß waren die österreichischen Spezifika. Insbesondere im Widerstand zeigten sich die nahezu völlige Separierung von Deutschland und die Eigenständigkeit Österreichs. Diese Zwitterstellung Österreichs hängt nicht zuletzt mit der im Wandel begriffenen nationalen Identität, dem Prozess der Herausbildung einer eigenständigen österreichischen Nation zusammen, der durch NS-Herrschaft, Widerstand und Befreiung beschleunigt wurde, aber 1945 noch keineswegs zum Abschluss gekommen war, wie das Weiterleben starker deutschnationaler Strömungen zeigte.

Im März 1938 haben hunderttausende Österreicher Hitler und den einmarschierenden deutschen Truppen zugejubelt, und zumindest 1938/39/40, als der Nationalsozialismus mit der Überwindung der Massenarbeitslosigkeit, in der Außenpolitik und in den „Blitzkriegen" gewisse Erfolge aufwies, gab es eine weit über die Parteimitglieder hinausgehende Identifizierung mit dem System. Der Krieg mit all seinen Schrecken und Leiden dämpfte zwar die Begeisterung für den Nationalsozialismus, doch ca. 1,2 Millionen Österreicher waren in die deutschen Streitkräfte eingezogen (davon 280 000 Gefallene und Vermisste), und viele, deren Angehörige an der Front waren, betrachteten – psychologisch verständlich – die Sache Hitlerdeutschlands als die eigene. Den April/Mai 1945 empfanden daher nicht wenige, auch Nicht-Nationalsozialisten, nicht als Befreiung, sondern als Niederlage, als „Zusammenbruch". Diese weit verbreitete Einstellung, von einflussreichen, mitgliederstarken Veteranenverbänden gepflegt, sollte weit in die Zweite Republik hineinwirken und wirkte als Hemmschuh sowohl für den Widerstand als auch für dessen Rezeption nach 1945.

Was nicht übersehen werden kann und soll, ist die Tatsache, dass Österreicher zum Teil in führenden Positionen an den Verbrechen des NS-Regimes beteiligt waren. Zehntausende Österreicher profitierten von der Enteignung jüdischen Vermögens, allein in Wien wurden über 60 000 jüdische Wohnungen „arisiert".[32] Die österreichischen bzw. Wiener Nationalsozialisten traten nach dem „Umbruch" 1938 in besonders aggressiver Weise gegen die Juden auf, die antijüdischen Gesetze, Anweisungen und Maßnahmen wurden in kürzester Zeit durchgezogen und neue, effiziente Methoden der Entrechtung, Enteignung und Vertreibung der Juden entwickelt. Die Ursachen für diese lange Zeit verdrängten Aspekte sind m. E. nicht in einer besonderen Disposition der Österreicher, einem faschistisch-rassistischen Nationalcharakter oder angeborenen „eliminatorischen Antisemitismus" zu sehen, sondern hängen mit der spezifischen Entwicklung des österreichischen Nationalsozialismus zusammen. Im Unterschied zu ihren reichsdeutschen Parteigenossen, die sich ab 1933 in der Bürokratie, in der Wirtschaft, im Parteiapparat u. a. gesellschaftlichen Bereichen etablieren konnten, waren die österreichischen Nazis bis zum März 1938 politisch Verfolgte und mussten für ihre illegale Tätigkeit auch Nachteile in Kauf nehmen. Nicht wenige Aktivisten waren als Putschisten oder Terroristen ins „Reich" geflüchtet, wo sie in der Österreichischen Legion, in der SS und anderen NS-Organisationen die Abrechnung mit ihren Gegnern vorbereiteten. Diese Nazis kamen, wie Hitler es Schuschnigg im Februar 1938 angedroht hatte, in der Rolle der Rache nehmenden und Beute holenden Sieger nach Österreich zurück. In ähnlicher Weise hatten sich bei den im Lande tätigen Illegalen Hassgefühle und Rachedenken aufgestaut, die nach der „Machtergreifung" hemmungs- und skrupellos ausgelebt werden konnten. Die Opfer dieser politischen Abrechnung waren neben bekannten politischen Gegnern – „Vaterländischen" wie Linken – von Anfang an und primär die Juden.[33] Judenhatz musste nicht von oben, von den Deutschen angeordnet werden; dieser alltägliche Antisemitismus wurde von österreichischen Nazis getragen, und auch viele Nichtparteimitglieder machten mit oder profitierten davon. In dem in Österreich errichteten Terror- und Repressionsapparat fanden viele radikale österreichische Nazis Aufnahme und machten „Karriere".

Repressionsapparat und -maßnahmen des NS-Regimes gegen den Widerstand

Die Herrschaft des Nationalsozialismus beruhte keineswegs nur auf Terror und Unterdrückung; Faktoren wie Propaganda, Indoktrination oder die von Gerhard Botz so genannte „negative Sozialpolitik"[34], also eine gewaltsame rassistische Umverteilung von Vermögen, Arbeitsplätzen, Wohnungen der vertriebenen und ermordeten Juden („Arisierung") zugunsten „arischer Volksgenossen", führten zu einer breiten Partizipation der Bevölkerung. Auch das NS-Terrorsystem war nicht auf den staatlichen Repressionsapparat, auf Polizei, Justiz und Verwaltung, beschränkt, sondern wurde von der gesamten, Staat und Gesellschaft immer stärker durchdringenden NS-Bewegung und darüber hinaus von Teilen der Bevölkerung mitgetragen. Die wesentlichen Bestandteile und Dimensionen des Terrorsystems waren auch in Österreich:[35]

- die NSDAP und ihre Gliederungen
- der Polizei- und SS-Apparat mit der Gestapo als Kern
- damit in Zusammenhang das KZ- und Lagersystem bzw. die Deportations- und Vernichtungsmaschinerie
- die Justiz, vor allem die Strafjustiz, aber auch die Erbgesundheitsgerichte und u. U. auch Zivilgerichte
- verschiedene Teile des Gesundheitswesens, die für Erfassung und Selektion, Zwangssterilisierung, Euthanasie oder Lagereinweisung von als „minderwertig" qualifizierten Menschen zuständig waren
- andere Teile der Verwaltung wie Landräte oder Finanzbehörden, die an Vermögensentziehungen bei Juden u. a. mitwirkten.

(Auf die beiden letzteren Bereiche wird im Hinblick auf die Thematik der Publikation nicht eingegangen.)

Die NSDAP und ihre Gliederungen

Von Anfang an konnten sich die reichsdeutschen Sicherheitsbehörden in ihrer Tätigkeit auf österreichische Nationalsozialisten stützen, die aus eigenem Antrieb schon während des „Umsturzes" am 11. März 1938 mit der Festnahme von bekannten Nazigegnern begonnen hatten und nicht selten blutig mit ihnen abrechneten. In diesem Zusammenhang ist besonders auf die „Selbstmorde" von General Wilhelm

Zehner und Vizekanzler a. D. Emil Fey hinzuweisen.[36] Der „spontane" Terror der einheimischen Nazis nahm zeitweise solche Ausmaße und Formen an, dass er von der politischen Führung, die an einer kontrollierten Vorgangsweise interessiert war, eingebremst werden musste. So beschwerte sich Sipo-Chef Reinhard Heydrich schon am 17. März 1938 beim Wiener Gauleiter Bürckel, dass „Angehörige der Partei in den letzten Tagen in großem Umfange in völlig undisziplinierter Weise sich Übergriffe erlaubt" hätten; für ein solches „eigenmächtiges Vorgehen" bestünde keinerlei Grund, da die Gestapo „mit dem Einmarsch der Truppen sofort ihre Tätigkeit aufgenommen" habe. Heydrich kündigte „gegen solches verbrecherisches Treiben" ein Einschreiten mit den „schärfsten Mitteln" und „schonungsloser Strenge" an und schob nach außen hin Kommunisten die Schuld in die Schuhe.[37]

Vor allem die pogromartigen Ausschreitungen gegen die Juden mit dem Höhepunkt Novemberpogrom 1938 waren das Werk einheimischer Nationalsozialisten.[38] Aufgrund der negativen Reaktionen im Ausland und des wirtschaftlichen Schadens wurden Repression, Terror und Verfolgung den zuständigen staatlichen Organen vorbehalten; die Partei und ihre Gliederungen spielten dabei nur mehr eine untergeordnete Rolle, etwa als Denunzianten oder Zuträger für Gestapo und SD. Nicht unterschätzt werden darf aber die Kontrollfunktion der überall im Lande vorhandenen Funktionäre der NS-Bewegung, die auch präventiv gegen potentielle GegnerInnen wirkte.[39]

Der Großteil der Denunziationen ging von Angehörigen der NS-Bewegung aus. Ein Beispiel mit tödlichem Ausgang ist das Schicksal des Schuhmachergehilfen Franz Rehmann (geb. 25. 12. 1891) aus Brunn am Gebirge, der wegen „bedenklichen Verkehrs mit ausländischen Arbeitern und Verdachts der kommunistischen Betätigung" am 29. 9. 1942 von der Gestapo Wien festgenommen wurde und am 10. 3. 1943 in Auschwitz umkam. Diesem Vorgang lag die Anzeige des politischen Leiters der NSDAP-Ortsgruppe „Tryhel", Perchtoldsdorf, vom 20. 6. 1942 zugrunde:

„Seit längerer Zeit beobachte ich, dass der mit mir bei der Atzgersdorfer Schuhfabrik M. Weber u. Co. als Zuschneider beschäftigte Rehmann Franz […] sowohl im Betrieb wie außerhalb eine Haltung an den Tag legt, nach der man begründeterweise annehmen kann, dass dieser ein Mitglied der KP ist, was auch seiner Vergangenheit entsprechen würde. Bei allen Vorfällen im Betrieb schaltet sich Rehmann, ohne eine Funktion zu haben, ein, was immer hinter dem Rücken der dafür in Betracht kommenden Vertrauensleute oder DAF[Deutsche Arbeitsfront]-Walter geschieht, und gibt geheime Weisungen aus, die immer zu Unruhen führen. […] Um meine Beobachtungen auch außerhalb bestätigt zu finden, ließ ich Rehmann seit einiger Zeit von einem Gewährsmann überwachen, der mir berichtete, dass sich dieser täglich in einer Tabaktrafik in Brunn, Gattringerstraße, mit von früher her bekannten

KP[lern] trifft, um dann in dem gegenüberliegenden Stadel eines Bauernanwesens Versammlungen abzuhalten. […] Da Rehmann in den nächsten Tagen auf Urlaub kommt, wäre Ihr raschestes Eingreifen in diesem Falle notwendig."[40]

Nicht weniger gefährlich für die Betroffenen waren die von NSDAP-Stellen gelieferten „Politische Beurteilungen", die, von Verfolgungsinstanzen angefordert, in der Regel gehässige Einschätzungen politisch Andersdenkender enthielten und die Verfolgung durch Gestapo und Gerichte begünstigten. Als Beispiel sei der Christlichsoziale Rudolf Niessner (geb. 18. 4. 1890), ein Beamter der Städtischen Leichenbestattung in Wien, angeführt. Er war bereits ab Oktober 1938 drei Monate in Haft, weil er sich „in abfälliger Weise über die deutsche Rechtsfindung, die Behandlung der Judenfrage und über die Sudetendeutschen geäußert hatte". Als Wehrmachtsangehöriger wurde er am 10. 11. 1944 wegen „Wehrkraftzersetzung" verurteilt und befand sich bis Ende April 1945 in Haft. Die Ortsgruppe Niederhof hatte im Zuge des Verfahrens am 28. 8. 1944 folgende politische Beurteilung abgegeben:

„Verhalten in der Verbotszeit: War Mitglied der Christlichsozialen Partei und später VF bis zum Umbruch und dürfte für die Bestrebungen der NS-Bewegung wenig Interesse gehabt haben.

Gegenwärtiges Verhalten: Anhänger der Kirche u. Miesmacher.

Spendenbeteiligung: Opfersonntag 1 RM. […]

Gutachten des Ortsgruppenleiters:

Der umstehend genannte Vg. [Volksgenosse] scheint häufig davon Gebrauch zu machen, gegen die Bestrebungen des 3. Reiches zu sprechen und verweisen wir auf den Bericht der Ortsgruppe vom 4. Juli 1941. Soviel dem Zellenleiter bekannt ist, war Vg. N. wegen politischen Äußerungen gegen die Weltanschauung im Jahre 1938 inhaftiert. Es dürfte sich erübrigen, weitere Angaben im gleichen Sinne zu machen."[41]

Der ehemalige (sozialdemokratische) Bürgermeister von Günselsdorf, Anton Rauch, (geb.12. 7. 1894) wurde in einem Schreiben der NSDAP/Kreispersonalamt Baden bei Wien an die Gestapo-Außenstelle Wiener Neustadt vom 9. 10. 1941 folgendermaßen beurteilt:

„Rauch Anton ist in Blumau als politisch unverlässlich bekannt. Er ist vermutlich der führende Mann einer ganzen Schar von Leuten, die sich als Gegner des Nationalsozialismus um ihn scharen. Bis zum Verbot der sozialdemokratischen Partei war er Bürgermeister der Gemeinde Günselsdorf und damit auch das Haupt der roten Hochburg Blumau mit ihrem Völkergemisch, das sich bis heute erhalten hat und für staatsfeindliche Umtriebe einen guten Nährboden abgibt.

Rauch wurde seinerzeit wegen Abhörens ausländischer Sender eingezogen. Er ist Radioamateur und hat früher auch mit Radioapparaten gehandelt. Es besteht kein Zweifel darüber, dass er auch gegenwärtig die feindlichen Sender abhört, doch ist es sehr schwer, ihn dabei in seiner für solche Zwecke sehr günstig gelegenen Wohnung zu ertappen."

Die NS-Beurteilung als entschiedener Gegner des NS-Regimes hat gewiss dazu beigetragen, dass Rauch am 21. 5. 1942 wegen „Wehrkraftzersetzung" zu 10 Monaten Gefängnis verurteilt wurde; seine Ehefrau Maria Rauch (geb. 20. 7. 1901) wurde wegen „heimtückischer Äußerungen" zu sieben Monaten Gefängnis verurteilt.[42]

Ein letztes Mal trat die Partei in der Endphase des Regimes im April und Mai 1945 als Terrorinstrument in besonderer Weise in Erscheinung, als Gau-, Kreis- und Ortsgruppenleiter vielfach als treibende Kräfte bei Massakern an Häftlingen und bei Standgerichten gegen WiderstandskämpferInnen, Deserteure und andere „Verräter" fungierten bzw. Zerstörungen im Sinne von Hitlers „Nerobefehl" vom 19. 3. 1945 anordneten.[43] In der Zeitgeschichte hat sich dafür der Ausdruck „Endphasenverbrechen" eingebürgert. Auf die größten Massaker – im Zuchthaus Stein an der Donau im April 1945 – wird noch im Zusammenhang mit der NS-Justiz eingegangen; festzuhalten ist hier, dass die Ermordung hunderter Justizhäftlinge durch Angehörige der NSDAP und der SA – ohne ausdrücklichen Befehl einer höheren Stelle – erfolgte[44]. In Oberösterreich ging es dem NSDAP-Gauleiter Eigruber darum, die Führungsschichten gegnerischer politischer Gruppen auszuschalten, damit keine aufbauwilligen Kräfte nach dem Zusammenbruch vorhanden sein sollten. So wurden auf sein Geheiß zahlreiche oberösterreichische Häftlinge, unter ihnen Richard Bernaschek, der sozialdemokratische Anführer vom Februar 1934, noch Ende April 1945 im KZ Mauthausen ermordet.[45] Auch einzelne fanatische Nationalsozialisten schreckten vor Zerstörungen und Morden im letzten Augenblick nicht zurück. Als die Rote Armee bereits im Osten Wiens kämpfte, erschoss der Chemieprofessor an der Universität Wien, Dr. Jörn Lange, am 6. 4. 1945, die beiden Universitätsassistenten Dr. Kurt Horeischy und Dr. Hans Vollmar, Angehörige einer linken Widerstandsgruppe, die ihn an der Zerstörung eines wertvollen Elektronenmikroskops hindern wollten.[46] Das von lokalen Parteifunktionären während eines „Festes" von Graf und Gräfin Batthyany auf Schloss Rechnitz initiierte und durchgeführte Massaker an 170 ungarischen Juden am 24. März 1945[47] zeigte, dass Morde nicht von oben anbefohlen werden mussten, dass nicht Gehorsam, „Pflichterfüllung" oder „Befehlsnotstand" maßgeblich waren, sondern eine zum tiefsten Wesen des Nationalsozialismus gehörende Kultur der Gewalt und des Terrors.

Die Gestapo

Der staatliche NS-Terrorapparat hatte zwei Hauptbestandteile:
1. den von Gesetzen und rechtsstaatlichen Prinzipien weitgehend unbeschränkten SS- und Polizeikomplex (mit der Gestapo als schärfste Waffe) und
2. den durch überkommene rechtliche Normen und gesetzliche Bindungen schwerfälligen und im Sinne des NS-Regimes weniger effizienten Justizapparat, der trotz Durchdringung mit NS-Vorstellungen und terroristischer Radikalisierung in seiner Bedeutung gegenüber dem Polizeiapparat zurückging.

Durch die „Wiedervereinigung" Österreichs mit dem Deutschen Reich war – der NS-Rechtsauffassung zufolge – die Polizeihoheit des Bundes und der Bundesländer auf das Reich übergegangen. Die österreichische Polizei unterstand nun unmittelbar dem Reichsführer SS und Chef der deutschen Polizei im Reichsministerium des Innern, Heinrich Himmler, und wurde sofort in das deutsche Organisationsschema übergeführt. Der mit der Bearbeitung aller Polizeiagenden beauftragte Führer der österreichischen SS, Ernst Kaltenbrunner bildete eine Abteilung Ordnungspolizei (uniformierte Polizei: Schutzpolizei, Gendarmerie, Gemeindevollzugspolizei) und eine Abteilung Sicherheitspolizei (Geheime Staatspolizei und Kriminalpolizei) mit je einem Inspekteur an der Spitze. Nach Bildung der neuen Reichsgaue und Fortfall des Reichsstatthalters in Österreich (Österreichische Landesregierung) und damit auch des Staatssekretärs für das Sicherheitswesen nahmen je ein Höherer SS- und Polizeiführer in den beiden „ostmärkischen" Wehrkreisen XVII (Wien) und XVIII (Salzburg) Kaltenbrunners Funktion wahr.[48]

Im Zusammenhang mit NS-Terror gegen WiderstandskämpferInnen interessiert vor allem die Sicherheitspolizei (Gestapo und Kripo), die mit dem SD der SS verbunden war, während die Ordnungspolizei (Schutzpolizei, Gendarmerie) lediglich Hilfsfunktionen für Gestapo und Kripo ausübte. Die Gestapo war auch in Österreich das wichtigste und schlagkräftigste Instrument des NS-Regimes. Die Leitstelle Wien, mit über 900 von 2000 Beamten die wichtigste Gestapoeinheit in Österreich (bzw. nach dem zentralen Gestapa in Berlin die größte im gesamten Deutschen Reich), wurde am 15. März 1938 von Sipo- und SD-Chef Heydrich im Auftrag des Reichsführers SS Himmler etabliert. Mit Erlass Himmlers vom 18. März wurden die Staatspolizeileitstelle Wien sowie Staatspolizeistellen in Graz, Linz, Salzburg, Klagenfurt, Innsbruck und Eisenstadt errichtet. 1939 wurde eine Anpassung an die neue Reichsgaueinteilung vorgenommen, wobei hier auf die mehrfachen Änderungen in der Organisation, die dem Gestapa bzw. RSHA entsprach, nicht eingegangen werden kann[49].

Leiter der Stapoleitstelle Wien vom März 1938 bis Dezember 1944 war SS-Brigadeführer Franz Josef Huber, später auch Inspekteur der Sipo und des SD. Der Bayer

Sitz der Gestapoleitstelle Wien im ehemaligen Hotel Metropol am Morzinplatz

hatte durch seine von der Münchener Polizei herrührende Bekanntschaft mit dem Chef des Gestapa bzw. des Amtes IV (Gestapo) im RSHA Heinrich Müller beste Beziehungen zu Berlin; darüber hinaus hatte er als Stellvertreter des Höheren SS- und Polizeiführers im Wehrkreis XVII und des Reichsverteidigungskommissars Baldur von Schirach, als Inspekteur der Grenzpolizei in den Wehrkreisen XVII und XVIII sowie formell auch Leiter der für Vertreibung und Deportation der österreichischen Juden zuständigen Zentralstelle für jüdische Auswanderung in Wien weitere wichtige Funktionen inne.[50] Als „graue Eminenz" galt der Stellvertreter von Huber und Leiter des Judenreferats, Dr. Karl Ebner, ein aus Südtirol stammender, vormals dem CV angehörender österreichischer Polizeijurist. Wie andere hohe NS-Funktionäre betrieb Ebner eine persönliche Überlebensstrategie für die „Zeit danach", eine „Rückversicherung", indem er gezielt Häftlingen aus dem CV-Bereich und wichtigen Personen, wie z. B. dem wegen seiner jüdischen Ehefrau in Schwierigkeiten befindlichen Schauspieler Hans Moser, behilflich war. Nicht zuletzt die Zeugenaussagen dieser Personen bewahrten Ebner später vor einem Todesurteil.[51]

Die Hauptarbeit in Bezug auf den politischen Widerstand wurde vom Referat „Linksbewegung" geleistet, dem die Verfolgung der Sozialisten, Kommunisten und anderer Linker oblag. Bis Ende 1943 erfolgten 6300 Festnahmen von kommunistischen Parteigängern durch die Stapoleitstelle Wien.[52] Unternehmer schalteten die Gestapo skrupellos in Arbeitskonflikte ein, und unbotmäßige Arbeitnehmer wurden staatspolizeilich behandelt,[53] d. h. verwarnt, inhaftiert, misshandelt, in KZ oder an die Front geschickt. Im Laufe des Krieges wurden in zunehmendem Maße die zu Hunderttausenden in der Kriegswirtschaft eingesetzten Kriegsgefangenen, Fremdarbeiter und Zwangsarbeiter zu bevorzugten Gestapoopfern. Wegen geringfügiger Delikte (wie Zuspätkommen zur Arbeit, unerlaubte Entfernung vom Arbeitsplatz etc.) erfolgten Einweisungen in KZ und Arbeitslager.[54] Hinrichtungen von Polen und Ostarbeitern wegen „verbotenen Umgangs" mit deutschen (österreichischen) Frauen vollzog die Gestapo – ohne gesetzliche Grundlage – vor den Augen der Bevölkerung.[55]

Die in der neueren wissenschaftlichen Literatur vorgebrachte Kritik am „Mythos Gestapo"[56] teile ich im Lichte meiner jahrzehntelangen Beschäftigung mit der Verfolgung von WiderstandskämpferInnen und Oppositionellen nur partiell. Es trifft zu, dass der Gestapo mit ihrem – im Vergleich zur Stasi der DDR – relativ kleinen Apparat nicht jene Allmächtigkeit und Allgegenwärtigkeit zukam, die ihr vom Regime wie von Gegnern zugeschrieben wurde, und in ihrer Arbeit auf die Mitwirkung von „Partei- und Volksgenossen" angewiesen war. Die Denunziationen beschränkten sich jedoch im Wesentlichen auf den so genannten „kleinen Widerstand", auf „heimtückische Äußerungen" und „Wehrkraftzersetzung", „Rundfunkverbrechen" und Wirtschaftsdelikte; sie kamen so gut wie nicht im Bereich des organisierten politischen Widerstandes vor. Die kommunistischen Betriebsgruppen fielen nicht der (durchaus möglichen) Denunziation von BetriebskollegInnen zum Opfer, und ebenso verhielt es sich im Milieu des katholisch-konservativ-legitimistischen Widerstandes und des bäuerlichen Resistenzverhaltens. Im Hinblick auf die weit reichenden Interpretationen scheint es mir wichtig zu klären, wer die DenunziantInnen waren; denn es macht einen qualitativen Unterschied aus, ob diese sozusagen einen Querschnitt durch die Bevölkerung darstellten und damit deren Identifikation mit dem Terrorregime zum Ausdruck kam oder ob es sich in hohem Maße ohnehin um NS-Parteigänger handelte. Hinsichtlich antijüdischer Denunziationen liegt die Nachkriegsangabe des stellvertretenden Wiener Gestapochefs Ebner vor, wonach diese zu 50 % von der Partei, zu 25 % von anderen Dienststellen und zu 25 % von Privatpersonen stammten.[57] Heimo Halbrainer hat für die Steiermark heraus gearbeitet, dass 48 % der DenunziantInnen „aus primär systemloyalen Einstellungen heraus Anzeigen" erstatteten und nur 28 % waren nicht Mitglieder der NSDAP.[58] Das heißt, die Denunzianten waren in ihrer übergroßen Mehrheit nicht einfache „Volksgenossen", sondern „Parteigenossen". Ich halte es daher für weit überzogen und jedenfalls für Österreich unzutreffend, aus einer angeblich oder tatsächlich hohen Denunziationsbereitschaft der Bevölkerung den Schluss zu ziehen, dass man beim NS-Regime nicht mehr von einem Regime oder einer Diktatur, sondern von einem „nationalsozialistischen Volksstaat" sprechen müsse – so der Historiker Götz Aly bei der Wiener Präsentation des Buches von Eric A. Johnson über die Gestapo in Krefeld und Köln.[59]

Folter, Morde und Selbstmorde

Der tendenziell relativierende Begriff „Mythos Gestapo" darf nicht übersehen lassen, dass Effektivität und Effizienz der Gestapotätigkeit, die „Erfolgsquote", sehr hoch waren: Nicht nur tausende verbale Regimegegner wurden ausgeforscht, auch der Großteil des organisierten Widerstandes wurde – zumindest bis 1943/44 – zerschlagen. Diese Erfolge verdankte die Gestapo durchaus traditionellen Polizeimethoden, insbesondere den in totalitären Diktaturen üblichen Praktiken. Wie aus zahlreichen Zeitzeugenberichten, aber auch aus den Volksgerichtsverfahren gegen Gestapobeamte hervorgeht, war die Tätigkeit der Gestapo durch äußerste Brutalität gekennzeichnet. Misshandlungen, Folterungen der Häftlinge zwecks Erzielung von Geständnissen, terroristische Bestrafung waren nicht Ausnahme, sondern die Regel.[60] Der Schriftsteller Jean Amery, 1943 in Belgien selbst Folteropfer der Gestapo, schrieb, dass „die Tortur kein Akzidens war, sondern seine Essenz. […] Gerade in ihr habe sich das Dritte Reich in seiner ganzen Bestandsdichte verwirklicht.[61]

Von den zahlreichen in den Fängen der Gestapo umgekommenen Menschen seien an dieser Stelle nur zwei Widerstandskämpfer herausgehoben: Der Wiener Straßenbahnschaffner Franz Kokta (geb. 24. 9. 1895), der kommunistische Parteigelder zur Aufbewahrung übernommen hatte, wurde am 3. 12. 1941 festgenommen und starb am 13. 1. 1942 in der Haft. Der Drechslergehilfe Franz Rouca (geb. 31. 8. 1884) aus Wien wurde am 6. 4. 1943 wegen kommunistischer Betätigung in Gestapohaft genommen, weil er den Moskauer Sender abgehört hatte, und kam zwölf Tage später ums Leben.[62]

Nicht wenige gefolterte oder von Verhaftung bedrohte Häftlinge setzten ihrem Leben selbst ein Ende – nicht nur um weiteren Folterungen zu entgehen, sondern auch um MitkämpferInnen nicht Preis geben zu müssen. Der kommunistische Widerstandskämpfer Josef Fohringer, ein 1899 geborener Schlossergehilfe, wusste, was auf ihn zukam, als er am 31. 10. 1941 von der Gestapo Wien verhaftet wurde, denn er war zuvor schon mehrfach in Haft, u. a. 1939/40 im KZ Buchenwald. Über sein tragisches Ende gibt der Tagesbericht der Gestapo Wien vom 31. 10.–1. 11. 1941 Auskunft:

„Während der Haussuchung in der Wohnung des Fohringer bat dieser die einschreitenden Beamten den am Hausgange befindlichen Abort zur Verrichtung seiner Notdurft aufsuchen zu dürfen. Beim Betreten des Abortes versetzte Fohringer dem begleitenden Beamten einen Stoß gegen die Brust, so dass dieser zurücktaumelte und Fohringer die Aborttür zuschlagen und von innen verriegeln konnte. Trotzdem die Aborttür von dem Beamten sofort gewaltsam erbrochen wurde, war es Fohringer bereits gelungen, durch das Abortfenster zu schlüpfen und sich drei Stockwerke tief in den Hof seines Wohnhauses zu stürzen. Bei dem Sturz hat Fohringer einen Schädelgrundbruch und innere Verletzungen erlitten, die sofort seinen Tod herbeiführten."[63]

Auch der Eisenbahner Leopold Tischer (geb. 5. 9. 1893), der am 19. 1. 1942 wegen Betätigung für die KPÖ festgenommen worden war, kam nach wenigen Tagen, am 24. 1. 1942, in der Gestapohaft um. In der Sterbeurkunde ist „Tod durch Erhängen, Selbsttötung" angeführt.[64]

In bestimmten Fällen konnte die Gestapo ohne jedes Gerichtsverfahren „Hinrichtungen" durchführen, z. B. an polnischen Fremdarbeitern, die sich mit deutschen/österreichischen Frauen eingelassen hatten.[65] Auch zahlreiche verhaftete Angehörige der so genannten „Tschechischen Sektion" der KPÖ wurden auf Anordnung Himmlers von der Gestapo in das KZ Mauthausen gebracht und dort ohne gerichtliches Verfahren erschossen.[66]

Bei der Gestapo waren aber nicht nur (in schwarzen Mänteln daherkommende) primitive Schläger am Werk, sondern auch erfahrene, hochintelligente Geheimdienstexperten, um die sich nach 1945 alliierte Nachrichtendienste bemühten. Gegen den politisch organisierten Widerstand kamen vor allem (bezahlte) „V-Leute" (Spitzel) und Agents provocateurs zum Einsatz, die von einem eigenen Referat IV N geleitet wurden. So wurden die großen Gruppen des kommunistischen, sozialistischen und katholisch-konservativen Widerstandes hauptsächlich durch drei „V-Männer" – den 1945 flüchtigen Kurt Koppel/„Ossi", den nicht identifizierten „Edi" und den 1947 zu lebenslanger Haft verurteilten Burgschauspieler Otto Hartmann – aufgerollt.[67] Besonders „erfolgreich" operierte der für die Bekämpfung der Fallschirmagenten zuständige Gestapobeamte Johann Sanitzer. Durch brutale Folterungen konnte er zahlreiche Agenten insbesondere aus dem kommunistischen Bereich „umdrehen" und zu „Funkspielen" mit ihren Auftraggebern im Ausland zwingen, wobei vor allem Desinformationen über militärische Verhältnisse gefunkt wurden. Neu eintreffende Fallschirmspringer wurden meist unmittelbar nach der Landung oder nach einer Zeit der Observation gemeinsam mit ihren Kontaktleuten verhaftet.[68]

KZ-Einweisungen

Sein volles Ausmaß erreichte der von der Gestapo u. a. ausgeübte Terror erst durch das Zusammenwirken mit der Einrichtung der KZ, also den staatliche Zwangsarbeits-, z. T. auch Vernichtungslagern, in die die Gestapo Häftlinge ohne (Gerichts-) Verfahren aufgrund eines beim Geheimen Staatspolizeiamt (Gestapa) bzw. (ab 1939) Reichssicherheitshauptamt (RSHA) in Berlin beantragten Schutzhaftbefehles einweisen konnte.

Mit dieser KZ-Einweisungskompetenz hatte die Gestapo gegenüber der Justiz die Priorität bei der Verfolgung. Nach welchen Kriterien bei der Gestapo entschieden wurde, wer an die Justiz zur strafrechtlichen Aburteilung überstellt und wer mit Schutzhaftbefehl in ein KZ gebracht wurde, ist nicht eindeutig nachvollziehbar. Zum Einen war auch ein nicht geringes Maß an Willkür vorhanden, zum Anderen gab es bestimmte Gründe, eine KZ-Einweisung vorzuziehen, z. B. im Falle von Fallschirmagenten, von „umgedrehten" Häftlingen, die noch gebraucht wurden, oder wo man meinte, dass zwar ein Verdacht staatsfeindlicher Tätigkeit gegeben war, aber die Beweislage für ein Gerichtsverfahren zu dürftig war. Dazu kam die große Zahl der aus präventiven Gründen 1938/39 verhafteten politische GegnerInnen bzw. von höherer Stelle (Himmler, RSHA) angeordneten großflächigen Verhaftungsaktionen. Juden wurden mit der 13. Verordnung zum Reichsbürgergesetz vom 1. Juli 1943 der Justiz entzogen und dem SS- und Polizeiapparat überantwortet[69]; das bedeutete, dass ab diesem Zeitpunkt jüdische WiderstandskämpferInnen nach der „Behandlung" durch die Gestapo generell in KZ deportiert wurden. Von dieser Regelung waren etwa die meisten Angehörigen der weit verzweigten kommunistischen Widerstandsgruppe betroffen, die 1942/43 aus Frankreich nach Österreich zurückgekehrt waren. So wurde der 1911 geborene Spanienkämpfer Walter Greif, der mit gefälschten Papieren als französischer Zivilarbeiter getarnt im November 1942 im Auftrag der Auslandsleitung der KPÖ nach Wien gekommen war, am 28. 8. 1943 von der Gestapo Wien verhaftet, nach Auschwitz deportiert und dort laut Zeugenaussagen erschossen.[70]

In den zu Tausenden ausgestellten Schutzhaftbefehlen genügt der bloße Verdacht „staatsfeindlicher" Haltung als Grund für KZ-Einweisung. So heißt es z. B. in dem Schutzhaftbefehl des Gestapa Berlin vom 5. 1. 1940 gegen den RS-Funktionär Franz Heigelmayr, einen 1895 geborenen Krankenkassenangestellten, der bereits 1934 bis 1938 aus politischen Gründen mehrere Monate inhaftiert gewesen war: „Er gefährdet nach dem Ergebnis der staatspolizeilichen Feststellungen durch sein Verhalten den Bestand und die Sicherheit des Volkes und Staates, indem er der Betätigung für die RS und damit der Vorbereitung zum Hochverrat dringend verdächtig ist."[71]

Beim derzeitigen Wissensstand können noch keine präzisen Aussagen gemacht werden, wie viele ÖsterreicherInnen aus politischen Gründen in KZ eingeliefert wurden und wie viele umkamen bzw. überlebten. Ein von DÖW und Vogelsang-Institut durchgeführtes Großprojekt zur namentlichen Erfassung der Opfer politischer Verfolgung ist derzeit im Gange. Jedenfalls ist schon jetzt ersichtlich, dass ein nicht geringer Prozentsatz der KZ-Häftlinge starb bzw. ermordet wurde, wobei die Todesquote in den einzelnen KZ eine unterschiedliche war. Als Beispiele seien einige wenige Widerstandskämpfer herausgegriffen:

Der 1890 geborene Eisenbahner Josef Brenner, der schon 1934 wegen Beteiligung an den Februarkämpfen mit 6 Monaten Kerker bestraft worden war und nach 1938 als Kassier der KP-Zelle am Wiener Nordbahnhof sowie Verbindungsmann zur KP-Bezirksorganisation fungierte, wurde am 2. 12. 1941 von der Gestapo Wien festgenommen und nach seiner Überstellung in das KZ Mauthausen am 16. 7. 1942 erschossen. Der 1895 geborene Schaffner Albert Dlabaja vom Straßenbahn-Betriebsbahnhof Favoriten, der für die KPÖ und die Rote Hilfe tätig war, wurde 1939 von der Gestapo Wien verhaftet und am 16. 4. 1941 im KZ Flossenbürg ermordet. Otto Wehofschitz (geb. 20. 5. 1912), Werkmann in der Eisenbahnhauptwerkstätte Simmering, wurde als Funktionär der KPÖ im Dezember 1941 festgenommen, am 14. 7. 1942 in das KZ Mauthausen überstellt und dort am 16. 7. 1942 erschossen.[72]

Nicht wenige KZ-Häftlinge überlebten die Befreiung nur kurz. So starb der 1904 geborene Handelsgehilfe Josef Pürrer, Angehöriger einer kommunistischen Widerstandsgruppe in Kottingbrunn, der 1941 wegen „Vorbereitung zum Hochverrat" zu 3 Jahren 6 Monaten Zuchthaus verurteilt worden war und in das KZ Dachau gebracht wurde, einen Monat nach der Befreiung, am 28. 5. 1945 in Kufstein.[73]

Die meisten 1938/39 Inhaftierten aus dem katholisch-konservativen Bereich, u. a. die nachmaligen ÖVP-Politiker Ing. Leopold Figl und Dr. Fritz Bock, wurden – unter strengen Auflagen – freigelassen, um vielfach später im Zuge von Widerstandshandlungen wieder inhaftiert zu werden. Auch zahlreiche inhaftierte Sozialisten, darunter der erwähnte Franz Heigelmayr oder der spätere Verkehrsminister Otto Probst, wurden in dieser Zeit aus dem KZ entlassen und meistens zur Wehrmacht eingezogen. Kommunistische AktivistInnen blieben in der Regel bis zum Ende der NS-Herrschaft in Haft; lediglich kommunistische Häftlinge mit jüdischer Herkunft konnten bis 1939 aus dem KZ entlassen werden, sofern sie Einreisegenehmigungen von anderen Staaten bekommen hatten.

Zahlreiche Häftlinge fielen der „Aktion 1413" zum Opfer, einer von Himmler angeordneten Säuberungsaktion gegen politisch missliebige bzw. kranke, nicht mehr arbeitsfähige Häftlinge der KZ, die in Euthanasieanstalten wie Hartheim oder Bernburg durchgeführt wurde.[74] So wurde etwa der 1891 geborene Eisendrehergehilfe Josef Gruber, der am Spanischen Bürgerkrieg auf Seiten der Republik teilgenommen hatte, im Zuge der Aktion „14f13" am 6. 2. 1942 in der Euthanasieanstalt Schloss Hartheim ermordet. Der Spanienkämpfer Johann Strasser (geb. 20. 9. 1892), gleichfalls im KZ Dachau inhaftiert, wurde am 2. 3. 1942 nach Hartheim überstellt und am 16. 4. 1942 in Dachau als „verstorben an Herz-Kreislaufversagen bei Lungenentzündun" registriert.[75]

Um sicherzustellen, dass Häftlinge, die nach der Anzeige an das Gericht überstellt wurden, nicht nach einer milden Verurteilung oder nach Freispruch frei gingen, wurde in den meisten Fällen von der Gestapo ein so genannter Rücküberstellungsantrag an die Justiz gestellt. Im Falle einer Freilassung musste der Häftling wieder der Gestapo zur Verfügung gestellt werden, die in vielen Fällen eine KZ-Einweisung verfügte. So wurde der 1904 geborene Autolackierer Gottfried Bevelaqua, der an seinem Arbeitsplatz, den Saurer-Werken in Wien-Simmering, eine „Rote-Hilfe-Sammelaktion zur Unterstützung der Angehörigen eines inhaftierten Kommunisten eingeleitet" hatte und am 16. 6. 1943 von der Anklage wegen „Vorbereitung zum Hochverrat" vom OLG Wien frei gesprochen worden war, an die Gestapo Wien rücküberstellt und bis Kriegsende im KZ Dachau inhaftiert. Der 1903 geborene Bürodiener Franz Josef Mika, am 23. 6. 1941 wegen Betätigung für die KPÖ festgenommen und am 23. 7. 1942 wegen „Vorbereitung zum Hochverrat" zu 3 Jahren Zuchthaus verurteilt, wurde im Zuge eines solchen Rücküberstellungsverfahrens nach der Strafverbüßung am 10. 9. 1944 in das KZ Dachau, dann in das KZ Natzweiler/Kommando Leonberg und schließlich am 11. 3. 1945 in das KZ Bergen-Belsen überstellt, wo er umkam. Der Rechtsanwalt Adolf Leischner (geb. 24. 12. 1882) aus Wien wurde wegen „fortgesetzten Verkehrs mit Juden" (Übernahme von Wertgegenständen zur Aufbewahrung bzw. an Zahlungs statt) am 2. 3. 1942 von der Gestapo Wien festgenommen und am 26. 9. 1942 zu 8 Monaten Gefängnis verurteilt. Nach der Strafverbüßung wurde er in das KZ Buchenwald überstellt.[76]

Darüber hinaus unterhielt die Gestapo eigene Lager bzw. Gefängnisse wie z. B. Reichenau bei Innsbruck, die Kleine Festung in Theresienstadt oder das Arbeitserziehungslager Oberlanzendorf.[77] Über mehrere zehntausend politische und „rassische" GegnerInnen, aber auch „Asoziale", Kriminelle, Homosexuelle u. a. sowie – bei geringsten Verstößen – ausländische ZwangsarbeiterInnen wurde in Österreich „Schutzhaft" verhängt.[78]

Kripo und SD

Der Staatlichen Kriminalpolizei (Kripo) fiel die Bekämpfung des „nichtpolitischen Verbrechertums" zu. Da dies mit Methoden geschah, die mit rechtsstaatlichen Grundsätzen unvereinbar sind, muss auch die Kripo als Bestandteil des NS-Terrorapparates angesehen werden. In diesem Zusammenhang ist besonders auf die Terrorjustiz – Todesurteile und Hinrichtungen wegen Bagatelldelikten – hinzuweisen, für die die Kriminalpolizei die Vorarbeit leistete. Im Rahmen der „Asozialenbekämpfung" war der Kriminalpolizeileitstelle Wien auch die „Bekämpfung der Zigeunerplage" übertragen; ihr unterstand das Ende 1940 errichtete KZ-artige „Zigeunerlager" Lackenbach im Burgenland, von dem aus die Deportationen nach Litzmannstadt (Lodz), Auschwitz und anderen Lagern erfolgten. Letztlich unterschied sich das Schicksal der von der Kripo behandelten Roma nicht von dem der Juden.[79]

Der Sicherheitsdienst (SD) der SS, ein innen- und außenpolitischer Geheimdienst und Apparat zur Bespitzelung sowohl der Bevölkerung als auch der NSDAP, deren Gliederungen und anderer Institutionen, baute nach dem „Anschluss" auch in Österreich einen Apparat mit haupt- und ehrenamtlichen Mitarbeitern sowie zahlreichen „V-Leuten" auf und gewann durch die Personalunion von Sipo und SD auch Einfluss auf Gestapo und Kripo. Aus einer erhalten gebliebenen Liste der V-Leute der SD-Hauptaußenstelle Eisenstadt geht hervor, dass allein in diesem kleinen Bereich rund hundert SD-InformantInnen, davon 10 Frauen, wirkten. Die meisten SD-Mitarbeiter wirkten in gehobenen Positionen (als Akademiker, Lehrer, Beamte und Gendarmen) und kamen aus der „illegalen" NS-Bewegung des Burgenlands vor 1938.[80] Dass die V-Leute und Funktionäre des SD bei der Verfolgung von Widerstandskämpfern auch Assistenzleistungen für die Gestapo erbrachten, ist bewiesen. So informierte z. B. der SD-Chef von Eisenstadt Heinrich Kunnert umgehend die Gestapo, als er durch einen SD-V-Mann, den Gendarmen Andreas Mikler, im Oktober 1944 von der Landung eines vierköpfigen US-Fallschirmspringertrupps erfuhr. Im Zuge der aus dieser Meldung resultierenden Verhaftungsaktion wurde der Gemeindeamtmann von Schützen Josef Prieler von der Gestapo erschossen. Der US-Captain Jack Taylor (geb. 10. 8. 1908), von Beruf Zahnarzt, kam am 1. 4. 1945 in das KZ Mauthausen – sein Bericht wurde zu einem wichtigen Beweisdokument für die in Mauthausen begangenen Verbrechen. Die diesem OSS-Kommando „Dupont" angehörenden Österreicher Ernst Unger, Fritz Gertner und Johann Pascher wurden von einem Kriegsgericht zum Tode verurteilt, konnten aber vor der Hinrichtung in Döllersheim flüchten.[81]

Die verschiedenen SD-Stellen verfassten ständig Tätigkeits-, Lage- und Stimmungsberichte, die zum Großteil jedoch sehr allgemein gehalten waren und nicht die Zielgerichtetheit und Präzision der Gestapo-Berichte aufwiesen.[82] Wie die vom SD hingenommene Gauverweisung des Wiener SD-Chefs Polte durch den – vom SD bespitzelten – Gauleiter Baldur von Schirach zeigte, waren Stellenwert und Macht des SD im Inland eher gering.[83] In Österreich spielte der SD vor allem bei der Judenverfolgung eine wichtige Rolle. Die von Adolf Eichmann, 1938 Judenreferent des SD Wien, initiierte und de facto geleitete Zentralstelle für jüdische Auswanderung in Wien wurde zur Organisation sowohl der Vertreibung und Ausplünderung als auch der Deportation der österreichischen Juden und zum Vorbild für ähnliche Einrichtungen im Protektorat und „Altreich".[84]

Die NS-Strafjustiz

Sofort nach dem gewaltsamen „Anschluss" Österreichs 1938 wurde die Justiz zu einem Werkzeug nationalsozialistischer Machtausübung gemacht, wobei weit verbreitete großdeutsche und NS-Sympathien der österreichischen Richterschaft und die autoritären Rechtspraktiken von 1934 bis 1938 diesen Prozess beschleunigten. Zur Durchsetzung der nationalsozialistischen Rechtsvorstellungen in Österreich wurden die schon im „Altreich" bewährten Methoden angewendet: personelle Säuberungen bzw. Durchsetzung der Justiz mit Parteigängern, politische Druckausübung und Beeinflussung der Richter, Eingriffe in die Rechtsprechung seitens der NSDAP, Ausgrenzung ganzer Gruppen wie Juden oder Ostarbeiter aus Justiz und Überantwortung an den SS- und Polizeiapparat. Dazu kam die Übernahme der deutschen Gerichtsorganisation, d. h. Volksgerichtshof, Besondere Senate der Oberlandesgerichte, Sondergerichte bei den Landgerichten, Militärgerichtsbarkeit, SS- und Polizeigerichte sowie Standgerichte. Österreich, genauer gesagt: die an Stelle Österreichs getretenen, direkt Berlin unterstellten sieben Alpen- und Donaureichsgaue unterschieden sich im Bereich der Justiz nicht grundlegend von den anderen deutschen Reichsgauen – von Formalitäten wie die teilweise weiter bestehenden österreichischen Rechtsvorschriften abgesehen.[85]

NS-Justiz und Widerstand bzw. deren wissenschaftliche Aufarbeitung sind eng verknüpft. Der Großteil des organisierten deutschen und österreichischen Widerstandes gegen das NS-Regime wurde von der Gestapo zerschlagen; seine Träger wurden – sofern sie nicht ohne Verfahren in KZ eingeliefert wurden – von Gerichten abgeurteilt. Davon zeugen die Akten aus vielen tausend Prozessen. Diese Gerichtsdokumente geben Aufschluss über die Größe und Vielfältigkeit des Widerstandes, über Motivationen, Ziele und Tätigkeiten der WiderstandskämpferInnen, aber auch über Dramatik und Tragik des Geschehens; zugleich lassen sie aber auch Rückschlüsse auf die Justiz, deren handelnde Personen, Rechtsprechung, politische Steuerung und ideologische Intentionen zu. Die Urteile, Anklagen und Einvernahmeprotokolle sowie die vielfach in den Gerichtsakten enthaltenen Gestapodokumente sind in ihrer Gesamtheit die wichtigste Quelle für die Erforschung des Widerstands bzw. der nationalsozialistischen Repressionsmaßnahmen. Sie sind zwar von den Verfolgungsinstanzen geschaffen, geben deren Perspektive wieder und sind daher – wie jede Quelle – quellenkritisch zu behandeln, aber es gibt zu diesen Themen keine andere Quellenart, die so viele und so genaue Informationen überliefert. Von diesen Überlegungen ausgehend haben die Philipps-Universität Marburg und das DÖW 1998 eine Kooperation zur Aufarbeitung der NS-Justiz in Österreich begonnen, von der inzwischen mehrere Publikationen[86] mit wesentlichen Ergebnissen vorliegen, die ein genaueres Bild des österreichischen Widerstandes vermitteln.

Volksgerichtshof und Besondere Senate der Oberlandesgerichte

Die schärfste Waffe der NS-Justiz war der im April 1934 errichtete Volksgerichtshof (VGH), dessen Zuständigkeit am 20. Juni 1938 auf Österreich ausgedehnt wurde[87]. Diesem Gerichtshof – „eher eine Behörde zur Vernichtung politischer Gegner als ein Gericht"[88] – oblag vor allem die Aburteilung von Landes- und Hochverratsfällen, später auch von schweren Fällen von Wehrkraftzersetzung, also jenen strafrechtlichen Delikten, die WiderstandskämpferInnen zur Last gelegt wurden. Die Verfahren sprachen jeder ordentlichen Rechtsprechung Hohn: Die Angeklagten wurden in den Hauptverhandlungen von den Richtern, insbesondere vom VGH-Präsidenten Roland Freisler, angebrüllt, verhöhnt, beleidigt und gedemütigt, und dieser hasserfüllte Ton schlug sich auch in vielen Urteilen nieder. Der VGH war zwar eine zentrale Einrichtung mit Sitz in Berlin, dessen hauptberufliche Richter und Anklagevertreter (Oberreichsanwalt) meines Wissens durchwegs „Reichsdeutsche" waren, als beisitzende Richter fungierten aber bei den Verhandlungen auf österreichischem Boden meist höhere österreichische NS-Funktionäre, wie z. B. der – nach 1945 lange Zeit als aufrechter Großdeutscher und gemäßigter Nationalsozialist gepriesene – Oberbürgermeister von Linz, Franz Langoth.[89] Der erste Prozess des VGH in Österreich, der sich gegen die Führungsspitze der illegalen sozialistischen Partei richtete, fand im Juni 1939 in Wien statt.[90]

Vom Volksgerichtshof wurden insgesamt, seit seiner Errichtung 1934 etwa 7075 Verfahren mit etwa 16 700 Angeklagten geführt. Der Anteil der Todesstrafen betrug etwa 31 % (etwa 5200 Todesurteile bei 16 700 Angeklagten). Im Zuge des oben erwähnten Kooperationsprojektes Universität Marburg-DÖW wurden sämtliche wegen Hochverrat, Landesverrat und Wehrkraftzersetzung geführten Verfahren vor den Oberlandesgerichten Wien und Graz, insgesamt gegen 4163 Personen, und sämtliche wegen dieser Delikte gegen ÖsterreicherInnen geführte Verfahren vor dem Volksgerichtshof, insgesamt 2137, erfasst, durchgearbeitet und wissenschaftlich ausgewertet sowie die Urteile in einer Mikrofiche-Edition veröffentlicht.[91] In einem im DÖW-Jahrbuch 2001 veröffentlichten Projektbericht von Wolfgang Form wurde ein Vergleich zwischen Österreich und (dem gleichfalls von der Universität Marburg untersuchten) Hessen angestellt, der folgendes Bild ergibt: Hessen (4,9 Millionen Einwohner) hat zwischen 1934 und 1945 284 Angeklagte, Österreich (7,1 Millionen) hat zwischen 1939 und 1945 1743 Angeklagte, bei den Todesurteilen war das Verhältnis 69 zu 736[92]. Diese Zahlen, die Form (bezogen auf Österreich) im Sinne einer Okkupationsgerichtsbarkeit interpretiert, zeigen jedenfalls, dass das Ausmaß des von der NS-Justiz verfolgten Widerstandes in Österreich beträchtlich höher lag als in einem größenmäßig vergleichbaren deutschen Land.

Die weniger schweren Fälle wurden vom Oberreichsanwalt beim VGH dem Oberlandesgericht (OLG) zugewiesen. Für Österreich waren seit dem 20. Juni 1938 die Besonderen Senate (6., 7. und 8.) des OLG Wien zuständig, die zu Verhandlungen nach Graz, Klagenfurt und in andere Städte kamen.[93] 1944 wurde auf Grund des großen Anfalles an Delikten auch am OLG Graz ein Senat zur Aburteilung von WiderstandskämpferInnen gebildet.

Schafott im Landesgericht Wien

Die zivilen Todesurteile wurden mit dem Fallbeil (Schafott) vollzogen, wobei der jeweils zuständige Staatsanwalt die Vollstreckung leitete. Die Vollstreckungsprotokolle vermitteln ein Bild dieser grausigen „Amtshandlung":

Der Schmied und Schlosser Leopold Ecker aus Wien (geb. 3. 11. 1902), der als Gebietsleiter der KPÖ in Wien bis 1942 an der Einhebung von Beiträgen sowie an der Herstellung von Flugschriften beteiligt gewesen war, wurde am 9. September 1943 (gemeinsam mit Eduard Powolny, Emil König, Friedrich Höllisch und Andreas Schneider) wegen „Vorbereitung zum Hochverrat" und „Feindbegünstigung" vom Volksgerichtshof zum Tode verurteilt und am 25. 10. 1943 in Brandenburg-Görden hingerichtet. Im Vollstreckungsprotokoll vom 25. 10. 1943 wird darüber berichtet:

„Um 16.40 Uhr wurde der Verurteilte, die Hände auf dem Rücken gefesselt, durch zwei Gefängnisbeamte vorgeführt. [...] Nach Feststellung der Personengleichheit des Vorgeführten mit dem Verurteilten beauftragte der Vollstreckungsleiter den Scharfrichter mit der Vollstreckung. Der Verurteilte, der ruhig und gefasst war, ließ sich ohne Widerstreben auf das Fallbeilgerät legen, worauf der Scharfrichter die Enthauptung mit dem Fallbeil ausführte und sodann meldete, dass das Urteil vollstreckt sei. Die Vollstreckung dauerte von der Vorführung bis zur Vollzugsmeldung 9 Sekunden."[94]

Die Hilfsarbeiterin Anna Muzik (geb. 23. 9. 1891), die gleichfalls an der Herstellung und Verbreitung kommunistischer Flugschriften beteiligt gewesen war, wurde am 9. 11. 1942 vom Volksgerichtshof wegen „Vorbereitung zum Hochverrat" zum Tode verurteilt und am 23. 9. 1943 gemeinsam mit zwei Mitverurteilten im Wiener Landesgericht Wien hingerichtet, wovon das kurze Vollstreckungsprotokoll vom 24. 9. 1943 zeugt:

„Das Todesurteil wurde an den Verurteilten Karl Tomasek, Anna Muzik und Katharina Odwody am 23. 9. 1943 in der Zeit von 18 Uhr 07 bis 18 Uhr 23 vollstreckt. Die Vollstreckungen verliefen ohne Besonderheiten und dauerten jeweils wenige Sekunden."[95]

In dem vom 21. 1. 1943 datierten Hinrichtungsprotokoll des wegen kommunistischer Betätigung vom VGH 1942 zum Tode verurteilten Konditors Johann Stumpacher (geb. 21. 4. 1899) wurden auch die letzten Worte protokolliert:

„Das Todesurteil wurde am 18. 11. 1942 – 18 Uhr 28 – vollstreckt. Vom Zeitpunkt der Übergabe des Verurteilten an den Scharfrichter bis zur Vollzugsmeldung durch diesen verstrichen wenige Sekunden. Bei Vorführung zur Richtstätte rief der Verurteilte aus: ‚Es lebe die Freiheit!'"

ÖsterreicherInnen vor dem Volksgerichtshof [96]

2137 Personen insgesamt, darunter 325 Frauen, wurden vom Oberreichsanwalt beim VGH in 726 Verfahren wegen Hochverrat, Landesverrat (inkl. Feindbegünstigung) oder Wehrkraftzersetzung angeklagt.

❑ Ausgang der Verfahren:
1887	Personen wurden verurteilt	(88,3 %)
129	Freisprüche	
77	unbekannter Ausgang	
22	kein Urteil erfolgt	
16	Beschluss auf Nichtweiterführung des Verfahrens	
3	Einstellung des Verfahrens	
3	Angeklagte starben vor Urteilsverkündung / Hauptverhandlung	

❑ Verurteilte Personen (1887):
814	Todesurteile	(43,1 % aller verurteilten Personen)
28	Lebenslänglich	
879	Zuchthaus	
144	Gefängnis	
19	Jugendgefängnis	
1	Arrest	
1	Straflager	
1	unbekannt	

❑ Gruppenzugehörigkeit der Angeklagten nach Mitgliedschaften:

	vor 1934		nach 1938	
Sozialdemokratische Arbeiterpartei und Unterorganisationen	1582	(74 %)	98	(4,6 %)
KPÖ und Unterorganisationen	120	(5,6 %)	1106	(51,8 %)
Katholisch-konservative Organisationen			219	(10,2 %)
Legitimistische Gruppen			193	(9,5 %)
NSDAP-Mitglieder			41	
Juden			17	
Zeugen Jehovas			11	

ÖsterreicherInnen vor den Oberlandesgerichten Wien und Graz

4163 Personen insgesamt, darunter 672 Frauen (hinsichtlich 8 Personen konnte das Geschlecht aufgrund fehlender Vornamen nicht festgestellt werden) wurden vom Generalstaatsanwalt in 1988 Verfahren wegen Hochverrat, Landesverrat (inkl. Feindbegünstigung) oder Wehrkraftzersetzung angeklagt.

❏ Ausgang der Verfahren:
3461	Personen wurden verurteilt	(83,1%)
458	Freisprüche	
183	unbekannter Ausgang	
27	kein Urteil erfolgt	
25	Beschluss auf Nichtweiterführung des Verfahrens	
6	Einstellung des Verfahrens	
3	Angeklagte starben vor Urteilsverkündung bzw. Hauptverhandlung	

❏ Verurteilte Personen (3461):
14	Todesurteile	(0,4 % aller verurteilten Personen)
6	Lebenslänglich	
2549	Zuchthaus	
848	Gefängnis	
25	Jugendgefängnis	
1	Arrest	
7	strenger Arrest	
3	Straflager	
1	Haft	
4)	Geldstrafen	
3	Einweisung in eine Heil- und Pflegeanstalt	

❏ Gruppenzugehörigkeit der Angeklagten nach Mitgliedschaften:

	vor 1934		nach 1938	
Sozialdemokratische Arbeiterpartei und Unterorganisationen	2650	(63,7%)	130	(3,1 %)
KPÖ und Unterorganisationen	308	(7,4%)	1930	(46,4 %)
NSDAP-Mitglieder			30	
Katholisch-konservative Organisationen			275	(6,6 %)
Legitimistische Gruppen			51	(1,2 %)
Juden			22	
Zeugen Jehovas			1	

Sondergerichte und andere NS-Gerichte

Zur raschen und massenhaften Aburteilung politischer Bagatellfälle (Vergehen nach dem Heimtückegesetz, Rundfunkverbrechen, leichte Wehrkraftzersetzung und dergleichen) sowie jener Delikte, die aufgrund der diversen NS-Sondergesetze (Schwarzschlachten, Schleichhandel, Verdunkelungsverbrechen, „Volksschädlinge" u. ä.) geschaffen wurden, dienten die Sondergerichte (SG). Sie wurden durch Verordnungen vom 20. November bzw. 23. Dezember 1938 in Österreich eingeführt und bestanden bei jedem Landgericht. Szecsi/Stadler haben aus den Registern der Staatsanwaltschaft errechnet, dass allein beim SG beim LG Wien vom November 1938 bis April 1945 rund 14 500 Verfahren anhängig waren; insgesamt rund 10 000 SG-Akten blieben erhalten.[97]

Sowohl beim OLG Wien als auch bei den Sondergerichten wirkten zum Großteil österreichische Richter und Staatsanwälte. Während beim OLG die Verfahren in der Regel formaljuristisch ordentlich abgewickelt und nur wenige Todesurteile verkündet wurden, wurden die SG-Prozesse in einem verkürzten Verfahren mit summarischen Urteilen durchgeführt. Todesurteile wurden auch in Bagatellfällen, wie etwa Postpäckchendiebstahl, ausgesprochen. In einer typischen Anklage hatte der Erste Staatsanwalt des SG beim LG Wien, Dr. Walter Lillich, nach 1945 Richter am OLG Wien, eigenhändig hinzugefügt: „Das gesunde Volksempfinden erfordert wegen der besonderen Verwerflichkeit der Straftat eine Überschreitung des regelmäßigen Strafrahmens."[98]

Die Militärgerichte – Reichskriegsgericht, Zentralgericht des Heeres, Feldgerichte, Divisionsgerichte, diverse Standgerichte u. a. – standen in ihrer juristischen Fragwürdigkeit und Härte bei der Strafbemessung den anderen NS-Gerichten um nichts nach. Der langjährige DÖW-Bibliothekar Herbert Exenberger hat recherchiert, dass auf dem Militärschießplatz Kagran in den Jahren 1940 bis 1945 129 Soldaten, darunter sowohl Deutsche als auch Österreicher, sowie Kriegsgefangene erschossen worden sind.[99] Stefan Karner und Harald Knoll haben in einem Forschungsprojekt versucht, Licht in das Dunkel des Militärschießplatzes Feliferhof bei Graz zu bringen, wo in den Jahren 1941 bis 1945 bis zu 300 Angehörige der Wehrmacht, der SS und der Exekutive hingerichtet worden sind. Darüber hinaus wurden am Feliferhof in der Endphase der NS-Herrschaft im April/Mai 1945 zahlreiche Personen verschiedener Nationalität – Juden, „Ostarbeiter", WiderstandskämpferInnen, russische FallschirmspringerInnen u. a. – ohne Gerichtsverfahren von Gestapo und SS-Einheiten ermordet und in Massengräbern verscharrt.[100] Ein umfassenderes Bild zeichnet die fundierte Untersuchung über die österreichischen Opfer der Militärjustiz, die Walter Manoschek mit einem Team jüngerer ForscherInnen herausgebracht hat und deren Forschungsergebnisse in das Kapitel über den Widerstand im Militär eingeflossen sind.[101]

In dem in Wien amtierenden Gericht der Division Nr. 177 fungierte der ordentliche Professor der juridischen Fakultät der Universität Wien, Dr. Erich Schwinge, gleichzeitig als Feldkriegsgerichtsrat und setzte so seine Strafrechtstheorien in die Praxis um. U. a. verurteilte er den 17jährigen Soldaten Anton Reschny – auch formal rechtswidrig – wegen „Plünderung" zum Tode. Wie viele andere schwer belastete NS-Richter blieb Schwinge nach 1945 unbehelligt, wurde Professor für Straf- und Prozessrecht an der Universität Marburg und sogar Bearbeiter eines „wissenschaftlichen" Werkes über die NS-Militärjustiz.[102]

Die zunehmende Bedeutung und Verselbständigung der SS im NS-Staat führte im Oktober 1939 zur Schaffung einer eigenen SS-Gerichtsbarkeit, die für sämtliche SS- und Polizeiformationen, aber auch für Feuerwehren und Rotes Kreuz zuständig war. Zahlreiche österreichische Widerstandskämpfer aus den Reihen der Polizei und der Feuerwehr wurden vom Obersten SS- und Polizeigericht in München hart abgeurteilt. So wurden die Wiener Feuerwehrmänner Hermann Plackholm (geb. 2. 10. 1904) und Johann Zak (geb. 20. 6. 1903), die einer kommunistischen Widerstandsgruppe angehört hatten und im März 1944 zum Tode verurteilt worden waren, am 31. 10. 1944 vor der angetretenen Wiener Feuerwehr auf dem Kagraner Schießplatz von einem Hinrichtungskommando der SS erschossen, während drei weitere bereits an Pflöcke gebundene Delinquenten „begnadigt" und ins KZ gebracht wurden.[103]

Der in einer kommunistischen Zelle der Wiener Schutzpolizei tätige, 1942 festgenommene Hauptwachtmeister Karl Kerner (geb. 4. 12. 1889) wurde vom Obersten SS- und Polizeigericht wegen „Wehrkraftzersetzung" und „Vorbereitung zum Hochverrat" zum Tode verurteilt und am 25. 6. 1943 im Zuchthaus München-Stadelheim hingerichtet. Ein anderer Angehöriger der Wiener Schutzpolizei Ignaz Kainz (geb. 31. 1. 1900), bis Februar 1942 NSDAP-Mitglied, wurde im Oktober 1944 wegen „Vorbereitung zum Hochverrat" vom Obersten SS- und Polizeigericht zum Tode verurteilt, aber zu 15 Jahren Zuchthaus begnadigt und in der Folge zur Brigade „Dirlewanger" eingezogen.[104]

Die in der Endphase des Krieges eingesetzten, verschiedenen Standgerichte waren ausgesprochene Terrorinstrumente, denen nicht nur unzählige Nichtdeutsche in den besetzten Gebieten Europas zum Opfer fielen; auch einige tausend Deutsche (bzw. Österreicher) – Soldaten, Offiziere, Zivilisten – wurden als Verräter, Defätisten, Deserteure, Wehrkraftzersetzer etc. abgeurteilt, fast ausnahmslos erschossen oder gehenkt. Besonders barbarische Beispiele in Österreich waren die von SS-Sturmbannführer Otto Skorzeny angeordnete Hinrichtung der österreichischen Widerstandskämpfer Major Biedermann, Hauptmann Huth und Oberleutnant Raschke am 8. April 1945 in Wien-Floridsdorf und die von oberösterreichischen Gauleiter Eigruber befohlene standrechtliche Exekution von fünf Peilsteiner Bürgern am

27. 4. 1945, die eine Panzersperre weggeräumt und weiße Fahnen gehisst hatten, um ihren Ort vor dem Beschuss durch die US-Truppen zu bewahren.[105]

Haftanstalten, Massaker, Strafeinheiten

Auf österreichischem Boden befanden sich mehrere große Justizhaftanstalten, über deren Verhältnisse noch sehr wenig bekannt ist. Aus den Justizverwaltungsakten geht hervor, dass auch die Zuchthäuser und Gefängnisse – ähnlich wie die KZ, aber vermutlich in geringerem Maße – Stätten der Zwangsarbeit und der ökonomischen Ausbeutung der Häftlinge waren und eine hohe Sterblichkeit aufwiesen.[106] Aus dem im DÖW vorhandenen Quellenmaterial ist ersichtlich, dass nicht wenige Widerstandskämpfer den harten Bedingungen der Strafhaft zum Opfer fielen.

Der Hilfsarbeiter Johann Marinic (geb. 3. 6. 1885) hatte sich in einer kommunistischen Betriebszelle in der Lack- und Farbenfabrik Reichhold, Flügger & Boecking (Wien-Stadlau) betätigt und war am 1. 9. 1942 wegen „Vorbereitung zum Hochverrat" zu 5 Jahren Zuchthaus verurteilt worden. Er starb am 16. 9. 1944 im Zuchthaus Stein a. d. Donau. Am 3. 12. 1944 kam im selben Zuchthaus der Spitalsdiener Rudolf Höfler aus Wien (geb. 24. 4. 1893) ums Leben, der 1939/40 Beiträge für die Rote Hilfe geleistet hatte und am 11. 1. 1943 wegen „Vorbereitung zum Hochverrat" zu 3 Jahren 6 Monaten Zuchthaus verurteilt worden war. Der wegen kommunistischer Betätigung am 23. 7. 1942 zu 7 Jahren Zuchthaus verurteilte Bäckergehilfe Alfred Demuth (geb. 13. 6. 1903) kam am 9. 11. 1943 im Zuchthaus Garsten (OÖ) um. Der Wiener Straßenbahnschaffner Leopold Haselsteiner (geb. 6. 10. 1899), der kommunistische Flugschriften verbreitet hatte, wurde am 23. 1. 1943 vom Volksgerichtshof wegen „Vorbereitung zum Hochverrat" zum Tode verurteilt, dann zu einer Zuchthausstrafe von 5 Jahren begnadigt und starb am 16. 10. 1943 im Zuchthaus Straubing (Bayern). Der 1944 wegen „Wehrkraftzersetzung" zum Tode verurteilte Elektroschweißer Friedrich Höger (geb. 19. 2. 1906) verübte am 1. 11. 1944 Selbstmord in der Haft.

Auch in der Untersuchungshaft gab es eine Reihe von Todesfällen, wobei die wirklichen Todesursachen vielfach vertuscht wurden. So kam Viktor Lavaulx (geb. 15. 7. 1878), der wegen „Beleidigung des Führers, des Feldmarschalls Hermann Göring und wegen Zersetzung des Widerstandswillens des deutschen Volkes" am 15. 1. 1940 festgenommen worden war, am 11. 9. 1940 in der Haft im Landesgericht Wien um. Dort starb – an Lungentuberkulose – am 10. 4. 1943 auch die Weißnäherin Theresia Konopicky (geb. 17. 7. 1889), die gemeinsam mit ihrem Mann, dem Schriftsetzergehilfen) Anton Konopicky (geb. 2. 1. 1889), den KPÖ-Spitzenfunktionär Erwin Puschmann beherbergt und ihm ihre Wohnung für Besprechungen mit anderen KP-

Funktionären zur Verfügung gestellt hatte. Der am 2. 6. 1943 zu 6 Jahren Zuchthaus verurteilte Anton Konopicky war bis zum 6. 4. 1945 im Zuchthaus Stein a. d. Donau (NÖ) inhaftiert und fiel dort vermutlich dem Massenmord Anfang April 1945 zum Opfer.[107]

In der Endphase des Regimes, als Massaker auch örtlicher NS-Funktionäre drohten, ließen einsichtige Justizmitarbeiter Häftlinge frei. Während dies in Wien weitgehend gelang und eine Reihe inhaftierter Widerstandskämpfer Anfang April 1945 frei ging, wurden der Direktor des Zuchthauses Stein, Franz Kodré, und drei seiner Mitarbeiter am 6. April 1945 auf Befehl des Gauleiters Jury „standrechtlich" erschossen. Zur gleichen Zeit ermordeten SA-, SS-, Wehrmachts- und Volkssturmangehörige unter der Führung des örtlichen SA-Standartenführers Leo Pilz über 300 Häftlinge des Zuchthauses Stein, zum größten Teil Widerstandskämpfer. An derselben Stelle wurden am 15. 4. 1945 weitere 44 zum Tode verurteilte, aus Wien abtransportierte Häftlinge auf Veranlassung des Gauleiters Jury und des Generalstaatsanwalts von Wien, Johann Stich, exekutiert.[108]

Einem weiteren, am 7. April 1945 von SS-Leuten verübten Massaker in Hadersdorf am Kamp fielen ca. 60 Justizhäftlinge zum Opfer, unter anderen die wegen „Vorbereitung zum Hochverrat" abgeurteilten kommunistischen Widerstandskämpfer Johann Schachermayer (geb. 11. 7. 1896), der Lokomotivheizer Franz Cech (geb. 27. 5. 1892) und der Maschinenarbeiter Leopold Fuhrich (geb. 26. 6. 1902).[109]

Die starken Verluste der deutschen Wehrmacht im Verlauf des Zweiten Weltkriegs veranlassten die politische und militärische Führung, die in den Strafanstalten einsitzenden Häftlinge – sowohl politische als auch kriminelle – zu speziellen militärischen Strafeinheiten einzuziehen. Am bekanntesten war das vornehmlich in Nordafrika und Griechenland zum Einsatz gelangte Strafbataillon 999, in dem auch zahlreiche österreichische Widerstandskämpfer Dienst versehen mussten.[110] Diese Einheiten waren naturgemäß aus NS-Sicht äußerst unverlässlich – an der Ostfront gingen ganze Einheiten zur Roten Armee über, und in Griechenland wurden vielfach Kontakte zu den griechischen Partisanen geknüpft. Dennoch fielen auch Angehörige der Strafeinheiten im Kampf. Der Gärtner Alois Janka aus Wien (geb. 25. 4. 1898), der am 6. 12. 1939 wegen Betätigung für die KPÖ festgenommen und am 9. 3. 1942 wegen „Vorbereitung zum Hochverrat" zu 4 Jahren Zuchthaus verurteilt worden war, wurde am 27. 6. 1943 „unter Gewährung von Strafunterbrechung" aus der Strafanstalt Zweibrücken entlassen, zum Strafbataillon 999 eingezogen und gilt seit April 1945 als vermisst. Der technische Beamte Leopold Grüner aus Perchtoldsdorf (geb. 20. 3. 1903) hatte bis 1941 einer kommunistischen Gruppe in der Staatsdruckerei angehört und war am 2. 12. 1942 wegen „Vorbereitung zum Hochverrat" zu 3 Jahren 6 Monaten Zuchthaus verurteilt worden. Am 8. 7. 1943 aus der Haft entlassen und zu einer Strafeinheit eingezogen, fiel Leopold Grüner am 24. 11. 1944.

Der Tischler Johann Habergut (geb. 16. 5. 1901), der wegen kommunistischer Betätigung am 9. 1. 1942 wegen „Vorbereitung zum Hochverrat" zu 4 Jahren Zuchthaus verurteilt worden war, wurde am 8. 7. 1943 aus dem Zuchthaus Stein a. d. Donau zum Strafbataillon 999 einberufen, desertierte im Jänner 1944 in der Sowjetunion und kam dort vermutlich um. Der Bäckergehilfe Erwin Kritek (geb. 18. 5. 1908) hatte bis 1941 der kommunistischen Widerstandsgruppe um den Zahnarzt Dr. Walter Suess angehört, wurde am 4. 11. 1942 wegen „Vorbereitung zum Hochverrat" vom Volksgerichtshof zu 8 Jahren Zuchthaus verurteilt und am 10. 7. 1943 zur Strafeinheit 999 überstellt. In Griechenland stationiert, ging er zu den kommunistischen Partisanen über. Der spätere SPÖ-Nationalratsabgeordnete Otto Skritek (geb. 16. 12. 1909) war im Zuge der großen Verhaftungswelle im August 1939 inhaftiert worden und wurde aus dem KZ Dachau zu einer Strafeinheit eingezogen.[111]

Problematischer war die Zugehörigkeit von politischen Häftlingen zu einer SS-Sondereinheit unter dem Kommando von SS-Oberführer Oskar Dirlewanger (Sturmbrigade Dirlewanger u. a. Bezeichnungen), die als eine der brutalsten SS-Formationen galt und u. a. bei der Niederwerfung der Aufstände in Warschau und in der Slowakei mitwirkte. Zu dieser Einheit konnten sich Häftlinge aus den KZ „freiwillig" melden, wobei die durch die Blutgruppen-Tätowierung ersichtliche SS-Zugehörigkeit unter Umständen, etwa in sowjetischer Kriegsgefangenschaft, gefährlich werden konnte.[112] In einem mit 10. 12. 1944 datierten Schreiben des Reichsführers SS/Chef des SS-Hauptamts wurde die Einziehung von KZ-Häftlingen zur SS erläutert:

„Auf Anordnung des Reichsführers SS und Reichsminister des Innern wurden mit Genehmigung des Führers eine Reihe von bereits gebesserten Häftlingen aus verschiedenen Konzentrationslagern in das KL Sachsenhausen überführt und dort unter gewissen Voraussetzungen einem Sonderkommando mit der Waffe überwiesen. Nach einer kurzen, aber scharfen Ausbildung wird dieses Sonderkommando in den nächsten Tagen in den besetzten Ostgebieten an besonders gefährdeten Stellen eingesetzt und somit einer nützlichen Verwendung während des Krieges zugeführt. Vorgesehen ist ferner Einsatz in der Bewährungseinheit der Waffen-SS. Diese Verwendung bedeutet an sich noch keine Rehabilitierung, diese wird vielmehr abhängig gemacht von der Führung und der Bewährung des Einzelnen im Rahmen seiner Verwendung."

Diesem Sonderkommando wurden im November 1944 u. a. die österreichischen KZ-Häftlinge Otto Stiedl (geb. 25. 6. 1903) und Eduard Graf (geb. 20. 12. 1901), die als kommunistische Widerstandskämpfer nach Verbüßung ihrer gerichtlichen Haft in den KZ Ravensbrück bzw. Dachau inhaftiert waren, zugeteilt. Auch der Gießer und Former Rudolf Lorenz (geb. 1. 11. 1906), der in Enzesfeld und Leobersdorf als Hauptkassier der KPÖ fungiert hatte, wurde im November 1944 aus dem KZ

Dachau zur Strafeinheit „Dirlewanger" eingezogen, lief aber bereits wenige Tage später, am 8. 12. 1944, gemeinsam mit anderen zu den sowjetischen Truppen über.[113]

Die unmenschlichen, zum Tod unzähliger Häftlinge führenden Bedingungen in Lagern und Gefängnissen veranlassten viele Häftlinge – ungeachtet der damit verbundenen Risken – zu Fluchtversuchen. In den KZ erfolgten nicht wenige Hinrichtungen von ergriffenen Flüchtlingen – ein bekanntes Foto aus dem KZ Mauthausen zeigt den unter Musikbegleitung am 30. 7. 1942 zum Galgen geführten Häftling Hans Bonarewitz.[114] Trotz der scharfen Bewachung gelang es einigen österreichischen Strafgefangenen und KZ-Häftlingen zu entkommen. Im Jänner 1945 konnte der Schlossergehilfe August Ruffer (geb. 14. 8. 1900), der sich 1941/42 in Korneuburg kommunistisch betätigt hatte und am 19. 3. 1943 zu 5 Jahren Zuchthaus verurteilt worden war, aus dem Außenarbeitslager Moosbierbaum des Zuchthauses Stein a. d. Donau flüchten. Er hielt sich bis Kriegsende in Niederrußbach verborgen. Auch dem Tischlergehilfen Karl Ficker (Fickert) (geb.10. 2. 1893), der am 5. 4. 1941 wegen seiner Beteiligung an Herstellung und Vertrieb von kommunistischen Flugschriften festgenommen worden war, gelang am 9. 11. 1942 die Flucht aus dem Gerichtsgefängnis Margareten. Er lebte bis April 1945 als „U-Boot" in Wien.[115]

Das Terrorsystem, das 1938 in Österreich vom deutschen Faschismus unter tatkräftiger Mitwirkung seiner österreichischen Anhänger aufgerichtet und in den folgenden Jahren ausgebaut und auf das Äußerste verschärft wurde, hatte die Aufgabe, den Widerstandswillen aller wirklichen, potentiellen oder vermeintlichen GegnerInnen zu brechen, die Überwachung und Unterdrückung der Bevölkerung zu gewährleisten, um die Normen der Diktatur in allen gesellschaftlichen Bereichen durchzusetzen. Dass ein weit über die NS-Bewegung hinausgehender Teil der Bevölkerung am Regime und dessen Verbrechen mehr oder weniger aktiv mitwirkte, ist unbestritten; ob die „große Mehrheit" der Bevölkerung, wie Eric A. Johnson und Götz Aly meinen, partizipierte, halte ich zumindest für Österreich für die gesamte Zeit bis 1945 für fraglich. Schließlich hatte der Terror das System der massenhaften Zwangsarbeit von politischen und „rassischen" Häftlingen, von Fremdarbeitern und Kriegsgefangenen für die Kriegsführung des NS-Regimes und für die Profiterzielung von Unternehmen abzusichern und kulminierte in der Vernichtung von Juden, Roma, geistig und körperlich behinderten und anderen als „minderwertig" qualifizierten Menschen.

Ausgangsposition des österreichischen Widerstandes

Obwohl zum Zeitpunkt der Besetzung in Österreich bereits mehr als vier Jahre ein autoritär-diktatorisches System herrschte und die politische Linke einen Untergrundkampf gegen die „austrofaschistische" Diktatur[116] führte, bedeutete der März 1938 weitaus mehr als den bloßen Übergang von dem einem zu einem anderen faschistischen Herrschaftssystem. Dieses Datum markierte eine tief greifende Zäsur, die die politischen und gesellschaftlichen Rahmenbedingungen stark veränderte und irreparable Brüche für ganze Bevölkerungsgruppen, vor allem die österreichischen Juden, aber auch politisch-ideologische Gruppierungen wie z. B. die Arbeiterbewegung herbeiführte. Insbesondere hinsichtlich Ausmaß der ideologisch-propagandistischen Durchdringung der Gesellschaft, der inneren und äußeren Stabilität des staatlichen Systems, der politischen, ökonomischen und militärischen Potenz sowie des Umfangs und der Intensität der Repression von Systemgegnern bestanden wesentliche Unterschiede zwischen Austrofaschismus und Nazifaschismus, die – ungeachtet einer wissenschaftlichen Subsumtion unter den Oberbegriff Faschismus – jede Gleichsetzung der Systeme unhaltbar machen. Diese Systemunterschiede hatten wiederum entscheidende Rückwirkungen auf Ausmaß und Formen von Widerstand und Opposition.

Gerade in der Zeit unmittelbar nach dem 11. März 1938 stieß die Organisierung des Widerstandes auf nicht geringe Schwierigkeiten. Die Kapitulation der Regierung Schuschnigg und der kampflose Untergang Österreichs, die Hinnahme des Gewaltaktes durch die Westmächte, die totale nationalsozialistische Machtergreifung und die mit deutscher Gründlichkeit und Schnelligkeit durchgeführten Verfolgungsmaßnahmen wirkten sich verheerend aus. Die erzwungene Flucht tausender tatsächlicher und potenzieller NS-Gegner reduzierte die menschliche Basis des Widerstandes. Hinzu kam als weiteres, vor allem psychologisches Hemmnis die Stimmungssituation nach dem 11. März. Der nazistische Siegestaumel hatte – nicht zuletzt dank der Wirkung einer in Österreich beispiellosen Propagandakampagne – breite, weit über die NS-Sympathisanten hinaus gehende Kreise der Bevölkerung erfasst. Manche, die dem Nationalsozialismus ablehnend gegenüberstanden und später in den Widerstand gingen, wollten erst abwarten, was das neue Regime in der Praxis bringt. Zweifellos bedeuteten auch die verschiedenen anschlussfreundlichen Erklärungen österreichischer Institutionen und Persönlichkeiten, namentlich die der österreichischen Bischöfe vom 18. März 1938 und das Zeitungsinterview des Sozialdemokraten Karl Renners vom 3. April 1938, eine Entmutigung der jeweiligen

Anhänger.[117] Diese Faktoren führten dazu, dass eine breitere Formierung von illegalen Organisationen erst im Sommer und Herbst 1938 stattfand.

Weiters ist auch darauf zu verweisen, dass in anderen besetzten Ländern von vornherein ein klares Feindbild bestand und der Widerstand zur Sache aller nationalen Kräfte wurde, während Kollaborateure isoliert und geächtet waren.[118] In Österreich hingegen hatten die WiderstandskämpferInnen in einer zum Teil feindlichen, von Denunzianten und fanatischen Regimeanhängern durchsetzten Umwelt zu wirken. Hier war der Widerstand nicht nur ein Kampf gegen fremde Besatzung, sondern hatte auch den Charakter eines Bürgerkrieges Österreicher gegen Österreicher.

Die „für Österreich typische tiefe parteipolitische Fragmentierung" prägte auch den Widerstand.[119] Der politisch-gesellschaftlichen Struktur Österreichs entsprechend, fand das NS-Regime zwei annähernd gleich starke potentielle Hauptgegnergruppen vor: die organisierte Arbeiterbewegung, hauptsächlich in den Industriezentren im Osten Österreichs konzentriert, und das katholisch-konservativ-bürgerliche Lager. Innerhalb dieser beiden Lager verflossen im Widerstand die Grenzen zwischen Sozialdemokraten, Kommunisten, Gewerkschaftern und anderen Linksgruppen einerseits und ehemaligen Christlichsozialen, Heimwehrangehörigen, Monarchisten und Katholiken andererseits. Zwischen den Lagern gab es Kontakte und gegenseitigen Respekt, aber in der Regel war es kein gemeinsamer Widerstand, sondern ein rechter oder linker Widerstand.[120]

Die verschiedenen Gruppen des Widerstandes hatten unterschiedliche Motivationen: politische, ideologische, religiöse, soziale, sittliche, humanistische, österreichisch-patriotische. Eine gemeinsame nationale Wurzel des Widerstandes, die – ungeachtet auch dort bestehender politischer Differenzierungen – für die anderen von Hitlerdeutschland besetzten Länder charakteristisch war, war aufgrund der besonderen „nationalen" Situation Österreichs lange Zeit kaum vorhanden, sie entwickelte sich in Ansätzen erst gegen Kriegsende, als die großdeutschen Vorstellungen angesichts der nahenden Niederlage Hitlerdeutschlands an Anziehungskraft verloren. Trotzdem kann Ernst Hanischs Auffassung von einem „spezifischen österreichischen Widerstand"[121] zugestimmt werden, nicht zuletzt weil organisatorisch eine nahezu völlige Trennung zwischen österreichischen und deutschen Widerstandsgruppen bestand.

Strebte das austrofaschistische System die Zerschlagung der organisatorischen Strukturen der Linksparteien und Freien Gewerkschaften und die Gewinnung der Arbeiterschaft durch politischen und sozialen Druck an – zwei Ziele, die klar verfehlt wurden – so zielte das NS-Regime mit beachtlichem Erfolg auf die totale Vernichtung der organisierten Arbeiterbewegung und auf die vollständige Integration der

Arbeiterschaft in das System ab. Dem NS-Terror ging es nicht nur um die Zerschlagung der Organisationen, sondern auch um die physische Vernichtung der gegnerischen Kader. Diese nach Rassismus und Rassenhygiene vorrangigen Ziele des NS-Regimes wurden mit einer breiten Palette von Maßnahmen – vom Terror über Propaganda bis zur Sozialpolitik – in Angriff genommen.[122]

Eine gigantische Verhaftungswelle, verbunden mit terroristischen Ausschreitungen, sollte von vornherein jeden potentiellen Widerstand und jede Opposition ausschalten.[123] Insbesondere die Vertreibung bzw. Vernichtung der Juden wirkte sich auf die Arbeiterbewegung verheerend aus, indem sie diese eines Großteils ihrer intellektuellen Führungsschicht beraubte. Gleichzeitig wurde mit modernsten Methoden eine bis dahin beispiellose Propagandakampagne inszeniert, deren Wirkung nicht ausblieb. Der nazistische Siegestaumel, diese Massenhysterie vom März und April 1938, erfasste breite, weit über die NS-Sympathisanten hinaus gehende Kreise der Bevölkerung.[124] Die politische und soziale Demagogie des NS-Regimes konzentrierte sich in dieser ersten Phase besonders auf die Arbeiterschaft, die mit antikapitalistischen und antiklerikalen Losungen beeinflusst wurde und deren Abneigung gegen das Schuschnigg-Regime man raffiniert auszunutzen versuchte. Die Wiederindienststellung von 1934 gemaßregelten Februarkämpfern und die Verfolgung von Repräsentanten des „Ständestaates" wurde propagandistisch ausgeschlachtet[125]. Die von der NS-Propaganda bewusst eingesetzten Ja-Aufrufe von sozialdemokratischen Politikern und Funktionären bei der Volksabstimmung am 10. April 1938 sind ebenfalls in diesem Zusammenhang zu sehen. Die von Gerhard Botz als „negative Sozialpolitik"[126] qualifizierten antijüdischen NS-Maßnahmen – wie die Verteilung jüdischer Geschäfte, Wohnungen und Arbeitsplätze – kamen zu einem Teil auch Arbeitern zugute und machte diese tendenziell zu Komplizen des Systems. Mehr noch als jede Sozialdemagogie wirkten sich die innerhalb weniger Monate vor sich gehende Überwindung der jahrelangen Arbeitslosigkeit, vor allem durch den Aufbau einer Rüstungs- und Schwerindustrie, sowie die propagandistisch ausgeschlachteten Anfangserfolge im Zweiten Weltkrieg zugunsten des NS-Regimes aus. Noch kaum erforscht ist, ob bzw. in welchem Ausmaß die „Untermenschen-Herrenmenschen"-Ideologie, die hinsichtlich der zu Millionen ins Land gebrachten „Fremdarbeiter", Kriegsgefangenen und KZ-Zwangsarbeiter zur Anwendung kam, bei den deutschen bzw. österreichischen Arbeitern griff. Jedenfalls ist nachgewiesen, dass die deutsche (und österreichische) Arbeiterschaft von dieser Sklavenwirtschaft bzw. von der Ausplünderung der besetzten Gebiete Europas profitierte.[127]

Auf der anderen Seite einer solchen Bilanz stehen die individuelle und kollektive Entrechtung der Arbeiter, insbesondere durch die totale Unterordnung innerhalb eines Unternehmens („Führerprinzip" im Betrieb), Ausschaltung jeder politischen und gewerkschaftlichen Organisation, Beseitigung der freien Arbeitsplatzwahl u. a., zunehmende Militarisierungsmaßnahmen, ebenso diverse soziale und wirtschaftliche Verschlechterungen, die vom Krieg verursachten Einschränkungen und Leiden und schließlich die bis zum äußersten gesteigerten, alle „Volksgenossen" betreffenden terroristischen Repressionsmaßnahmen, wie z. B. Todesstrafandrohung für defätistische Äußerungen oder für Schwarzhandel. Die Durchdringung der Arbeiterschaft mit faschistischem Gedankengut war zeitlich, regional und generationsmäßig sehr verschieden, und ihr Ausmaß ist Gegenstand wissenschaftlicher Diskussion[128]. In Bereichen, wo sich jahrzehntelang organisatorische Strukturen, ja Lebensmilieus herausgebildet hatten (Industrie, Bergbau, Kommunalbetriebe), waren Resistenz, Opposition und Widerstand weitaus stärker als in den neu geschaffenen Großindustrien mit ihrem geringen Stammarbeiter- und hohen „Fremdarbeiter"anteil.[129]

Sozialistischer Widerstand

Organisierter Widerstand

Der sozialistische Widerstand gegen das NS-Regime hatte seine Wurzeln in der Zeit des Austrofaschismus 1934 bis 1938, als die Revolutionären Sozialisten vier Jahre lang dem Dollfuß-Schuschnigg-Regime Widerstand leisteten. Nach der Niederlage der österreichischen Sozialdemokratie im Bürgerkrieg im Februar 1934 und dem Verbot der SDAP und aller anderen sozialdemokratischen Organisationen hatten sich nach einer Phase der Neuorientierung, als nicht wenige enttäuschte Sozialisten zu den Kommunisten übertraten, die Revolutionären Sozialisten (RS) als Nachfolgepartei der SDAP formieren und durchsetzen können. Unterstützt von dem von Otto Bauer geleiteten Auslandsbüro österreichischer Sozialdemokraten (ALÖS) in Brünn hatten die RS in ganz Österreich ein starkes Netz an „illegalen", d. h. im Untergrund wirkenden, Organisationen aufgezogen, das von einem Zentralkomitee über Landesorganisationen bis zu Bezirksgruppen und Basiszellen reichte. Vor allem durch eine umfassende illegale Publizistik – Arbeiter-Zeitung, Flugschriften und -blätter, Streuzettel, Klebezettel, Plakate u. dgl. – wurden intensive politisch-propagandistische Aktivitäten entfaltet, die auch durch unzählige Verhaftungen, Verurteilungen durch Gerichte, Inhaftierungen in Anhaltelagern wie Wöllersdorf und berufliche und andere Sanktionen seitens der austrofaschistischen Behörden nicht unterbunden werden konnten.[130]

Unter dem Eindruck der verheerenden Niederlage im Februar 1934 und des Scheiterns der österreichischen Demokratie hatten sich die RS radikalisiert und propagierten den revolutionären Sturz der austrofaschistischen Diktatur. Angesichts der dramatischen NS-Bedrohung Österreichs im März 1938 stellten die RS ihre Vorbehalte gegen den „Ständestaat" zurück, unterstützten die Regierung Schuschnigg bei der geplanten Volksbefragung und riefen ihre Anhänger zum Ja-Stimmen (für Österreichs Unabhängigkeit) auf.[131]

Obwohl die Sozialisten also schon vier Jahre im Untergrund wirkten, über konsolidierte illegale Kader verfügten und große konspirative Erfahrungen gewonnen hatten, bedeutete der März 1938 einen tiefen politischen und organisatorischen Einschnitt. In Erkenntnis der ungleich schärferen Verfolgungsmaßnahmen des Naziregimes hatte das Zentralkomitee der Revolutionären Sozialisten die Weisung ausgegeben, alle Aktivitäten für drei Monate einzustellen. Diese Einstellung der Parteiführung sowie die Verhaftung vieler SozialistInnen und die erzwungene Flucht oder Auswanderung belasteter FunktionärInnen führten zu einem organisatorischen Niedergang.

Angesichts des immer wieder gegen die Sozialdemokratie ins Treffen geführten Verhaltens Karl Renners – der bei seinem Ja zum „Anschluss" im Übrigen betonte, nur für sich und nicht für seine Gesinnungsfreunde zu sprechen[132] – muss hervorgehoben werden, dass das ZK der RS in einer gemeinsamen Erklärung mit dem ZK der KPÖ gegen die Annexion Österreichs durch das Dritte Reich protestierte und zum Nein-Stimmen bei der „Volksabstimmung" vom 10. 4. 1938 aufrief[133]. Über das Verhalten von Sozialisten und Schutzbündlern zum NS-Plebiszit berichtete der Inspekteur der Sicherheitspolizei in Wien am 28. 3. 1938:

„Wegen der Beflaggung wird anheim gestellt, die Fenster nicht zu schmücken. Besonders bei der Wahl am 10. April 1938 ist darauf zu sehen, dass die ausländischen Vertreter viele Fenster ohne jeden Schmuck sehen. Damit soll die offene Ablehnung Hitlers dokumentiert werden. Für den Wahltag selbst ist alles daran zu setzen, dass möglichst viele Stimmen gegen den Anschluss sind."[134]

In dieser Phase konnten einzelne noch relativ glimpflich davon kommen. So wurde der Kanalarbeiter Ignaz Markisch am 31. 12. 1938 festgenommen, weil er – laut Gestapobericht – „das Lied der sozialdemokratischen Arbeiterjugend ‚Wir sind jung und das ist schön' sang und sich äußerte: ‚Ich bin ein Roter und bleibe ein Roter'". Nach erkennungsdienstlicher Behandlung durch die Gestapo Wien wurde er nach kurzer Haft und vermutlicher Verwarnung frei gelassen.[135]

Für die Organisierung des sozialistischen Widerstandes in dieser ersten Phase war es besonders verhängnisvoll, dass ein führender Funktionär, der ehemalige Sportredakteur der Arbeiter-Zeitung Hans Pav, zum Verräter wurde. Der deswegen 1947 zu 15 Jahren Kerker verurteilte Pav war wie andere RSler im März 1938 verhaftet worden und hatte sich unter dem psychischen Druck der Gestapo bereit erklärt, Spitzeldienste zu leisten. Als Agent provocateur trat Pav mit vielen Genossen zwecks Aufbaues der RS in Verbindung und traf sich mit RS-Funktionären im Ausland. Seinem Wirken fiel die gesamte zentrale RS-Organisation zum Opfer.[136] Unter diesen befand sich auch die am 30. 5. 1938 von der Gestapo festgenommene Käthe Leichter, ehemalige Leiterin der Frauenabteilung der Wiener Arbeiterkammer, die ihre betagte Mutter nicht allein in Wien zurücklassen wollte. Nach Einstellung eines Hochverratsverfahrens wurde sie – gemeinsam mit der RS-Funktionärin Friederike Nödl und der hilfsbereiten Gefangenenaufseherin Pauline Nestler – am 14.10. 1939 vom Landgericht Wien zu 7 Monaten schweren Kerker verurteilt und nach Rücküberstellung zur Gestapo Wien im Dezember 1939 in das KZ Ravensbrück überstellt. Käthe Leichter, eine der herausragendsten Frauenpersönlichkeiten der österreichischen Sozialdemokratie, wurde im Zuge der Aktion „14f13" im März 1942 in der NS-Euthanasieanstalt Bernburg vergast.[137]

Darüber hinaus dezimierten von Berlin angeordnete zentrale Verhaftungsaktionen die Kader der illegalen sozialistischen Bewegung. In einem Fernschreiben der Gestapo Wien an den Chef der Sicherheitspolizei Heydrich vom 30. September 1938 wurde die beabsichtigte Festnahme von 80 mittleren und höheren Funktionären sowie von 150 weiteren „illegal Tätigen" angekündigt.[138] Nach vorangegangener Ausspähung und Beobachtung fand in der Woche vor dem Ausbruch des Zweiten Weltkriegs eine weitere umfassende Verhaftungsaktion statt. Laut Bericht der Gestapo Wien vom 3. September 1939 wurden am 22. August 1939 47 Funktionäre der RS festgenommen.[139]

Unter den Festgenommenen befand sich auch der Gewerkschaftsfunktionär und nachmalige Zweite Präsident des Nationalrats, Friedrich Hillegeist (geb. 21. 2. 1895), der am 3. 3. 1938 eine Delegation von Vertretern der illegalen Freien Gewerkschaften geleitet hatte, die Bundeskanzler Schuschnigg – erfolglos – eine Kooperation bei der Bekämpfung der NS-Bedrohung angeboten hatte. Er war vom 12. 3. bis Ende Juni 1938 in Wien, vom 1. 9. 1939 bis Ende April 1940 im KZ Buchenwald und nach dem Hitlerattentat 1944 erneut ein Monat in Haft. Im November 1944 erhielt Hillegeist einen Stellungsbefehl, dem er sich durch Flucht nach Böhmen entziehen konnte.[140] Der gleichfalls wegen RS-Tätigkeit Ende August 1939 verhaftete und nach Buchenwald überstellte Spitalsangestellte Alfred Drechsler (geb. 30. 11. 1903) wurde nach seiner Entlassung aus dem KZ zur Wehrmacht einberufen und fiel am 22. 11. 1941 in der Sowjetunion. Der im April 1940 nach Dachau gebrachte Finanzangestellte Franz Buchta (geb. 2. 10. 1901) erlebte die Befreiung.[141]

Eine der wichtigsten Frauenpolitikerinnen der österreichischen Sozialdemokratie war unter den Ende August 1939 festgenommenen RS-FunktionärInnen, Rosa Jochmann (geb. 19. 7. 1901). Sie gehörte seit 1933 dem Parteivorstand der SDAP an, betätigte sich in der „Illegalität" von 1934 bis 1938 in führenden Funktionen für die RS und war in dieser Zeit mehrfach inhaftiert. Sie setzte ihre politische Aktivität auch nach dem März 1938 fort und betätigte sich in der SAH. In dem von Heydrich unterfertigten Schutzhaftbefehl des Gestapa Berlin vom 14. 12. 1939 wird die „Schutzhaft" damit begründet, dass sie „dringend verdächtig ist, sich auch heute noch im marxistischen Sinne zu betätigen und bei Freilassung zu der Befürchtung Anlass gibt, ihr staatsfeindliches Treiben fortzusetzen". Im März 1940 wurde Rosa Jochmann in das Frauenkonzentrationslager Ravensbrück überstellt, wo sie bis zur Befreiung 1945 in Haft blieb. Als „Blockälteste" erwarb sie sich einen legendären Ruf, weil sie sich unerschrocken für ihre Mitgefangenen einsetzte und deswegen mehrfach Bestrafungen auf sich nahm. In der Zweiten Republik war Rosa Jochmann Abgeordnete zum Nationalrat, bekleidete wichtige Funktionen in der SPÖ

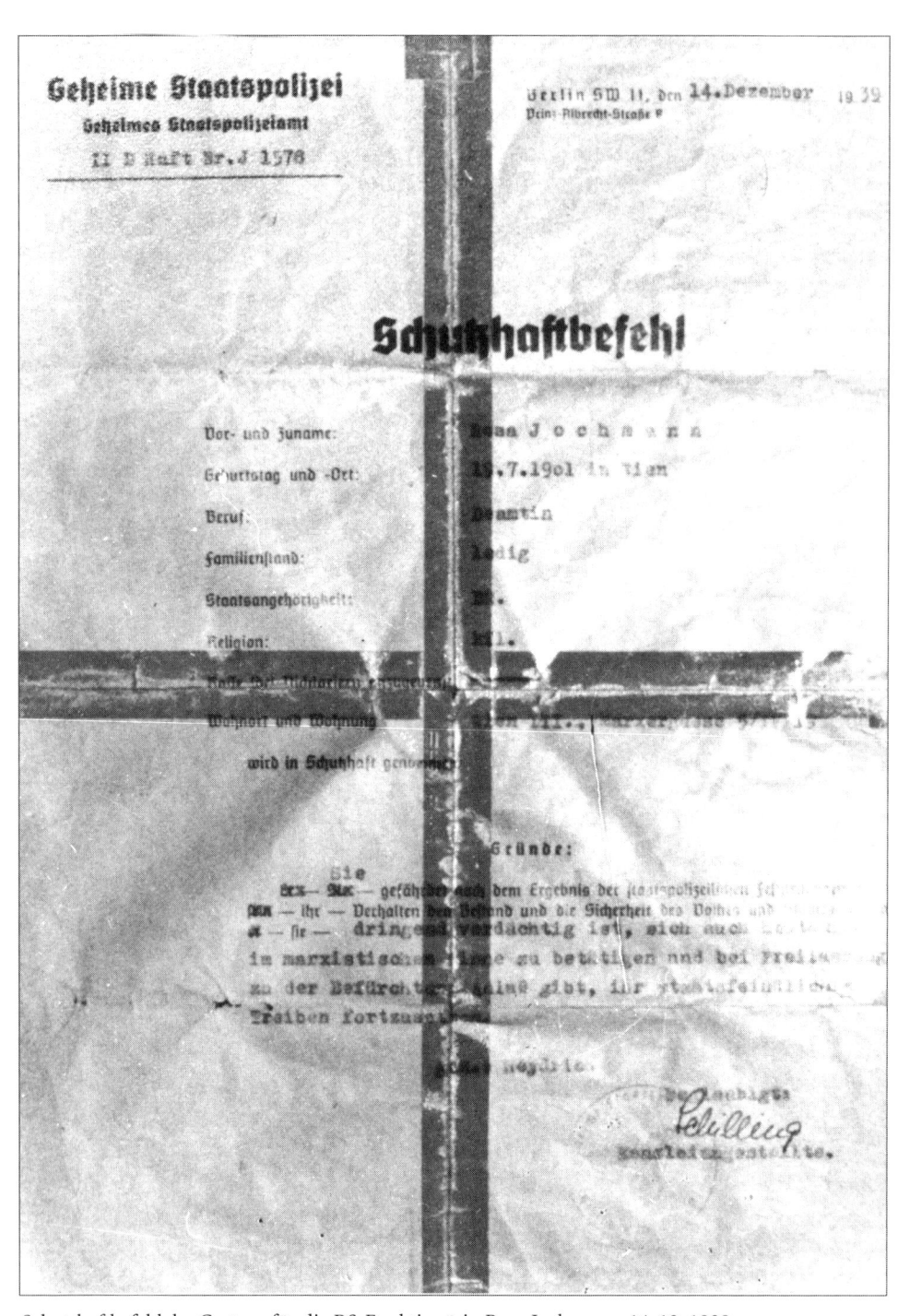

Schutzhaftbefehl des Gestapa für die RS-Funktionärin Rosa Jochmann, 14. 12. 1939

(Frauenvorsitzende, stellvertretende Parteivorsitzende) und war von 1948 bis zu ihrem Tod am 28. 1. 1994 Vorsitzende des Bundes Sozialistischer Freiheitskämpfer und Opfer des Faschismus.[142]

Die von der Gestapo festgenommenen Regimegegner wurden zunächst verhört und vielfach gefoltert, um weitere Namen von WiderstandskämpferInnen herauszupressen und Geständnisse zu erzwingen. Ein bislang nicht identifizierter Gestapo-V-Mann mit dem Decknamen „Edi" lieferte zahlreiche RS-Funktionäre der Gestapo ans Messer. Der erst vor einigen Jahren als (bezahlter) V-Mann der Gestapo enttarnte ehemalige Landeshauptmannstellvertreter des Burgenlandes, Dr. Ludwig Leser, stand zwar mit RS-Funktionären im Ausland in Verbindung; aus seinen sehr allgemein gehaltenen Berichten an die Gestapo geht aber nicht hervor, dass dadurch Personen zu Schaden kamen.[143] Auch in die Gruppe Revolutionärer Sozialisten um den 1906 geborenen Schlossergehilfen Paul Grabatsch wurde bereits 1940 ein Gestapospitzel eingeschleust. Grabatsch wurde am 13. 1. 1943 festgenommen und befand sich bis Kriegsende im KZ Dachau in Haft.[144]

Die weiter aktiven RSlerInnen konzentrierten ihre Tätigkeit auf die Unterstützung von Angehörigen von Verfolgten, und die schon 1934 bestehende Unterstützungsaktion ‚Sozialistische Arbeiterhilfe' (SAH) – Gegenstück zur kommunistischen ‚Roten Hilfe' – wurde gleichsam zum Ersatz für die Parteiorganisation. Der erste Prozess des Volksgerichtshofes in Wien am 9. Juni 1939, über den der Völkische Beobachter auf der Titelseite berichtete, richtete sich gegen die Führungsspitze der SAH.[145]

Eine zweite Führungsgarnitur, welche die SAH neu aufbaute und mit der Auslandsvertretung der Sozialisten in Brünn bzw. Paris Verbindungen unterhielt, wurde im Juli 1939 von der Gestapo ausgehoben. Das Oberlandesgericht Wien stellte im Urteil fest, dass schon die Sammlung von Geldern zur Unterstützung von inhaftierten Gesinnungsfreunden den Tatbestand des Hochverrats erfülle. Wie wenig es den Gerichten in diesen Prozessen auf den Unterschied zwischen Sozialisten und Kommunisten ankam, geht gerade aus diesem Urteil hervor, in dem es heißt, der RS-Funktionär Pfannenstiel habe nach Verhaftung „seiner kommunistischen Gesinnungsfreunde Holoubek, Moik und Nödl […] deren kommunistische Tätigkeit fortgesetzt".[146] Franz Pfannenstiel (geb. 6. 4. 1902), Mitarbeiter der Wiener Leitung der RS, wurde am 20. 1. 1940 wegen „Vorbereitung zum Hochverrat" zu 2 Jahren 3 Monaten Zuchthaus verurteilt und anschließend in das KZ Dachau überstellt. 1944 zu einer militärischen Strafeinheit eingezogen, lief er mit anderen KZ-Häftlingen zur Roten Armee über, kam in sowjetische Kriegsgefangenschaft und starb an den Folgen der Haft und der Gefangenschaft. Der gleichfalls am 22. 8. 1939 festgenommene und auch wegen „Vorbereitung zum Hochverrat" angeklagte RSler Hans

Gmeiner (geb. 18. 10. 1886) starb am 21. 7. 1940 im Inquisitenspital des Landesgerichts Wien. In der Anklageschrift des Generalstaatsanwalts Wien vom 13. 6. 1940 wird über seine Tätigkeit folgendes ausgeführt:

„Bei der in seiner Wohnung vorgenommenen Hausdurchsuchung wurde unter anderem ein Paket verschiedener sozialistischer Flugblätter und Flugschriften sowie 25 Exemplare der Broschüre ‚Der Kampf. Internationale Revue Nr. 1 vom Jänner 1938' vorgefunden. […]

Gmeiner hat durch die Aufrechterhaltung seiner Verbindung mit leitenden RS-Funktionären – denn anderenfalls hätte er bestimmt keine Geldunterstützung erhalten – und Verfassung von antinationalsozialistischen ‚Stimmungsberichten' […] die hochverräterische Tätigkeit der RS sowie ihren Zusammenhalt unterstützt und gefördert."[147]

Im Übrigen verliefen die Strafverfahren in den ersten Jahren für die Betroffenen relativ glimpflich, was freilich kein allzu großer Vorteil war; denn in der Regel kamen die Verurteilten nach der Strafverbüßung in Konzentrationslager. So wurde der Werkzeugmacher Josef Nagl aus Perchtoldsdorf (geb. 12. 7. 1898) auf Grund seiner Betätigung für die Sozialistische Arbeiterhilfe am 6. 11. 1940 wegen „Vorbereitung zum Hochverrat" zu 1 Jahr 6 Monaten Gefängnis verurteilt und im Dezember 1941 nach Auschwitz überstellt, wo er am 29. 6. 1942 umkam.[148]

Nur wenige hatten wie der sozialistische Jugendfunktionär Bruno Kreisky oder der alte Sozialdemokrat Wilhelm Ellenbogen das Glück, von den NS-Behörden die Genehmigung zur Ausreise zu erhalten.

Viele SozialistenInnen sind in den Gefängnissen und Lagern Nazideutschlands zugrunde gegangen, unter anderen die Nationalratsabgeordneten Anton Falle, Karl Klimberger, Johannes Paul Schlesinger, Robert Danneberg und Viktor Stein, die Schutzbundführer Alexander Eifler und Richard Bernaschek, die Rechtsanwälte Heinrich Steinitz und Oswald Richter, die Jugendfunktionäre Otto Felix Kanitz, Roman Felleis, Hans und Steffi Kunke sowie die Frauenfunktionärin Käthe Leichter.[149]

Glück hatte auch Joseph Buttinger, von Jänner 1935 bis zum März 1938 Vorsitzender des Zentralkomitees der Revolutionären Sozialisten (RS), also des Führungsgremiums der illegalen sozialistischen Partei. Auch nach der Flucht nach Paris im März 1938 wirkte er weiter als Vorsitzender der damaligen Auslandsvertretung der österreichischen Sozialisten (AVÖS), bis zu deren Auflösung 1941 in den USA. Der 1906 geborene, aus ärmsten Verhältnissen aus Oberösterreich stammende Buttinger war – nach Absolvierung der Arbeiterhochschule, der sozialdemokratischen Kaderschmiede – bis 1934 Parteisekretär der sozialdemokratischen Partei in St. Veit an der Glan. Nach dem Februar 1934 schloss er sich den RS an, übersiedelte nach Wien und

Die US-Staatsbürgerin Dr. Muriel Gardiner, Kurierin der RS und Ehefrau des RS-Führers Joseph Buttinger

stieg bald in die Führungsgruppe auf. In Wien lernte er seine spätere Frau, die US-amerikanische Multimillionärin Muriel Gardiner, die in Wien Medizin und Psychoanalyse studierte, kennen. Ihr Haus auf der Sulzer Höhe im Wienerwald wurde zu einem von der Polizei niemals ausgeforschten konspirativen Zentrum der RS.

Von besonderer Wichtigkeit war Muriel Gardiners Rolle nach dem März 1938. Diese – laut VGH-Urteil – „eifrige marxistische Agentin" half zahlreichen gefährdeten Antifaschisten durch falsche Pässe, Affidavits und finanzielle Unterstützung zur Ausreise, kam mehrfach nach Österreich zurück und stellte auch Gelder für die illegale Parteiarbeit der Sozialisten in den Bundesländern zur Verfügung.[150] Ihr besonderes Verdienst war, dass sie gemeinsam mit ihrem Ehemann unter Einsatz ihres Vermögens und aller ihrer Beziehungen, zahlreichen in Frankreich befindlichen Sozialisten und deren Familien die Einreise in die USA ermöglichte und damit deren Leben rettete.[151]

Joseph Buttinger kehrte nach 1945 nicht nach Österreich zurück, half aber in der Nachkriegszeit durch Lebensmittelpakete vielen Freunden in schwieriger Lage. Mit seiner rückhaltlos kritischen Abrechnung in seinem Buch „Am Beispiel Österreichs"[152] – eine meisterhafte Mischung von Autobiographie und geschichtlicher Darstellung – machte er sich bei seinen einstigen Genossen keine Freunde – das Buch war in SPÖ-Kreisen geradezu geächtet. Seine große wissenschaftliche Bibliothek in New York schenkte Buttinger der Klagenfurter Universität; ein Teil seines schriftlichen Nachlasses kam an das DÖW, wo die Familie einen Mary und Joseph Buttinger-Fonds stiftete.

Die rigorosen Verfolgungsmaßnahmen und das Abreißen der Verbindungen zu den Exilgruppen nach dem Kriegsausbruch 1939 führten dazu, dass der sozialistische Widerstand in einzelne, voneinander isolierte Gruppen zerfiel. Es stellte sich heraus, dass unter den terroristischen Bedingungen des NS-Regimes die Organisation einer zentral geleiteten, das ganze Land umspannenden Partei nicht aufrechtzuerhalten war; wo dies, wie bei den Kommunisten, versucht wurde, gab es gigantische Verluste. Einzelne sozialistische Funktionäre wie Felix Slavik oder Alfred Migsch unternahmen Versuche zum Neuaufbau von Organisationen. Slavik nahm 1939 auch Kontakte mit katholischen und monarchistischen Kräften um Prälat Jakob Fried auf, mit denen er 1943 vor den Volksgerichtshof kam. Alfred Migsch knüpfte ab Herbst 1942 Verbindungen mit ehemaligen sozialistischen Jugendfunktionären (Ludwig Kostroun, Franz Pfeffer, Karl Mark) an, und arbeitete im Laufe des Jahres 1943 eng mit der weit verzweigten prokommunistischen Widerstandsgruppe „Anti-Hitler-Bewegung Österreichs" (um den slowenischen Kommunisten Karl Hudomalj) zusammen, die die illegale Zeitschrift „Wahrheit" herausgab. Als die Gruppe 1943 von der Gestapo zerschlagen wurde, kam Migsch in das KZ Mauthausen.

Eine größere RS-Gruppe (um Johann Cäsar) war in Wien-Meidling aktiv; sie wurde Anfang 1943 von dem zum V-Mann der Gestapo gewordenen RSler Max Vozihnoj verraten.[153] Die Näherin Helene Gabriel (geb. 27. 7. 1895) wurde in „Fortführung der Aktion gegen die Bezirksorganisation der RS" am 3. 2. 1943 festgenommen und in das KZ Ravensbrück gebracht. Im Tagesbericht der Gestapo Wien vom 29.–31. 10. 1943 wird über ihre Tätigkeit folgendes berichtet:

„G. hat seit dem Jahre 1939 bis zu ihrer Festnahme die Funktion einer Kassiererin der RS innegehabt und in dieser Zeit an die inzwischen festgenommene Kassenverwahrerin der Bezirksorganisation der RS, Anna Krejci, monatlich einkassierte Mitgliedsbeiträge bis zu 150.- RM übergeben. Außerdem hat sie selbst Angehörige inhaftierter Marxisten unterstützt."

Von den weiterexistierenden sozialistischen Widerstandsgruppen war die von dem 1944 hingerichteten Wiener Hauptschullehrer Dr. Johann Otto Haas am bedeutendsten. Sie hatte bis zu ihrer Aufdeckung im Juli 1942 Stützpunkte in Wien, Salzburg, Tirol und bei den Eisenbahnern sowie in Süddeutschland. Die Anschuldigung des Volksgerichtshofs, dass Haas der „Kopf der Revolutionären Sozialisten für das Großdeutsche Reich" gewesen sei, ist zwar übertrieben, doch stand er tatsächlich in enger Verbindung mit der den RS nahe stehenden deutschen Widerstandsgruppe „Neu Beginnen" und dem im Ausland wirkenden bayrischen Sozialdemokraten Waldemar von Knoeringen. Die gemeinsame Organisation sowie verschiedene Artikel lassen darauf schließen, dass auch diese Gruppe eine gesamtdeutsch-revolutionäre Position hatte.[154] Johann Otto Haas (geb. 6. 1. 1906) wurde am 20. 7. 1942 verhaftet, am 15. 12. 1943 vom Volksgerichtshof wegen „Vorbereitung zum Hochverrat" zum Tode verurteilt und am 30. 8. 1944 im Landesgericht Wien hingerichtet. Seine Mutter Philomena Haas (geb. 4. 7. 1881, bis 1934 Funktionärin und Mandatarin der Sozialdemokratischen Arbeiterpartei) wurde am 23. 9. 1942 wegen Verdachts, die „staatsfeindlichen Bestrebungen ihres Sohnes durch aktive Mitarbeit gefördert zu haben", festgenommen und am 15. 12. 1943 wegen „Vorbereitung zum Hochverrat" und „Rundfunkverbrechens" zu 4 Jahren Zuchthaus verurteilt. Sie befand sich bis 12. 2. 1945 in Haft.

Gestapofoto des hingerichteten RS-Funktionärs Dr. Johann Otto Haas, 24. 7. 1942

Der zur RS-Gruppe um Haas gehörende Lehrer Eduard Göth aus Hinterbrühl (geb. 3. 2. 1898) wurde am 7. 8. 1942 verhaftet, am 15. 12. 1943 vom Volksgerichtshof wegen „Vorbereitung zum Hochverrat" zum Tode verurteilt und am 13. 3. 1944 im Landesgericht Wien hingerichtet. In einem aus dem Gefängnis geschmuggelten Kassiber schrieb er am 3. 2. 1943 an seine Familie:

„Weil ich mich zur Gewaltlosigkeit bekannt habe, muss ich sterben. Darum klage ich an: 1) Adolf Hitler, 2) Gestapo, Zimmer 223. Hier wurde ich genötigt, Protokolle mit Bekenntnissen, die nicht der Wahrheit entsprachen, zu unterschreiben."

Über die Tätigkeit von Franziska Prätorius (geb. 21. 9. 1899), die gemeinsam mit ihrem Mann Friedrich am 1. 12. 1942 festgenommen und am 15. 12. 1943 wegen „Vorbereitung zum Hochverrat" zu 2 Jahren Zuchthaus verurteilt wurde, berichtete die Gestapo im Tagesbericht vom 1.–3. 12. 1942:

„Das Ehepaar Prätorius hat seit vielen Jahren mit dem bereits festgenommenen Spitzenfunktionär der RS Dr. Johann Otto Haas Verbindung unterhalten. Ferner stellte Prätorius seine Wohnung als Anlaufstelle und Deckadresse für Dr. Haas und andere Funktionäre der RS zur Verfügung. Die Ehefrau des P. war als Kurierin innerhalb der RS-Organisation in Aussicht genommen. Friedrich P. wurde von Dr. Haas mit einem Funktionär der RS aus Berlin zusammengeführt."

Auch die „Nichtanzeige" eines „hochverräterischen" Unternehmens, also die Unterlassung der Denunziation von Freunden und Angehörigen, genügte zur Bestrafung durch die NS-Justiz. So wurde der Reichsbahnangestellte Richard Freund (geb. 25. 11. 1891), der letzte Obmann der Freien Gewerkschaft der Eisenbahner und Leiter der verbotenen Organisation 1934 bis 1938, der 1939 in Verbindung zu einer RS-Gruppe in Salzburg gestanden war, am 17. 5. 1943 von der Gestapo festgenommen und am 9. 2. 1944 vom Volksgerichtshof wegen „Nichtanzeige eines hochverräterischen Vorhabens" zu 3 Jahren Gefängnis verurteilt. Im selben Gerichtsverfahren wurde auch der Eisenbahner Andreas Thaler aus Perchtoldsdorf (geb. 24. 9. 1895), der die Verbindung zur Salzburger RS-Gruppe hergestellt hatte, gleichfalls zu drei Jahren Gefängnis verurteilt. Ein weiterer Eisenbahner, Karl Dlouhy (geb. 12. 7. 1902), wurde wegen „Vorbereitung zum Hochverrat" zu vier Jahren Zuchthaus verurteilt. Alle drei blieben bis Kriegsende inhaftiert. In der Anklageschrift des Oberreichsanwalts beim VGH vom 26. 10. 1943 wurde die „hochverräterische" Ausrichtung der RS im Sinne der NS-Ideologie charakterisiert:

„Die Angeschuldigten erstrebten als ‚Revolutionäre Sozialisten', worauf allein schon diese Bezeichnung eindeutig hinweist und wie von ihnen selbst offenbar auch gar nicht in Abrede gestellt werden soll, den Sturz der nationalsozialistischen Reichsregierung. Darüber hinaus ist aber auch erwiesen, dass sie, insbesondere seit Beginn des Krieges, das Auftreten politischer und wirtschaftlicher Schwierigkeiten und damit eine Schwächung der Reichsgewalt erhofften und für diesen Fall planten, in einem ihren Absichten günstigen Zeitpunkt der nationalsozialistischen Regierung auch mit Mitteln der Gewalt die Macht zu entreißen und im revolutionären Kampf die Herrschaft zu ergreifen. Um für diesen Zeitpunkt, dessen Herannahen sie stimmungsmäßig im Volke nach Möglichkeit zu beschleunigen bemüht waren, organisatorisch vorbereitet zu sein, nämlich vor allem für die später aufzustellenden Massenorganisationen die geeignete Führerschaft an der Hand zu haben, suchten sie den Zusammenhalt unter den alten Gesinnungsgenossen aufrechtzuerhalten."[155]

Infolge Fehlens eigener Organisationen betätigten sich viele ehemalige Sozialdemokraten und RSler in meist von Kommunisten initiierten und geleiteten Widerstandsgruppen in Betrieben, deren Angehörige von Gestapo und Gerichten durchwegs als „Kommunisten" abgeurteilt wurden. Diese vornehmlich in Ostösterreich (Wien, Obersteiermark) vorhandenen Betriebswiderstandsgruppen konnten sich auf die Solidarität vieler Betriebsangehöriger stützen und waren – zumindest zahlenmäßig – die stärkste Kraft im österreichischen Widerstand. Gerade daraus wird ersichtlich, dass die traditionellen Kernschichten der Arbeiterschaft sich wohl am meisten von allen Bevölkerungsschichten (abgesehen von homogenen Kleingruppen wie Priestern und Ordensangehörigen) gegenüber NS-Einflüssen resistent zeigten.[156]

An dieser Stelle ist auch darauf zu verweisen, ohne dass dies näher ausgeführt werden kann, dass österreichische Sozialisten auch außerhalb des Landes, in den Konzentrationslagern, im militärischen Bereich, auf der Seite der alliierten Streitkräfte, in besetzten Exilländern, etwa in Frankreich, Belgien und Jugoslawien, Widerstand leisteten. Auch unter den rund 1400 österreichischen Freiwilligen, die von 1936 bis 1939 an der Seite der Spanischen Republik gekämpft hatten, waren die meisten von ihnen ehemalige Sozialdemokraten und Schutzbündler.[157]

Die gesamtdeutsche Linie, „die Umwandlung des bestehenden nationalsozialistischen in ein sozialistisches Deutschland" („Brüsseler Resolution" vom April 1938), die von den sozialistischen Exilgruppen lange Zeit vertreten wurde, war im Wesentlichen auch für die sozialistischen Widerstandsgruppen maßgeblich.[158] Bezeichnenderweise fehlt in den Anklagen gegen Sozialisten die gegen Kommunisten und Monarchisten stets erhobene Beschuldigung der „Losreißung der Alpen- und Donaugaue vom Reich". Erst im Lauf des Krieges und besonders nach der Moskauer Deklaration, in der die Unabhängigkeit Österreichs zum alliierten Kriegsziel erklärt wurde, erfolgte ein Umdenken.

Hatten die meisten Angehörigen der RS traditionelle politische Widerstandsformen wie Bildung von Organisationen, Nachrichtenübermittlung, Verfassen von politischen Programmen und Flugschriften betrieben, so kämpfte der Tiroler Sozialist Hubert Mayr (geb. 28. 11. 1913) als Patriot und Partisan mit der Waffe in der Hand für die Befreiung seines Landes. Nach der Teilnahme am Spanischen Bürgerkrieg und einer Lagerhaft in Frankreich meldete er sich in der britischen Armee für einen Kampfeinsatz in Österreich. Während seiner militärischen Ausbildung hatte er in einem 20. Mai 1944 verfassten Brief an Dr. Oskar Pollak, den Vertreter des London Bureaus der österreichischen Sozialisten, mit der großdeutschen Politik seiner Partei abgerechnet und ein glühendes Bekenntnis zur Freiheit und Unabhängigkeit Österreichs abgelegt:[159]

Der 1945 gefallene Partisan und vormalige Spanienkämpfer Hubert Mayr, in britischer Uniform, 1944

„Ich [...] weiß aber, dass besonders Du bis in die allerletzte Zeit eine Idee vertreten hast, die ich als unhaltbar und verhängnisvoll, sowohl für Österreich und seine Befreiung, als auch für die Partei selbst halte. Vielleicht kannst Du Dich erinnern, dass ich wegen derselben Sache bereits von Spanien aus, und später in Frankreich, mit Korn eine Auseinandersetzung hatte. Ich beugte mich damals dem Mehrheitsbeschluss des Pariser Büros, ohne mich aber innerlich damit abfinden zu können, denn ich kannte ja nicht die Einstellung der Österreicher im Lande. Nun hat sich aber auch das geändert. So wie jeder Soldat, der an der Front steht, habe auch ich des Öfteren Gelegenheit mit [...] österreichischen Kriegsgefangenen zu sprechen und ihre Meinungen zu hören, und ich kann Dir nur versichern, dass ich, mit Ausnahme vereinzelter Nazis, noch keinen Österreicher getroffen habe, der für einen Zusammenschluss mit Deutschland zu haben gewesen wäre. [...]

Nachdem Du einer der Hauptvertreter der großdeutschen Idee bist oder warst, richtet sich mein Angriff in erster Linie gegen Dich. Ich möchte jetzt wirklich einmal wissen, was Du an den verfluchten Piefkes gefressen hast, mit denen wir außer der Sprache doch wirklich nichts gemein haben, sondern im Gegenteil. Man kann die Sache drehen wie man will: ein Anschluss Österreichs an Deutschland ist ein unmögliches Monstrum, das für uns nie in Frage kommen kann, so lange wir nur einen Funken von Freiheitsgefühl in uns haben, ganz egal welche politische Struktur Deutschland hat."

Hubert Mayr wurde im Rahmen einer SOE-Operation Ende 1944 in Dellach im Drautal mit dem Fallschirm abgesetzt; seit Jänner 1945 gilt er als vermisst.[160]

Individuelle Widerstandshandlungen

Abgeschnitten von den wenigen streng konspirativen Organisationen versuchten nicht wenige Sozialisten, völlig auf sich allein gestellt, in der einen oder anderen Form Widerstand zu leisten. So hört z. B. der nachmalige Innenminister Josef Afritsch ausländische Rundfunksendungen ab, verbreitete deren Nachrichten und wurde wegen „Rundfunkverbrechen" zu zwei Jahren Zuchthaus verurteilt, konnte aber entkommen und sich bis Kriegsende versteckt halten.[161]

Die Medizinstudentin Ella Lingens (geb. 18. 11. 1908) und ihr Ehemann, der Unterarzt Dr. Kurt Lingens (geb. 31. 5. 1912) unterstützten untergetauchte Jüdinnen und Juden, die mit der polnischen Widerstandsbewegung in Verbindung standen. Wegen versuchter Fluchthilfe wurden beide am 13. 10. 1942 festgenommen und im Februar 1943 nach Auschwitz überstellt. Während Kurt Lingens zu einer militärischen Strafeinheit versetzt wurde, verblieb Ella Lingens bis zur Befreiung am 1. Mai 1945 in den KZ Auschwitz bzw. Dachau, wo sie als Häftlingsärztin ihren Mitgefangenen zu helfen versuchte. Das Ehepaar Lingens wurde später von Yad Vashem als „Gerechte der Völker" geehrt.

Gestapofoto der sozialistischen Widerstandskämpferin Dr. Ella Lingens, 15. 10. 1942

Im Tagesbericht der Gestapo Wien Nr. 5 vom 13.–15. 10. 1942 wird über ihre Aktivitäten berichtet:

„Dr. Ella Lingens wird beschuldigt, den bereits am 4. 9. 1942 in Feldkirch festgenommenen polnischen Juden Jakob Israel und Bernhard Israel Goldstein und deren Ehefrauen Pepi Sara G., geb. Mandelbaum und Helene Sara G., geb. Rapaport, die dringend verdächtig sind, der polnischen Widerstandsbewegung anzugehören, finanziell geholfen und bei ihren illegalen Ausreisebestrebungen unterstützt zu haben. Weiters konnte ihr nachgewiesen werden, dass ihr durch eine bisher noch nicht näher bekannte Person aus Polen wertvoller Schmuck überbracht wurde, um die Ausreise der Juden finanzieren zu können.

Ihrem Ehegatten [Kurt Lingens] wird zur Last gelegt, dass er an den Machenschaften seiner Ehefrau teilgenommen hat und sich überdies um die Haftgründe des im Militärgefängnis einsitzenden Inspektor des Wetterdienstes Dr. Johann Otto Haas erkundigt hat, wobei er durch Bernhard Goldstein der Auskunftsperson mitteilen ließ, für die Mitteilung jeden gewünschten Betrag zu zahlen."[162]

In diesem Zusammenhang wurde am selben Tag der ehemalige Rechtsanwalt Aladar Döry von Jobbahaza (geb. 5. 3. 1900) festgenommen, weil er Schmuck veräußerte, um die Flucht zu finanzieren. Bei seiner Festnahme „wurde in seiner Wohnung eine dort seit längerem verborgen gehaltene Jüdin aufgegriffen und dem Judensammellager überstellt". Er selbst wurde im Februar 1943 nach Auschwitz überstellt, wo er die Befreiung erlebte. Der gleichfalls von der Gestapo festgenommene Medizinstudent Karl Moteszicky (geb. 27. 5. 1904) hatte sein Haus in der Hinterbrühl als Versteck für die Flüchtlinge zur Verfügung gestellt.

Der Metallarbeiter Emil Lhotak (geb. 26. 1. 1896) und seine Frau Karoline (geb. 6. 8. 1892), beide ehemalige Mitglieder der sozialdemokratischen Partei, wurden am 9. 7. 1943 von der Gestapo wegen „judenfreundlichen Verhaltens" festgenommen, weil sie den ehemaligen sozialdemokratischen Abgeordneten Karl Klimberger unangemeldet bei sich beherbergten. Vom 28. 8. 1943 bis zur Befreiung durch die Alliierten war Emil Lhotak in den KZ Dachau und Natzweiler in Haft. Karl Klimberger (geb. 19. 11. 1878) überlebte die Deportation nach Auschwitz nicht; auch Karoline Lhotak kam um.[163]

Auch das öffentliche Bekennen als Sozialdemokrat, das Verwenden sozialistischer Symbole, das Singen von Arbeiterliedern, der Gruß „Freundschaft", jede Form von antinazistischen Äußerungen wurden von Gestapo und Sondergerichten verfolgt, und dieser „kleine Widerstand", wie ihn der Publizist Bruno Frei genannt hat, – Gerhard Botz spricht von „kollektiver Systemopposition" – war zahlenmäßig keineswegs klein.[164] Meist waren es ehemalige Funktionäre der sozialdemokratischen Partei, die trotz der unabsehbaren Sanktionen öffentlich ihre politische Einstellung bekundeten. Über einen früheren sozialdemokratischen Ortsparteichef von Niederabsdorf (NÖ), den Landwirt Franz Stella (geb. 4. 1. 1891), wird in einer Anzeige des Gendarmeriepostens Niederabsdorf vom 21. 2. 1940 ausgeführt:

„Franz Stella, Landwirt und ehemaliger Obmann der sozialdemokratischen Lokalorganisation in Niederabsdorf, hat am 21. 2. 1940 nach 14.00 Uhr im Gasthause des Josef Schweinberger in Niederabsdorf bei einer vom Betriebsbeamten Adolf Lukas der Zuckerfabrik Hohenau abgehaltenen Versammlung vor zirka 50 Rübenbauern im lächerlichen und provozierenden Sinne die Anordnungen des Generalfeldmarschall Göring bezüglich Erhöhung der Milch- und Butterpreise bemängelt. Weiters äußerte er, er war Sozialdemokrat, ist Sozialdemokrat und bleibe Sozialdemokrat. Dem Stella wurde vom Bürgermeister Josef Bernold das Wort entzogen."

Durch den frühen Zeitpunkt der Verurteilung, 4. 10. 1940, kam Stella mit zwei Monaten Gefängnis wegen „Vergehens nach dem Heimtückegesetz" davon. Der Maschinenschlosser Franz Lux (geb. 16. 8. 1890) wurde am 14. 12. 1939 vorübergehend in Haft genommen, weil „er sich wie folgt geäußert hatte: ‚Ich sch… auf die Partei, ich bin Sozialdemokrat'". Der Tischlergehilfe Emanuel Sedlaczek (geb. 12.10. 1891), laut Gestapobericht „ehemals sozialdemokratisch-gewerkschaftlich organisiert", der am 18. 10. 1940 festgenommen worden war, weil er eine öffentliche Versammlung der NSDAP durch Zwischenrufe gestört hatte, wurde am 18. 12. 1941 wegen „Vergehens nach dem Heimtückegesetz" zu 1 Jahr Gefängnis verurteilt. Der Wiener Straßenbahnbedienstete Franz Speihs (geb. 30. 5. 1898) wurde am 30. 4. 1940 festgenommen, weil er sich laut Tagesbericht der Gestapo Wien vom 3.–4. 5. 1940 folgendermaßen in einem Gasthaus geäußert hatte:

„Mich kann niemand überzeugen, ich bin kein Nationalsozialist und werde auch keiner werden. Ich bin und bleibe Barrikadenkämpfer von 1934. Ich werde mich nicht bekehren lassen, wenn der Umsturz kommen wird, werden wir kommen, und Ihr Gasthaus, in welchem nur Nationalsozialisten verkehren, krumm und klein schlagen."[165]

Den Bäckergehilfen Franz Staudinger (geb. 29. 10. 1897) nahm die Gestapo Wien am 29. 7. 1939 fest, „weil er nach dem Begräbnis des ehemaligen Schutzbundführers Wilhelm Swatosch sich von einigen Bekannten mit dem Gruß ‚Freundschaft' und Erheben der geballten Faust verabschiedet hatte". Er kam mit einer Verwarnung davon, wurde aber Mitte Dezember 1941 neuerlich festgenommen und am 7. 5. 1942 vom Sondergericht Wien wegen „Vergehens nach dem Heimtückegesetz" zu 9 Monaten Gefängnis verurteilt. Wegen des Grußes „Freundschaft", den die Gestapo als „marxistische Mundpropaganda" qualifizierte, wurde auch der im Heeresbekleidungsamt in Brunn am Gebirge tätige Schneidergehilfe Emmerich Kadanik, ein „langjähriges Mitglied der soz. Dem. Partei und Gewerkschaftskassier", am 11. 2. 1943 festgenommen.[166]

Dass diese „Mundpropaganda" für das Regime nicht ungefährlich war, wird aus dem Urteil des Sondergerichts Wien vom 14. 1. 1943 ersichtlich, mit dem der Reichsbahn-Sekretär Josef Klaus (30. 11. 1893) am 14. 1. 1943 wegen „Vergehens nach dem Heimtückegesetz" zu 18 Monaten Gefängnis verurteilt wurde:

„Der Angeklagte war seinen Kameraden von der Systemzeit her als überzeugter Sozialdemokrat bekannt. Trotzdem war er wegen seiner kameradschaftlichen Haltung auch bei den nationalsozialistisch eingestellten Beamten beliebt. […] Wenn ihm Vorgesetzte oder Arbeitskameraden wegen seiner ständigen Kritisiererei Vorstellungen machten, gab er zu erkennen, dass er Sozialdemokrat geblieben sei. So erklärte er […], er sei noch lange nicht von den guten Seiten des Nationalsozialismus überzeugt, er sei kein Farbenverdreher, die Konjunkturleute könne er nicht leiden.

[…] Um die gleiche Zeit [1942] besprach er auf dem Heimweg mit […] die Erhöhung der Dienstzeit und äußerte sich hierbei: ‚Die Erhöhung der Dienstzeit auf 56 Stunden, dabei weniger Lebensmittel, so kann es nicht weitergehen, in 3-6 Monaten ist der ganze Zauber vorbei. Das Ganze wird ja nur mehr mit propagandistischen Mitteln aufgehalten, um die Bevölkerung zu beruhigen, sonst wäre ein Zusammenbruch schon längst eingetreten.'"

In ähnlicher Weise hatte sich der am 22. 2. 1944 festgenommene Garagenmeister der Heeresstandortverwaltung Wien, Emanuel Gebauer (29. 12. 1894), verhalten. In der Anklageschrift des Generalstaatsanwalts Wien vom 4. 9. 1944 heißt es über ihn:

„Der Angeschuldigte Gebauer äußerte sich zu dem Gefreiten […], dass er Mitglied der SPÖ und seinerzeit wegen Betätigung für diese Partei eingesperrt gewesen sei. Er könne und wolle sich politisch nicht umstellen. Er schimpfte über die NSDAP, den Führer und Reichsmarschall Göring und sagte, dass die in Stalingrad gefangen genommenen Generale und Offiziere ein Komitee gebildet und die Aufmarschpläne der deutschen Kriegsführung den Russen verraten hätten. Deutschland gehe seiner Vernichtung entgegen."[167]

Den sozialdemokratisch eingestellten SS-Mann Ignaz Bramberger (geb. 10. 7. 1920) traf die volle Härte der NS-Justiz, obwohl die im Feststellungsbericht des SS- und Polizeigerichts vom 9. 3. 1942 inkriminierten Handlungen nicht schwerwiegender waren als die oben angeführten:

„Gelegentlich einer Revision auf Ungeziefer […] wurde bei ihm eine Halskette mit einem fünfzackigen Stern, der die Form eines Sowjetsternes hat, vorgefunden […] Bramberger gibt in seiner Vernehmung die ihm im Einzelnen vorgehaltenen staatsfeindlichen Äußerungen […] zum größten Teil zu. Nach seinen Angaben wollte er den beiden Legionsangehörigen gegenüber damit seine politische Einstellung zum Ausdruck bringen, weil er annahm, dass die Genannten dem Nationalsozialismus feindlich gegenüber stehen. Bramberger gibt zu, sozialdemokratisch eingestellt zu sein und den Nationalsozialismus zu verneinen. […] Dass Bramberger mit Zersetzungsaufträgen innerhalb der Waffen-SS von der illegalen sozialdemokratischen Partei beauftragt worden ist, bestreitet der Genannte und konnte ihm auch in seiner Vernehmung nicht nachgewiesen werden."

Dessen ungeachtet wurde er am 8. 12. 1942 wegen „Vorbereitung zum Hochverrat" in München zum Tode verurteilt.[168]

Infolge des sich immer mehr verschärfenden NS-Terrors beschränkten viele oppositionelle Sozialdemokraten ihre Kontakte mit Gesinnungsfreunden auf den engsten Kreis und verzichteten auf jede nach außen gerichtete Tätigkeit. Dabei spielte gewiss auch die gleichermaßen humanitäre wie opportunistische Überlegung, die Kader der Bewegung nicht in einen aussichtslos scheinenden Kampf aufzureiben, eine

Rolle. Anstelle fester Organisationen bildeten sich lose Freundeskreise – von der Gestapo als „Stammtischrunden" („harmlose rote Spießer")[169] ironisiert. Im Zusammenhang mit den Ereignissen des 20. Juli 1944 kam diesen meist aus bekannten Sozialdemokraten zusammengesetzten Kreisen eine nicht zu unterschätzende Bedeutung zu. Vertreter des deutschen Widerstandes versuchten mehrmals, österreichische Sozialdemokraten und Christlichsoziale zur Mitarbeit zu gewinnen, mussten aber zur Kenntnis nehmen, dass österreichischerseits der Wunsch nach Unabhängigkeit bereits stärker war als die Verbundenheit mit Deutschland. Der spätere Parteivorsitzende Adolf Schärf berichtet dies eindrucksvoll über sein Gespräch mit Wilhelm Leuschner, einem der führenden sozialdemokratischen Verschwörer.[170] Nach dem Scheitern des Anti-Hitler-Putsches wurden auch zahlreiche sozialdemokratische Funktionäre verhaftet, darunter Adolf Schärf, Johann Böhm, Theodor Körner und Karl Seitz; letzterer war in einem Fernschreiben aus Berlin am 20. Juli als politischer Beauftragter für den Wehrkreis XVII (Ostösterreich) genannt worden.[171]

Der frühere Wiener Bürgermeister Karl Seitz in Gestapohaft, März 1938

Während ein Teil der Verhafteten – z. B. der spätere Innenminister Oskar Helmer – nach kurzer Zeit wieder frei gelassen wurde, kamen andere in KZ. Der hoch betagte, ehemalige Wiener Bürgermeister und Parteivorsitzende (bis 1934) Karl Seitz (geb. 4. 9. 1869) war bis Kriegsende im KZ Ravensbrück inhaftiert. Karl Knapp (geb. 28. 11. 1888), vor 1934 sozialdemokratischer Bundesrat und geschäftsführender Obmann der Postgewerkschaft, starb am 4. 12. 1944 im KZ Dachau. Leopold Petznek (geb. 30. 6. 1881), ehemaliger Zweiter Präsident des niederösterreichischen Landtags, wurde am 20. 9. 1944 in das KZ Dachau überstellt, wo er bis Kriegsende in Haft blieb. Die mehrfach verhaftete ehemalige Nationalratsabgeordnete und nachmalige Vorsitzende der SPÖ-Frauen, Gabriele Proft (geb. 20. 2. 1879), wurde in das KZ-ähnliche Arbeitserziehungslager Oberlanzendorf (NÖ) überstellt.[172]

In der Endphase der NS-Herrschaft spielten diese vornehmlich dem rechten Flügel der Sozialdemokratie zuzuzählenden Kräfte wieder eine Rolle, da sie vielfach als Repräsentanten des sozialistischen Lagers überparteilichen Widerstandsgruppen, wie z. B. der O5, angehörten und nach dem Zusammenbruch als erste beim Wiederaufbau der sozialistischen Bewegung bzw. der staatlichen Verwaltung zur Stelle waren.[173]

Eine Reihe von Sozialisten betätigte sich in der überparteilichen Widerstandsgruppe Österreichische Freiheitsfront. So wirkte der Abteilungsleiter Robert Hutterer (geb. 9. 1. 1903) als Vertreter der Revolutionären Sozialisten in der „Österreichischen Freiheitsfront". Er wurde am 14. 10. 1944 festgenommen und war vom November 1944 bis zur Befreiung 1945 im KZ Dachau in Haft. Das gleiche Schicksal – Festnahme im Oktober 1944 und Haft in Dachau – widerfuhr dem in derselben Gruppe tätigen Buchhalter Franz Fischer (geb. 27. 11. 1897). Der Bankbeamte Rudolf Fiedler (geb. 24. 1. 1900), der bis 1938 für die RS tätig war, fungierte ab 1944 als Verbindungsmann zwischen Wehrmacht und der „Österreichischer Freiheitsfront", wurde am 8. 11. 1944 festgenommen und befand sich bis 6. 4. 1945 wegen „Hoch- und Landesverrats" in Untersuchungshaft.[174]

Obwohl quantitativ am stärksten, hatte der von der Arbeiterbewegung getragene Widerstand keine Chance, das NS-Regime aus eigener Kraft zu stürzen, da keine revolutionäre Entwicklung wie im Ersten Weltkrieg eintrat. Dessen ungeachtet leistete der Widerstand einen, wenn auch militärisch-machtpolitisch bescheidenen Beitrag zur Befreiung Österreichs und zum Sieg der Anti-Hitler-Koalition, dessen politische Bedeutung für das 1945 wiedererstandene Österreich nicht zu unterschätzen ist. Im gesamten gesehen vollzogen sich durch Flucht, Vertreibung, Repression und Massenmord, jahrelange faschistische Propaganda und Erziehung, Vernichtung von Organisationen und politisch-sozialen Milieus gewaltige Strukturveränderungen in der österreichischen Sozialdemokratie (Wegfall des jüdisch-austromarxistisch-intellektuellen Segments, Dominanz des den Faschismus weitgehend unversehrt überstehenden rechten Parteiflügels, Integration von NS-beeinflussten Generationen u. a.). Politisch erfolgte die endgültige Abkehr von der Perspektive der gesamtdeutschen/europäischen Revolution zu der von den Kommunisten schon Jahre früher vertretenen Linie eines demokratischen und unabhängigen Österreich. Für die innenpolitische Entwicklung waren die in Widerstand, Gefängnissen und KZ geknüpften Kontakte („Geist der Lagerstraße") eine nicht unwichtige Voraussetzung für die Zusammenarbeit der einstigen Bürgerkriegsgegner in der großen Koalition bzw. Sozialpartnerschaft in der Zweiten Republik. So gesehen bedeutete die Zeit des Nazifaschismus von 1938 bis 1945 einen wesentlich tieferen Bruch sozialdemokratischer Kontinuität als der Februar 1934 und der Austrofaschismus zwischen 1934 und 1938.[175]

Kommunistischer Widerstand

Politische Orientierung

Auch der kommunistische Widerstand hatte – politisch und organisatorisch – seine Wurzeln in der Zeit des „Ständestaates" von 1933/34 bis 1938. In der Ersten Republik hatte die KPÖ – abgesehen von den Revolutionsjahren 1918/19 – so gut wie keine politische Rolle gespielt und war – nach der Überwindung von Fraktionskämpfen und der Stalinisierung der Partei – zu einer von der KPdSU bzw. der Kommunistischen Internationale (Komintern, KI) gesteuerten Kleingruppe degeneriert. Erst durch die Krise der Sozialdemokratie 1933 und die Ereignisse des Februars 1934, als viele enttäuschte Sozialdemokraten zur KPÖ übertraten, wurde diese zu einem Faktor in der Arbeiterbewegung. Der ultralinke, sektiererische Kurs der KPÖ bzw. der Komintern, im Zuge dessen die Sozialdemokratie als „Sozialfaschismus" und als zu bekämpfender Hauptfeind diffamiert worden war, wurde unter dem Eindruck des Vormarsches des Faschismus in Europa überwunden. 1935 wurde am 7. Weltkongress der Komintern die Volksfront-Politik eingeleitet, also ein – bis dahin verpöntes – Bündnis mit Sozialdemokraten und Bürgerlichen zur Verhinderung bzw. zum Sturz faschistischer Regimes angestrebt. Die KPÖ proklamierte an Stelle der Diktatur des Proletariats die Wiederherstellung der demokratischen Republik und die Verteidigung der Unabhängigkeit Österreichs. Darüber hinaus wurde die von dem ZK-Mitglied Alfred Klahr 1937 formulierte Auffassung, dass die Österreicher eine eigene, von den Deutschen verschiedene Nation seien, zur Parteilinie gemacht.[176] Diese programmatische Ausrichtung sollte auch für den kommunistischen Widerstand gegen das NS-Regime maßgeblich werden.

Die KPÖ gab von Anfang an – ohne Rücksicht auf Verluste – die Parole des aktiven Widerstandes aus. Schon in der ersten, am 12. März 1938 in Prag beschlossenen Erklärung des ZK trat die KPÖ für die Wiederherstellung der Unabhängigkeit Österreichs ein und gab ihrem Widerstand eine betont österreichisch-patriotische Orientierung.[177] Auf einer Tagung im August 1938 bestätigte das ZK der KPÖ diese politische Linie und erklärte den Kampf gegen das NS-Regime als „einen nationalen Freiheitskampf gegen die imperialistische Fremdherrschaft und für die Wiederherstellung der Unabhängigkeit"; auch der „Kampf gegen die Kulturbarbarei und den Antisemitismus" wurde bei den Zielen betont.[178]

Während die kommunistischen Widerstandsgruppen vielfach in Unkenntnis der Beschlüsse der Parteiführung in der Anfangsphase noch die traditionelle revolutionär-klassenkämpferische Linie vertraten, setzte sich unter dem Einfluss der Auslandsleitung und ihrer Emissäre die Volksfronttaktik durch, als deren Folge die Orientierung auf ein antifaschistisches Bündnis und auf den Kampf um die Wiederherstellung eines freien und demokratischen Österreich erfolgte. Analog zur Entwicklung in anderen von Hitlerdeutschland besetzten Ländern, wo breite, meist unter kommunistischer Führung stehende nationale Widerstandsbewegungen entstanden, propagierten die österreichischen Kommunisten die Bildung einer überparteilichen „Österreichischen Freiheitsfront", die jedoch weitgehend nur ein propagandistischer Anspruch blieb.[179] Es liegen nur wenige Hinweise auf ein Zusammenwirken mit bürgerlichen Kreisen vor, etwa mit der katholisch-konservativen Akademikergruppe Kühnl-Meithner; im Allgemeinen blieb der KP-Einfluss auf die Arbeiterschaft beschränkt.

Sozialisten im kommunistischen Widerstand

In diesem Milieu konnte die KPÖ ihre größte Wirkung erzielen, weil viele zum Widerstand bereite Arbeiter, ehemalige Sozialdemokraten, RSler und Gewerkschafter infolge weitgehenden Fehlens eigener Organisationen bereit waren, mit Kommunisten zusammenarbeiteten bzw. in kommunistischen Organisationen mitzuwirken. Radomir Luza errechnete, dass etwa 85 Prozent der kommunistischen Widerstandskämpfer vor 1934 Mitglieder sozialdemokratischer Organisationen waren, nach 1934 jedoch massiv der KPÖ zuströmten.[180] Der enorme Transfer von Kadern von SP zu KP wird aus den neueren, vollständigeren Daten des Kooperationsprojekts Universität Marburg-DÖW noch deutlicher sichtbar: Von den insgesamt 3136 vor dem VGH bzw. OLG Wien und Graz verurteilten kommunistischen WiderstandskämpferInnen hatten nur 428 oder 13 % schon vor 1934 der KPÖ angehört. Auf der anderen Seite wurden von VGH und OLG von den 4232 VGH- und OLG-Verurteilten, die eine sozialdemokratische Parteizugehörigkeit vor 1934 aufwiesen, nur mehr 228 dem sozialistischen Lager zugeordnet. Daraus ergibt sich, dass – nur auf die angeführten Gerichtsverfahren bezogen – mindestens 2700 WiderstandskämpferInnen aus dem sozialdemokratisch-sozialistischen Lager zur kommunistischen Bewegung übergingen. Zieht man in diese Berechnung weiters die ohne Gerichtsverfahren in KZ eingewiesenen WiderstandskämpferInnen mit ein – diese Zahlen sind vom DÖW noch nicht ermittelt –, ergäbe sich eine wesentlich größere Zahl. Zugespitzt kann man formulieren: Die überwältigende Mehrheit der österreichischen WiderstandskämpferInnen waren ehemalige SozialdemokratInnen, die nach 1938 in kommunistischen Organisationen tätig wurden.[181]

Die in den Anklageschriften und Gerichtsurteilen enthaltenen biographischen Angaben zu den WiderstandskämpferInnen zeigen die Hinwendung von der Sozialdemokratie zur kommunistischen Bewegung. An dieser Stelle können nur einige wenige Beispiele für diese Entwicklung angeführt werden. Der Glaser Liborius Maschitz (Mazsits) (geb. 28. 2. 1897) aus Hainburg an der Donau war von 1919 bis 1934 Mitglied der Sozialdemokratischen Arbeiterpartei und gehörte nach dem Parteiverbot den illegalen Revolutionären Sozialisten an. Ende 1938/Anfang 1939 nahm er an Zusammenkünften von Kommunisten in Hainburg teil, wurde am 6. 8. 1942 festgenommen und am 23. 3. 1943 wegen „Vorbereitung zum Hochverrat" zu 2 Jahren Zuchthaus verurteilt. Am 22./23. 9. 1944 wurde er in das KZ Dachau eingeliefert, wo er bis zur Befreiung durch die US-Armee in Haft blieb. Rudolf Bures (geb. 10. 4. 1902), Schreibmaschinenmechaniker bei der Wiener Postsparkasse, war bis 1934 Mitglied der Sozialdemokratischen Arbeiterpartei, des Republikanischen Schutzbundes und der Metallarbeitergewerkschaft. Ab 1939 spendete er für die Rote Hilfe und betätigte sich als Funktionär der KP-Organisation für den 20. Bezirk. Er wurde am 1. 2. 1943 festgenommen, am 7. 3. 1944 vom Volksgerichtshof wegen „Vorbereitung zum Hochverrat" zum Tode verurteilt und am 21. 11. 1944 im Landesgericht Wien hingerichtet. Über den wegen Betätigung für die KPÖ 1941 festgenommenen Bandagisten Anton Kolar (geb. 27. 2. 1907), der am 13. 11. 1942 wegen „Vorbereitung zum Hochverrat" vom Volksgerichtshof zu 15 Jahren Zuchthaus verurteilt wurde, heißt es in der Anklageschrift des Oberreichsanwalts vom 8. 6. 1942:

„Kolar war während der Systemzeit Mitglied der Revolutionären Sozialisten und betätigte sich bei den illegalen Freien Gewerkschaften. Spätestens im Frühjahr 1939 wurde er von dem Angeschuldigten [Walter] Kosjek für die illegale KPÖ angeworben und zahlte an Kosjek Beiträge in Höhe von jeweils 3–6 RM, also offenbar nicht nur seine eigenen. [...] Etwa Anfang 1940 trat Kosjek an Kolar mit der Aufforderung heran, die Leitung des 8. Bezirkes zu übernehmen."[182]

Das Ausmaß des kommunistischen Widerstandes

Wenn man von den vorhandenen Polizei- und Gerichtsmaterialien ausgeht, war der Widerstand der KommunistInnen zahlenmäßig der mit Abstand stärkste von allen politischen Gruppen. Von VGH und OLG Wien wurden mehr KommunistInnen verurteilt als von allen anderen Gruppierungen zusammen. Von der Gesamtzahl der von VGH und OLG verurteilten 5348 verurteilten Widerstandskämpferinnen sind fast 60 % dem kommunistischen Widerstand zuzuordnen; zieht man nur den politisch organisierten Widerstand in Betracht (und lässt die Verurteilten ohne Gruppenzugehörigkeit weg), erhöht sich dieser Anteil auf rund 75 %.[183] Die Tagesberichte der Gestapo bzw. die KZ-Einweisungen sind zwar noch nicht statistisch ausgewertet, doch nach meiner Grobeinschätzung wird sich ungefähr ein ähnliches Verteilungsverhältnis ergeben. Auch die vom DÖW gesammelten illegalen Druckwerke dieser Zeit sind an die 90 Prozent kommunistischer Provenienz. Aus einem Bericht des Oberreichsanwaltes beim VGH an den Justizminister vom 28. 5. 1942 geht das Ausmaß des kommunistischen Widerstandes gleichfalls eindrucksvoll hervor:

„Nach Mitteilung der Staatspolizeileitstelle Wien stehen noch weitere 1500 Personen in Wien im dringenden Verdacht kommunistischer Tätigkeit, zu deren Festnahme die Geheime Staatspolizei jedoch mangels genügendem Haftraum und wegen Personalmangels erst allmählich schreiten kann. […] Ich wäre daher dankbar, wenn Vorsorge getroffen würde, dass Haftraum für 1000 Mann in Gefängnissen außerhalb der Ostmark möglichst in deren Nähe demnächst zur Verfügung steht."[184]

Zu diesem Zeitpunkt waren bereits mehrere tausend kommunistische Widerstandskämpfer in Haft und von NS-Gerichten abgeurteilt. Bis Ende 1943 konnte die Gestapo mit ihren berüchtigten brutalen Methoden die meisten bestehenden kommunistischen Gruppen aufdecken und zerschlagen, so dass 1944 die Zahl der Hochverratsdelikte abnahm. In einem Bericht der Gestapo Wien vom 28. 3. 1944 werden allein für den Bereich dieser Leitstelle folgende Zahlen von Festnahmen kommunistischer WiderstandskämpferInnen genannt:[185]

1938	742
1939	1132
1940	837
1941	1507
1942	881
1943	1173

Das sind zusammen rund 6300 Festgenommene. Obwohl in dieser Zahl auch einige als Kommunisten qualifizierte Sozialisten sowie die Angehörigen der kommunistisch dominierten Betriebsorganisationen enthalten sind, wird damit die enorme zahlenmäßige Stärke des kommunistischen Widerstandes sichtbar. Kaum einer der von der Gestapo Festgenommenen wurde wieder entlassen; viele wurden hingerichtet oder kamen in Gefängnissen und Konzentrationslagern um. In keiner Periode ihrer Geschichte hatte die KPÖ eine solche Bedeutung wie im Widerstand gegen Hitler, allerdings bedeutete die Einbuße von tausenden kämpferischen AktivistInnen einen unersetzlichen Verlust, der nach der Befreiung 1945 nicht mehr wettgemacht werden konnte.

Lokale und regionale Gruppen

Etwa ab Sommer 1938, als in der Schockphase nach dem „Anschluss" der Neuaufbau bzw. die Aktivierung der illegalen Organisationen in Angriff genommen wurde, entstanden unzählige Lokal- und Betriebszellen, und es wurden immer wieder Bezirks-, Stadt- und zentrale Leitungen gebildet. Die Organisationen waren meist vernetzt und die AktivistInnen untereinander bekannt, so dass bei Gestapoaktionen riesige Verluste eintraten. Der Schwerpunkt der Organisationen lag eindeutig in Ostösterreich, in Wien, in den Industriebezirken Niederösterreichs, der Obersteiermark und Graz. Angesichts der Fülle des Quellenmaterials können an dieser Stelle nur wenige Hinweise gegeben werden. Die Arbeitsweise eines Bezirksfunktionärs etwa geht aus der Anklageschrift des Oberreichsanwalts beim VGH vom 24. 12. 1943 gegen den am 4. 2. 1943 festgenommenen Kontoristen Karl Schachinger hervor:

„Im Frühjahr 1942 erhielt der Angeschuldigte Schachinger, der, wie erwähnt, in Wien als Unterführer des Reichsarbeitsdienstes Dienst machte, Verbindung mit der illegalen KPÖ. Er erklärte sich auf Veranlassung eines unbekannten Kommunisten zur Mitarbeit und zur Übernahme einer Funktion in der illegalen KPÖ bereit und betätigte sich in der Folgezeit als Leiter der kommunistischen Organisation im 5. Wiener Gemeindebezirk. In dieser Eigenschaft nahm er Zusammenkünfte mit kommunistischen Funktionären wahr, versuchte, Verbindungen zu schaffen sowie für die KPÖ zu werben, und verbreitete in geringem Umfang kommunistische Hetzschriften. [...] Etwa im Spätsommer 1942 wurde Schachinger in die Wiener Stadtleitung der KPÖ übernommen und erhielt wiederum Aufträge zu umfangreichen Streuaktionen".

Schachinger wurde am 12. 2. 1944 vom Volksgerichtshof wegen „Vorbereitung zum Hochverrat" zum Tode verurteilt und am 7. 4. 1944 im Landesgericht Wien hingerichtet.[186] Der am 28. 3. 1942 festgenommene Steinmetzgehilfe Leopold Blauensteiner (geb. 25. 1. 1904), hatte sich in der Wiener Stadtleitung der KPÖ betätigt. In dem am 26. 11. 1942 verhängten und am 29. 4. 1943 vollstreckten Todesurteil des VGH wurde über ihn ausgeführt:

„Der Angeklagte Leopold Blauensteiner hat als gehobener Funktionär am Aufbau der Kommunistischen Partei Wiens sowie an der Herstellung und Verbreitung kommunistischer Schriften mitgewirkt. [...] Er hat durch seine Initiative eine provisorische Stadtleitung für Wien neu ins Leben gerufen, als die vorhergehende durch den Zugriff der Polizei aufgeflogen war. Er hat sein großes organisatorisches Geschick der KPÖ auch noch als Soldat trotz seines dem Führer geleisteten Fahneneides in seinen Urlaubszeiten zur Verfügung gestellt. Er hat sich mit Eifer und Erfolg in voller Erkenntnis der Tragweite seines Handelns vom Mai 1938 bis April 1941, also drei Jahre lang, für die hochverräterischen Ziele der KPÖ eingesetzt. Dieses Verbrechen am eigenen Volk kann nur mit dem Tode gesühnt werden."[187]

Maria Fischer (geb. 12. 9. 1903) war bis Sommer 1940 als Unterbezirks- bzw. Bezirkleiterin der KPÖ im 10. Wiener Gemeindebezirk tätig. Sie wurde am 29. 4. 1941 festgenommen und am 16. 1. 1943 wegen „Vorbereitung zum Hochverrat" vom Volksgerichtshof zum Tode verurteilt und am 30. 3. 1943 im Landesgericht Wien hingerichtet. Ihr Mann Rudolf Fischer (geb. 5. 12. 1903), der an der Bildung der Wiener Stadtleitung beteiligt war, wurde ebenfalls zum Tod verurteilt und am 28. 1. 1943 hingerichtet.[188]

Die AktivistInnen auf Stadt- und Bezirksebene bemühten sich auch, die Kontakte zu den Widerstandsgruppen in den Betrieben zu knüpfen bzw. aufrecht zu erhalten. In der Anklageschrift des Oberreichsanwaltes beim VGH vom 16. 1. 1942 wird die einschlägige Tätigkeit des am 29. 7. 1941 festgenommenen und am 2. 3. 1943 in Berlin-Plötzensee hingerichteten Werkzeugfräsers Josef Baldrmann (geb. 28. 2. 1903) angeprangert:

„Die Angeschuldigten [Karl] Wyt und Baldrmann, die der Bezirksleitung Wien XX der illegalen KPÖ angehörten, haben mit mehreren in großen Fabriksbetrieben gegründeten Betriebszellen in Verbindung gestanden und diese mit hochverräterischen Druckschriften beliefert. […] Die wesentlichste Aufgabe des Angeschuldigten Baldrmann bestand in der Annahme und Weitergabe einkassierter Mitgliedsbeiträge. […] Während seiner Zugehörigkeit zur KP erhielt er von ‚Fritzl' insgesamt zweimal je sechs oder sieben kommunistische Flugschriften, die er zur Verteilung in den Betriebszellen […] weitergab."[189]

In dem am 16. 12. 1942 verkündeten Todesurteil des VGH gegen die vor allem in Wien-Hernals tätigen KPÖ-Funktionäre Alfons Peschke (geb. 2. 11. 1905, Schneidergehilfe), Friedrich Nesvadba (geb. 9. 4. 1911, Goldschmiedgehilfe), Hedwig Urach (geb. 20. 8. 1910, Schneiderin), Wladimir Zoul (geb. 4. 11. 1914, Schneidergehilfe) und Franz Tesarik (geb. 21. 3. 1912, Schneidergehilfe) wird die „Verwerflichkeit" der „kommunistischen Zersetzung" charakterisiert:

„Sämtliche Angeklagte haben sich in schwerster Notzeit des deutschen Volkes lange und umfangreich im Sinne einer kommunistischen Zersetzung der Bevölkerung betätigt und haben als Funktionäre am Wiederaufbau der KPÖ vor allem im Wiener 17. Gemeindebezirk mitgearbeitet, und zwar Peschke als Leiter, Nesvadba als sein Vertreter und Nachfolger, die Urach durch Unterhaltung der Verbindung zur Stadtleitung, Zoul und Tesarik als Kassier und Schriftenverteiler. Ihre hochverräterische Arbeit hat erst im Jahre 1941 ihr Ende gefunden. Damit reicht sie erheblich in die Zeit des gegenwärtigen Krieges hinein und erscheint aus diesem Grunde besonders gefährlich und verwerflich. Das deutsche Volk ist zu seinem Schicksalskampf angetreten. Der Ausgang dieses Krieges wird entscheidend dafür sein, ob es in Zukunft noch eine deutsche Volksgemeinschaft, ja überhaupt noch eine deutsche Kultur geben wird. Jeder, der den Versuch macht, die Geschlossenheit des deutschen

Volkes zu untergraben, ist ein Verräter am deutschen Volk und muss als solcher behandelt werden. Deshalb verlangt auch das gesunde Volksempfinden, dass gegen die Angeklagten die schwerste Strafe verhängt wird, die das Gesetz zulässt."

Zur Abschreckung wurde das am 17. 5. 1943 an Hedwig Urach, Wladimir Zoul und Franz Tesarik vollzogene Todesurteil vom Oberreichsanwalt beim VGH mittels Plakat publik gemacht.[190] Dass Hedy Urach, die im Herbst 1940 aus Belgien nach Österreich zurück gekehrt war, Mitglied des ZK der KPÖ war, blieb der Gestapo verborgen.[191]

Eine sehr aktive KPÖ-Zelle formierte sich um die Weinbauernfamilie Wurm in Gols, deren Mitglieder im März 1943 von der Gestapo festgenommen wurden. Georg Wurm junior (geb. 23. 12. 1901), der die Rote-Hilfe-Gruppe in Gols gegründet hatte, wurde wegen „Vorbereitung zum Hochverrat" vom VGH zum Tod verurteilt und hingerichtet. Sein Vater Georg Wurm (geb. 29. 4. 1877) wurde zu 6 Jahren Zuchthaus verurteilt und starb Ende April 1945 im Krankenrevier des Zuchthauses Straubing. Dessen Bruder Gregor Wurm (geb. 30. 7. 1880) wurde am 12. 12. 1943 zu 6 Jahren Zuchthaus verurteilt und starb am 29. 5. 1945 in Straubing an den Folgen der Haft.[192]

Plakat betreffend Hinrichtung von Hedwig Urach und zwei weiteren kommunistischen Widerstandskämpfern, 17. 5. 1943

Im Wesentlichen bestand die Tätigkeit dieser Gruppen – neben der an sich schon strafbaren Aufrechterhaltung des organisatorischen Zusammenhangs – im Einsammeln von Spenden für Unterstützungen von Verhafteten – die so genannte „Rote Hilfe" – und im Verbreiten illegaler Flugblätter und Zeitungen. Im Urteil des OLG Wien vom 29. 9. 1942, in dem gegen den am 13. 5. 1942 festgenommenen Schlossergehilfen Franz Fleischmann (geb. 2. 7. 1905) aus Baden eine 5-jährige Zuchthausstrafe ausgesprochen wurde, werden solche Spenden als Mitgliedsbeiträge für kommunistische Organisationen und damit als „Vorbreitung zum Hochverrat" qualifiziert:

„Den Angeklagten wird vorgeworfen, dass sie bis Februar 1942 in Enzesfeld […] durch Zahlung von Beiträgen für kommunistische Organisationen und Verbreitung von Flugschriften sich hochverräterischer Umtriebe schuldig gemacht hätten. Sie sind in der Enzesfelder Metallwarenfabrik AG, wo bereits mehrmals hochverräterische Umtriebe beobachtet worden sind, beschäftigt gewesen. Schon am 16. Juni 1941 sind 7 Gefolgschaftsmitglieder dieser Fabrik wegen Vorbereitung zum Hochverrat zu hohen Zuchthausstrafen verurteilt worden […] Zur Unterstützung für diese und ihre Angehörigen seien von der KP Sammlungen veranstaltet worden, an denen sich die Angeklagten beteiligt hätten. Hierbei seien sie von den Sammlern auch mit kommunistischen Flugschriften beteilt worden, die sie nach dem Lesen wieder zurückstellten."

Zentrale Leitungen

Die zentralistisch-hierarchische Struktur der KPÖ, ein auf Lenins „demokratischen Zentralismus" zurückgehender und von Stalin auf die Spitze getriebener Grundzug der kommunistischen Weltbewegung, wurde auch unter den Bedingungen des Widerstandskampfes gegen eine totalitäre Diktatur aufrecht erhalten. Zu Recht stellte Radomir Luza fest, dass die illegale KPÖ „noch immer mehr einer Partei als einer Widerstandsbewegung" ähnelte.[193]

Die Parteiführung unter dem langjährigen Vorsitzenden Johann Koplenig, seit 1939 in Moskau angesiedelt und dort stets von den Stalinschen Repressionen bedroht, definierte die Partei als „Sektion der Kommunistischen Internationale", war der KPdSU und Stalin völlig ergeben und bemühte sich, die politische Linie der Komintern auch in Österreich durchzusetzen. Zu diesem Zweck brachte die KPÖ-Führung immer wieder Spitzenfunktionäre aus dem Ausland nach Österreich, die im Land den Widerstand zentral organisieren und die Parteilinie bekannt machen und durchsetzen sollten. Auf die einzelnen zentralen Funktionäre (bis 1942 u. a. Willi Frank, Karl Zwiefelhofer, Bruno Dubber, Ludwig Schmidt, Anton Reisinger, Hedwig Urach, Erwin Puschmann, Leo Gabler und Julius Kornweitz) und deren weit verzweigte Verbindungen und Aktivitäten kann im Einzelnen hier nicht eingegangen werden. Nahezu alle diese Emissäre wurden infolge der Zersetzung gerade der zentralen Parteikader mit Gestapospitzeln meist nach kurzer Zeit festgenommen und mit ihnen ganze Organisationen mit hunderten AktivistInnen.[194]

Im Urteil des OLG Wien vom 23. 4. 1942 gegen den zu fünf Jahren Zuchthaus verurteilten Wiener Straßenbahnfahrer Karl Grulich (geb. 12. 12. 1902) wird die Rolle des KPÖ-Spitzenfunktionärs Ludwig Schmidt folgendermaßen beschrieben:

„Die Rückgliederung Österreichs in das Deutsche Reich im März 1938 hatte zunächst einen vorübergehenden Stillstand der illegalen Parteiarbeit der KPÖ zur Folge. Bald darauf zeigten sich aber verschiedene Versuche, die KPÖ wieder neu zu organisieren. So wurde in Wien eine Landesleitung der KPÖ errichtet, die mit dem im Ausland tätigen Zentralkomitee in organisatorischer Verbindung stand und von diesem Weisung erhielt. Einer der ausländischen Emissäre der KP war Ludwig Schmidt, der im Sommer 1939 mit einem verfälschten Reisepass von Paris nach Wien kam, um hier Sonderaufträge durchzuführen. Schmidt suchte jemand, der ihm die Wohnung zur Erledigung von Schreibarbeiten, die mit seiner Propagandatätigkeit für die KP in Zusammenhang standen, zur Verfügung stelle. Schmidt wurde von einem Arbeitskollegen des Grulich mit seinem Ansinnen an diesen gewiesen. […] Schmidt erschien hierauf mit 2 Burschen bei Grulich und zog sich mit ihnen in ein Zimmer zurück, wo sie sich mit Lesen und Besprechen von Zeitungsartikeln befassten, offenbar zu dem Zweck, um Propagandamaßnahmen für die KPÖ festzulegen."

Ludwig Schmidt (geb. 27. 11. 1913) wurde vom VGH am 19. 2. 1942 zu lebenslangem Zuchthaus verurteilt, in einem neuerlichen Verfahren zum Tode verurteilt und am 14. 1. 1943 in Berlin-Plötzensee hingerichtet.[195] Der Architekt Julius Kornweitz (geb. 18. 11. 1911), laut Gestapobericht „Leiter des Auslandsapparates für den Südostsektor des Mitteleuropäischen Büros der KP" (Deckname „Bobby"), wurde im September 1941 aus Agram nach Wien eingeschleust, um die mehrmals zerschlagene illegale KPÖ-Leitung zu reorganisieren. Am 25. 4. 1942 von der Gestapo Wien verhaftet, wurde er als „Jude" nicht vor Gericht gestellt, sondern als „Schutzhäftling" in das KZ Mauthausen überstellt, wo er 1944 ermordet wurde.[196] Einzelne Spitzenfunktionäre wurden unter dem unmenschlichen Druck bei den Gestapoverhören zu Verrätern. Karl Zwiefelhofer (geb. 1. 6. 1906), seit 1920 Kommunist und seit 1933/34 Mitglied des ZK und des Polbüros, also der höchsten KPÖ-Leitungsgremien, in der Sowjetunion ausgebildet, Spanienkämpfer und im Sommer 1938 defacto-Landesleiter der KPÖ, wurde nach seiner Verhaftung 1941 „umgedreht" und in den Dienst der NS-Propaganda gestellt. Auf diese Weise entging er dem Vollzug des gegen ihn verhängten Todesurteils.[197] Der im November 1942 verhaftete, am 20. 2. 1943 gleichfalls vom VGH zum Tod verurteilte und als Gestapo-Kollaborateur verschonte höhere KPÖ-Funktionär Friedrich Schwager (geb. 3. 3. 1913) bemühte sich in Wiener Gefängnissen, verhaftete Genossen auszuhorchen. Während Schwager durch seine Spitzeltätigkeit überlebte und nach 1945 trotz KPÖ-Protesten in der SED tätig war, wurde der Zuckerbäckergehilfe Georg Strecha (geb. 19. 8. 1911), der

Schwager nur mit Geld und Lebensmitteln unterstützt hatte, am 21. 9. 1944 vom Volksgerichtshof wegen „Vorbereitung zum Hochverrat" zum Tode verurteilt und am 21. 11. 1944 im Landesgericht Wien hingerichtet. Das gleiche Schicksal erlitt der Bahnpost-Facharbeiter Josef Blaschek (geb. 20. 2. 1893), der den flüchtigen Schwager unterstützt hatte. Er wurde am 30. 6. 1944 vom Volksgerichtshof wegen „Vorbereitung zum Hochverrat" und „Feindbegünstigung" zum Tode verurteilt und am 30. 8. 1944 im Landesgericht Wien hingerichtet.[198]

Andere wichtige KPÖ-Funktionäre wie Julius Günser und Myron Pasicznyk legten umfassende Geständnisse ab, auf Grund derer zahlreiche MitkämpferInnen von der Gestapo verhaftet werden konnten.[199] Der Student Julius Günser (geb. 6. 12. 1910), ein Spanienkämpfer, der Ende 1942 gemeinsam mit anderen KommunistInnen aus Frankreich nach Österreich zurück gekehrt war, kam am 15. 2. 1945 im KZ Mauthausen um. Myron Pasicznyk (geb. 6. 11. 1909) wurde am 16. 1. 1942 in das KZ Groß-Rosen und von dort in das KZ Dachau überstellt, wo er am 22. 10. 1943 starb.[200]

Am deutlichsten wird die verhängnisvolle Durchdringung des zentralen KPÖ-Apparats im Falle von Erwin Puschmann sichtbar. Der gelernte Schlosser Puschmann (geb. 8. 2. 1905), seit 1923 Kommunist und Mitglied des ZK, wurde von der Parteileitung in Moskau im Juli 1940 nach Wien geschickt und hatte bis Jänner 1941 die Leitung der KPÖ-Organisation inne, die er energisch reformierte und von einigen Abweichlern von der Parteilinie säuberte. So schloss er drei führende Wiener Kommunisten Gustav Kiesel, Leopold Tomasek und Otto Kales aus der KPÖ aus.[201] Puschmann (Deckname „Gerber") stand von Anfang an auf verlorenem Posten, denn sein engster Mitarbeiter Kurt Koppel (Deckname „Ossi"), ein langjähriger KPÖ-Funktionär und Spanienkämpfer,

Der hingerichtete KPÖ-Spitzenfunktionär Erwin Puschmann

dem er blind vertraute, arbeitete schon seit längerem als V-Mann für die Gestapo. Durch „Ossi", der als Verbindungsmann mehrerer zentraler Funktionäre wirkte, Kontakte in das Ausland pflegte und durch seine Freundin Grete Kahane (Deckname „Sonja") auch den KJV bespitzelte, war die Gestapo über alle wichtigen Vorgänge, Verbindungen und Personen in der KPÖ informiert. Beschattungen, Festnahmen und brutale Verhöre lieferten der Gestapo weitere Informationen, die in der Folge zu riesigen Verhaftungsaktionen führten. Laut Angaben der Gestapo Wien vom Oktober 1941 wurden nicht weniger als 536 Kommunisten, darunter 42 Spitzenfunktionäre und 105 Funktionäre, festgenommen. 112 Häftlinge wurden dem VGH übergeben, der die meisten wegen „Vorbereitung" zum Hochverrat" zum Tode verurteilte. Erst

1942 wurde unter den kommunistischen Häftlingen in Wiener Gefängnissen klar, dass „Ossi" ein Verräter und Spitzel war, nachdem Puschmann frühere Warnungen vor „Ossi" in den Wind geschlagen hatte. Während Erwin Puschmann am 7. 1. 1943 in Wien hingerichtet wurde, konnte Kurt Koppel 1945 untertauchen. [202]

Einem aus fünf Personen neu gebildeten „ZK der KPÖ" war nur eine Lebensdauer von drei Monaten, von April bis Juli 1942, beschieden. Es wurde von der Gestapo Wien durch V-Leute gesteuert, kontrolliert und überwacht. Alle Leitungsmitglieder wurden hingerichtet, zu Tode gefoltert oder verübten Selbstmord.[203] Im Zusammenhang mit dieser Leitungsgruppe wurde am 9. 2. 1943 eine „Intellektuellengruppe" verhaftet. Der Stabsarzt Dr. Adalbert von Springer (geb. 28. 9. 1896), der mehrere KPÖ-Flugblätter verfasst hatte, u. a. „Appell an das Gewissen", wurde vom Reichskriegsgericht wegen „Vorbereitung zum Hochverrat" und „Wehrkraftzersetzung" zum Tode verurteilt und nach Ablehnung des Gnadengesuchs durch Hitler am 18. 9. 1943 hingerichtet. Das VGH-Todesurteil gegen den Versicherungsbeamten Johann Riedl (geb. 11. 9. 1894) wurde am 7. 9. 1943 vollzogen. Die Mitbeteiligten kamen glimpflicher davon: Die Augenärztin Ida Markusfeld-Brunswick von Korompa (geb. 17. 7. 1895) und der Arzt Fritz Ryvarden (geb. 26. 10. 1888) wurden am 21. 9. 1943 wegen „Nichtanzeige eines hochverräterischen Unternehmens" zu 6 bzw. 4 Monaten Gefängnis verurteilt. Seine Frau Juana Ryvarden kam in Auschwitz um.[204]

Auch die bloßen Helfer kommunistischer Funktionäre, insbesondere Quartiergeber, waren von strengsten Strafen bedroht. So wurde der Maurergehilfe Michael Bernhardt (geb. 14. 10. 1899) am 12. 10. 1943 vom VGH wegen „Vorbereitung zum Hochverrat und Feindbegünstigung" zum Tode verurteilt und am 11. 1. 1944 im Landesgericht Wien hingerichtet, weil er Julius Kornweitz in seiner Wohnung beherbergt hatte. Als weitere Unterstützer von Kornweitz wurden Leopold Schmidt (geb. 22. 3. 1908) und Franz Strohmer (geb. 6. 8. 1912) 1942 von der Gestapo Wien verhaftet, 1943 vom VGH wegen „Vorbereitung zum Hochverrat" zum Tode verurteilt und am 11. 1. 1944 bzw. 19. 11. 1943 im Landesgericht Wien hingerichtet. Strohmers Bruder Hans (geb. 30. 4. 1917) und dessen Ehefrau Ida (geb. 5. 5. 1922) wurden am 16. 3. 1945 festgenommen und in das Arbeitserziehungslager Oberlanzendorf gebracht. Hans Strohmer wurde am 4. 4. 1945 auf dem Evakuierungsmarsch nach Mauthausen in Katzelsdorf bei Tulln von der SS erschossen, seine Frau überlebte den Evakuierungsmarsch und wurde am 17. 4. 1945 im KZ Mauthausen ermordet.[205] Wegen Unterstützung bzw. Verbergen von flüchtigen KPÖ-Funktionären wurde eine Reihe weiterer Personen verfolgt, u. a. wurden die Friseurin Emilie Tolnay (geb. 6. 10. 1901) und Rosalia Graf (geb. 1. 6. 1897), die 1941/42 den steckbrieflich verfolgten KPÖ-Funktionär Adolf Neustadtl geholfen hatten, am 14. 4. 1944 vom VGH wegen „Vorbereitung zum Hochverrat" zum Tode verurteilt und am 5. 7. bzw. 21. 6. 1944 im Landesgericht Wien hingerichtet. Der Ehemann Johann Graf wurde ebenfalls hingerichtet.[206]

Zu den todesmutigen, aus dem sicheren Exil zurückkehrenden Funktionären gehörten u. a. die bei Clemens Holzmeister in der Türkei tätigen Architekten Margarethe Schütte-Lihotzky und Herbert Eichholzer. Sie halfen 1940/41 Erwin Puschmann, eine weit verzweigte Organisation mit aufzubauen – nicht ahnend, dass sie durch die Infiltration des Gestapo-Spitzels „Ossi" von vornherein auf verlorenem Posten standen.

Schütte-Lihotzky und Eichholzer standen für viele junge Intellektuelle, WissenschaftlerInnen und KünstlerInnen, die sich in den zwanziger und dreißiger Jahren in Europa der Linken, der Arbeiterbewegung, der Kommunistischen Partei zuwandten. Die Attraktivität der Oktoberrevolution und des revolutionären Russlands war enorm, viele Menschen waren fasziniert von diesem gewaltigen Experiment des Aufbaus einer neuen, klassenlosen Gesellschaft, von der Utopie der Schaffung eines neuen sozialistischen Menschen. Der aufkommende Faschismus und die damit verbundene Bedrohung von Frieden und Demokratie verstärkten diesen Trend nach links. Die Zuspitzung auf die Alternative Faschismus/Nationalsozialismus und Kommunismus/Sowjetunion ließ viele engagierte Intellektuelle dennoch die Augen vor den damals schon sichtbaren Entartungen und Verbrechen des Stalinismus verschließen.

Der Architekt und hingerichtete kommunistische Widerstandskämpfer Dipl. Ing. Herbert Eichholzer

Der 1903 in Graz geborene und aufgewachsene Herbert Eichholzer[207], ursprünglich deutschnational eingestellt, stieß über die Wandervogelbewegung zu der am linken Flügel der Sozialdemokratie angesiedelten sozialistischen Studentenbewegung. In der Akademischen Legion des Schutzbundes und in der Sozialistischen Jungfront bemühte er sich mit Gleichgesinnten wie Otto Fischer und Ditto Pölzl die zurückweichende Sozialdemokratische Partei zum Kampf gegen den österreichischen Faschismus zu mobilisieren. Während der Februarkämpfe 1934 wurde der militante Antifaschist Eichholzer verhaftet; die Niederlage der Sozialdemokratie war für ihn und viele andere, Intellektuelle, Schutzbündler, jugendliche Aktivisten, Anlass zur kommunistischen Bewegung überzutreten. Der demokratische Weg zum Sozialismus schien gescheitert, für die jungen, radikal Denkenden gehörte die Zukunft der Kommunistischen Partei und der Sowjetunion.

Im Zuge der Volksfrontpolitik betätigte sich Herbert Eichholzer gemeinsam mit Franz Nemschak und Axl Leskoschek in der Sozialen Arbeitsgemeinschaft der Vaterländischen Front; insbesondere in den Wochen und Tagen vor dem „Anschluss" versuchten sie alles zur Verteidigung der Unabhängigkeit Österreichs zu tun, sogar

Propaganda für die nicht mehr zustande gekommene Schuschnigg-Volksbefragung am 13. März 1938.

Nach der Machtergreifung der Nazis und der Besetzung Österreichs musste der gefährdete Eichholzer gemeinsam mit Nemschak und Leskoschek flüchten und kam über Triest nach Paris. In Frankreich betätigte sich Eichholzer in der österreichischen Exilbewegung, der Zentralvereinigung österreichischer Emigranten, die sich bemühte, Flüchtlingen zu helfen. Ende 1938 übersiedelte Eichholzer auf Einladung Clemens Holzmeisters nach Istanbul, wo er an Regierungsaufträgen mitarbeiten konnte. Hier ergab sich eine fruchtbare berufliche und politische Zusammenarbeit mit der Architektin Margarete Schütte-Lihotzky. Istanbul wurde nach Kriegsausbruch zu einem Zentrum von Widerstandsaktivitäten, im Übrigen aber auch von Geheimdiensten aller Seiten. Nach der Zerschlagung großer Teile des kommunistischen Widerstands in Österreich im Lauf des Jahres 1939 versuchte die KPÖ, den Wiederaufbau der Organisation durch Einschleusen von Spitzenfunktionären aus dem Ausland in Gang zu bringen. Unter anderen wurden Schütte-Lihotzky, Eichholzer und die chilenische Architektin Ines Viktoria Meier dafür vorgesehen.

Herbert Eichholzer betrieb seine Rückkehr nach Graz ganz offiziell und erhielt, auch dank der Fürsprache seines der NSDAP angehörenden Bruders, von der Gestapo die Genehmigung dazu. Auf dem Weg dorthin wurde Eichholzer von Spitzenfunktionären der KPÖ wie Erwin Puschmann und Willi Frank in Jugoslawien mit organisatorischen und politischen Direktiven versehen. Ungeachtet einer der Gestapo Graz gegeben Loyalitätserklärung begann Eichholzer sofort nach seiner Rückkehr Ende April 1940 mit der politischen Tätigkeit. Er fand Kontakt zu der kommunistischen Widerstandsgruppe um den Regisseur Karl Drews und den Juristen Dr. Franz Weiß, wurde in der Steiermark aktiv und konnte auch Verbindungen nach Wien knüpfen. Eichholzer verbreitete Propagandaschriften, Schulungsmaterial und politische Anweisungen. Dem Gestapospitzel „Ossi" lieferte er einen Bericht für den nach Wien gekommenen Erwin Puschmann. Das von Puschmann, Schütte-Lihotzky, Eichholzer und anderen aufgebaute Widerstandsnetz war – nachdem die großen katholisch-konservativen Widerstandsgruppen so wie die Gruppen der Revolutionären Sozialisten von der Gestapo zerschlagen worden waren – die größte und wichtigste Widerstandsgruppe in Österreich zu dieser Zeit.

Im Juli 1940 meldete sich Eichholzer zur deutschen Wehrmacht und kam als Dolmetscher nach Frankreich, verblieb aber mit den Mitkämpfern in der Steiermark in ständiger Verbindung; vermutlich ging es darum, die operative Basis des Widerstandes in die Wehrmacht zu erstrecken, um wie im Ersten Weltkrieg das Militär revolutionär umzufunktionieren.

Die Widerstandsgruppe um Eichholzer und Drews hat im Herbst 1940 das einzige Flugblatt herausgebracht, in dem gegen die „Euthanasie" Stellung genommen wurde. Unter dem Titel „Nazikultur" wird im Detail auf die Vorgänge in der Anstalt Wien-Steinhof eingegangen, deren Patientenstand von 6000 auf 2000 dezimiert worden war. Auch über den Abtransport von AltersheimpatientInnen, die Verwendung von Giftgas zum Töten und die bekannten Pannen der „T4"-Aktion, wie z. B. Todesursache Blinddarmentzündung bei Personen ohne Blinddarm, wurde berichtet. Hitler und seinen Helfershelfern wurde für eine nicht mehr ferne Zeit die Abrechnung angekündigt. Das vermutlich von Weiß verfasste Flugblatt schloss mit den Worten:

„Kein anständiger Mensch kann mehr in dieser Partei bleiben, die kaltblütig und überlegt kranke und alte Leute mordet."

Dieses und neun andere Flugblätter waren von der Grazer Versicherungsangestellten Gertrude Heinzel nach Vorlagen von Dr. Franz Weiß, Herbert Eichholzer, Karl Drews und Josef Neuhold zwischen August und Oktober 1940 mit der Schreibmaschine hergestellt und bei einer Hausdurchsuchung am 1. 2. 1941 beschlagnahmt worden.[208]

Die Mitwirkung des Verräters „Ossi" im zentralen KPÖ-Apparat führte auch zur Aufrollung der KPÖ-Gruppen in der Steiermark. Mehr als 250 Verdächtige gerieten hier ins Visier der Gestapo.[209] Herbert Eichholzer wurde am 7. Februar 1941 bei seiner Einheit in Frankreich festgenommen und zur Gestapo Graz überstellt. In der Haft verfasste er eine 85-seitige Verteidigungsschrift „Mein Weg", die vom VGH als „unglaubwürdige Einlassungen" und „Ausreden" qualifiziert wurde. Bemerkenswert erscheint mir die Einschätzung des Gerichts über Eichholzers Aufenthalt bei Le Corbusier in Paris 1929: „dessen Schüler in ihrer Mehrzahl zu ‚Kulturbolschewisten' entartet sind". Besonders erschwerend wurde Eichholzer angelastet, dass er „sogar in Wehrmachtsuniform an kommunistischen Besprechungen teilgenommen" hat. „Er hat damit den gemeinsten Verrat verübt, den er als Soldat begehen konnte."

Am 9. September 1942 wurde Herbert Eichholzer vom VGH wegen „fortgesetzten Verbrechens der Vorbereitung zum Hochverrat" zum Tode verurteilt. Bemühungen seines Verteidigers Dr. Berze, durch einen – nicht sehr aussichtsreichen – Wiederaufnahmeantrag die Hinrichtung hinauszuzögern, lehnte Eichholzer ab. Von Berze stammen auch die am 10. Jänner 1943 niedergeschriebenen Berichte über die letzten Gedanken und Stunden Herbert Eichholzers: Er sterbe in der Überzeugung für einen „echten Sozialismus". „Sein Glaube an den Sieg dieser Idee sei unerschütterlich". Weiters heißt es darin: „Seine Fassung verlor E., obwohl er sichtlich gerührt war, bis zum letzten Augenblick nicht, während ich die meine kaum noch aufrechterhalten konnte. Seine Haltung und Entschlossenheit in diesen letzten Stunden ist für mich einer der stärksten Eindrücke meines Lebens und wird mir unvergesslich bleiben." Am 7. Jänner 1943, knapp vor seinem 40. Geburtstag, wurde Herbert Eichholzer im Wiener Landesgericht hingerichtet.[210]

Die Architektin und kommunistische Widerstandskämpferin Margarete Schütte-Lihotzky

Die am 23. 1. 1897 in Wien geborene Margarete Lihotzky, wirkte nach ihrem Architekturstudium an der Wiener Kunstgewerbeschule im sozialen Wohnbau, zuerst in Wien und ab 1926 in Frankfurt am Main, wo sie die Konzeption für die „Frankfurter Küche" entwickelte. 1930 ging sie mit ihrem Ehemann Wilhelm Schütte und anderen Architekten in die Sowjetunion, die ihr Arbeitsmöglichkeiten als Architektin bot. 1938 wurde sie an die Akademie der schönen Künste in Istanbul berufen, wo sie im Milieu der dort tätigen antinazistischen Exilanten Herbert Eichholzer kennen lernte und 1939 der KPÖ beitrat. Es bedurfte eines starken politischen Engagements und vor allem ungeheuren Mutes, um so zu handeln, wie sie es tat: Die sichere Existenz in der Türkei, Familie und berufliche Karriere einzutauschen gegen eine gefährliche Untergrundtätigkeit in einer mörderischen Diktatur, die damals noch unerschüttert auf dem Höhepunkt ihrer Macht war. Als die Widerstandsgruppe schon nach wenigen Wochen durch den Verrat des Spitzels „Ossi" in die Hände der Gestapo gefallen war, wurde ihre größte Sorge, die Mitkämpfer vor dem Verräter zu warnen. Nur knapp entging die vom VGH 1942 zu 15 Jahren Zuchthaus verurteilte Margarete Schütte-Lihotzky der Todesstrafe und wurde bis zum Kriegsende im berüchtigten Zuchthaus Aichach/Bayern inhaftiert. Die ihr und ihren Mitstreitern angelastete „Vorbereitung zum Hochverrat" und „landesverräterische Feindbegünstigung" hatte im Eintreten für ein freies und demokratisches Österreich bestanden. Die Anerkennung Österreichs für diesen Einsatz ließ freilich – wie bei vielen anderen WiderstandskämpferInnen und NS-Opfern – lange auf sich warten – fast bis zu ihrem 100. Geburtstag.[211]

Im Nachhinein lässt sich fragen, ob es überhaupt sinnvoll war, Kader von der intellektuell-künstlerischen Kapazität eines Herbert Eichholzer und einer Margarete Schütte-Lihotzky in einen solchen riskanten Einsatz zu schicken. Wurden hier nicht die besten, für die Zukunft benötigten Kräfte in einem aussichtslosen Unternehmen verheizt? Dazu ist festzustellen, dass diese Menschen freiwillig und in Erkenntnis des Risikos, des möglichen Scheiterns und des Todes in den Kampf gingen. Sie ordneten ihr Leben dem Existenzkampf der zivilisierten Welt gegen die Barbarei einer Diktatur unter. Die Alternative wäre gewesen: passiv zu bleiben und zu warten, bis andere diesen Einsatz zur Befreiung leisten. Der Grazer kommunistische Widerstandskämpfer Richard Zach, ein aus der Sozialdemokratie kommender Lehrer und begabter Dichter, der am 27. 1. 1943 in Berlin-Brandenburg hingerichtet wurde, hat die idealistische Einstellung vieler WiderstandskämpferInnen in dem Anfang 1942 verfassten, als Kassiber aus dem Gefängnis geschmuggelten Gedicht „Ich bin den anderen Weg gegangen" literarisch zum Ausdruck gebracht.[212]

Jüdische KommunistInnen und die Rückkehrergruppe aus Frankreich

Gerade in diesem linken Widerstandsmilieu waren Menschen jüdischer Herkunft stark vertreten; geflüchtet, vertrieben, vielfach von der NS-Herrschaft wieder eingeholt, spielten sie im europäischen Widerstand, vor allem in Frankreich, eine wichtige, aktivistische Rolle. Allerdings verstanden sich die meisten in der KPÖ wirkenden Frauen und Männer nicht als Juden im religiösen oder nationalen Sinn, auch nicht als linke Zionisten; vielmehr hatten sie sich voll und ganz der kommunistischen Weltbewegung verschrieben. Im französischen Exil hatte die KPÖ in Zusammenarbeit mit der KPD und im Rahmen der Resistance, die Travail Anti-Allemand, eine vornehmlich von ÖsterreicherInnen und Deutschen getragene Widerstandsorganisation formiert, die sich bemühte, die deutsche Wehrmacht zu zersetzen. Die gefährlichste, von jungen Frauen getragene Widerstandsaktivität war die „Mädelarbeit", also die als private Beziehung angebahnte, politische Agitation unter deutschen (und österreichischen) Wehrmachtsangehörigen, die in nicht wenigen Fällen zu Festnahmen (mit den entsprechenden Konsequenzen) führten. Als Agitationsmaterial wurden eigene deutschsprachige Zeitungen – Soldat am Mittelmeer" und „Soldat im Westen" – produziert. Zum Zweck der Informationsgewinnung wurden deutsche Dienststellen mit WiderstandskämpferInnen, die sich mit gefälschten Dokumenten meist als Elsässer ausgaben, durchsetzt. Bei all diesen Aktivitäten, auch im bewaffneten Kampf, spielten Frauen eine herausragende Rolle.[213] Nach der katastrophalen deutschen Niederlage in Stalingrad Anfang 1943 schien – in einer sehr optimistischen Einschätzung – den kommunistischen WiderstandskämpferInnen das Ende des Naziregimes nahe gerückt, und sie hielten den Zeitpunkt für gekommen, nach Österreich zurückzukehren und hier den Kampf zur Befreiung aufzunehmen. Als französische Fremdarbeiter getarnt, kamen nach und nach mehr als 40 kommunistische FunktionärInnen nach Österreich, wo sie vor allem in Wien, aber nicht nur hier, mit dem Neuaufbau der von der Gestapo weitgehend zerschlagenen Parteistrukturen begannen. Vor allem in den Wiener Betrieben, wo die „Franzosen" tätig waren, wurden Kontakte sowohl zu französischen als auch österreichischen Arbeitern geknüpft und kommunistische Widerstandsnetze reaktiviert. Ein Zentrum war die Floridsdorfer Lokomotivfabrik.

> - 13 -
>
> **An die Arbeiter und Beamten der Wiener Lokomotivfabrik !**
>
> Am **Samstag** den 17. Juli trat die französische Belegschaft des Betriebes in **Streik**. Einhaltung der Verträge, besseres, ausreichendes **Essen**, menschliche Behandlung waren die Forderungen, die sie **geschlossen** an die Betriebsleitung stellten.
>
> Doch unter dem Naziregime gibt es keine Rechte der Werktätigen. Bajonettstiche und vorgehaltene Pistolen waren die Antwort auf die gerechten Forderungen der französischen Kameraden. Mit diesen **brutalen Mitteln** gelang es der Betriebsleitung, die Wiederaufnahme der Arbeit zu erzwingen.
>
> Denn die französischen Arbeiter standen allein in einem Kampf, der uns alle angeht.
>
> Österreichische Arbeiter und Angestellte !
>
> Seit mehr als 5 Jahren, seit der Besetzung unserer Heimat werden unsere Rechte vergewaltigt. Der Kriegseinsatz hat unsere Ausbeutung vervielfacht, die Betriebe in Zwangsarbeitslager verwandelt.
>
> **Der Kampf der** ausländischen Arbeiter um bessere Löhne, verkürzte Arbeitszeit, gegen die Naziausbeutermethoden ist auch unser Kampf.
>
> Die ausländischen Arbeiter kommen nicht freiwillig. Sie werden mit brutaler Gewalt aus ihrer Heimat verschleppt, um hier österreichische Arbeiter für Hitlers Schlachtbank freizumachen.

Kommunistisches Flugblatt „An die Arbeiter und Beamten der Wiener Lokomotivfabrik", Juli 1943

Die 1907 in Czernowitz geborene Antonie Lehr, die seit 1927 der KPÖ angehörte und im französischen Exil in der TA mitarbeitete, beschrieb in einem Interview für das DÖW, wie sie ihre Rückkehr nach Österreich als französische Fremdarbeiterin tarnte:

„Ich bin am 31. August 1943 in ein Rekrutierungsbüro gegangen, habe erklärt, dass ich nach Deutschland arbeiten gehen möchte, denn mein Bräutigam ist eingezogen, er arbeitet in Wien, und ich will natürlich auch nur nach Wien gehen, um dort mit ihm beisammen sein zu können. Sie waren unerhört höflich, waren sehr erfreut über jeden Franzosen, über jede Französin, die sich freiwillig meldet, nach Deutschland zu gehen. […] Ich war eine Lothringerin und habe Annette Lutterbach geheißen. […] Wir sind nach Wien gekommen, sind – ich glaube, im 10. Bezirk war das – auf ein Arbeitsamt gebracht worden. Dort ist es zugegangen wie auf einem Sklavenmarkt. Es sind die einzelnen Verantwortlichen der Betriebe gekommen, die dringend Arbeitskräfte brauchten, haben sich ausgesucht, was für sie interessant war. […] Dann hat irgendeiner gefragt, ob jemand Deutsch kann, ich habe mich gleich gemeldet. In dem ganzen Lager der Floridsdorfer Lokomotivfabrik, wo ich gearbeitet habe, waren sehr wenige Frauen, ich weiß nicht, 2500 Männer oder so etwa und vielleicht 100 Frauen. Ich habe übersetzt. So habe ich mich gleich qualifiziert, als Bürokraft sozusagen."

Toni Lehr wurde im Juli 1944 festgenommen und bis zur Befreiung in den KZ Auschwitz und Ravensbrück inhaftiert.[214]

Die Frankreichrückkehrer schufen eine „Wiener Leitung der KPÖ", der unter anderen die ehemaligen Spanienkämpfer Ludwig Beer, Gottfried Kubasta, Frieda Günzburg und Dipl. Ing. Walter Greif angehörten. Ein neu geschaffener zentraler Lit-Apparat verbreitete bis Sommer 1943 tausende Exemplare von illegalen Zeitschriften und Flugblättern in deutscher und französischer Sprache. Am 24. August 1943 wurden die Anführer der Gruppe verhaftet und danach der Großteil der AktivistInnen. Die Querverbindungen des österreichischen zum französischen Widerstand wurden von der Gestapo so ernst genommen, dass eine eigene Gruppe von Beamten der Wiener Gestapo unter der Leitung von Eduard Tucek nach Frankreich entsandt wurde, die mit größter Brutalität vorging.[215] Nach den Verhören durch die Gestapo kamen die meisten jüdischen WiderstandskämpferInnen in KZ, zumal Juden zu diesem Zeitpunkt nicht mehr der Justiz übergeben wurden.[216] Im Tagesbericht der Gestapo Wien vom 27.–31. 8. 1943 wurde über die Aufrollung dieser Widerstandsgruppe berichtet:

„Die Staatspolizeileitstelle Wien hat, wie in früheren Tagesberichten gemeldet, seit ungefähr Mai 1943 eine Reihe von neuen kommunistischen Flugschriften erfasst, die, fast ausnahmslos im Postwege versandt, auf den Neuaufbau eines zentralen kommunistischen Litapparates schließen ließen. […] Interessant ist dabei die Tatsache, dass dieser neue Versuch einer Reorganisation der bisher immer wieder zerschlagenen Zentralen Leitungen der KPÖ im Auftrage eines noch nicht näher bekannten Funktionärs der illegalen KPF in Paris ausgeführt worden sein soll. Zu diesem Zwecke wurden österreichische Emigranten und Rotspanienkämpfer, die sich bisher dem Zugriff der deutschen Behörden in Frankreich entziehen konnten, mit total gefälschten französischen Ausweispapieren versehen und im Wege eines Transportes von französischen Arbeitern in das Reich entsandt. Einer dieser Emigranten wurde bereits am 17. Mai 1943 in der Person des Volljuden Josef Israel Meisel, Tischlergehilfe, 18. 4. 1911 in Waag Neustadtl, Slovakei geb., […] festgenommen.

Nunmehr wurden am 24. 8. 1943 der Mischling I. Grades Ludwig Beer, Tischlergehilfe, 27. 3. 1919 in Wien geb., […] als Funktionär der neu gegründeten Wiener Leitung der KPÖ und die mit ihm in Verbindung stehenden Betriebszellenfunktionäre […] festgenommen."

Ludwig Beer wurde Anfang April 1944 in das KZ Dachau überstellt und dort am 20. 9. 1944 ermordet. Josef Meisel wurde in das Vernichtungslager Auschwitz deportiert, konnte mit Hilfe der polnischen Widerstandsbewegung flüchten und überlebte.[217] Der Installateurgehilfe Gottfried Kubasta (geb. 3. 10. 1907), der als einer der ersten im November 1942 mit falschen Papieren nach Wien gekommen war, wurde am 10. 9. 1943 festgenommen und – als Nichtjude – vom VGH zum Tode verurteilt und am 5. 12. 1944 hingerichtet. Die Privatbeamtin Maria Skumanz (geb. 11. 12. 1895), die Kubasta unterstützt hatte, wurde am 28. 6. 1944 wegen „Vorbereitung zum Hochverrat" und „Feindbegünstigung" vom VGH gleichfalls zum Tode verurteilt und am 19. 9. 1944 im Landesgericht Wien hingerichtet.[218]

Die Festnahmen der AktivistInnen dieser weit verzweigten Gruppe gingen bis in das Jahr 1944 weiter. Der Textiltechniker Rene Hajek (geb. 2. 3. 1911), der im Spanischen Bürgerkrieg auf Seiten der Republik und später im französischen Widerstand gekämpft hatte, wurde im August 1944 in Linz festgenommen, nach Auschwitz deportiert und kam am 28. 3. 1945 im KZ Dachau um. Die Modistin Elisabeth Gavric (geb. 31. 7. 1907), die als Krankenschwester in den Internationalen Brigaden in Spanien wirkte, in Frankreich für die KPÖ und TA tätig war und unter dem Namen „Marie-Louise Béranger" als französische Zivilarbeiterin getarnt nach Wien zurückgekehrt war, wurde am 11. 7. 1944 festgenommen und in das KZ Ravensbrück überstellt, wo sie bis 30. 4. 1945 inhaftiert blieb.[219]

Bis auf wenige Ausnahmen wurde die weit verzweigte und hoch aktive aus Frankreich zurück gekehrte Gruppe einschließlich ihrer in Österreich geworbenen MitkämpferInnen von der Gestapo zerschlagen. Aus heutiger Sicht kann man sagen, dass dieser als Beitrag zur bevor stehenden Befreiung gedachte Einsatz infolge der Fehleinschätzung eines baldigen deutschen Zusammenbruchs nach der Schlacht von Stalingrad einige Zeit zu früh erfolgte, womit freilich diese Widerstandsaktion nicht herab gewürdigt werden soll.

„Tschechische Sektion der KPÖ"

Besonders aktiv war die von der Wiener Gestapo „Tschechische Sektion der KPÖ" genannte Widerstandsgruppe von linksgerichteten Wiener Tschechen, die sich auf Grund der zunehmenden Repressionen gegen die tschechoslowakische Minderheit in Wien radikalisiert hatte.[220] Die Kommunisten Franz Nakowitz, Erich Halbkram und Edgard Diasek hatten – wie es im Bericht der Gestapo Wien hieß[221] – 1938 „die Ansicht gefasst, durch Terrorakte Unruhe in der Bevölkerung zu stiften und dadurch nach und nach den Weg für eine kommunistische Revolution vorzubereiten". Gemeinsam mit tschechischen AktivistInnen, darunter Leo Nemec, Jaroslav Hospodka, Alois Houdek und Alois Valach, wurden bis in den Sommer 1941 zahlreiche Brand- und Sprengstoffanschläge durchgeführt, u. a. auf Getreidespeicher und Wehrmachtsdepots, um die Lebensmittelversorgung zu stören. Die Studenten Irma Trksak und Ludwig Stepanik stellten mit Matrizen kommunistische Flugschriften her, in denen zu Sabotageakten aufgefordert wurden.

Illegale kommunistische Jugendgruppe der Wiener Tschechen

Auch diese Gruppe wurde, als sie mit der zentralen Leitung der KPÖ Kontakt aufnahm, mit Hilfe des V-Mannes „Ossi" von der Gestapo ausgeforscht. Mindestens 26 Personen wurden verhaftet; 20 von ihnen wurden auf Anordnung des Reichsführers SS Himmler ohne Gerichtsverfahren – im Rahmen einer „Sonderbehandlung" – am 6. November 1941 im KZ Mauthausen erschossen. Irma Trksak, Antonia Bruha und andere Frauen der Widerstandsgruppe kamen in das Frauen-KZ Ravensbruck. Rudolf Häuser (geb. 19. 3. 1909), später Vizekanzler in der Regierung Kreisky, überlebte im KZ Dachau.[222]

Der Tischlergehilfe Alois Valach war Mitbegründer der „Tschechischen Sektion der KPÖ". Er wurde am 9. 3. 1942 von der Gestapo Wien erkennungsdienstlich erfasst und am 3. 11. 1943 vom Reichskriegsgericht wegen „Vorbereitung zum Hochverrat, Kriegsverrat, Wehrkraftzersetzung und Abhörens ausländischer Rundfunksendungen" zum Tode verurteilt. In dem am 3. 11. 1943 verhängten Todesurteil des Reichskriegsgerichts gegen Alois Valach (geb. 2. 2. 1910) vom 3. 11. 1943 werden die Aktivitäten Valachs und der tschechischen Widerstandsgruppe detailliert umrissen:

„Der Angeklagte Valach ist auf Grund seiner von Kindheit an genossener marxistischer Erziehung ein überzeugter Kommunist. Auch nach dem Anschluss Österreichs an das Reich blieb er bei seiner kommunistischen Einstellung und war darauf bedacht, bei sich bietender Gelegenheit sich wieder aktiv als Kommunist zu betätigen. Anfang des Jahres 1939 entschloss er sich, innerhalb der tschechischen Bevölkerung Wiens eine kommunistische Gruppe zu bilden. Zu diesem Zweck sammelte er Tschechen aus den Arbeiterkreisen, vor allem jüngere Arbeiter um sich, die er im kommunistischen Sinne schulte und aufforderte, auch ihrerseits für die kommunistische Bewegung zu werben. Ende Januar 1940 hatte er sein Ziel erreicht. [...] Bis zu seinem Eintritt in das Heer im Dezember 1940 verfasste der Angeklagte mehrere Flugschriften, die etwa 3- oder 4-mal als ‚Schulungsbriefe' erschienen und in einer Auflage bis zu 60 Stück unter die Gesinnungsgenossen verteilt wurden. [...] Die vom Angeklagten gegründete kommunistische Tschechen-Gruppe setzte ihre Arbeit auch nach seiner Einberufung zum Wehrdienst fort. Im Jahre 1941 führte sie planvoll mehrere Terror- und Sabotageakte in Wien durch, insbesondere auch am 31. August 1941, an welchem Tage zahlreiche Scheunen und Getreideschober in Brand gesteckt wurden."

Alois Valach wurde am 7. 1. 1944 in Torgau hingerichtet. Ein weiteres führendes Mitglied der „Tschechischen Sektion der KPÖ", der Handelsangestellte Alois Houdek (geb. 6. 2. 1906) wurde am 8. 10. 1942 vom VGH wegen „Landesverrats und Vorbereitung zum Hochverrat)" zum Tode verurteilt und am 30. 3. 1943 im Landesgericht Wien hingerichtet. Er hatte in der Druckerei des ehemaligen Volkshauses – Lidovy dum – der Tschechoslowakischen Sozialdemokratischen Partei (Margaretenplatz 7) Flugschriften gegen den Nationalsozialismus hergestellt. Seine Frau Marie Houdek (geb. 2. 4. 1908), die Matrizen für diese Flugblattpropaganda geschrieben hatte und am 2. 10. 1941 von der Gestapo festgenommen worden war, verübte am 11. 10. 1941 im Polizeigefängnis Rossauer Lände Selbstmord.[223]

Edgard Diasek (geb. 17. 12. 1909) und Franz Nakowitz (geb. 14. 11. 1909), die die so genannte „Terrorgruppe der Tschechischen Sektion der KPÖ" – so die Gestapodiktion – geleitet hatten, wurden am 6. 11. 1941 im KZ Mauthausen erschossen. Zu den in Mauthausen erschossenen Aktivisten gehörten weiters der Tischler Antonin Chleborad (geb. 2. 10. 1919), der Maurer Antonin Chmela (geb. 20. 1. 1913) und der in einer Widerstandsgruppe im Wiener E-Werk tätige Facharbeiter Viktor Christ (geb. 27. 4. 1904) Letzterer war zuvor wegen „tätiger Sabotage und Brandlegung" vom VGH zum Tode verurteilt.

Die brutale Verfolgung der kommunistischen Widerstandsgruppe der Wiener Tschechen zeigte, wie sehr diese effektiven, z. T. gewaltsamen Widerstandsaktionen das NS-Regime auch tatsächlich trafen.

Der „Lit-Apparat"

Im Mittelpunkt der auf Massenwiderstand zielenden kommunistischen Aktivitäten stand die Verbreitung illegaler Druckwerke, die das Meinungsmonopol des NS-Regimes durchbrechen sollten. Unzählige Streuzettel, Flugblätter und Zeitschriften wurden unter größten Schwierigkeiten und Gefahren hergestellt und verbreitet. Zeitweise bestand für diese Zwecke sogar eine eigene Organisation: der Lit-Apparat (Literaturapparat) bzw. der jeweilige Lit-Mann/Lit-Frau in den Basisgruppen. Allein im Jahr 1939 beschlagnahmten die Gestapostellen in der „Ostmark" 127 Flugblätter, 1005 Broschüren, 5000 Streuzettel und 1000 Exemplare Resolutionen des ZK der KPÖ. Anfang Dezember 1939 wurde der technische Apparat der KPÖ von der Gestapo Wien ausgehoben, wobei 119 WiderstandskämpferInnen festgenommen und

8 Schreibmaschinen, 3 Vervielfältigungsapparate und anderes Material zur Flugblattherstellung beschlagnahmt wurden.[224] Der Widerstandsforscher Karl Stadler, der selbst im kommunistischen Widerstand vor 1938 aktiv war, hat die Effizienz dieser Tätigkeit in Zweifel gezogen und auf die ungeheuren menschlichen Verluste durch Auffliegen bei der Herstellung und Verteilung der Druckwerke hingewiesen. Demgegenüber hat Radomir Luza den Wert dieser illegalen Propaganda hervorgehoben: die eigenen Anhänger wurden mobilisiert und auf Parteilinie gebracht, die Öffentlichkeit und Behörden auf die Existenz einer Widerstandsbewegung aufmerksam gemacht.[225]

Die Bedeutung und Brisanz dieser Aktivitäten kommen wohl auch darin zum Ausdruck, dass die Flugblattherstellung und -verteilung in den Gerichtsverfahren vom NS-Regime stets erschwerend bewertet wurde, nämlich als „Wehrkraftzersetzung", die in der Regel mit der Todesstrafe geahndet wurde. So wurden die Stanzerin Anna Blauensteiner (geb. 21. 7. 1904) und ihr Ehemann Franz Blauensteiner (geb. 6. 3. 1903) am 25. 8. 1943 vom Volksgerichtshof wegen „Hochverrats" und „Feindbegünstigung" zum Tode verurteilt und am 5. 10. bzw. 8. 9. 1943 in Berlin-Plötzensee hingerichtet. Dort wurde auch die Hilfsarbeiterin Stefanie Engler (geb. 18. 11. 1910) am 26. 6. 1943 justifiziert, da sie als Mitarbeiterin des Leiters der Provinzkommission der KPÖ u. a. Flugschriften, Schreibmaschinenpapier, Matrizen und Vervielfältigungsapparate in die Bundesländer gebracht hatte, wofür sie schließlich am 26. 2. 1943 vom VGH wegen „Vorbereitung zum Hochverrat" zum Tode verurteilt wurde. Der Geschäftsführer Leopold Segall (geb. 19. 9. 1905) hatte einige Durchschriften eines „zur Verminderung der Arbeitsleistung auffordernden kommunistischen Flugblattes" hergestellt, wurde deshalb am 16. 2. 1943 vom VGH wegen „Vorbereitung zum Hochverrat" zum Tode verurteilt und am 28. 4. 1943 in Berlin-Plötzensee hingerichtet. Der Metalldruckergeselle Franz Eibel (geb. 18. 3. 1904), Metalldruckergeselle, der durch seinen später hingerichteten Bruder Richard für die kommunistische Widerstandstätigkeit geworben worden war und sich in Wien-Brigittenau an der Errichtung einer Druck- und Verteilerstelle für illegale KPÖ-Flugschriften beteiligt hatte, wurde am 10. 2. 1943 festgenommen, am 7. 3. 1944 vom VGH wegen „Vorbereitung zum Hochverrat" zum Tode verurteilt und am 19. 3. 1945 im Zuchthaus Brandenburg hingerichtet.[226] Der Zahnarzt Walter Suess (geb. 18. 4. 1912) verfasste bis zu seiner Festnahme am 5. 4. 1941 mehrere KPÖ-Flugschriften, u. a. im Dezember 1940 die Flugschrift „Antwort an Dr. Goebbels". Das vom VGH am 4. 11. 1942 wegen „Vorbereitung zum Hochverrat" verhängte Todesurteil wurde am 28. 1. 1943 im Landesgericht Wien vollstreckt.[227] In dem am 10. 3. 1944 gefällten Todesurteil des VGH gegen den Bankbeamten Karl Baubelik (geb. 19. 2. 1896) wegen „Feindbegünstigung" und „Vorbereitung zum Hochverrat" wird diese illegale Publizistik in den Mittelpunkt gestellt:

87

„Der Angeklagte Baubelik war in Wien bis Ende 1943 hinein maßgeblich im Schriftapparat der illegalen KPÖ tätig, hat Schriften in großen Mengen hergestellt und verbreitet und mehrere Schriften vorher selbst bearbeitet. […] Auch noch nach seiner Verhaftung blieb der Angeklagte Baubelik Kommunist und setzte seine Hetzpropaganda fort. So versuchte er mit gefangenen Gesinnungsgenossen in Verbindung zu treten und sie in kommunistischem Sinne zu stärken. In dem Kassiber vom 8. Dezember 1943, den er an einen Mitgefangenen richtete, heißt es u. a.: ‚[…] Ich kann weder den d. [deutschen] Soldaten noch das d. [deutsche] Volk begreifen, die nicht den Mut finden, diesem Zauber ein Ende zu bereiten'."

Baubelik wurde am 10. 5. 1944 im Wiener Landesgericht geköpft. Gegen den gleichfalls wegen Herstellung und Verbreitung kommunistischer Druckschriften zum Tode verurteilten und am 1. 7. 1943 in Wien hingerichteten Finanzangestellten Anton Peterka (geb. 20. 12. 1905) erhob der VGH in seinem Urteil vom 14. 4. 1943 den Vorwurf mangelnder Dankbarkeit gegenüber dem NS-Regime:

„Der Angeklagte hat dem nationalsozialistischen Reich seinen Dank für die Befreiung aus jahrelanger Arbeitslosigkeit dadurch abgestattet, dass er auf dessen Vernichtung während des Krieges hinzuarbeiten sich bereit gefunden hat. Das Schutzbedürfnis von Volk und Staat verlangt gebieterisch die Ausmerzung des Angeklagten."[228]

Die Erbarmungslosigkeit der NS-Justiz kam in dem Urteil des VGH gegen den nur geringfügig aktiven Hilfsarbeiter Karl Marold (geb. 18. 9. 1904) vom 8. 12. 1942 besonders deutlich zum Ausdruck:

„Wenn auch der Angeklagte nur im geringen Umfange Flugblätter verteilt hat und auch nicht in großem Umfange für die ‚Rote Hilfe' tätig war, auch sonst keinen schlechten Eindruck macht, so erfordern es doch die Staatsinteressen, dass gegen den Angeklagten, der auch nach dem Ausbruch des Krieges mit Russland, in einem Zeitpunkt also, in welchem die besten Söhne des deutschen Volkes unter Einsatz ihres Lebens den Bolschewismus bekämpfen, sich dergestalt aktiv in einem Rüstungsbetrieb für die hochverräterischen Bestrebungen der KP eingesetzt hat, auf die höchste von dem Gesetz vorgesehene Strafe, die Todesstrafe, erkannt wird, da nur diese als allein den Schutz von Volk und Reich sichernd angesehen werden kann."

Marold wurde am 13. 4. 1943 im Wiener Landesgericht hingerichtet.[229]

Besonders gefährlich für das Regime war die in der Wehrmacht gegen die deutsche Kriegsführung gerichtete Propaganda, die von der Gestapo aufmerksam registriert und mit größter Schärfe zu unterdrücken versucht wurde. So wurde der Installateur Karl Tesinsky (geb. 27. 9. 1911), der 1943 kommunistische Flugschriften an der Ostfront verteilt hatte, vom VGH zum Tode verurteilt und am 23. 2. 1945 im Landesgericht Wien hingerichtet. Im VGH-Urteil vom 8. 8. 1944 wurden seine Handlungen folgendermaßen bewertet:

„Bei den Flugblättern handelte es sich um zwei verschiedene Arten. Das eine trug die Überschrift ‚Österreicher an der Ostfront' und die Unterschrift ‚Die kommunistische Partei Österreichs', während das andere ‚An die österreichischen Soldaten an der Ostfront' gerichtet und mit ‚Vereinigung österreichischer Freiheitskämpfer' gezeichnet war. Das Letztere, das in mehreren Exemplaren sichergestellt werden konnte, enthielt neben propagandistisch aufgebauschten Angaben über die Gefangennahme Mussolinis und die damit zusammenhängenden Ereignisse die Aufforderung an die an der Ostfront kämpfenden Österreicher, zur Niederlage Deutschlands und damit zum Sturz der nationalsozialistischen Staatsführung sowie zur Wiedererrichtung eines selbständigen österreichischen Staates beizutragen und zu diesem Zweck Kampfkomitees in den Truppenteilen zur Aufklärung und Aktivierung aller Kameraden zu bilden, in Gruppen zu desertieren bzw. in die Heimat zurückzukehren oder Partisanengruppen hinter der Front zu bilden. [...]

Der Angeklagte, Unteroffizier der ruhmreichen deutschen Wehrmacht, hat seinen Eid auf Führer und Volk schmählich gebrochen und sich zur schimpflichsten Tat bereit gefunden, die ein Deutscher überhaupt begehen kann, zum Verrat an seinem Volk. Er ist ein unverbesserlicher Staatsfeind und muss aus der Volksgemeinschaft ausgemerzt werden."

Bei der illegalen Flugblattpropaganda war das Risiko des Erwischtwerdens bzw. des Verratenwerdens ein besonders hohes, wiewohl Denunziationen unter ArbeitskollegInnen in Betrieben eher die Ausnahme waren. Eine anonyme Anzeige wurde der Postinspektorin Adele Stawaritsch (geb. 8. 11. 1900) zum Verhängnis, die am 2. 6. 1944 wegen Verdachts der Herstellung und Verbreitung von Flugzetteln („Hitler fliegt / Stalin siegt / Weg mit der Naziclique!", „Hitler zieht hin / Es kommt Stalin / Kämpft für die Freiheit") festgenommen wurde. Im Tagesbericht der Gestapo Wien vom 1.–8. 6. 1944 wird ihre Aufdeckung beschrieben:

„Gegen Adele Stawaritsch ist zurzeit bei der Reichspostdirektion ein Disziplinarverfahren wegen verschiedener staatsabträglicher Äußerungen, die sie Berufskameraden gegenüber gemacht haben soll, anhängig. In Zusammenhang mit diesem Verfahren hat der Hauptvertrauensmann des RDB [Reichsbunds der Deutschen Beamten] des genannten Amtes [...] am 1. 6. 1944 ein anonymes Schreiben erhalten, in welchem zu einer Durchsuchung des Schreibtisches der Adele St. aufgefordert wird. Die hierauf von [...] selbst durchgeführte Durchsuchung hat sodann ca. 100 Stück der oben angeführten Streuzettel zutage gefördert. Da bei den weiteren Ermittlungen sich der Verdacht der Mittäterschaft auch auf den Bruder der Adele St. richtete, wurde auch bei diesem eingeschritten und anlässlich der Hausdurchsuchung eine komplette Handtypendruckerei vorgefunden. Adele Stawaritsch wird an ihrem Dienstort als marxistisch gesinnt und radikale politische Gegnerin der nationalsozialistischen Weltanschauung geschildert."

Kommunistischer Jugendverband (KJV)

Viele der illegalen Aktivitäten, wie Streu- oder Schmieraktionen, trug der Kommunistische Jugendverband (KJV), wobei besonders die massenhaft an österreichische Frontsoldaten verschickten ‚zersetzenden' Briefe sowie die Unterwanderung der Hitler-Jugend (HJ) durch Jungkommunisten die Aufmerksamkeit der Gestapo hervorriefen.[230] In dem von den zentralen KPÖ-Funktionär Bruno Dubber 1938 herausgegebenen Anweisungen für den KJV wurde – neben der Zusammenarbeit mit anderen antifaschistischen Kräften – zum Beitritt zur HJ und anderen nationalsozialistischen Jugend- und Sportorganisationen aufgerufen, um – nach dem Vorbild des Trojanischen Pferdes – das Regime von innen zu bekämpfen. So wirkte z. B. der vom VGH wegen „Vorbereitung zum Hochverrat" und „Feindbegünstigung" am 23. 9. 1943 zum Tode verurteilte und am 22. 10. 1943 in Wien hingerichtete KJV-Funktionär Franz Reingruber (geb. 1921) als Gefolgschaftsführer der HJ und bemühte sich, laut Anklage und VGH-Urteil, bei Lehrgängen und Wanderfahrten „durch Verbreitung von kommunistischem Gedankengut die ihm unterstellten Hitlerjungen zu zersetzen".[231]

Auch der Schulhelfer und KJV-Funktionär Leopold Fischer (geb. 22. 8. 1916) unterwanderte eine legale NS-Organisation, nämlich den Reichsluftschutzbund, zum Zwecke er illegaler Propaganda. Er wurde am 13. 4. 1943 wegen „Wehrkraftzersetzung", „Feindbegünstigung" und „Vorbereitung zum Hochverrat" vom Volksgerichtshof zum Tode verurteilt und am 27. 8. 1943 im Landesgericht Wien hingerichtet. Im Urteil des VGH vom 13. 4. 1943 wird seine „Zersetzungsarbeit" beschrieben:

„Der Angeklagte hat als Amtsträger des Reichsluftschutzbundes eine Gruppe des illegalen KJVÖ innerhalb des Reichsluftschutzbundes gebildet und ist zunächst als Bezirksfunktionär und Schulungsleiter tätig gewesen, hat sich später, auch als Wehrmachtsangehöriger, bis lange nach Ausbruch des Krieges mit der Sowjetunion an der Herstellung und Verbreitung kommunistischer Flugschriften, insbesondere solcher, die für die Verbreitung innerhalb der Deutschen Wehrmacht bestimmt gewesen sind, maßgeblich beteiligt und hat mit anderen Kommunisten die Durchführung von Sabotagehandlungen erörtert."[232]

Es ist unübersehbar, dass der KJV – abgesehen von den aus dem Ausland gesandten, linientreuen Spitzenfunktionären – eine radikalere Linie als die auf Volksfrontpolitik und österreichischen Patriotismus orientierte Partei vertrat. Sichtbaren Ausdruck fand diese Einstellung in der Zeitschrift „Soldatenrat", deren Titel an die Tradition der Arbeiter- und Soldatenräte der russischen Revolution anknüpfte. So wie die Bolschewiki wollten sich die JungkommunistInnen mit ihrer Agitation direkt an die Soldaten wenden und hofften auf eine revolutionäre Entwicklung im Zuge des

Krieges. Der NS-Repressionsapparat richtete sich mit erbarmungsloser Härte gegen diese jugendlichen AktivistInnen, von denen zahlreiche im Alter von knapp zwanzig Jahren hingerichtet wurden. Zu den führenden KJV-Funktionären gehörten der Elektroingenieur Alfred Fenz (geb. 22. 2. 1920), der Chemiker Walter Kämpf (geb. 12. 9. 1920) und die Maturantin Elfriede Hartmann (geb. 21. 5. 1921), die bis zu ihrer Festnahme 1942 an der Herstellung und Verbreitung der „staatsfeindlichen Hetzschriften" wie „Die Rote Jugend" oder „Soldatenrat" mitwirkten, 1943 vom VGH wegen „Vorbereitung zum Hochverrat und Feindbegünstigung" zum Tode verurteilt und am 2. 11. 1943 im Landesgericht Wien hingerichtet wurden. Am selben Tag wurde auch die Postangestellte Leopoldine Kovarik (geb. 5. 2. 1919), die Kettenbriefe an Wehrmachtsangehörige versandt hatte, in Wien justiziert. Der zur Wehrmacht eingerückte Schlossergehilfe Rudolf Masl (Maschl) (geb. 30. 5. 1920), der mehrere Feldpostanschriften zur Versendung der Flugschrift „Soldatenrat" weitergegeben hatte, wurde gleichfalls 1943 vom VGH zum Tode verurteilt und am 27. 8. 1943 im Landesgericht Wien hingerichtet. Im Urteil des VGH vom 25. 9. 1943 wurde die „hochverräterische" und „wehrkraftzersetzende" Tätigkeit der KJV-Funktionäre im NS-Justiz-Kauderwelsch beschrieben:

„Der Angeklagte Fenz hat als führender Funktionär des Kommunistischen Jugendverbandes in Wien und Umgegend durch Werbung von Mitgliedern, Teilnahme an zahlreichen Besprechungen mit führenden Funktionären des KJV und mit ihm unterstellten auswärtigen Ortsleitern sowie durch laufende Verbreitung von Druckschriften den kommunistischen Hochverrat organisatorisch und agitatorisch bis in das Jahr 1942 hinein vorbereitet. Er hat ferner durch Teilnahme an der Vorbereitung von Sabotageanschlägen sowie durch dahingehende Aufforderungen an die ihm unterstellten auswärtigen Ortsgruppenleiter sowie durch Verbreitung von zahlreichen Handzetteln mit der Aufforderung zur Verminderung der Arbeitsleistung, endlich durch Sammlung von Feldpostanschriften zum Zwecke der Versendung eine Schrift wehrkraftzersetzenden Inhalts an Wehrmachtsangehörige und Vorbereitung einer solchen Versendung es versucht, die Wehrmacht zur Erfüllung ihrer Schutzpflicht gegenüber dem Deutschen Reich untauglich zu machen und den Willen des deutschen Volkes zur wehrhaften Selbstbehauptung zu lähmen und zu zersetzen.

Er wird deshalb zum Tode und zum Verlust der bürgerlichen Ehrenrechte auf Lebenszeit verurteilt. Auch hat er die Kosten des Verfahrens zu tragen."[223]

Wegen Mitwirkung an der Verbreitung des „Soldatenrats" wurden weiters der Buchdruckergehilfe Friedrich Muzyka (geb. 7. 7. 1921) und der Schriftsetzer Alfred Rabofsky (geb. 29. 6. 1919) 1943 festgenommen, am 8. 2. 1944 wegen „Vorbereitung zum Hochverrat" und „Feindbegünstigung" vom VGH zum Tode verurteilt und 1944 in Wien hingerichtet. Rabofskys schon 1941 festgenommener Bruder Eduard (geb. 7. 8. 1911), ein Autoschlosser, war einer von wenigen, der freigesprochen und am 5. 7. 1943 aus der Haft entlassen wurde. Ihm kam seine Bekanntschaft mit Irene de Crinis zugute, die über ihren in der NS-Hierarchie hochrangigen Bruder Professor Maximinian de Crinis bei RSHA-Chef Kaltenbrunner zu seinen Gunsten erfolgreich intervenieren konnte.[234]

Nicht nur die Spitzenfunktionäre auch die lokalen KJV-AktivistInnen fielen dem Wüten des VGH zum Opfer. So wurde der Teppichweber Karl Budin (geb. 15. 8. 1924) aus Ebergassing, der bei der Festnahme erst 18 Jahre alt war, am 5. 10. 1943 wegen „Vorbereitung zum Hochverrat" vom VGH zum Tode verurteilt und am 7. 2. 1944 im Landesgericht Wien hingerichtet. Der Tapezierergehilfe Emil Ifkovics (geb. 3. 8. 1924) und der Maschinenbauschüler Franz Josef Fröch (geb. 1924), beide aus Felixdorf (NÖ), wurden zweimal zum Tode verurteilt. Das erste Todesurteil des VGH vom 3. 12. 1942 wurde im Gnadenweg in eine Freiheitsstrafe mit „Frontbewährung" umgewandelt. Nach einem gescheiterten Desertionsversuch nach Ungarn wurden beide am 4. 10. 1944 vom Gericht der Division Nr. 177 wegen Fahnenflucht neuerlich zum Tode verurteilt. Während Ifkovics am 12. 12. 1944 in Wien-Kagran erschossen wurde, konnte Fröch während eines Bombenangriffs aus dem Heereslazarett flüchten und sich bis zur Befreiung am Schneeberg und bei seinen Eltern versteckt halten.[235]

Die Unbeugsamkeit dieser jungen KämpferInnen kam in dem letzten Brief des Tischlergehilfen Leopold Brtna (geb. 31. 3. 1921) zum Ausdruck, der am 15. 3. 1944 vom VGH wegen „Vorbereitung zum Hochverrat" zum Tode verurteilt und am 24. 5. 1944 im Landesgericht Wien hingerichtet wurde. Er schrieb am 7. 3. 1944 an seine Eltern:

„Möget Ihr vielleicht auch leisen Zweifel hegen, ich bin überzeugt, dass das Morgen das Morgen der Arbeiter ist. Deshalb ertrage und erdulde ich meine Last umso leichter. […] Wer könnte es glauben von den Spießbürgern, dass heute junge Menschen, ob Bursch oder Mädel, auch viele mit 17 Jahren, dem Tod lächelnd entgegentraten, das ist unsere Bewegung, getreu der Parole: ‚Achtet nicht des Kampfes Opfer u. der großen Not, vorwärts ist die große Losung, Freiheit oder Tod!' schreiten sie überzeugt von ihrem Sieg zum Schafott. Einmütig beseelt uns ein Wunsch, Freiheit!"[236]

Wie schwierig die Beurteilung menschlichen Verhaltens während der NS-Zeit aus heutiger Sicht ist, zeigte ein Diskurs über die im Jahr 1940 an der Universität Wien approbierte Dissertation von Christian Broda, den Josef Haslinger 1992 in der Wiener Zeitung „Falter" aufrollte. Seiner Meinung nach ließen der Titel, einige Passagen sowie die angebliche Geheimhaltung dieser Arbeit nach 1945 Schlüsse in Richtung Anbiederung und Anpassung an das Regime seitens ihres Autors, des späteren langjährigen sozialdemokratischen Justizministers Christian Broda, zu. Erst durch das Eintreten ehemaliger Mitkämpfer und Freunde Brodas wie Georg Scheuer und Eduard Ra-

Der KJV-Aktivist Dr. Johann Christian Broda, in Wehrmachtsuniform (links)

bofsky konnte zu Recht darauf hingewiesen werden, dass Broda als Angehöriger einer kommunistischen Widerstandsgruppe nur knapp der Todesstrafe entgangen ist. Brodas Dissertation war an der Grenze der damals gerade noch vertretbaren linken Inhalte gewesen.

Der seit seiner Gymnasiastenzeit im kommunistischem Milieu tätige Christian Broda (geb. 12. 3. 1916) hatte als Wiener Obmann des KJV gegen den Rechtsschwenk der KPÖ 1935/36 opponiert, die Oppositionsgruppe „Ziel und Weg" gegründet und war als angeblicher „Trotzkist" aus dem KJV ausgeschlossen worden. In der NS-Zeit fand er wieder Anschluss an den KJV und arbeitete mit dem 1943 zum Tode verurteilten KJV-Funktionär Walter Kämpf zusammen, dem er 1941/42 30,- RM für die Beschaffung eines Abziehapparates gab und von dem er die Flugschrift „Die Rote Jugend" erhielt. Broda, damals Obergefreiter, wurde von der Abwehrstelle des Wehrkreises XVII am 1. 6. 1943 bei seinem Truppenteil festgenommen und an die Gestapo Wien überstellt. Am 21. 8. 1943 wurde er vom Gericht der Division Nr. 177 lediglich wegen „Nichtanzeige eines hochverräterischen Unternehmens" zu 3 Monaten Gefängnis verurteilt und blieb bis 31. 8. 1943 in Haft. Die Tatsache, dass etliche mit ihm kooperierende KJV-Funktionäre wie Alfred Rabofsky und Walter Kämpf zum Tod verurteilt wurden, ließ Broda-Gegner später fragen, wieso Broda so glimpflich davon kam. Obwohl eine solche Frage an sich schon äußerst problematisch ist, weil jeder überlebende NS-Gegner oder -Verfolgte in einen unzumutbaren Rechtfertigungszwang kommt, ist Christian Broda dem nicht ausgewichen und hat eine durchaus plausible Erklärung für die milde Behandlung abgegeben, wonach ein altösterreichisch gesinnter Jurist, der Anklagevertreter Oberkriegsgerichtsrat Dr. Karl Trauttmannsdorff, seine schützende Hand über ihn gehalten habe.[237]

FallschirmspringerInnen und deren Unterstützer

Auch die – mehr als hundert – von den Alliierten abgesetzten Fallschirmagenten, die hier nachrichtendienstliche oder militärische Aufgaben zu erfüllen hatten, standen zum Teil mit dem Parteiapparat der KPÖ in Wien in Verbindung. Hans Schafranek, der seit vielen Jahren diese Thematik wissenschaftlich aufarbeitet, hat darauf hingewiesen, dass die Vorbereitung, Ausbildung und Ausrüstung der aus der Sowjetunion kommenden Fallschirmagenten ziemlich unzulänglich war und diese – auf Grund der Durchsetzung des KPÖ-Appparates mit Gestapo-V-Leuten – zwangsläufig in die Hände der Gestapo fallen mussten. In der Tat wurden nahezu alle in Österreich eingesetzten Fallschirmtrupps aufgedeckt und die nachkommenden Fallschirmspringer meist schon bei der Landung verhaftet. Nur einige rein sowjetisch-militärische Gruppen konnten sich bis Kriegsende behaupten.[238] Auf die „erfolgreiche" Tätigkeit des für die Fallschirmspringer zuständigen Gestapobeamten Johann Sanitzer wurde bereits im Zusammenhang mit der Gestapo Wien hingewiesen. Die von der Gestapo mit brutalsten Mitteln zur Kooperation gezwungenen FallschirmagentInnen wurden nach der Befreiung von sowjetischen Geheimdienstorganen als „Verräter" verfolgt.

Der Maschinentechniker Gregor (Georg) Kersche (geb. 11. 5. 1892), 1920 bis 1932 Landesobmann der KPÖ Kärnten, seit 1935 in der Sowjetunion, sprang Ende Juni 1943 mit Hildegard Mraz und Aloisia Soucek über Polen ab. Die Gruppe wurde Anfang Jänner 1944 in Wien festgenommen und in der Folge zu „Funkspielen" gezwungen. Nach Kriegsende galt Gregor Kersche als verschollen; tatsächlich wurde er im April 1945 als „Verräter" von SMERSCH (NKWD-Einheit für Spionageabwehr an der Front) verhaftet und in die Sowjetunion verschleppt, wo er sich bis 1956 in Haft und Verbannung befand. Auch Aloisia Soucek (geb. 8. 2. 1908) und Hildegard Mraz (geb. 5. 9. 1911) wurden in die Sowjetunion verschleppt und zu Straflager verurteilt. Während Soucek 1950 umkam, konnte Mraz 1956 nach Wien zurückkehren. Auch ihr Mann Lorenz Mraz (geb. 16. 6. 1908), ein Spanienkämpfer, wurde von der Sowjetunion als Fallschirmspringer eingesetzt und stürzte mit einem britischen Flugzeug am 21. 4. 1942 im Allgäu ab. Der sozialdemokratisch eingestellte Eisenbahner Leo Mistinger (geb. 16. 3. 1904), ein nachmaliger SPÖ-Abgeordneter, wurde am 11. 1. 1944 wegen Unterstützung Hildegard Mraz' festgenommen und am 7. 7. 1944 in das KZ Flossenbürg überstellt, wo er bis zur Befreiung 1945 in Haft blieb. Seine Schwester Anna Mistinger (geb. 30. 3. 1896) wurde ebenfalls verhaftet und war bis zur Befreiung 1945 im KZ Ravensbrück inhaftiert.[239]

Die Modistin Emilie (Berta) Boretzky (geb. 1. 7. 1904) sprang im Februar 1943 mit dem KPÖ-Spitzenfunktionär Hermann Köhler über dem Leithagebirge ab und fiel bald in die Hände der Gestapo, die sie zur Kollaboration zwang. Im Mai 1945 wurde Emilie Boretzky in Wien als „Verräterin" von SMERSCH verhaftet, in die

Sowjetunion verschleppt und zu Straflager verurteilt. Theodor Rakwetz (14. 9. 1901) gehörte zu den Schutzbündlern, die nach den verlorenen Februarkämpfen 1934 in die Tschechoslowakei flüchteten und dann von dort in die Sowjetunion emigrierten. Gemeinsam mit seinem Sohn Theodor Rakwetz jun. (geb. 25. 1. 1925) wurde er als Fallschirmspringer ausgebildet und 1943 in Österreich abgesetzt. Beide wurden unmittelbar nach der Landung festgenommen. Theodor Rakwetz sen. kam am 15. 10. 1944 im KZ Mauthausen um, sein Sohn starb dort am 14. 10. 1944. Der Glasarbeiter Albert Huttary (geb. 30. 12. 1908) aus Brunn am Gebirge lief nach seiner Einberufung zur Wehrmacht im April 1942 zur Roten Armee über. Er wurde von der Sowjetunion als Fallschirmspringer eingesetzt, landete – von England kommend – am 6. 1. 1944 in der Umgebung von St. Pölten und fand bei seiner Familie Unterschlupf. Huttary wurde am 30. 3. 1944 festgenommen und in der Folge nach Theresienstadt (Kleine Festung) überstellt, wo er überlebte.[240]

Der 1912 geborene Josef Angermann hatte sich wegen Teilnahme an den Februarkämpfen 1934 und Betätigung für die KPÖ schon 1934/35 in Haft befunden. Im Dezember 1940 wurde er von der Sicherheitspolizei Metz (Frankreich) in das KZ Dachau überstellt, danach war er bis Oktober 1940 in der Haft der Gestapo Wien. In der Folge zur Wehrmacht eingezogen, desertierte er an der Ostfront zur Roten Armee und kam als sowjetischer Fallschirmagent 1943 nach Österreich zurück. Im Tagesrapport der Gestapo Wien vom 18.–21. 6. 1943 wird über ihn berichtet:

„Am 11. 6. 1943 wurde nachrichtendienstlich bekannt, dass kommunistische Parteigänger Quartiere für Fallschirmagenten suchen, die in Wehrmachtsuniform aus sowjetrussischen Flugzeugen im Rücken der deutschen Linien abgesetzt worden waren und in Wien zum Einsatz gelangen sollten. Im Zuge der sofort durchgeführten umfangreichen Ermittlungen wurde festgestellt, dass es sich bei den Fallschirmagenten um den Schriftsetzer Josef Angermann […] handelt. Auf Grund systematischer Überwachung des Verwandten- und Bekanntenkreises des Angermann gelang es, Angermann am 16. 6. 1943 festzunehmen. Er hat sich seiner Festnahme nach Kräften widersetzt und von seiner Pistole Gebrauch gemacht, doch hat die Waffe, anscheinend infolge eines Fehlers der Munition, versagt.

Er ist geständig […] im September 1942 an der Ostfront zu den Russen übergelaufen zu sein."

Josef Angermann wurde von der Gestapo schwer misshandelt und beging am 8. 1. 1944 Selbstmord.[241]

Mit besonderer Härte ging die Gestapo gegen das Umfeld von kommunistischen (bzw. alliierten) Fallschirmagenten vor, wo in der Regel auch die z. T. unbeteiligten Familienangehörigen in KZ gebracht wurden. So wurden neun Angehörige von Albert Huttary in Konzentrationslager eingewiesen. Seine Mutter Karoline Huttary (geb. 4. 4. 1887) und seine Tante Hermine Müllner (geb. 9. 8. 1891) kamen im KZ

Ravensbrück um, sein Vater Adolf Huttary (geb. 9. 1. 1885, Glasarbeiter) im KZ Dachau.

Der Straßenarbeiter Vinzenz Christian (geb. 14. 1. 1889), seine Frau Theresia (geb. 26. 3. 1886) und sein Sohn Gustav wurden am 17. 6. 1943 festgenommen (und wie üblich schwer misshandelt), weil sie den aus der Sowjetunion kommenden Fallschirmspringer Georg Kennerknecht – in Unkenntnis von dessen Mission – unterstützt hatten. Theresia Christian überlebte bis Kriegsende im KZ Ravensbrück, ihr Mann kam am 8. 5. 1944 in Flossenbürg um, und auch ihr Sohn starb in der Haft.

Der Wiener Straßenbahner Franz Mayerhofer (geb. 4. 1. 1901) und seine Ehefrau Emma (geb. 5. 7. 1907) wurden wegen Unterstützung eines aus der Sowjetunion kommenden Fallschirmspringers in KZ eingewiesen. Ebenso wurde der Tapezierergehilfe Friedrich Exter (geb. 20. 8. 1906), der einen von der Sowjetunion abgesetzten Fallschirmspringer beherbergt hatte, am 2. 10. 1944 vom Reichskriegsgericht wegen „Kriegsverrats" zum Tode verurteilt und am 21. 11. 1944 hingerichtet. Seine Frau Sophie Exter wurde ebenfalls festgenommen. Das Ehepaar Eduard (geb. 26. 2. 1890) und Maria Freisinger (geb. 29. 1. 1872), die zwei sowjetische Fallschirmspringerinnen versteckt hatten, wurden im Jänner 1944 von der Gestapo verhaftet und bis zur Befreiung in KZ inhaftiert. [242]

Ein durchaus repräsentatives Beispiel für einen kommunistisch gesinnten Fallschirmagenten der Alliierten war der Niederösterreicher Josef Sasso, der 1944 von den Briten nach Österreich gebracht wurde. Aus einer sozialdemokratischen Familie in einem niederösterreichischen Arbeiterort kommend, war Josef Sasso bis zu seiner Verhaftung 1939 im KJV im Raum Wiener Neustadt tätig und verbüßte sodann die wegen „Vorbereitung zum Hochverrat" verhängte Zuchthausstrafe im Gefängnis Graz-Karlau. 1942 wurde er wie viele andere abgeurteilte Widerstandskämpfer zum Strafbataillon 999 der Wehrmacht eingezogen und auf den nordafrikanischen Kriegsschauplatz transportiert, wo er 1943 in britische Kriegsgefangenschaft geriet. Vom britischen Kriegsgeheimdienst SOE angeworben und als Funker ausgebildet, wurde er Anfang 1944 als Fallschirmagent in Österreich abgesetzt, aber nach einigen Wochen – nach einem heftigen Kampf, bei dem ein Gestapobeamter erschossen wurde – von der Gestapo verhaftet. Trotz monatelanger schwerer Folterungen gelang es im Unterschied zu vielen anderen Agenten nicht, ihn „umzudrehen". Schließlich sollte er zur Liquidierung in das KZ Flossenbürg überstellt werden, doch die Bombardierung des Transports rettete Sasso und die anderen Häftlinge. Unter schwierigsten Bedingungen überlebte er die letzten Kriegsmonate im Gestapogefängnis in der Kleinen Festung Theresienstadt. In mehreren Nachkriegsprozessen kam es zu neuerlichen Konfrontationen mit ehemaligen Gestapoleuten. Bis zu seinem Tod blieb Josef Sasso, der beruflich als Spenglermeister arbeitete und als ehrenamtlicher Funktionär des KZ-Verbandes fungierte, seiner Gesinnung treu.[243]

Die Anti-Hitler-Bewegung Österreichs

Eine der wichtigsten – weitgehend kommunistisch dominierten – Widerstandsgruppen der Jahre 1942/43 war die Anti-Hitler-Bewegung, die der slowenische KP-Funktionär Karel Hudomalj Ende 1942 gegründet hatte. Der in Moskau ausgebildete, aus einem französischen Internierungslager geflüchtete Hudomalj, Mitglied des ZK der Kommunistischen Partei Jugoslawiens, ging vorsichtiger ans Werk als die aus dem Ausland kommenden KPÖ-Spitzenfunktionäre. Er baute mehrere kleinere Gruppen auf und bemühte sich – der kommunistischen Volksfront-Politik folgend –, auch nichtkommunistische Kreise anzusprechen. Die von ihm herausgegebene Zeitschrift „Die Wahrheit" mit einer Auflage bis zu 250 Stück propagierte die Wiederherstellung der Unabhängigkeit Österreichs als wichtigste politische Forderung. Sein wichtigster Mitstreiter war der aus der SAJ kommende Wiener Magistratsbeamte Alfred Migsch, der nach 1945 Bundesminister für Elektrifizierung und Energiewirtschaft wurde. Migsch konnte nicht nur weitere Sozialisten, u. a. Ludwig Kostroun und Karl Mark, zur Mitarbeit gewinnen und die Unterstützung von Adolf Schärf erhalten, sondern auch Kontakte zu Christlichsozialen wie Felix Hurdes und Eduard Chaloupka knüpfen. Zu Recht stellt Radomir Luza dazu fest, dass „die Auswirkungen der Initiative Migschs und Hudomaljs […] gar nicht hoch genug eingeschätzt werden" können; denn „zum ersten Mal kamen Sozialisten, Kommunisten und Christlichsoziale zusammen, um einen gemeinsamen Widerstand gegen den Nationalsozialismus zu überlegen".[244] Über den Jungkommunisten Franz Burda, der von der Wehrmacht zur Roten Armee überlief, konnte Hudomalj Verbindung zur KPÖ in Moskau aufnehmen, doch die nach Österreich entsandte Fallschirmspringergruppe um den Altkommunisten Gregor Kersche fiel sehr bald in die Hände der Gestapo. Zum Verhängnis wurde der „Anti-Hitler-Bewegung Österreichs" der Aufbau einer umfangreichen Widerstandsgruppe unter sowjetischen Zwangsarbeitern in Wien, deren Aufrollung Anfang 1944 auch zur Festnahme von 35 Aktivisten der Anti-Hitler-Bewegung führte. Während Hudomalj umkam, überlebte Migsch das KZ Mauthausen.[245]

Josef Steindl (geb. 6. 3. 1894), der eine Buchdruckereiwerkstätte in Wien-Hernals betrieb, stand schon seit 1936 mit Karl Hudomalj in Verbindung und stellte für ihn Druckschriften in serbokroatischer Sprache her. Ab Spätsommer 1942 unterstützte Steindl die von Hudomalj gegründete „Anti-Hitler-Bewegung Österreichs" und war bei der Beschaffung eines Abziehapparats sowie großer Mengen Papier behilflich.

Am 7. 1. 1944 wurde er von der Gestapo festgenommen, am 17. 5. 1944 vom Obersten SS- und Polizeigericht wegen „Vorbereitung zum Hochverrat und Feindbegünstigung" zum Tode verurteilt und am 28. 8. 1944 auf dem Militärschießplatz Kagran erschossen.

Ein weiteres Mitglied dieser Gruppe war Tatjana Rothfuss (geb. 6. 1. 1892). Sie befasste sich mit der Werbung von Ostarbeitern für die „Anti-Hitler-Bewegung" und bot ihnen in ihrer Wohnung Unterschlupf. Sie wurde am 29. 11. 1943 festgenommen und im September 1944 in das KZ Ravensbrück überstellt, wo sie bis zur Befreiung in Haft blieb. Ihr am selben Tag festgenommener Schwager Johann Rotfuhs (Rothfuhs) kam im KZ Mauthausen um. Der der KPÖ angehörende Schlossergehilfe Gustav Schwella hielt Verbindung zur „Anti-Hitler-Bewegung der Ostarbeiter" und versteckte gemeinsam mit seiner Frau Maria Schwella (geb. 5. 7. 1898) den geflüchteten russischen Kriegsgefangenen Michail Iwanow einige Wochen in seiner Wohnung. Gustav und Maria Schwella wurden am 27. 11. 1943 festgenommen; er kam am 2. 2. 1945 im KZ Flossenbürg um, sie war bis Kriegsende im KZ Ravensbrück inhaftiert. Auch die am selben Tag festgenommene Strohhutnäherin Maria Kamhuber (geb. 21. 7. 1893) wurde in das KZ Ravensbrück gebracht, weil sie einen führenden Funktionär der „Anti-Hitler-Bewegung der Ostarbeiter" beherbergt hatte.[246]

Als Leiter dieser kommunistischen Ostarbeiterorganisation machte die Gestapo den in der Teerpappefabrik Felsinger in Oyenhausen beschäftigten Russen Iwan Schelasko (geb. 28. 9. 1911) ausfindig, der gemeinsam mit zahlreichen anderen AktivistInnen im Jänner 1944 festgenommen wurde. Ihnen legte die Gestapo neben der sozialistisch-kommunistischen Zielsetzung die Verübung von Sabotagehandlungen und die Bildung von Partisanentrupps zur Last. Tatsächlich hatte der in der Strickwarenfabrik Maier in Wien-Meidling beschäftigte Igor Truskowski (geb. 1. 12. 1919) zwei Dampfkessel absichtlich zur Explosion gebracht und einen Schaden von 30 000 bis 40 000,- RM angerichtet. Ein in der Kraftfahrtechnischen Lehranstalt der Waffen-SS in Wien-Schönbrunn beschäftigter „Hilfswilliger" der Waffen-SS Iwan Miseluk (geb. 27. 7. 1921) sollte im Auftrag der Organisation dort Waffen und Munition stehlen. Der Kroate Alexander Rankow (geb. 9. 9. 1922) hatte bereits eine Gruppe von Ostarbeitern organisiert, die zu den kroatischen (Tito-)Partisanen gebracht werden sollte. Eine Schlüsselrolle kam auch dem bei der Firma Elektron in Wien-Siebenhirten beschäftigten Buchdrucker Ilja Kirnosow (geb. 22. 7. 1914), einem Mitglied der KPdSU und Oberfeldwebel der Roten Armee, zu, laut Gestapo ein „Volljude", der sich der Kriegsgefangenschaft entzogen und ins Deutsche Reich einschleusen hatte lassen. Er bereitete eine „schlagartige Durchführung von Sabotagaktionen mit dem Ziele der Verminderung der deutschen Rüstungsproduktion" vor.[247] Das weitere Schicksal der verhafteten OstarbeiterInnen ist nicht bekannt; es ist anzunehmen, dass sie zur Ermordung in KZ gebracht wurden.

Kommunistische Propaganda von Einzelnen

Viele KommunistInnen, die keine Verbindung zu den Organisationen hatten, leisteten im Sinne der Parole „Du bist die Partei" individuellen Widerstand, wie die unzähligen Festnahmen wegen kommunistischer Mundpropaganda beweisen.[248] Das Singen der „Internationale", Grüßen mit „Rot Front", „Heil Moskau" oder mit geballter Faust, regimefeindliche, kriegsgegnerische oder patriotische Äußerungen, oft in Gasthäusern, in angeheitertem Zustand oder in hitzigen Diskussionen getätigt, wurden als kommunistische Betätigung gewertet und genügten Gestapo und Gerichten, um diese „Täter" in Gefängnisse oder KZ zu bringen. So wurden der Bauhilfsarbeiter Johann Bily (Billy) (geb. 30. 3. 1901) und ein Arbeitskollege am 14. 10. 1939 festgenommen, weil sie beim „Verlassen einer Gastwirtschaft den Gruß ‚Rot Front' gebraucht und einen Zellenleiter der NSDAP, der sie deshalb zur Rede stellte, „tätlich misshandelt" hatten. Der Hilfsarbeiter Josef Felzmann (geb. 24. 8. 1904) wurde im September 1939 festgenommen, weil er geäußert hatte: „Ich bin KP. Heil Moskau". Er wurde in das KZ Buchenwald überstellt und kam dort vermutlich 1944 um. In dem Haftbefehl gegen die Hilfsarbeiterin Maria Winkler (geb. 28. 4. 1899) aus Pottendorf wurde Schutzhaft verhängt, was im Schutzhaftbefehl vom 28. 2. 1940 begründet wurde:

„Sie gefährdet nach dem Ergebnis der staatspolizeilichen Feststellung durch ihr Verhalten den Bestand und die Sicherheit des Volkes und des Staates, indem sie dadurch, dass sie öffentlich die Internationale sang, für die kommunistische Idee Propaganda macht und in die Bevölkerung Unruhe bringt und unter Berücksichtigung ihres politischen Vorlebens Anlass zu der Befürchtung [gibt], sie werde bei vorzeitiger Freilassung ihr staatsfeindliches Treiben, insbesondere während der Kriegszeit, fortsetzen."[249]

Ähnlich erging es dem Schlossergehilfen Rudolf Mastny (geb. 15. 4. 1905), er wurde am 16. 7. 1939 festgenommen, weil er sich „in einer Heurigenschenke im 19. Bezirke als Kommunist bekannt" und den „kommunistischen Gruß [Erheben der rechten Hand mit geballter Faust] gebraucht" hatte. Nach vorübergehender Haft im KZ Buchenwald wurde er am 19. 6. 1940 wegen „Vergehens nach dem Heimtückegesetz" zu 1 Jahr Gefängnis verurteilt und blieb bis 15. 7. 1940 in Haft. Als der Fleischhauergehilfe Johann Endl (geb. 13. 12. 1896) aus Wr. Neustadt in alkoholisiertem Zustand in einer Gastwirtschaft mehrmals „Rot Front" rief, wurde er am 3. 3. 1939 von der Gestapo-Außenstelle Wiener Neustadt vorübergehend in Schutzhaft genommen. Nachdem er am 26. 5. 1939 „in einem Gasthause in Wöllersdorf in angeheitertem Zustande die Grüße der Gäste mit Heil Hitler mit Heil Moskau" erwidert hatte, wurde er am 19. 2. 1940 wegen „Vergehens nach dem Heimtückegesetz" zu 3 Monaten Gefängnis verurteilt. Der Krankenpfleger i. R. Josef Herzler (geb.

16. 10. 1893), der Sichel und Hammer an die Wand einer öffentlichen Bedürfnisanstalt gezeichnet hatte, wurde am 20. 8. 1942 wegen „kommunistischer Betätigung" festgenommen und war bis 23. 4. 1945 in den KZ Mauthausen und Buchenwald inhaftiert. Dem Bäckergehilfen Samuel Halwax (geb. 6. 10. 1887) aus Zillingdorf (NÖ), der wegen Beitragsleistung für die Rote Hilfe am 9. 9. 1943 wegen „Vorbereitung zum Hochverrat" zu 5 Jahren Zuchthaus verurteilt wurde, wurde erschwerend angelastet, dass er sich am 6. 9. 1942 im Gemeindegasthaus in Stinkenbrunn […] ausließ: ‚Ich bin noch der, der ich war, wir sind keine Deutschen, wir werden niemals Deutsche werden, wir sind Österreicher!'"[250] Der Hilfsarbeiter Karl Mach (geb. 11. 10. 1902) wurde am 10. 12. 1940 wegen „Vorbereitung zum Hochverrat" zu 2 Jahren 1 Monat Zuchthaus verurteilt. Ihm wurde zur Last gelegt:

„Der Angeklagte äußerte sich am 10. 3. 1940 anlässlich der Übertragung der Führerrede in einem Gasthaus in Strebersdorf […] er sei auf die Führerrede nicht neugierig, er werde auch zur Wehrmacht nicht einrücken, da man ihn als alten Barrikadenkämpfer zu diesem ‚Verein' nicht brächte. Darauf hieß er […] mit ihm in das Klosett kommen und übergab ihm dort zwei kommunistische Flugschriften, damit dieser sie daheim durchlese. […] sah im Besitz des Angeklagten etwa 20 bis 25 solcher Flugblätter."

Ungeachtet seiner angekündigten Wehrdienstverweigerung wurde Mach 1943 zur Wehrmacht ins Strafbataillon 999 eingezogen.[251]

Der Drehergehilfe Alois Westermeier (geb. 1. 9. 1912), der bis 1934 der Sozialistischen Arbeiterjugend angehört hatte, wurde wegen „Anbringung einer kommunistisch-propagandistischen Inschrift auf der Wand der Klosettanlage seines Betriebes" am 10. 8. 1942 festgenommen, am 11. 2. 1943 wegen „Vorbereitung zum Hochverrat" zu 7 Jahren Zuchthaus verurteilt und mit 60 weiteren politischen Häftlingen am 7. 4. 1945 von SS-Leuten an der Mauer des Friedhofes in Hadersdorf am Kamp erschossen.[252]

Besonderen Anstoß erregte „kommunistische Mundpropaganda" vor allem dann, wenn sie im Betrieb vor Arbeitskollegen getätigt wurde. Der Karosseriewagner Rudolf Cervenka (geb. 20. 3. 1902) wurde am 16. 2. 1942 wegen „staatsfeindlicher Äußerungen" festgenommen und am 1. 10. 1942 wegen „Vorbereitung zum Hochverrat", begangen durch „kommunistische Mundpropaganda", zu 4 Jahren Zuchthaus verurteilt. Im Urteil des Oberlandesgerichts Wien vom 1. 10. 1942 wird über ihn ausgeführt:

„Seit dem Umbruch im März 1938 machte er fortwährend abfällige Äußerungen über den Staat und seine Einrichtungen. Der Kriegsbeginn gab ihm hiezu reichlich Gelegenheit; so bekrittelte er die Ernährungsvorschriften, bezweifelte die Richtigkeit der Berichte des Oberkommandos der Wehrmacht und erklärte wiederholt, wenn Versenkungen feindlicher Schiffe gemeldet wurden, damit könne der Krieg nicht gewonnen werden, die paar Schiffe hätten keine Bedeutung. Nach Ausbruch des Krieges mit der Sowjetunion nahm er fast offen Stellung für den Feind. […] Diese Äußerungen machte er gewöhnlich in den Arbeitspausen in Gegenwart mehrerer Arbeitskameraden. Dadurch erregte er wiederholt Widerspruch bei den nationalsozialistisch eingestellten Arbeitern, während sich andere Arbeiter wieder auf seine Seite stellten."[253]

Auch nicht abgesandte Briefe und nicht verteilte Flugblätter mit staatsfeindlichem Inhalt konnten wie viele Akten beweisen, bereits zu harten Urteilen des VGH führen. So wurde der Privatlehrer Franz Stiebitz (geb. 20. 3. 1877) am 20. 5. 1939 festgenommen und am 26. 6. 1941 vom Volksgerichtshof wegen „Vorbereitung zum Hochverrat" zu 15 Jahren Zuchthaus verurteilt, weil er in einem Briefentwurf den Reichspropagandaminister Goebbels angegriffen hatte. Der VGH inkriminierte insbesondere die folgenden Passagen:

„Wir sind der Überzeugung, dass eine Regierung, die es wagt, dem Volke eines Goethe, Schiller, Wagner eine derartige geistige Nahrung vorzusetzen, wie sie derzeit von den Hoch- und Mittelschulen herunter bis zu dem stupidesten und gemeinsten Dreckblatt in Europa, dem ‚Stürmer', dargereicht wird, ausgerottet werden müsse, und koste es das Bündnis mit Tod und Teufel! […] Die weiter bei dem Angeklagten gefundenen Schriftstücke lassen dessen kommunistische Denkungsweise noch klarer zutage treten. […] Den Gipfelpunkt der teuflischen Ausgeburt eines kommunistischen Hirns stellt die weitere Ausarbeitung in französischer Sprache dar, die bei dem Angeklagten gefunden worden ist. Er entwickelt darin in allen Einzelheiten den Plan, während einer Reichstagstagung die Krolloper mit einem Bombenflugzeug anzugreifen und in die Luft zu sprengen und so das gesamte Führerkorps der NSDAP mit einem Schlage zu vernichten."[254]

Ebenso hatte der Laborant Wolfgang Pogner (geb. 25. 12. 1923) seinen „kommunistischen Aufruf" auf zwei Blätter mit den Parolen „Nieder mit den nazistischen Blutsäufern!" und „Wiener, erschlagt die braunen Bluthunde!" geschrieben, ohne sie jedoch je zu verbreiten. Trotzdem wurde er am 6. 6. 1944 festgenommen, am 27. 10. 1944 vom Volksgerichtshof wegen „Vorbereitung zum Hochverrat" und „Rundfunkverbrechens" zum Tode verurteilt und am 5. 12. 1944 im Landesgericht Wien hingerichtet. Zu seiner Verhaftung hatte allein ein unglückliches Missgeschick geführt, wie aus dem VGH-Urteil hervor geht:

„Einer politischen Partei will er nicht angehört haben. Er war aber von 1936 bis 1938 beim Österreichischen Jungvolk und nach dem Umbruch, wie er erklärte, zwangsweise bei der HJ, aus der er im Sommer 1940 nach Feststellung seiner nichtarischen Abstammung ausgeschieden ist. […] Da der Angeklagte als Einzelgänger aber keinerlei politische Verbindungen hatte, bewahrte er den Aufruf und die 2 Blätter mit den Parolen in seiner Brieftasche auf. Die erwähnten Schriftstücke gelangten dadurch zur Kenntnis der Behörde, dass der Angeklagte eines Tages seine Brieftasche mit ihrem Inhalt auf der Straße verlor."

Der tragische Fall des Eisendrehers und ehemaligen Schriftleiters der KPÖ-Zeitung „Rote Fahne", Rudolf Mautner (geb. 21. 2. 1892), zeigt ein weiteres Mal, wie schnell eine geäußerte Gesinnung einem unbescholtenen Menschen zum Verhängnis werden konnte. Ihm wurde vorgeworfen, er habe durch einen Brief „seinen bei dem Reichsarbeitsdienst an der Ostfront eingesetzt gewesenen Sohn für den Kommunismus zu gewinnen" versucht und das Begräbnis seines Sohnes zu einer „kommunistischen Demonstration benutzt". Rudolf Mautner wurde am 3. 6. 1943 vom VGH wegen „Vorbereitung zum Hochverrat" zum Tode verurteilt und am 23. 9. 1943 im Landesgericht Wien hingerichtet. Im Todesurteil kommt der abgrundtiefe Hass der Nazirichter in aller Deutlichkeit zum Ausdruck:

„Als der Angeklagte am 9. Dezember 1942 Kenntnis erhielt, dass sein Sohn im Genesungsheim gestorben sei, entfernte er von dessen HJ-Uniform die Hoheitsabzeichen und von dessen Geldtasche ein daran befindliches Hakenkreuz. Weiter veranlasste der Angeklagte vierzehn Gesinnungsgenossen, darunter eine sowjetrussische Kommunistin, zur Teilnahme am Begräbnis seines Sohnes. Als der Sarg in das Grab hinab gelassen wurde, verabschiedete sich der Angeklagte in Gegenwart der Trauergäste, darunter seiner Gesinnungsgenossen, mit erhobener geballter Faust mit den Worten: ‚Ich werde Dich rächen, die Erde dreht sich, die Zeit wird kommen'. Von dem vom Reichsarbeitsdienst für das Grab seines Sohnes gespendeten Kranze schnitt der Angeklagte an den Schleifen die mit Hakenkreuzen versehenen Teile ab und warf sie samt der von der Uniform entfernten Hoheitszeichen und des von der Geldtasche entfernten Hakenkreuzes in den Kohlenkasten. [...] Der Angeklagte hat sich als ein unbelehrbarer, gehässiger und besonders gefährlicher Staatsfeind erwiesen. Seine Tat charakterisiert ihn als einen Menschen von niedriger, gemeiner und besonders verwerflicher Gesinnungsart, der jedes menschlichen Gefühles bar ist. Er hat das Begräbnis seines Sohnes zu einer kommunistischen Demonstration übelster Art herabgewürdigt. Für einen solchen Menschen ist in der deutschen Volksgemeinschaft kein Platz. Er muss ausgemerzt werden."

Rückblick aus heutiger Perspektive

Im Rückblick auf jene Zeit ist die Frage angemessen, inwieweit das Scheitern des „realen Sozialismus" im Jahr 1989, unser heutiges Wissen um die Unzulänglichkeiten, Entartungen und gigantischen Verbrechen des stalinistischen Kommunismus auch zu einer Neubewertung des kommunistischen Widerstandes führen sollte. Muss unser Bild der kommunistischen WiderstandskämpferInnen neu gezeichnet werden? Haben sie ihr Leben für eine Idee, eine Bewegung und ein System eingesetzt, die sich mehrheitlich als historische Sackgasse, als Verirrung, als verbrecherisch erwiesen haben? Ist es zulässig, den kommunistischen Widerstand aus dem österreichischen und europäischen auszugrenzen und zu sagen: der kommunistische Kampf gegen den Faschismus ist nicht unter Widerstand zu subsumieren, es handelte sich vielmehr um die Auseinandersetzung zweier totalitärer Systeme und Bewegungen? Ich halte solche Sichtweisen aus mehreren Gründen für unangemessen und verfehlt. Die kommunistischen WiderstandskämpferInnen, insbesondere aber die Millionen Menschen, die in der Roten Armee gegen Hitlerdeutschland ins Feld zogen, haben objektiv einen entscheidenden Beitrag zur Niederwerfung des Nazifaschismus, zur Befreiung Europas und Österreichs geleistet. Ohne den siegreichen Einsatz der alliierten Streitkräfte und der mit ihnen verbündeten Widerstands- und Partisanenbewegung in Europa gäbe es kein demokratisches Österreich.

Die kommunistischen WiderstandskämpferInnen, Leute wie Herbert Eichholzer, Margarete Schütte-Lihotzky oder Jura Soyfer, kämpften nicht für die Errichtung einer mörderischen stalinistischen Diktatur, sie hatten humane Ideale, sie strebten eine sozial gerechte, demokratische Gesellschaft an, sie wollten vor allem mit ihrer ganzen Kraft dem Faschismus ihrer Zeit entgegenwirken, sie wollten an der Befreiung ihres Landes, an der Wiederherstellung eines unabhängigen und demokratischen Österreich teilhaben. Diese Intention, die mit dem Leben bezahlte Einsatzbereitschaft und ihr Mut sind zu respektieren und zu würdigen, was immer damals und später im Namen des Kommunismus geschah. Es wäre aber auch wissenschaftlich nicht vertretbar, die prozentuell größte Gruppierung innerhalb des österreichischen, deutschen und europäischen Widerstandes heraus zu brechen und diesen zu einem Torso zu verstümmeln. Es würde vom österreichischen Widerstand nicht viel übrig bleiben, wenn man nur jene Gruppen und Menschen gelten ließe, deren Vorstellungen mit unseren heutigen Wertvorstellungen vollständig übereinstimmten. Es ist die Grundeinstellung des DÖW, aber auch anderer wissenschaftlicher Einrichtungen und ForscherInnen, dass der Widerstand in seiner Vielfalt, in seiner ganzen Breite und Tiefe, in all seinen Formen und Dimensionen, aber auch in seinen Problemen und Fehlern zu zeigen ist.

Weitere linke Widerstandsgruppen

Widerstand in Betrieben

Neben den sozialistischen und kommunistischen Parteiorganisationen entwickelte sich der Widerstand in den Betrieben. Als Initiatoren und Leiter der Betriebszellen traten fast immer kommunistische Funktionäre auf, doch die Mehrzahl der Mitglieder – von Gestapo und Gerichten durchwegs als Kommunisten abgestempelt und verurteilt – kam aus den Reihen der Sozialisten. Maria Szecsi und Karl R. Stadler haben die typische Form einer solchen Betriebszelle folgendermaßen umrissen:[255] Diese wahrte den gesinnungsmäßigen Zusammenhalt unter ihren Mitgliedern, sammelte Gelder für die Familien von Verhafteten und Verfolgten, suchte Einfluss auf betriebsinterne Fragen zu gewinnen und führte gelegentlich Streu- und Flugzettelaktionen im Betrieb durch. Bereits die bloße Spendenleistung aus Solidarität oder karitativen Motiven wurde als „kommunistischer Hochverrat" geahndet. Betriebszellen dieser Art gab es in fast allen größeren Betrieben Österreichs; Hochburgen des Widerstandes waren vor allem die städtischen Betriebe von Wien (Gaswerk, E-Werk und Straßenbahn). Auch unter den vielen Tausenden „Fremdarbeitern" bildeten sich Widerstandsgruppen, die zum Teil kommunistisch orientiert waren.

Schon allein eine Spendensammlung für die Rote Hilfe wurde vom VGH in dem am 9. 10. 1943 verkündeten Urteil gegen den Drehergehilfen Gottfried Holzer (geb. 23. 10. 1904) als Hochverrat qualifiziert:

„Spendensammlungen für die Angehörigen festgenommener Marxisten dienen nicht nur wohltätigen, sondern darüber hinaus auch hochverräterischen Zwecken. Denn solche Unterstützungen durch Überweisung von Geldbeträgen erfolgen nach dem Willen der Funktionäre nicht etwa dem einzelnen Gefangenen zuliebe, sondern im Interesse der verbotenen sozialdemokratischen oder kommunistischen Organisationen. Durch solche Unterstützungsaktionen sollen die Anhänger vor Entmutigung geschützt, das Zusammengehörigkeitsgefühl gestärkt und damit die revolutionäre Stoßkraft gefestigt werden."[256]

In der gleichen Weise wurden die Unterstützungsaktionen in dem am 27. 9. 1944 ausgesprochenen Todesurteil des VGH gegen die Bediensteten des Gaswerks Wien-Simmering Franz Kralik, Josef Lusk, Adolf Brachaczek und Johann Salzer, die eine Rote-Hilfe-Gruppe organisiert hatten, gewertet:

„In der Erkenntnis, dass die Rote Hilfe eins der zugkräftigsten Propagandamittel der KPÖ ist, haben sich die 4 Angeklagten Kralik, Lusk, Salzer und Brachaczek in die

> **Kundmachung.**
>
> **Franz Schmaldienst**
> aus St. Pölten, 43 Jahre alt,
>
> **Franz Pötsch**
> aus St. Pölten, 43 Jahre alt,
>
> **Anton Großauer**
> aus St. Pölten, 39 Jahre alt,
>
> **Alfred Stein**
> aus St. Pölten, 37 Jahre alt,
>
> **Karl Mraz**
> aus Wilhelmsburg, 28 Jahre alt, und
>
> **Josef Matischek**
> aus Wilhelmsburg, 29 Jahre alt,
>
> die der Volksgerichtshof wegen Vorbereitung zum Hochverrat und Landesverrats zum Tode und zum Verlust der bürgerlichen Ehrenrechte auf Lebenszeit verurteilt hat, sind heute hingerichtet worden.
>
> Berlin, den 15. Jänner 1943.
>
> **Der Oberreichsanwalt beim Volksgerichtshof.**

Plakat betreffend die Hinrichtung von Franz Schmaldienst und vier weiteren Angehörigen der KP-Betriebsgruppe Reichsbahn St. Pölten, 15. 1. 1943

durch vorgeschützte Wohltätigkeit getarnte kommunistische Organisation eingegliedert. Ihnen als langjährigen Marxisten waren auch die hochverräterischen Gewaltplanungen der KPÖ vom Tatbeginn an vertraut. Sie haben auch von Anfang an erkannt, dass die Unterstützungsaktionen auf kommunistischer Grundlage beruhten und sie durch ihr Tätigwerden bewusst die kommunistischen Umsturzziele förderten. [...] Die vier Angeklagten Kralik, Lusk, Salzer und Brachaczek sind während des dem Großdeutschen Reiche auferzwungenen Schicksalskampfes ihrem Vaterland in den Rücken gefallen. Deshalb verlangt auch das gesunde Volksempfinden, dass gegen diese vier Angeklagten die schwerste Strafe verhängt wird, die das Gesetz zulässt."[257]

Auch in der Lokomotivfabrik in Wien-Floridsdorf, ein Zentrum des kommunistischen Widerstandes in Wien, stand die Spendensammlung bzw. Beitragskassierung im Mittelpunkt, obwohl die Arbeiter davor eindringlich gewarnt worden waren. „Im Betriebe der Lokomotivfabrik", wurde im VGH-Urteil gegen den Elektroschweißer Karl Gries (geb. 15. 12. 1901) und andere Bedienstete vom 18. 11. 1943 festgestellt, dass „im Jahre 1940 durch die Betriebsleitung, den Betriebsobmann, die Amtswalter der DAF und die Werkmeister auf das Verbot von privaten Sammlungen ausdrücklich hingewiesen und in den folgenden Jahren wiederholt worden [sei]. Im Jahre 1941 war durch Anschlag das Sammelverbot bekannt gemacht worden. Alle Angeklagten wussten also Bescheid. Die Angeklagten rechneten damit, dass die Unterstützung der Angehörigen verhafteter Marxisten als eine Bezeugung der marxistischen Solidarität aufgefasst werden würde." Die „hochverräterische" Tätigkeit des zum Tode verurteilten und am 25. 2. 1944 im Landesgericht Wien hingerichteten Karl Gries in der Lokomotivfabrik wurden vom VGH eingehend beschrieben:

„Von der zweiten Hälfte des Jahres 1940 an trat dann Gries in seinem Betrieb an eine Anzahl Arbeitskameraden heran, von denen er zutreffend annahm, dass sie marxistisch eingestellt waren, und veranlasste bis Anfang 1942 weitere 9 Gefolgschaftsmitglieder der Lokomotivfabrik [...] Beiträge zur Unterstützung für die Familienangehörigen festgenommener Marxisten zu zahlen. [...] Ein Teil von ihnen warb weitere Mitglieder [...] Andere zahlten freiwillig und ohne eigentliche Werbung, weil sie bei Gesprächen in der Kantine oder bei anderen Gelegenheiten von der Unterstützungsaktion hörten. [...]

Ein fester Betrag für die Unterstützungen war nicht festgesetzt, doch zahlten die meisten mindestens 1,- RM monatlich. Als die Anzahl der Spender immer mehr anwuchs und Gries nicht mehr in der Lage war, alle Beiträge selbst zu kassieren, forderte er die Angeklagten [...] auf, einen Teil der Zahler abzukassieren und ihm die Beiträge zu überbringen."[258]

Vielfach erfolgten die von Gestapo und VGH inkriminierten Spendensammlungen nach der Verhaftung oder nach der Hinrichtung von Betriebsangehörigen. So wurde dem Straßenbahner Josef Länger (geb. 3. 2. 1906), der wegen Beitragssammlung für die Rote Hilfe am 29. 9. 1944 festgenommen worden war, in der Anklageschrift des Oberreichsanwaltes vom 16. 1. 1945 eine solche „hochverräterische" Tätigkeit zur Last gelegt:

„Als gegen Ende Januar, Anfang Februar 1942 an der damaligen Arbeitsstätte des Angeschuldigten, dem Straßenbahnhof Brigittenau in Wien, die dort beschäftigten Straßenbahner Josef Friedl, Johann Plocek, Leopold Slaby, Ludwig Kubsky, Friedrich Stix und Josef Kremarik wegen kommunistischer Betätigung festgenommen wurden [in 6 (7) J 354/42 am 8. Dezember 1942 zum Tode verurteilt und am 30. März 1943 hingerichtet], leitete der Angeschuldigte, der mit verschiedenen der festgenommenen Arbeitskameraden befreundet war, an der Arbeitsstätte eine Sammlung von Geldspenden zur Unterstützung der Angehörigen in die Wege. [...] In der Zeit vor und nach dem Terrorangriff auf Wien vom 16. Juli 1944, bei dem die Wohnung des Angeschuldigten zerstört wurde, fiel er an seiner Arbeitsstätte, wo er als kommunistisch eingestellt galt, durch staatsfeindliche und wehrkraftzersetzende Reden auf."

Ähnlich lautete die Anklage gegen den Maschinenschlosser Richard Neumann (geb. 2. 4. 1902) aus Baden, der wegen seiner Tätigkeit in der kommunistischen Betriebszelle in der Enzesfelder Metallwarenfabrik Mitte Mai 1942 festgenommen und am 29. 9. 1942 wegen „Vorbereitung zum Hochverrat" zu 5 Jahren Zuchthaus verurteilt worden war. Er wurde später zur Strafeinheit 999 überstellt und fiel Anfang Juli 1944 in Jugoslawien. Im Urteil des OLG Wien über ihn und seine Betriebsgruppe heißt es:

„Den Angeklagten wird vorgeworfen, dass sie bis Februar 1942 in Enzesfeld [...] durch Zahlung von Beiträgen für kommunistische Organisationen und Verbreitung von Flugschriften sich hochverräterischer Umtriebe schuldig gemacht hätten. Sie sind in der Enzesfelder Metallwarenfabrik AG, wo bereits mehrmals hochverräterische Umtriebe beobachtet worden sind, beschäftigt gewesen. Schon am 16. Juni 1941 sind 7 Gefolgschaftsmitglieder dieser Fabrik wegen Vorbereitung zum Hochverrat zu hohen Zuchthausstrafen verurteilt worden […] Zur Unterstützung für diese und ihre Angehörigen seien von der KP Sammlungen veranstaltet worden, an denen sich die Angeklagten beteiligt hätten. Hiebei seien sie von den Sammlern auch mit kommunistischen Flugschriften beteilt worden, die sie nach dem Lesen wieder zurückstellten."[259]

In derselben Art wird die Handlungsweise des Verzinkers Franz Fröhlich (geb. 13. 9. 1908) aus Brunn am Gebirge beschrieben, der mit Urteil des VGH vom 27. 11. 1943 wegen „Vorbereitung zum Hochverrat" zu 12 Jahren Zuchthaus verurteilt wurde:

„Mitte 1939 erfuhr Fröhlich von seinem Arbeitskameraden Karl Wichart, dass Spenden für die Angehörigen politisch Inhaftierter gesammelt würden, und zahlte daraufhin monatlich 0,50 RM für diesen Zweck an Wichart. Als Wichart Anfang 1940 zur Wehrmacht eingezogen wurde und ihn ersuchte, an seiner Stelle die Unterstützungsgelder einzusammeln, erklärte sich Fröhlich hierzu bereit und kassierte in der Folgezeit bei vier bereits von anderen geworbenen Arbeitskameraden […] die Beiträge, die monatlich 2,50 RM ausmachten."[260]

Dass die Spendensammlungen in den Betrieben nicht gleichbedeutend mit kommunistischer Einstellung sein mussten, räumte der VGH in seinem am 4. 12. 1942 verhängten Urteil gegen den Schlossergehilfen Karl Zurek (geb. 10. 10. 1895) und andere Mitarbeiter der Austria-Fiat-Werke (Österreichische Automobilfabrik AG, Wien-Floridsdorf) ein, die lediglich zu hohen Zuchthausstrafen verurteilt wurden:

„Es liegt auf der Hand, dass die von den Angeklagten durchgeführte Unterstützungsaktion nach Art und politischer Zielsetzung durchaus derjenigen gleicht, die in den Jahren seit 1938 im organisatorischen Rahmen der illegalen kommunistischen Roten Hilfe, wie gerichtsbekannt, in Kreisen der Wiener Arbeiterschaft ins Leben zu rufen versucht worden ist. […] Wenn der Senat vorliegend – unter Aufrechterhaltung des Grundsatzes, dass derjenige sein Leben verwirkt hat, der sich über den 22. Juni 1941 hinaus hochverräterisch betätigt – gegen sämtliche Angeklagte ausnahmsweise auf mildere Strafen erkannt hat, so ist das aus folgenden Gründen geschehen: Den Angeklagten ist trotz ihrer äußeren Verbindung mit illegal tätigen Kommunisten nicht nachzuweisen, dass sie selbst sich mit kommunistischer Gesinnung hochverräterisch betätigt haben. Ihre frühere bereits hervorgehobene parteipolitische Einstellung lässt sie jedenfalls nicht als Kommunisten erscheinen."

Neben den oft tatsächlich nur Spenden leistenden ArbeiterInnen agierten aber auch AktivistInnen, die mit Bezirks- und Stadtleitungen der KPÖ in Verbindung standen.

Der Stadtinspektor Lothar Dirmhirn (geb. 14. 9. 1895) fungierte 1938 bis 1941 als Funktionär der Stadtleitung der KPÖ Wien und errichtete u. a. an seinem Arbeitsplatz – den Städtischen Wasserwerken – eine Betriebszelle, deren Mitglieder Beiträge zur Unterstützung der Angehörigen verhafteter Kommunisten leisteten. Er wurde – gemeinsam mit seiner Frau Hermine Dirmhirn (geb. 9. 12. 1905) – am 17. 11. 1942 wegen „Wehrkraftzersetzung" und „Vorbereitung zum Hochverrat" vom VGH zum Tode verurteilt. Beide wurden am 26. 2. 1943 im Landesgericht Wien hingerichtet.[261] Auch der Straßenbahnschaffner Engelbert Magrutsch (geb. 1. 4. 1905) trat Mitte 1938 der KPÖ bei und leitete die von ihm gegründete Betriebszelle des Straßenbahnhofs Floridsdorf. Ab Frühjahr 1939 nahm er als Verbindungsmann die Mitgliedsbeiträge und politischen Lageberichte von Zellenleitern der Floridsdorfer städtischen Betriebe entgegen, Anfang 1940 wurde er Bezirksleiter, ab April 1940 gehörte er der Stadtleitung der KPÖ in Wien an. Magrutsch wurde am 23. 11. 1942 vom VGH wegen „Vorbereitung zum Hochverrat" zum Tode verurteilt und am 25. 5. 1943 in Berlin-Plötzensee hingerichtet. Das gleiche Schicksal ereilte den Elektriker Josef Hammerschmid (geb. 8. 3. 1901), der ab Juli 1938 die nach dem „Anschluss" neu gegründete Zelle im Gaswerk Wien-Leopoldau leitete, sich später als Verbindungsmann zwischen den im Gaswerk, dem Reichsbahnausbesserungswerk und dem Straßenbahnhof in Floridsdorf bestehenden Betriebszellen betätigte und vom September 1940 bis zu seiner Festnahme im Juni 1941 Leiter des Bezirkes Floridsdorf war. Er wurde am 23. 11. 1942 wegen „Vorbereitung zum Hochverrat" vom VGH zum Tode verurteilt und am 13. 4. 1943 im Landesgericht Wien hingerichtet. Seine Frau Hermine Hammerschmid (geb. 25. 11. 1902) wurde ebenfalls inhaftiert.[262]

Der Reichsbahnangestellte Leopold Wölfel (geb. 17. 6. 1899) leitete ab 1939 bis zu seiner Festnahme am 7. 7. 1942 eine kommunistische Zelle auf dem Wiener Westbahnhof und stand 1942 mit dem Zentralkomitee der KPÖ in Verbindung. In dem am 26. 8. 1943 vom VGH verkündeten und am 1. 11. 1943 im Zuchthaus Brandenburg-Görden vollstreckten Todesurteil wird über ihn und den mitangeklagten Matthias Liska angegeben:

„Die Angeklagten haben bis 1942 kommunistische Gruppen geleitet, Mitgliedsbeiträge eingezogen, Zusammenkünfte und Besprechungen mit führenden Funktionären gehabt sowie durch Verbreitung kommunistischer Hetzschriften und Verübung von Sabotageakten den kommunistischen Hochverrat vorbereitet und dadurch dem Feinde des Reiches geholfen."

Ein weiterer Widerstandskämpfer aus den Reihen der Eisenbahner, der Werkmann Leopold Bittner (geb. 3. 9. 1898), war im Reichsbahnausbesserungswerk Floridsdorf aktiv und wurde am 27. 1. 1942 festgenommen. Seine Einweisung in die KZ Mauthausen und Dachau konnte nicht zuletzt aufgrund der gehässigen politischen Beurteilung der NSDAP-Ortsgruppenleitung Kagran vom 7. 9. 1943 erfolgen:

„Bittner Leopold war bekannt als radikal eingestellter Sozialdemokrat und stand dem Nat. Sozialismus immer ablehnend gegenüber. Seine Gebefreudigkeit war sehr gering. Nach wiederholten Mahnungen trat er erst der NSV bei, spendete nur RM 50,- monatlich und wurde im I. 1942 als Mitglied ausgeschlossen. Seit dieser Zeit befindet sich derselbe in Dachau, Block 6, Nr. 35.881, Stube 2. Er war von einem verschlossenen, rachsüchtigen Charakter und tat sich immer als Ichmensch hervor."

Auch der im Februar 1942 festgenommene Werkmann Rudolf Marsik (geb. 24. 6. 1897), der der kommunistischen Reichsbahnerorganisation angehört hatte, wurde in mehreren KZ inhaftiert und kam schließlich im KZ Stutthof am 3. 1. 1943 um.[263]

Diese gnadenlose Härte des VGH kam auch im Todesurteil vom 27. 8. 1942 zum Ausdruck, auf Grund dessen der Gerbermeister Alfred Goldhammer (27. 7. 1907), ab Mai 1938 Mitglied und später Leiter einer kommunistischen Betriebszelle in den Vereinigten Lederfabriken Gerlach, Moritz & Co (Wien-Floridsdorf) am 10. 11. 1942 im Landesgericht Wien hingerichtet wurde:

„Sie [die Angeklagten] haben sich alle zu einer Zeit, zu der das Reich um seinen Bestand, seine Zukunft und um die Neugestaltung Europas kämpft und die besten seiner Söhne dafür ihr Leben einsetzen, aus blindem Hass gegen das nat. soz. Reich, dem fast alle von ihnen nach jahrelanger Arbeitslosigkeit ein gesichertes Fortkommen zu verdanken haben, für eine destruktive Idee betätigt, die in Verfolgung ihrer weltrevolutionären Bestrebungen zielbewusst darauf ausgeht, das deutsche Volk als den Träger und Pfeiler der abendländischen Kultur und mit ihm Europa zu versklaven und zu vernichten. Die Härte der Zeit, der jede Schonung von Staatsfeinden fremd sein muss, erfordert ihre Ausmerzung."

Die ungeachtet ihrer sozialen und sozialrassistischen Phraseologie und Propaganda letztlich arbeiterfeindliche Politik des NS-Regimes führte nicht nur zur Bildung von Widerstandsgruppen, sondern – damit in engem Zusammenhang – auch zu Arbeitskonflikten, Streiks, Arbeitsniederlegungen und Arbeitsverweigerungen. Solche spontanen Aktionen der Arbeiter – als Reaktion auf Unternehmerdruck und Schikanen – waren strengstens verboten und wurden dementsprechend geahndet: „Rädelsführer" wurden von der Gestapo verhaftet; unbotmäßige ArbeiterInnen, insbesondere Jugendliche, die gegen die strengen Normen verstießen, kamen in Arbeitserziehungslager, Jugend-KZ u. dgl.[264] So wurde der 1869 geborene Maschinenschlosser Friedrich Brauner am 20. 1. 1940 wegen „staatsfeindlicher Umtriebe" festgenommen. Er hatte – laut Gestapobericht – an seinem Arbeitsplatz andere Arbeiter zur „Nichtbefolgung der Luftschutzanordnungen" und zur „Erzwingung von Schwerarbeiterkarten durch Streik" aufgefordert. Außerdem hatte er geäußert, der Krieg sei durch „Verschulden Deutschlands ausgebrochen". Friedrich Brauner wurde in das KZ Ravensbrück überstellt und am 23. 3. 1942 im Zuge der „Aktion 14f13" in der Euthanasieanstalt Bernburg an der Saale ermordet.[265] Der Hilfsarbeiter Wilhelm (Wenzel) Fischer (geb. 9. 4. 1903) wurde am 21. 3. 1941 wegen „Vergehens nach dem Heimtückegesetz" zu 1 Jahr Gefängnis verurteilt, wobei im Urteil des Sondergerichts Wien – neben der Beleidigung des „Führers" – das „Unruhestiften" im Betrieb inkriminiert wurde:

„Die Anklage legt dem Angeklagten zur Last, er habe am 20. VII. 1940 auf der Arbeitsstelle im Verlaufe eines Gespräches über die Rede des Führers vom 19. VII. 1940 […] erwidert: ‚Mit der Führerrede kann ich mir glatt den Arsch auswischen.' […] wird der Angeklagte […] als ein Mensch bezeichnet, der Arbeitskameraden gegenüber ständig Unzufriedenheit über die gegenwärtigen Arbeitsverhältnisse, Lohnbedingungen, Überstundenleistungen und Lebensmittelzuteilungen äußerte. Den Gruß ‚Heil Hitler' gebrauchte er niemals. Alle diese Zeugen bezeichnen den Angeklagten als Nörgler und Unruhestifter im Betriebe."[266]

Bemerkenswert erscheint mir die Haltung des am 9. 2. 1944 festgenommenen und am 24. 8. 1944 wegen „Vergehens nach dem Heimtückegesetz" zu 3 Jahren Gefängnis verurteilten Werkzeug- und Elektromonteurs Josef Larcher (geb. 10. 12. 1893), der nicht nur im Betrieb gegen das NS-Regime agitierte, sondern sich auch offen als Österreicher deklarierte, wie der Anklageschrift des Oberstaatsanwalts beim Landgericht Wien als Sondergericht zu entnehmen ist:

„Schon kurz nach seinem Eintritte bei seiner Wiener Dienstgeberin fiel der Angeschuldigte dem Betriebszellenobmann dieser Firma […] dadurch unangenehm auf, dass er jede im Betriebe sich bietende Gelegenheit benützte, um sich zum Sprecher unzufriedener Gefolgschaftsmitglieder zu machen, wobei er allfällige Tagesereignisse sowie Betriebseinrichtungen der DAF [Deutschen Arbeitsfront] kritisierte und sich als unentwegter Gegner der nationalsozialistischen Weltanschauung zu erkennen gab. Er galt im Betrieb bald nach seinem Eintritte als typischer Kommunist. Der Betriebszellenobmann bemühte sich in der Folgezeit, ihn politisch für die nationalsozialistische Idee aufzuschließen, doch scheiterte dies an seinem Starrsinn, den er mit den Worten begründete, er sei Freidenker und das, was er sei, bleibe er auch, es sei ihm auch ganz gleich, ob wir den Krieg verlieren oder gewinnen, ‚denn schlechter, als jetzt die Verhältnisse liegen, können diese nicht mehr werden'. […] Schließlich erklärte er im Spätsommer 1943 anlässlich eines Wortwechsels […] auf dessen Frage, auf welchem Boden er eigentlich stehe […]: ‚Ich stehe auf österreichischem Boden.'"[267]

Trotzkisten und andere linke Kleingruppen

Im Unterschied zu den aktivistischen KommunistInnen kapselten sich die verschiedenen Kleingruppen, die in der Tradition des russischen Revolutionärs und führenden kommunistischen Dissidenten Leo Trotzki standen – „Kampfbund zur Befreiung der Arbeiterklasse", „Proletarische Internationalisten", „Organisation Proletarischer Revolutionäre", „Gegen den Strom" – weitgehend ab, verbreiteten ihre in bemerkenswerter Kontinuität erscheinenden Publikationen nur im eigenen Kreis und konnten auf diese Weise ihre Organisationen bis 1945 aufrechterhalten. Nur die Gruppe „Gegen den Strom" wurde 1943 von der Gestapo zerschlagen.[268] Ihre Protagonisten – der Handelsangestellte Josef Friedrich Ernst Jakobovits (geb. 31. 3. 1916) und der Drehergehilfe Franz Kascha (geb. 29. 1. 1907) – wurden im April 1943 festgenommen, am 10. 12. 1943 wegen „Vorbereitung zum Hochverrat" vom VGH zum Tode verurteilt und am 13. 3.1944 im Landesgericht Wien hingerichtet. Kaschas Bruder Leopold wurde ebenfalls festgenommen. Der Gerüster Josef Gassner (geb. 4. 4. 1898) wurde von der Gestapo Wien als „Führer der Trotzkistengruppe in Ottakring" am 23. 6. 1941 festgenommen, am 18. 1. 1943 wegen „Vorbereitung zum Hochverrat" vom VGH zu 3 Jahren 6 Monaten Zuchthaus verurteilt und blieb bis 6. 4. 1945 in Haft.[269]

Auf die Existenz einer anarchistischen Gruppe kann nur aus dem Vorliegen illegaler Flugschriften geschlossen werden. Trotz der beleidigenden Äußerungen über Hitler, der in Bezug auf seinen Wien-Aufenthalt als „arbeitsscheues Subjekt", als „Adolf, der Syphilitiker" und als „Peitscherlbub" bezeichnet wurde, konnte die Gestapo die Verfasser dieser 1941 mehrfach erschienenen Flugschriften nicht ausforschen.[270]

Vereinzelt bildeten sich auch in Österreich linke NSDAP-Absplitterungen in der Art der Schwarzen Front, die von der Gestapo als „nationalbolschewistisch" verfolgt wurden. Der Fabrikdirektor Franz Hager (19. 5. 1871) gehörte ab 1930 der „Kampfgemeinschaft revolutionärer Nationalsozialisten" an und nahm Verbindung zu Otto Strasser in Berlin auf. Später warb er in Kreisen der „Schwarzen Front" für den „Nationalen Kommunismus". Vom 19. 4. bis 11. 6. 1938 befand sich Franz Hager in Schutzhaft. Von November 1940 bis Juli 1941 fertigte er 200 bis 300 Handzettel an (gezeichnet mit „Pacifex", „Copacifex" oder „Cocopacifex"), die „maßlos gehässige Angriffe gegen den Führer, die nationalsozialistische Staatsführung und die nationalsozialistische Weltanschauung" enthielten und „zum Anschluss an die KP und zur Bildung von revolutionären Komitees" aufforderten. Franz Hager wurde am 13. 6. 1942 vom VGH wegen „Vorbereitung zum Hochverrat", „Feindbegünstigung" und „Wehrkraftzersetzung" zum Tode verurteilt und am 30. 9. 1942 im Landesgericht Wien hingerichtet. Wegen Betätigung für die „Schwarze Front" und „Parteiverrats" nahm die Gestapo ebenso den Privatbeamten Karl Tuch (geb. 24. 5. 1904) fest, der unter ungeklärten Umständen – vermutlich 1943 – zu Tode kam.[271]

Die Jugendgruppen um Josef Landgraf und Ernst Gabriel (Deutschkreutz)

Der Gymnasiast Josef Landgraf (geb. 29. 7. 1924) sammelte mehrere regimefeindliche Mitschüler der achten Klasse des Gymnasiums Kundmanngasse in Wien-Landstraße um sich und stellte – laut Gestapobericht[272] – „eine große Anzahl Hetzschriften her, die schwerste Angriffe gegen den Führer und den Nationalsozialismus sowie äußerst gehässige Feindpropaganda enthalten". Bis zu der durch die Denunziation eines Mitschülers erfolgten Festnahme in September 1941 wurden 70 Flugblätter hergestellt, die mit der Post versandt, in Straßen gestreut, an Haustore geklebt und in abgelegte Kleidungsstücke von Mitschülern gelegt wurden. Die Informationen dafür verschafften sich die Jugendlichen vor allem durch das – verbotene – Abhören englischer Sender. „Die Schriften", heißt es im Urteil des VGH, „sind so geschickt und überlegt abgefasst, wie sie ein erfahrener, kommunistischer Funktionär nicht besser hätte abfassen können."[273] Vor dem VGH verneinte Landgraf die Frage des Vorsitzenden, ob er die Ansicht vertreten hätte: „Fiat pax et pereat Germania!" (Es werde Friede, mag Deutschland dabei auch untergehen), und verkündete kühn seinen Leitgedanken: „Fiat pax et pereat Hitler!" Obwohl er zum Zeitpunkt der Tat noch nicht 18 Jahre alt war, wurde Landgraf gemeinsam mit dem Mitangeklagten Anton Brunner (geb. 29. 5. 1923), bei dem eine schon 1939 erfolgte Inhaftierung wegen staatsfeindlicher Tätigkeit erschwerend wirkte – zum Tod verurteilt – nach mehr als einem Jahr in der Todeszelle wurden aber beide zu 7 bzw. 5 Jahren Haft begnadigt. Die Mitangeklagten Friedrich Fexer und Ludwig Igalffy sowie die (erwachsene) Mitwisserin Augusta Haberger kamen glimpflicher davon.[274]

Organisierter Widerstand bildete sich auch rund um den Oberjungzugführer der HJ, Ernst Gabriel (geb. 2. 4. 1926), aus Deutschkreutz (Burgenland). Er gründete im Sommer 1943 eine aus ca. 13 Burschen bestehende regimefeindliche Jugendgruppe, die von der Gestapo als kommunistisch bezeichnet wurde und vom Selbstverständnis ihrer Aktivisten als sozialistisch-marxistisch anzusehen ist. „Auf mehreren so genannten Appellen", heißt es im Urteil des OLG Wien vom 4. 12. 1944 gegen einige Gruppenangehörige, „hat Gabriel die jugendlichen Teilnehmer dahin aufgeklärt, dass Zweck der Vereinigung sei, den marxistischen Gedanken zu pflegen und sich auf den Zeitpunkt vorzubereiten, bis Deutschland den Krieg verloren habe und ein freies Österreich geschaffen werden könne."[275] In der wissenschaftlichen Untersuchung dieser Gruppe von Marianne Wilhelm kommt die Autorin zum Ergebnis, dass zwar soziales Protestverhalten und gegen die HJ gerichteter Nonkonformismus auch vorliegen, letztlich aber von den Jugendlichen eindeutig politischer Widerstand geleistet wurde.[276]

Diese Jugendgruppe entfaltete in der Tat bemerkenswerte Aktvitäten – „Sabotage und Terrorakte" in den Augen der Nazis. So wurden etwa Schaukästen der NSDAP und der HJ zertrümmert, Plakate von NS-Veranstaltungen heruntergerissen und militärische und zivile Fernsprechkabel nachhaltig zerstört. Der an diesen Aktionen beteiligte Schlosser Adalbert Lörincz (geb. 18. 12. 1926) schlug die Fenster des Autos des NSDAP-Kreisleiters ein, wobei er sich vor dem VGH damit verteidigte, dass der Kreisleiter gesagt habe, „dass ein richtiger Junge Fensterscheiben einschlagen müsse". Als „hartgesottener Verbrecher aus der Klasse der Hochverräter" wurde er mit Strafbescheid vom 3. 12. 1944 aus der HJ ausgeschlossen.

Letztlich wurden die Aktivisten der Jugendgruppe durch ein Mitglied im April 1944 verraten und in der Gestapohaft brutal misshandelt. Den Leiter Ernst Gabriel hatte man – nach Angaben seiner Mutter – am Grenzpolizeikommissariat Eisenstadt 48 Stunden an Händen und Füßen aufgehängt, bei der Gestapo Wien wurde ihm Luft in die Lungen gepresst, bis er Blut erbrach. Er wurde am 26. 9. 1944 wegen „Vorbereitung zum Hochverrat" vom VGH zu 6 Jahren Jugendgefängnis verurteilt, Lörincz erhielt 4 Jahre. Die weiteren Mitbeteiligten wurden vom OLG Wien am 4. 12. 1944 zu geringeren Strafen verurteilt. Ernst Gabriel kam am 21. 3. 1945 im Jugendgefängnis Wien-Kaiserebersdorf um; Josef Wild (geb. 12. 2. 1923) starb am 24. 10. 1944 an den Folgen der Haft.[277]

▰▰▰ Katholische Kirche im Widerstand

Obwohl die Katholische Kirche eine wesentliche Stütze des „christlichen Ständestaats" gewesen war, stellte sich der österreichische Episkopat im März 1938 erstaunlich schnell um und versuchte, sich mit den neuen Machthabern zu arrangieren. Die am 18. März 1938 veröffentlichte positive Erklärung der österreichischen Bischöfe zum „Anschluss" und zum Nationalsozialismus, verbunden mit dem Aufruf zum Ja-Stimmen bei der NS-Volksabstimmung am 10. April 1938, sollte die NS-Führung dazu bringen, die besondere Stellung der Katholischen Kirche im Staat zu wahren. Dieser abrupte Kurswechsel verunsicherte, ja schockierte viele österreichische Katholiken, und auch der Vatikan war mit dieser Politik nicht einverstanden.[278]

Diese Vorleistung wurde jedoch vom NS-Regime nicht honoriert, alle Verhandlungen scheiterten, und schon bald setzten massive antikatholische Maßnahmen ein. Die Katholische Kirche kam in eine schwierige Situation, denn die Nazis kümmerten sich nicht um die bestehenden Konkordate, um verbriefte Rechte, um ehrwürdige Traditionen; sie wollten mit allen Mitteln die geistig-kulturelle Macht der Kirche brechen, sie gierten nach ihrem Besitz, sie enteigneten Stifte und Klöster, sie zerstörten das katholische Schulwesen und die katholische Publizistik, sie drangsalierten Priester und Nonnen ebenso wie Gläubige. Von der Schließung der katholischen Privatschulen und Konvikte waren ca. 1400 Anstalten betroffen. Über 5000 Ordensleute wurden von den aufgehobenen Stiften und Klöstern vertrieben.[279]

Die Phase der Verhandlungen ging spätestens im Herbst 1938 in offene Konfrontation über. Die zunehmenden Spannungen zwischen Katholischer Kirche und NS-Regime kamen offen zum Ausbruch, als am 7. Oktober 1938 im Stephansdom eine Jugendfeierstunde (‚Rosenkranzfest') mit 7000 bis 10 000 TeilnehmerInnen stattfand und es nach einer spontanen Ansprache von Kardinal Innitzer zu Bekundungen und Sprechchören auf dem Stephansplatz kam. Der später weithin bekannte Psychiater Erwin Ringel (geb. 1916), damals Pfarrjugendhelfer in St. Stephan, berichtet darüber in einem DÖW-Interview:

„Nun, wir haben gerechnet mit 2000, 3000 Leuten […] Und dann waren es mindestens 8000 und maximal 10 000, die Zahlen schwanken ein bissel. Der Dom war wirklich so voll, dass keiner umfallen hätte können. Der Innitzer hat in der Zwischenzeit erkannt, das war ja immerhin von März bis Oktober, dass es mit Hitler kein Paktieren gibt. Denn alles, was ihm der Hitler bzw. der Bürckel usw. versprochen hatte, das war ja nicht gültig, das wurde sofort in schamlosester Weise gebrochen […] Der Innitzer sah das, hat das ‚Umfallen' schon bereut […] er sollte ja gar nicht reden, das war im Programm nicht vorgesehen, aber wie er das gesehen hat, dass wir da so stehen und die ganze Kirche voll ist [...] Und da ist er eben hinaufgegangen und hat diesen berühmten Satz gesagt: ,Unser Führer ist Christus. Christus ist unser Führer.'"[280]

Die Antwort des Regimes auf diese im Dritten Reich wohl einzigartige Kundgebung war entsprechend brutal: Schon am Rande der Kundgebung, der einzigen öffentlichen Demonstration gegen das NS-Regime in Österreich, wurden einzelne Teilnehmer verhaftet, unter ihnen der 18jährige Hermann Lein, und später in Konzentrationslager gebracht. Am 8. Oktober stürmte die Wiener HJ unter ihrem Gebietsführer Karl Kowarik das Erzbischöfliche Palais, zerstörte einen Großteil der Einrichtung, schändete Kruzifixe, Christus- und Marienbilder und machte Jagd auf den Kardinal und Priester; der Jugendseelsorger Johannes Krawarik wurde aus dem Fenster im ersten Stock des Churhauses geworfen und schwer verletzt. Die sofort verständigte Polizei schritt erst nach einer Stunde ein. Am 13. Oktober 1938 fand am Heldenplatz eine von der Wiener NSDAP organisierte „Volkskundgebung gegen Erzbischof Kardinal Innitzer" statt, bei der Gauleiter Bürckel vor angeblich 200 000 „Volksgenossen mit der politisierenden Kirche abrechnete".[281] Auf mitgeführten Transparenten waren Parolen wie „Innitzer und Jud – eine Brut" und „Pfaffen an den Galgen" zu lesen.

NS-Hetzkundgebung gegen die Katholische Kirche auf dem Wiener Heldenplatz, 13. 10. 1938

Widerstand von einzelnen Priestern, Ordensangehörigen und katholischen Laien

Die Katholische Kirche als Gesamtinstitution stand zwar nicht im aktiven Widerstand gegen das NS-Regime, da sie ihre legale Existenz nicht gefährden wollte; aber allein ihr Vorhandensein und ihre weltanschaulich-geistige Tätigkeit wirkten dem nationalsozialistischen Totalitätsstreben entgegen. Die Kirche hat letztlich den schweren Anfechtungen durch das NS-Regime standhalten können, weil sich die Gläubigen um sie scharten und zu ihr standen und weil es Persönlichkeiten wie Schwester Restituta, Franz Jägerstätter und Anna Bertha von Königsegg gab, die bereit waren, ihr Leben für ihre Überzeugung einzusetzen. Zahlreiche katholische Priester, Nonnen und Laien wurden – trotz der oft vorsichtig taktierenden Haltung der „Amtskirche" – zu entschiedenen Gegnern des als unchristlich empfundenen Regimes. Neben der Mitwirkung in organisierten Widerstandsgruppen, auf die im nächsten Abschnitt eingegangen wird, gab es im kirchlichen Milieu einen breiten Strom von individuellen Widerstandshandlungen, vor allem „heimtückische" Äußerungen, Verbreiten „staatsfeindlicher" Schriften, Abhören ausländischer Rundfunksendungen u. dgl.; besonders störte die NS-Machthaber das Infragestellen staatlicher Maßnahmen, wie etwa die Erziehung in der HJ. Alle diese Delikte wurden von Gestapo und NS-Gerichten mit Inhaftierung, Todesstrafe oder KZ-Einweisung verfolgt. Die Historikerin Erika Weinzierl nennt über die Verfolgung des katholischen Klerus folgende Zahlen:

„Von 1938 bis 1945 waren 724 österreichische Priester im Gefängnis. Von ihnen sind sieben während der Haft gestorben, 15 wurden zum Tode verurteilt und hingerichtet. 110 kamen in Konzentrationslager, 90 davon sind im Lager zugrunde gegangen. 208 Priester – die Tiroler nicht mit eingeschlossen – waren gau- oder landesverwiesen, über mehr als 1500 war Predigt- und Unterrichtsverbot verhängt worden. […] Ein Klosterschwester, die Nonne Sr. Restituta, wurde hingerichtet."[282]

Aus der großen Gruppe dieser Verfolgten können hier nur einige wenige hervorgehoben werden. Gegen den Jesuitenpater Johann (Nepomuk) Lenz (geb. 7. 4. 1902) wurden ab Spätherbst 1938 von der Gestapo Ermittlungen geführt, weil er u. a. verdächtigt wurde, „Gräuelnachrichten in das Ausland" geliefert zu haben. Anfang Dezember 1938 wurde er wegen „Beleidigung des Führers und Verbreitung beunruhigender Gerüchte" festgenommen und u. a. beschuldigt, einen Bericht über den „Überfall auf das Erzbischöfliche Palais in Wien" vervielfältigt und „den Beichtstuhl zu politischer Gräuelpropaganda missbraucht" zu haben. Pater Lenz wurde in das KZ Dachau überstellt, wo er bis 1945 in Haft blieb und diese überlebte. Später verfasste er die Bücher „Als Priester in den Ketten der Gestapo" (Salzburg 1945) und „Christus in Dachau" (Loosdorf bei Melk 1956). Sein Glaubensbruder, der Ordenspriester und Pfarrer Alois Blaha (geb. 25. 5. 1876), bis 1938 Direktor des Schottengymnasiums in Wien, wurde am 5. 9. 1944 vom Sondergericht Wien wegen „Vergehens nach dem Heimtückegesetz" zu 6 Monaten und 2 Wochen Gefängnis verurteilt, ihm wurde „gehässige Kritik an dem deutschen Nachrichtendienst und der deutschen Währungspolitik" vorgeworfen. Der Prälat des Benediktinerstiftes Göttweig, Augustin (Hartmann) Strohsacker (geb. 6. 7. 1870), wurde am 21. 4. 1939 gemeinsam mit 6 Benediktinern wegen Verdachts, „sich staatsfeindlich geäußert und betätigt" zu haben, von der Gestapo festgenommen, aber am 28. 4. 1939 aus der Haft entlassen. Gegen den am 8. 9. 1941 festgenommenen Ordensgeistlichen und Kaplan Hubert (Ernst) Trompeter (geb. 10. 6. 1908) aus Margarethen am Moos (Burgenland) wurde Schutzhaft verhängt. Er war von Mitte November 1941 bis 10. 4. 1945 im KZ Dachau inhaftiert. Im Tagesbericht der Gestapo Wien vom 10.–11. 9. 1941 wurde ihm „staatsfeindliches" Verhalten vorgeworfen:[283]

„Hubert Trompeter versuchte dauernd in versteckter Form Stellung gegen Anordnungen des Staates und der NSDAP zu nehmen. So sagte er am 18. 5. 1941 in der Kirche, als er das Verbot über die Abhaltung der Bittprozessionen bekannt gab, u. a. Folgendes: ‚Da sieht man, was wir für Staatsmänner haben. Die glauben an keinen Gott, Ochsen, Kälber usw., das sind ihre Götter, die beten sie an. Sie können vielleicht nichts dafür. Da sind ihre Mütter daran schuld, da sie ihre Kinder so erzogen haben. Auch die Lehrer werden sie nicht christlich erzogen haben.'"

Raimund Weißensteiner (geb. 14. 8. 1905) wirkte als Kaplan in Hollabrunn, in der Pfarre St. Brigitta im 20. Bezirk und an der Votivkirche. Bereits am 7. 11. 1938 wegen einer „reichsfeindlichen Äußerung staatsfeindlich gewarnt" wurde er am 16. 9. 1943 wegen defaitistischer Reden von der Gestapo festgenommen und später auch als Professor der Musikhochschule Wien enthoben. Weißensteiner wurde am 27. 10. 1943 zu drei Jahren Gefängnis verurteilt und bis 15. 4. 1945 inhaftiert. Nach 1945 war er wieder als Kaplan und Professor sowie als Komponist und Dirigent tätig. Der 1942 festgenommene Pfarrer Franz (Evermod) Winkler (geb. 17. 6. 1904) aus Göpfritz an der Wild (Niederösterreich) wurde am 7. 1. 1943 wegen „Vergehens nach dem Heimtückegesetz" zu 18 Monaten Gefängnis verurteilt; er hatte laut Tagesbericht der Gestapo Wien vom 8.–11. 1. 1943 „heimtückische" Äußerungen gemacht:[284]

„Er [Franz Winkler] hat während des Religionsunterrichtes 12-jährigen Kindern unter anderem vorgetragen, ein deutscher Soldat habe 10 gefangene Russen nach hinten gebracht und sie, weil sie ihm nicht abgenommen worden sind, kurzerhand erschossen."

Der Pfarrer Johann Ecker (geb. 29. 8. 1908) aus St. Margarethen (Burgenland) versuchte „die an einem Sonntag zum Pflichtappell angetretenen Jugendlichen vom Dienst in der Hitler-Jugend abzuhalten". Er wurde deshalb am 10. 2. 1943 zu 2 Monaten Gefängnis verurteilt. Am 16. 12. 1943 wurde er neuerlich festgenommen, weil er französischen Zivilarbeitern, die nach Ungarn flüchten wollten, Anweisungen über Fluchtmöglichkeiten gab und sie im Pfarrhof beherbergte. Am 22. 2. 1944 wurde er von der Gestapo Wien erkennungsdienstlich erfasst.[285] Der Pfarrverweser Peter Wolf (geb. 18. 5. 1907) aus Mönchhof (Burgenland) wurde am 8. 9. 1941 festgenommen und bis 11. 4. 1945 in Dachau inhaftiert. Ihm wurde im Tagesbericht der Gestapo Wien vom 10. 11. 9. 1941 folgendes zur Last gelegt:

„Peter Wolf, der ebenso versuchte, die Bevölkerung im nat. soz. feindlichem Sinne zu beeinflussen, erklärte anlässlich einer Predigt am 1. 6. 1941: ‚Auch in unserer Zeit brauchen wir die Hilfe und Gnade des hl. Geistes mehr denn je, denn wir leben in einer Zeit der Zersetzung und Auflösung, wir stehen in der Mitte einer Weltkatastrophe. Feinde umgeben uns von allen Seiten und trostlos ist der Ausblick in die Zukunft.' Außerdem hat der Genannte mehrere Kinder, die an einem HJ-Appell teilnahmen, wegen Fernbleibens vom Sonntagsgottesdienst in der Konfessionsstunde mit Stockhieben gezüchtigt."

Gegen den Leiter des Erzbischöflichen Seelsorgeamtes, Karl Rudolf (geb. 22. 11. 1886), wurde von der Gestapo ein Aufenthaltverbot für den Gau Wien erlassen, weil er am 8. 8. 1943 eine Predigt in der Pfarrkirche in Hainburg an der Donau gehalten hatte, die „als Angriff auf die nationalsozialistische Weltanschauung und den nationalsozialistischen Staat gewertet" wurde.

Ein Redeverbot für das gesamte Reichsgebiet wurde gegen Johann Vetter (geb. 25. 7. 1892), Provinzial der Dominikaner, von der Gestapo verhängt, weil er „in seinen Missionspredigten Gleichnisse aus der Hl. Schrift gebraucht [hat], die in höchstem Maße geeignet waren, defätistisch zu wirken." Auch der Provinzial der Salvatorianer Franz Xaver Bader (geb. 21. 4. 1895) wurde von der Gestapo bestraft, weil er ein Gerücht verbreitet und den (die Euthanasie propagierenden) Film „Ich klage an" kritisiert hatte.[286]

Dem am 10. 12. 1942 festgenommenen Priester und Konfessionslehrer Michael Molecz (geb. 8. 1. 1885) wurde vorgeworfen, „ausländische Sender absichtlich gehört und Nachrichten von solchen, die geeignet sind, die Widerstandskraft des deutschen Volkes zu gefährden, vorsätzlich verbreitet" zu haben. Er wurde am 21. 5. 1943 wegen „Rundfunkverbrechens" zu 4 Jahren 6 Monaten Zuchthaus verurteilt und blieb bis Ende April 1945 in Haft. Der Ordenspriester Anton Pauk (geb. 22. 2. 1905) hörte im September und Oktober 1939 wiederholt den verbotenen Vatikansender ab. Er wurde am 2. 12. 1939 von der Gestapo erkennungsdienstlich erfasst und am 18. 7. 1940 wegen „Rundfunkverbrechens" zu 15 Monaten Gefängnis verurteilt.[287]

Kroatische Priester, die an ihrem Volkstum festhielten, waren den NS-Machthabern ein Dorn im Auge und wurden vorrangig verfolgt. So wurde der katholische Pfarrvikar Mathias Semeliker (geb. 25. 2. 1910), der schon 1941 wegen „einer staatsabträglichen Predigt staatspolizeilich gewarnt" worden war, im März 1943 wegen „fortgesetzter staatsfeindlicher Betätigung" festgenommen. Semeliker hatte „in Neuberg in der südlichen Steiermark, deren Bewohner sich zum größeren Teil aus Kroaten zusammensetzen, Einfluss genommen, um bei der Abstimmung, ob deutscher oder kroatischer Sprachunterricht an den Schulen erteilt werden soll, für letzteren zu stimmen". Semeliker wurde in das KZ Dachau überstellt, wo er bis Kriegsende in Haft blieb.[288]

Eine häufig verwendete Taktik des NS-Regimes, unliebsame Priester auszuschalten, war die Beschuldigung sexueller Verfehlungen. Kaplan Friedrich Karas (28. 7. 1895) aus Mayerling wurde wegen angeblicher Unsittlichkeit 1940 festgenommen und in der Folge zu einer bedingten dreimonatigen Haft verurteilt. Nach einer neuerlichen Verhaftung wurde Karas im August 1941 in das KZ Dachau eingewiesen, wo er im März 1942 der Euthanasieaktion „14f13" zum Opfer fiel.

Aloisia Fröhlich (geb. 7. 11. 1876), Schwester des Ordens der Franziskanerinnen von der christlichen Liebe (Hartmannschwestern), wurde wegen Verbreitung einer „katholischen Kampfschrift" am 30. 5. 1941 festgenommen. Sie hatte die Flugschrift von ihrer Schwester Anna Fröhlich (geb. 25. 5. 1884, ebenfalls Ordensschwester) erhalten. Theresia Steinbauer (geb. 25. 1. 1877), Oberin des geistlichen Schwesternheims im Lainzer Krankenhaus, ließ gleichfalls diese „Kampfschrift, in der der Rassengedanke des Nationalsozialismus als verwerflich und Teufelswerk hingestellt wurde" im Kreise anderer Schwestern verlesen und gab sie weiter. Theresia Steinbauer, Anna Fröhlich und eine weitere Nonne, Anna Kammermayer, wurden am 16. 12. 1941 wegen „Vergehens nach dem Heimtückegesetz" zu 8 bzw. je 6 Monaten Gefängnis verurteilt.[289]

Neben Priestern und Ordensangehörigen betätigten sich nicht wenige engagierte KatholikInnen in vielfältiger Form gegen das NS-Regime, wie die nachfolgenden Beispiele zeigen. Die Pensionistin Olga Fels (geb. 27. 6. 1878) wurde am 7. 5. 1941 wegen „Verschleppung kirchlichen Vermögens" von der Gestapo erkennungsdienstlich erfasst. Der Sachverhalt wird im Tagesbericht der Gestapo Wien vom 9.–11. 5. 1941 beschrieben:

„August Josef Stehle, Klostername ‚Menas', und Olga Fels wurden am 2. Mai und die Weigel am 7. Mai 1941 festgenommen. Sie haben vom Herbst 1940 bis März 1941 aus den Vorräten des Missionshauses St. Gabriel Wäsche, Bekleidungsstücke, Wolle u. dergl. im Werte von ungefähr RM 2.000,- weggeschafft. Die Genannten sind geständig, die fraglichen Gegenstände deshalb weggeschafft zu haben, um sie bei einer allfälligen Beschlagnahme des Missionshauses dem Zugriff der Behörden zu entziehen."

Richard Kaysenbrecht (geb. 4. 4. 1894), diplomierter Landwirt, wurde am 10. 11. 1943 wegen „staatsfeindlicher Äußerungen" von der Gestapo erkennungsdienstlich erfasst, am 25. 4. 1944 vom VGH wegen „Wehrkraftzersetzung" zum Tode verurteilt und am 19. 6. 1944 im Zuchthaus Brandenburg-Görden hingerichtet. Aus der Urteilsbegründung geht eindeutig hervor, dass seine katholische Weltanschauung ein Hauptgrund für die Todesstrafe war:

„Der Angeklagte […] hat im Sommer 1943 aus gehässiger, konfessioneller Verbohrtheit gegenüber mehreren Volksgenossen die nationalsozialistische Staatsführung angegriffen und das Vertrauen zu ihr und den Glauben an den Sieg zu zersetzen gesucht. Er wird daher als Zersetzungspropagandist unserer Feinde zum Tode verurteilt. […] Es bedarf keiner weiteren Begründung, dass die Behauptung, Berliner höhere Parteigenossen brächten in täglich überfüllten Zügen Frauen, Kinder und Schmuck nach der Schweiz und der Reichsleiter von Schirach täte dasselbe, geeignet ist, den Glauben des deutschen Volkes an den Sieg und den Willen, ihn kämpfend zu erringen, zu zersetzen. Darüber war sich der Angeklagte klar. Aber auch seine Ausführungen über fundamentale Grundsätze des nationalsozialistischen Staates wie die Rassenlehre und die Hervorhebung der Macht des Papstes über die des Staates sind hierzu geeignet und von dem Angeklagten bestimmt gewesen."

„Blutzeugen des Glaubens"

Der Leiter des Referats für Selig- und Heiligsprechungsverfahren der Erzdiözese Wien, Jan Mikrut, führt in mehreren umfassenden Publikationen aus jüngster Zeit unter dem Titel „Blutzeugen des Glaubens"[290] insgesamt 69 Märtyrer der Katholischen Kirche in der Zeit des Nationalsozialismus an, von denen hier einige wenige erwähnt werden sollen.

Pater Jakob Gapp (geb. 26. 7. 1897) aus Wattens, seit 1920 Angehöriger der Gesellschaft Mariä (Marianisten), 1930 zum Priester geweiht, war zeit seines Lebens ein entschiedener Gegner des Nationalsozialismus und dessen NS-Rassenlehren. Während seiner Zeit als Religionslehrer in Graz äußerte er sich wiederholt negativ über Hitler, so dass ihm Unterrichtsverbot erteilt wurde. Vor dem Zugriff der Gestapo flüchtete er bis Spanien, wo er seine NS-ablehnende Tätigkeit fortsetzte. 1942 wurde er von als Juden agierenden Agenten nach Frankreich gelockt, dort festgenommen und nach Berlin überstellt. Der VGH unter dem Vorsitz seines Präsidenten Roland Freisler verurteilte P. Gapp am 2. 7. 1943 wegen „Feindbegünstigung" zum Tode. Das von Gehässigkeit strotzende Urteil wurde am 13. 8. 1943 in Berlin-Plötzensee vollstreckt. Bei der Seligsprechung am 24. 11. 1996 in Rom hob Papst Johannes Paul II. Gapps „tiefe Überzeugung" hervor, „dass es zwischen der heidnischen Ideologie des Nationalsozialismus und dem Christentum keine Kompromisse geben konnte."[291]

„Eine andere imponierende Gestalt des österreichischen Widerstandes", schreibt Jan Mikrut, „war der Pallottinerpater Franz Reinisch". Der am 1. 2. 1903 in Feldkirch geborene Reinisch wurde 1928 zum Priester geweiht und trat im selben Jahr dem Pallottinerorden bei. In verschiedenen Orten in Deutschland priesterlich tätig nahm er in seinen Predigten und Reden immer wieder gegen den Nationalsozialismus Stellung, so dass er am 12. 9. 1940 von der Gestapo ein Predigt- und Redeverbot für das gesamte Deutsche Reich erhielt. Als er im April 1941 zur Wehrmacht einberufen wurde, verweigerte er den Fahneneid. „Ich kann als Christ und Österreicher einem Mann wie Hitler niemals den Eid der Treue leisten", hatte er schon 1940 bekundet. In seiner Einvernahme gab er als Gründe für die Wehrdienstverweigerung die Verfolgung der Kirche und des Christentums sowie die gewaltsame Besetzung Österreichs an. So wie Franz Jägerstätter wies auch Pater Reinisch alle Ratschläge und Pressionen, auch seitens seines Ordensoberen, den Fahneneid zu leisten, um sein Leben zu retten, zurück. Am 7. 7. 1942 wurde das Todesurteil des Reichskriegsgerichts gegen ihn verkündet und am 21. 8. 1942 in Berlin-Plötzensee durch Enthaupten vollstreckt. P. Franz Reinisch war der einzige Priester im Deutschen Reich, der wegen Verweigerung des Fahneneids hingerichtet wurde. Sein Seligsprechungsprozess ist im Gange.[292]

Carl Lampert, Provikar der Apostolischen Administratur Innsbruck-Feldkirch, war der ranghöchste Vertreter der Katholischen Kirche, der vom NS-Regime hingerichtet wurde. Lampert, am 9. 1. 1894 in Göfis bei Feldkirch geboren und 1918 zum Priester geweiht, wirkte seit 1935 in Innsbruck als engster Mitarbeiter und Stellvertreter des 1938 von Rom bestellten, aber vom NS-Regime nicht anerkannten Apostolischen Administrators (und nachmaligen Bischofs) Paulus Rusch. Da Lampert unerschrocken und kämpferisch die Interessen der Kirche vertrat, kam er in scharfen Konflikt mit dem NSDAP-Gauleiter von Tirol Franz Hofer, der an ihm ein Exempel statuieren ließ. 1940/41 wurde Lampert in den KZ Dachau und Sachsenhausen in Schutzhaft genommen und nach seiner Entlassung gauverwiesen und nach Stettin verbannt. Dort wurde von der Gestapo ein Spitzel namens „Ing. Georg Hagen" (Paul Pissaritsch aus Klagenfurt) zur Aushorchung Lamperts und der dortigen Priester angesetzt, der über Monate alles berichtete. Am 4. 2. 1943 wurden Carl Lampert und ca. 40 weitere Katholiken, darunter 12 Priester, schlagartig festgenommen und in der Folge von der Gestapo schwer misshandelt. Der Prozess vor dem Reichskriegsgericht im Juli 1944 musste wiederholt werden, weil sich der Senatspräsident, Generalstabsrichter Werner Lueben, der an diesem Terrorurteil nicht mitwirken wollte, erschoss. Am 4. 9. 1944 wurde Carl Lampert – ohne stichhaltigen Beweis, einzig auf Grund der Protokolle des Gestapo-V-Mannes – vom Reichskriegsgericht in Torgau wegen „Wehrkraftzersetzung", „Feindbegünstigung", „Rundfunkverbrechen" und Spionage zum Tode verurteilt und am 13. 11. 1944 zusammen mit zwei weiteren katholischen Priestern in Torgau hingerichtet.[293]

Der am 25. 3. 1882 geborene Tiroler Priester Otto Neururer wirkte seit 1932 als Pfarrer von Götzens und kam wie viele andere Priester mit dem NS-Regime in Konflikt. Im Dezember 1938 riet er einem Mädchen, das einen als Alkoholiker bekannten SA-Mann heiraten wollte, von der Heirat ab und half beim Abfassen des Absagebriefs. Die Anzeige des enttäuschten SA-Mannes führte am 15. 12. 1938 zur Festnahme des Pfarrers durch die Gestapo Innsbruck. Von dort trat er im März 1939 seinen Leidensweg in die KZ Dachau und Buchenwald an. Als er im KZ Buchenwald einen Mithäftling taufte, was strengstens verboten war, wurde er in den „Bunker" gebracht und von der Lager-SS Ende Mai 1940 auf grauenhafte Weise zu Tode gefoltert. 1996 wurde Otto Neururer von Papst Johannes Paul II. selig gesprochen.[294]

Der katholische Priester Anton Kutej (geb. 13. 7. 1909 in Klagenfurt) wurde Opfer des NS-Regimes, weil er sich offen zu seinem slowenischen Volkstum bekannte. 1937 zum Priester geweiht, wirkte er vom 1. 1. 1939 bis zu seiner Verhaftung am 26. 3. 1940 als Kaplan in St. Michael ob Bleiburg. Als Begründung für seine Festnahme teilte die Gestapo dem Gurker Ordinariat mit, dass Kutej sich geweigert hätte, den Wehrpass zu unterzeichnen, und Deutsch als Fremdsprache eingetragen hat. Ohne Verfahren wurde er in das KZ Dachau eingewiesen, wo er am 16. 2. 1941 als verstorben gemeldet wird; über die Todesumstände ist nichts Näheres bekannt.[295]

Der am 4. 5. 1887 in Südtirol geborene Johann Nepomuk Schwingshackl trat 1919 in den Jesuitenorden ein und wurde 1924 zum Priester geweiht. In Wien trat er 1938 in Predigten so scharf gegen das NS-Regime auf, dass er als Lazarettpfarrer und Seelsorger nach Bad Schallerbach (Oberösterreich) versetzt wurde. Auch dort kam er mit dem Regime in Konflikt, erhielt Rede- und Jugendseelsorgeverbot. Schließlich wurde er am 18. 2. 1944 von der Gestapo Linz festgenommen. Zum Verhängnis wurde ihm ein beschlagnahmter, umfangreicher Bericht an den Ordensprovinzial P. Johann Beck, in dem er die NS-Verfolgung der Kirche ärger als die antike Chris-tenverfolgung bezeichnete und zum härtesten „frontmäßigen Kampf" gegen den Nationalsozialismus aufforderte. Auf Grund dieses einen Schriftstücks wurde P. Schwingshackl am 27. 10. 1944 vom VGH unter dem Vorsitz von Roland Freisler wegen „Wehrkraftzersetzung und Feindbegünstigung" zum Tode verurteilt. „Gar so scharf war man, weil ich Jesuit bin", schrieb er in seinem Abschiedsbrief. Knapp vor der in München-Stadlheim angesetzten Hinrichtung starb der kämpferische Jesuitenpater am 28. 2. 1945 an Tuberkulose.[296]

August Wörndl (geb. 20. 8. 1894 in Salzburg), seit 1919 im Karmeliterorden und seit 1929 Priester, hatte schon als Pfarrer in St. Pölten wegen seines Einflusses auf die Jugend Schwierigkeiten mit dem NS-Regime, musste die Stadt auf Aufforderung der Gestapo verlassen und wirkte dann als Pfarrer der Karmeliterkirche in Linz. Zum Verhängnis wurde ihm sein intensiver Briefkontakt mit Jugendlichen, die als Frontsoldaten dienten. Bei der Verhaftung des früheren Jugendleiters Friedrich Leinböck-

Winter, der als Wehrmachtsangehöriger mit einer norwegischen Widerstandsgruppe kooperierte, wurden belastende Korrespondenzen gefunden. „[…] dass kein Katholik den Nationalsozialismus gutheißen könne", hatte der junge Soldat an P. Paulus geschrieben. Der Oberreichsanwalt beim VGH konstruierte daraus die folgende Anklage gegen den am 6. 7. 1943 festgenommenen Karmeliterpater:

„[…] den katholischen Ordenspriester August Wörndl klage ich an, in Linz und Norwegen während des Krieges dadurch ein hochverräterisches Unternehmen vorbereitet und den Feind begünstigt zu haben, dass er den Sanitätssoldaten Leinböck-Winter in defätistischen Briefen darin bestärkte, zum Zwecke der Wiederaufrichtung eines selbständigen, unter dem Einfluss der katholischen Kirche stehenden Österreichs eine hochverräterische Organisation unter Norwegern und Wehrmachtsangehörigen aus den Alpen- und Donaureichsgauen zu gründen".

Der in der Haft schwer misshandelte P. August Wörndl wurde am 22. März 1944 vom VGH zum Tode verurteilt und am 26. 6. 1944 in Berlin-Plötzensee hingerichtet.[297]

Der Pfarrer der steirischen Berggemeinde St. Georgen (bei Obdach), Heinrich Dalla Rosa (geb. 16. 2. 1909 in Lana/Südtirol), Priester seit 1935, fiel im Grunde wegen eines von nazistisch gesinnten Denunzianten hochgespielten Bagatelldelikts dem NS-Regime zum Opfer. In der Verhandlung vor dem VGH in Wien am 23. 11. 1944 wurden ihm eine schon 1941 gegenüber dem Lehrer Otto Hladnig getätigte harmlose defätistische Aussage sowie eine Intervention bei dessen Ehefrau, nachdem Hladnig vor einer Lehrerarbeitsgemeinschaft antichristliche Äußerungen gemacht hatte, vorgeworfen. Die Zeugenaussagen des Ehepaars Hladnig genügten zum Todesurteil wegen „Wehrkraftzersetzung". Die Gnadengesuche, u. a. von Bischof Pawlikowsky und Kardinal Innitzer, blieben erfolglos: Heinrich Dalla Rosa wurde am 24. 1. 1945 im Wiener Landesgericht hingerichtet. „Ich sterbe als überzeugter Katholik", hielt er in seinem Abschiedsbrief fest.[298]

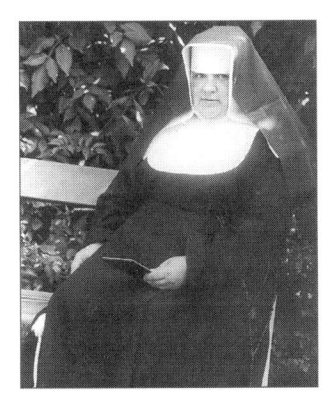

Die hingerichtete Widerstandskämpferin Sr. Maria Restituta

In der Franziskanerin Sr. Maria Restituta fand der kirchenfeindliche Nationalsozialismus eine unbeugsame Gegnerin. 1894 als Tochter eines mährischen Schuhmachers in Brünn geboren und zwei Jahre später mit ihrer Familie nach Wien-Brigittenau übersiedelt, trat Helene Kafka 1914 in die Ordensgemeinschaft der Franziskanerinnen von der christlichen Liebe – auch Hartmannschwestern genannt – ein, wo sie den Namen Maria Restituta erhielt. Seit 1919 wirkte sie in vorbildlicher Weise am NÖ. Landeskrankenhaus Mödling. Ihre verständnisvolle, humorvolle, zugleich energische Art, aber auch ihre Fachkompetenz als leitende Operationsschwester ließ sie zu einer Autoritätsperson werden. Dem NS-Regime, das die Kirche bedrängte und ihre Heimat Österreich ausgelöscht hatte, stand sie mit entschiedener Ablehnung entgegen. So hängte sie trotz strengem Verbot Kreuze in alle Krankenzimmer und weigerte sich, diese wieder abzunehmen. Ihr „Führer" war nicht Adolf Hitler, sondern Jesus Christus. Im Dezember 1941 ließ sie das – schon länger in katholischen Kreisen kursierende – Gedicht mit kriegsgegnerischen und österreichisch-patriotischen Gedanken verbreiten:

„Soldatenlied"
Erwacht, Soldaten und seid bereit,
Gedenkt Eures ersten Eids.
Für das Land, in dem ihr gelebt und geboren,
Für Österreich habet ihr alle geschworen.
[…]
Was gehen uns die Händel der Preußen an.
Was haben uns die Völker getan?
Wir nehmen die Waffen nur in die Hand
Zum Kampf fürs freie Vaterland.
Gegen das braune Sklavenreich,
Für ein glückliches Österreich!

Als Schwester Restituta diese „staatsfeindliche" Zeilen unter ihren Mitschwestern und unter Kranken in Umlauf brachte, wurde sie von einem im Spital tätigen, fanatisch nationalsozialistischen Arzt, Dr. Lambert Stumfohl, Angehöriger der SS, beim Sicherheitsdienst der SS denunziert. Sr. Restituta wurde am 18. Februar 1942 im Operationssaal von der Gestapo verhaftet und am 29. Oktober 1942 „wegen landesverräterischer Feindbegünstigung und Vorbereitung zum Hochverrat" vom VGH zum Tod verurteilt. Den Namen des Verfassers hat sie nie verraten. „Hat durch ihr vorbildliches Verhalten in der Armensünderzelle einige Mithäftlinge zur katholischen Kirche zurückgeführt. Starb gefasst und gottergeben", hielt der katholische Anstaltsgeistliche Monsignore Köck in seinem Sterbebuch am 30. März 1943 fest. Mit dem Bekenntnis zu Christus starb sie als Märtyrerin ihres Glaubens.

Schwester Restituta war aber nicht nur Opfer nazistischer Gesinnung ihrer engsten Umgebung; ihr Schicksal wurde auf höchster kirchenpolitischer Ebene entschieden. Das für sie von Kardinal Innitzer eingebrachte, vom Apostolischen Nuntius in Berlin unterstützte Gnadengesuch wurde vom Leiter der Parteikanzlei Martin Bormann aus prinzipiellen Gründen abgelehnt, weil Bormann ein kirchenfeindliches Exempel statuieren wollte. So fiel Schwester Restituta letztlich dem Kirchenkampf, dem Krieg des Nationalsozialismus gegen die Kirche, zum Opfer.

Spät, aber doch und dann in hohem Maße haben der österreichische Staat und die Katholische Kirche Schwester Restituta in vielfältiger Weise geehrt und ausgezeichnet, wobei die Seligsprechung durch Papst Johannes Paul II. im Juni 1998 in Wien der Höhepunkt war.[299]

Klarer und mutiger als viele andere konnte ein Bauer aus St. Radegund in Oberösterreich, Franz Jägerstätter, den verbrecherischen Charakter des NS-Regimes analysieren und als Christ und österreichischer Patriot den Kriegsdienst gegen den Rat seines Bischofs und anderer bis zur letzten Konsequenz verweigern.[300] Wie kein anderer Kriegsdienstverweigerer ist Franz Jägerstätter zum Inbegriff des katholischen Widerstandes in Österreich und zur internationalen Symbolfigur von Kriegsdienstverweigerung geworden. Gerade deswegen wurde er aber auch zum Hassobjekt für die österreichischen Veteranenverbände; seine Seligsprechung wurde lange Zeit vom Österreichischen Kameradschaftsbund u. a. hintertrieben.[301]

Der hingerichtete katholische Kriegsdienstverweigerer Franz Jägerstätter

Der 1907 in St. Radegund geborene Franz Jägerstätter hatte sich unter dem Einfluss seiner Frau Franziska zu einem tief gläubigen, an theologischen Fragen sehr interessierten Katholiken entwickelt, der schon früh die Unvereinbarkeit von Nationalsozialismus und Christentum erkannte. Bereits 1938 hatte er nur auf Druck seiner Familie an der „Volksabstimmung" am 10. April teilgenommen – es sei ja keine Wahl, meinte er, wenn sie schon mit den Panzern da stünden. Bestärkt wurde er in seiner unbeugsamen Gegnerschaft zum Nationalsozialismus durch die Verhaftung mehrerer katholischer Priester aus seiner Umgebung, ebenso durch die NS-Massenmorde an den psychisch Kranken, von denen er während eines Aufenthaltes in Ybbs an der Donau erfahren hatte.[302]

Jägerstätter war schon 1940/41 als Soldat eingerückt, war aber als „unabkömmlich" (für die Landwirtschaft) wieder entlassen worden, ohne an Kriegshandlungen teilnehmen zu müssen. Einer neuerlichen Einberufung wollte er unter keinen Umständen mehr Folge leisten. Befreundete Priester, sogar Bischof Fließer von Linz, versuchten, ihn mit dem Hinweis auf seine Verantwortung für Frau und Kinder von seinem Vorhaben der Kriegsdienstverweigerung abzubringen, was den gläubigen Katholiken in schwere Gewissenskonflikte stürzte. Rückhalt fand er bei seiner Frau Franziska, was ihr nach 1945 von vielen verübelt wurde. Jägerstätter war kein Pazifist, denn er lehnte nur den Kriegsdienst für Hitlerdeutschland ab, für seine Heimat Österreich hätte er gekämpft. Seine klaren Überlegungen zum NS-Raub- und Vernichtungskrieg gegen die Sowjetunion zeigen heute, dass er alles andere als ein „Querulant", „Spinner" oder „religiöser Fanatiker" war:

„Es ist eben sehr traurig, wenn man immer wieder von Katholiken hören kann, dass dieser Krieg, den Deutschland jetzt führt, vielleicht doch nicht so ungerecht ist, weil doch damit der Bolschewismus ausgerottet wird. Es ist wahr, dass gerade jetzt die meisten unsrer Soldaten im ärgsten Bolschewistenlande stecken, und alle, die in diesem Lande sich befinden und sich zur Wehr setzen, einfach unschädlich oder wehrlos machen wollen. Und nun eine kurze Frage: Was bekämpft man in diesem Lande, den Bolschewismus – oder das russische Volk? [...] Wenn man ein wenig in der Geschichte Rückschau hält, so muss man immer wieder fast dasselbe feststellen: Hat ein Herrscher ein andres Land mit Krieg überfallen, so sind sie gewöhnlich nicht in das Land eingebrochen, um sie zu bessern oder ihnen vielleicht gar etwas zu schenken, sondern sich für gewöhnlich etwas zu holen. Kämpft man gegen das russische Volk, so wird man sich auch aus diesem Lande so manches holen, was man bei uns gut gebrauchen kann, denn kämpfte man bloß gegen den Bolschewismus, so dürften doch diese andren Sachen wie Erze, Ölquellen oder ein guter Getreideboden doch gar nicht so stark in Frage kommen?"[303]

Als Franz Jägerstätter im Februar 1943 neuerlich einberufen wurde, meldete er sich zwar bei seiner Einheit in Enns, erklärte aber gleichzeitig, dass er aufgrund seiner religiösen Einstellung den Wehrdienst mit der Waffe ablehne. Jägerstätter wurde festgenommen und kam vor das Reichskriegsgericht in Berlin, das die Argumentation Jägerstätters in der Hauptverhandlung am 6. Juli 1943 folgendermaßen wiedergab:

„Er [Franz Jägerstätter] sei erst im Laufe des letzten Jahres zu der Überzeugung gelangt, dass er als gläubiger Katholik keinen Wehrdienst leisten dürfe; er könne nicht gleichzeitig Nationalsozialist und Katholik sein; das sei unmöglich. Wenn er den früheren Einberufungsbefehlen Folge geleistet habe, so habe er es getan, weil er es damals für Sünde angesehen habe, den Befehlen des Staates nicht zu gehorchen; jetzt habe Gott ihm den Gedanken gegeben, dass es keine Sünde sei, den Dienst mit der Waffe zu verweigern; es gebe Dinge, wo man Gott mehr gehorchen müsse als den Menschen; auf Grund des Gebotes ‚Du sollst Deinen Nächsten lieben wie Dich selbst' dürfe er nicht mit der Waffe kämpfen. Er sei jedoch bereit, als Sanitätssoldat Dienst zu leisten."[304]

Auf Grund des vom Reichskriegsgericht dennoch verhängten Todesurteils wurde Franz Jägerstätter am 9. August 1943 im Zuchthaus Brandenburg an der Havel hingerichtet. Nach 1945 wurde Jägerstätter wie viele andere katholische WiderstandskämpferInnen und NS-Opfer von der Kirche aus Rücksichtnahme auf die Kriegsteilnehmer lange Zeit nicht gewürdigt; seine Witwe Franziska wurde angefeindet und vom Staat nicht als Hinterbliebene anerkannt. Erst ab 1989 wurden im Auftrag von Diözesanbischof Maximilian Aichern Vorbereitungen für einen Seligsprechungsprozess eingeleitet, der 1997 offiziell eröffnet und mit der Seligsprechung am 26. Oktober 2007 im Linzer Dom abgeschlossen wurde.[305]

Der katholische Widerstand gegen die NS-Euthanasie

Die stärkste Wirksamkeit entfaltete der christliche Widerstand im Kampf gegen die 1939/40 begonnene NS-Euthanasie. Darunter ist die mutige Predigt des Bischofs von Münster, Clemens August Graf von Galen, wohl am bekanntesten geworden, denn sie hat entscheidend zum Abbruch der „T4"-Aktion durch Hitler im August 1941 beigetragen; aber auch Repräsentanten der Evangelischen Kirche haben ihre Stimme gegen den Massenmord wirksam erhoben.[306] Ausgehend vom fünften Gebot „Du sollst nicht töten!" hatten die christlichen Kirchen den Schutz des Lebens – des geborenen wie des ungeborenen – zu einem ihrer wichtigsten Anliegen erhoben und leiteten daraus ihre entschiedene Ablehnung der Vernichtung „lebensunwerten Lebens" ab. Dadurch dass nicht wenige Anstalten unter kirchlicher Leitung und Verwaltung standen, waren kirchliche Stellen schon früh informiert und unmittelbar mit der NS-Mordaktion konfrontiert: Es ging daher für die Kirchen nicht nur um die Bekundung ihrer sittlichen Haltung, sondern auch um Leben und Tod ihrer Schutzbefohlenen. Die Kirchenforscherin Benedicta Maria Kempner führt an, dass aus über 50 katholischen Heil- und Pflegeanstalten 11 225 Patienten „verlegt" wurden; unter ihnen befanden sich auch etwa 50 Klosterfrauen.[307]

In Österreich waren die kirchlichen Proteste gegen die „Euthanasie" aus mehreren Gründen nicht so zahlreich und massiv wie im „Altreich"; zum einen weil die österreichischen Protestanten – nicht zuletzt aufgrund der Verhältnisse 1934–1938 – in geringerem Maße antinazistisch orientiert waren; zum anderen weil die österreichische Katholische Kirche durch die Nichtanerkennung des österreichischen und des deutschen Konkordats seitens des Regimes eine noch schwierigere Situation als ihre deutschen Glaubensbrüder zu bewältigen und in diesem Existenzkampf noch weniger Spielraum für oppositionelle Äußerungen hatten. Dennoch gab es mutige, bislang wenig bekannte Bekundungen gegen die NS-Menschenvernichtung.

Kapitelvikar Dr. Andreas Rohracher, von Papst Pius XII. mit allen Vollmachten eines Kärntner Diözesanbischofs (Diözese Gurk) ausgestattet, hat sich zwar nicht öffentlich wie Bischof Galen, aber mehrfach und mit Nachdruck bei den NS-Behörden gegen die „Euthanasie" gestellt. Nachdem er von den Barmherzigen Schwestern in Tainach über die listenmäßige Erfassung bzw. den möglichen Abtransport von behinderten Patienten informiert worden war, protestierte er am 30. 8. 1940 in einem Schreiben an den Regierungspräsidenten und Gauhauptmann von Kärnten, Dr. Wladimir von Pawlowski, gegen dieses Vorhaben und verbot den Schwestern bei Androhung der Exkommunikation die Auslieferung. In der Folge wiederholte Rohracher schriftlich und mündlich seinen Protest gegen die „Sterbehilfe", wobei er sich sowohl auf die göttlichen Gebote als auch auf die menschlichen Grundrechte berief.[308] Der Ende Juni/Anfang Juli 1941 erfolgte Abtransport von Tainacher Patienten nach Klagenfurt bzw. deren Ermordung in Hartheim konnte dadurch freilich nicht verhindert werden.[309]

Im Unterschied zum Hirtenwort Bischof Galens ist die Predigt des Bischofs Michael Memelauer vom Silvesterabend 1941 kaum bekannt geworden.[310] Der St. Pöltener Diözesanbischof hatte in dieser Predigt den Schutz des Lebens in den Mittelpunkt gestellt und – nach Abtreibung und Selbstmord – die NS-Euthanasie unmissverständlich verurteilt:

„Weil ein persönlicher, allmächtiger und liebender Gott an der Quelle eines jeden Menschenlebens steht, hat Gott allein das Recht auf und über das Leben und ist jede gewalttätige Beseitigung eines Menschenlebens ein Eingriff in die hl. Gottesrechte und eine Verletzung der natürlichen Menschenrechte, auch die Beseitigung des sogenannten unwerten und unproduktiven Lebens. Vor unserem Herrgott gibt es kein unwertes Leben. Man mag mit noch so schönen Sophismen den Unwert eines Lebens beweisen wollen, man mag mit noch so künstlerischer Aufmachung im Film die Euthanasie verherrlichen, es ist und bleibt ein Eingriff in die hl. Gottesrechte und eine Verletzung der natürlichen Menschenrechte, einem Menschenleben gewaltsam ein Ende zu machen. Auch der Unglückliche, dessen Sinne verwirrt sind, auch das Kind, das als Krüppel auf die Welt kommt, auch der Kranke und Sieche und vom Alter Gebrochene hat ein Recht auf Leben, solange ein allweiser Gott ihm das Leben erhält und verdient die Umsorge und Liebe der Umwelt. Darum haben wir Bischöfe gegen die Tendenzen unserer Zeit an höchster Stelle Protest erhoben und werden niemals schweigen zur Beseitigung unwerten und unproduktiven Lebens [...] Die Mißachtung dieses Gesetzes müßte die Strafe Gottes herausfordern."[311] Bei dem in der Predigt angesprochenen Pro-Euthanasie-Film handelte es sich um Wolfgang Liebeneiners Film „Ich klage an", der auf schärfste Ablehnung der Katholischen Kirche gestoßen war.

Diese Silvesterpredigt Bischof Memelauers, in der auch die antireligiösen Erziehungsmethoden des Nationalsozialismus angeprangert, das Regime mehrmals mit dem „gottlosen Bolschewismus" verglichen und die Maßnahmen und Übergriffe gegen die Katholische Kirche scharf verurteilt wurden, ist meines Erachtens die kämpferischste antinazistische Bekundung des österreichischen Episkopats.

Nicht unerwähnt bleiben soll das konsequente Auftreten des von den NS-Behörden nicht anerkannten Apostolischen Administrators für Innsbruck-Feldkirch, Paulus Rusch, der etwa den geistlichen Schwestern in seinem Wirkungsbereich untersagte, an Zwangssterilisationen in Krankenhäusern mitzuwirken.³¹²

Die Aufsehen erregende Predigt des Bischofs Galen von Münster wurde auch in Österreich, vor allem in Kreisen jugendlicher katholischer WiderstandsaktivistInnen, verbreitet. So berichtet die in einer illegalen Pfarrjugendgruppe in Wien-Gumpendorf tätige Anna Maria Kretschmer, damals Fantl, dass ihre Gruppe den Hirtenbrief Galens abschrieb und „an Bekannte und Unbekannte ins Feld" verschickte. Die von Karl Strobl aus der Pfarrjugend Kalvarienberg in Wien-Hernals rekrutierte Widerstandsgruppe, deren Aktivitäten u. a. in einem Interview von Wilfried Daim überliefert sind, stellte 200 Exemplare der Reden Bischof Galens mit Wachsmatrizen her und sorgte für eine Verbreitung unter katholischen, monarchistischen, aber auch linken Jugendlichen.³¹³ Auch der junge Kaplan Anton Steinwender aus Althofen/Kärnten vervielfältigte die Predigttexte Bischof Galens und gab sie an Priester und Laien weiter. Mit einer kurzen Verhaftung und einer Verweisung kam er glimpflich davon.³¹⁴

Die landesverwiesene Kämpferin gegen die NS-Euthanasie, Sr. Anna Bertha von Königsegg

Nicht weniger mutig und entschieden als Bischof Galen hatte die Ordensobere der Barmherzigen Schwestern in Salzburg, Anna Bertha (Reichsgräfin von) Königsegg, gegen die Euthanasiemaßnahmen protestiert. Die Visitatorin der Barmherzigen Schwestern vom hl. Vinzenz von Paul, Anna Bertha Königsegg, 1883 in Königseggwald/Württemberg geboren, eine glaubensstarke, resolute Frau und überzeugte Gegnerin des Nationalsozialismus, hatte schon 1940, als das Gesetz zur Verhütung erbkranken Nachwuchses in der „Ostmark" eingeführt wurde, ihre Untergebenen angewiesen, bei Zwangssterilisierungen nicht mitzuwirken, und sie hatte auch den offenbar noch unentschlossenen Fürsterzbischof Dr. Sigismund Waitz zu einer festen Haltung ermutigt.³¹⁵

Als im August 1940 ein Schreiben der Reichsstatthalterei Salzburg, Abteilung III, Gaufürsorgeamt, in der den Barmherzigen Schwestern unterstehenden Versorgungsanstalt Schernberg einlangte, in dem die Verlegung von Kranken auf Weisung des Reichsverteidigungskommissars des Wehrkreises XVIII angekündigt wurde, wusste die Visitatorin über die Euthansasiemaßnahmen bereits Bescheid und leistete von Anfang an Widerstand. In einem Schreiben an den Reichsverteidigungskommissar, den Salzburger Reichsstatthalter und NSDAP-Gauleiter Friedrich Rainer, nahm sie ausdrücklich gegen die Maßnahmen Stellung, und ersuchte den Reichsverteidigungskommissar davon Abstand zu nehmen, indem sie auf die negativen Reaktionen des Auslandes verwies und an das religiöse Gewissen des NS-Politikers appellierte. Sie bot sogar an, auf staatliche Beiträge für die Anstalt bis zum Ende des Krieges zu verzichten. Für den Fall des Abtransportes der Kranken lehnte die Visitatorin jede Mithilfe dabei entschieden ab. Die Antwort des Regimes bestand in der Verhaftung der mutigen Schwester durch die Gestapo am 17. September 1940, weil Anna Bertha Königsegg ihre Informanten über die NS-Euthanasie nicht preisgeben wollte. Nach elftägiger Haft wurde sie wieder freigelassen. Diese schlechten Erfahrungen hinderten sie jedoch nicht, wenig später, im Jänner 1941, mit einem Schreiben an Gauleiter Rainer gegen die „Verlegung" der Patienten von Mariathal, wo die Barmherzigen Schwestern ca. 70 geistig behinderte Kinder betreuten, Stellung zu nehmen. Als schließlich Anfang April 1941 der Abtransport der Schernberger Patienten unmittelbar bevorstand, wandte sich die Visitatorin neuerlich an den Gauleiter, um ihn von der Aktion abzubringen. An ihrer Entschlossenheit, ihre Schwestern von jeder Mitwirkung abzuhalten, ließ sie keinen Zweifel: „[…] ich übernehme die Verantwortung, und sollte es auch mein Leben kosten, ich gebe es gerne für Gott und unsere lieben Armen." Daraufhin wurde Anna Bertha Königsegg am 16. 4. 1941 neuerlich verhaftet. Während ihrer Abwesenheit wurden trotz der Proteste der Schwestern die Patienten von Schernberg in die Vernichtungsanstalt Hartheim deportiert. Nur eine 17-köpfige Gruppe konnte rechtzeitig gewarnt werden, flüchtete in einen Wald und überlebte.[316]

Der Schernberger Pfleger Friedrich Zehentner, der sich beim Abtransport am 21. 4. 1941 weigerte, aktiv mitzuwirken und später davon erzählte, wurde wegen Verbreitung unwahrer Gerüchte, einem Delikt nach dem Heimtückegesetz, sechs Monate inhaftiert.[317] Der Salzburger Anstaltsarzt Dr. Gföllner berichtete 1945, dass die Aufregung in der ländlichen Bevölkerung so groß war, „dass eine Wiederholung des Unternehmens politisch nicht mehr ratsam erschien". In der Folge wurden trotz aller Widerstände die für die Aktion bestimmten Patienten aus Schernberg durch das DRK nach Salzburg gebracht, wo sie in den nächsten Transport nach Hartheim eingereiht wurden.[318]

Anna Bertha Königsegg kam nach viermonatiger Gestapohaft frei, wurde aber aus dem Reichsgau Salzburg ausgewiesen und zog sich vorübergehend auf das Gut ihres Bruders in Königseggwald zurück. Die Beschlagnahmung des gesamten Kongregationsvermögens war die bittere Folge ihrer unbeugsamen Haltung: „Die Gemeinschaft haftet für Verfehlungen der einzelnen Mitglieder und erst recht für Verfehlungen der Leitung", argumentierte man diesen Schritt in einem Schreiben an die Mitschwestern. Erst im Sommer 1945 konnte die Visitatorin, die trotz Drohungen ihr Amt nicht zurücklegte, nach Salzburg zurückkehren und bis zu ihrem Tod am 12. 12. 1948 am Wiederaufbau mitwirken.

Zu Recht bezeichnet der NS-Forscher Ernst Hanisch die Handlungsweise der Visitatorin der Barmherzigen Schwestern als die „couragierteste Protestaktion der Kirche in Salzburg".[319] In den meisten Studien zur NS-Euthanasie (Ernst Klee, Henry Friedlander, Hans-Walter Schmuhl) bleibt ihr Name bedauernswerter Weise freilich unerwähnt. In Würdigung ihrer Taten benannte der Salzburger Gemeinderat 1988 eine Straße nach ihr.

„Hilfsstelle für nichtarische Katholiken"

So mutig, wichtig und erfolgreich der kirchliche Widerstand gegen die NS-Euthanasie auch war, die Frage, warum die Kirchen nicht mit der gleichen Konsequenz gegen den Holocaust an Juden und Roma aufgetreten sind – eine Frage, die sich insbesondere auch Papst Pius XII. stellen lassen musste – bleibt unbeantwortet.

Von der Katholischen Kirche in Österreich wurde aber immerhin in der Erzdiözese Wien, wo nahezu alle noch verbliebenen österreichischen Juden konzentriert wurden, eine „Hilfsstelle für nichtarische Katholiken" eingerichtet. Sie kümmerte sich um KatholikInnen, die im Sinne der Nürnberger Gesetze als Juden galten und in gleichem Maße wie Angehörige der jüdischen Religion von den antijüdischen Maßnahmen des NS-Regimes betroffen waren. Die Idee ging auf den Priester Johannes Österreicher zurück, der das von Innitzer 1936 zur „Judenbekehrung" gegründete „Pauluswerk" geleitet hatte und als Konvertit im Sommer 1938 nach Frankreich und später in die USA emigrierte. Der – von Antisemitismus allerdings selbst nicht ganz freie – Jesuitenpater Georg Bichlmair schlug in einer auf den Ideen Österreichers basierenden Denkschrift die Errichtung eines Hilfswerkes für diese Konvertiten vor und arbeitete mit der von der Gemeindefürsorgerin Manuela Gräfin Kielmansegg gegründeten „Aktion K", der „Beratungsstelle für katholische Auswanderer" und der Hilfsstelle der Caritas für „nichtarische Christen" zusammen. P. Bichlmair wurde am 19. November 1939 von der Gestapo verhaftet und anschließend „gauverwiesen". Da nach Kriegsbeginn die Hilfsmaßnahmen immer schwieriger geworden waren und um die Hilfsstelle mit dem Gewicht seines Amtes zu schützen, errichtete Kardinal Innitzer im Dezember 1940 in seinem Palais die „Erzbischöfliche Hilfsstelle für nichtarische Katholiken", mit deren Leitung bis 1945 er den deutschen Jesuitenpater Ludger Born betraute. Der Mitarbeiterkreis bestand aus 8 bis 12 Frauen, an deren Spitze Schwester Verena Buben stand. Die Bemühungen galten sowohl der Seelsorge als auch der Schulbildung, der Hilfeleistung in allen Auswanderungsangelegenheiten, insbesondere bei der immer schwieriger werdenden Visabeschaffung. Eine neue Aufgabenstellung ergab sich auch durch die Deportation vieler „Judenchristen" in das Zwangsgetto Theresienstadt. Unter den 18 166 nach Theresienstadt deportierten ÖsterreicherInnen befanden sich auch einige hundert KatholikInnen, die durch Pakete („Liebesgaben"), Briefsendungen, Übermittlung von geweihten Hostien u. a. unterstützt wurden. Allein im Jahr 1944 wurden 7277 Pakete von der Hilfsstelle in das Getto geschickt. Eine priesterliche Seelsorge war in diesem zunehmend zum Vernichtungslager werdenden Getto allerdings nicht möglich. Die Not konnte durch diese Solidaritätsaktion zwar etwas gemildert, das Sterben und Morden aber nicht verhindert werden.[320]

Katholische, konservative und legitimistische Widerstandsgruppen

Die politischen Kräfte, die bis zum März 1938 die Träger der Staatsgewalt gewesen waren, mussten erst den Sturz von der Höhe der Macht in die Tiefe der Verfolgung und Illegalität überwinden und mühsam illegale Organisationen aufbauen, wobei ihnen zweifellos die konspirativen Erfahrungen der Linken aus der Zeit von 1934–1938 fehlten. Antikatholische Maßnahmen, Diskriminierung und Verfolgung von Funktionären der ehemaligen Vaterländischen Front und die Unterdrückung alles Österreichisch-Patriotischen führten zur Bildung katholisch-konservativer Widerstandsgruppen, die ebenso wie die zahlreichen monarchistischen Widerstandsgruppen meist großösterreichische Vorstellungen hatten.[321] Etwa ab Sommer/Herbst 1938 formierten sich die ersten größeren Widerstandsgruppen, von denen die drei „Österreichischen Freiheitsbewegungen" um Karl Roman Scholz, Jakob Kastelic und Karl Lederer die größte Bedeutung erlangten.

Gestapofoto des hingerichteten Augustinerchorherrn Karl Roman Scholz, 25. 7. 1940

Der Ordenspriester und Dichter Roman Karl Scholz (Ordensname Roman) muss als eine der herausragendsten Persönlichkeiten des österreichischen Widerstandes gesehen werden. Der am 16. 1. 1912 in Mährisch-Schönberg (heute Sumperk, Tschechien) geborene, aus ärmlichen Verhältnissen stammende Scholz konnte dank seiner Begabung das Gymnasium in seinem Heimatort absolvieren. Dort trat er einem katholischen Jugendbund bei, geriet aber – in der nationalistisch aufgeheizten Situation der CSR – auch unter deutschnationalen Einfluss. Unmittelbar nach der Matura, im Herbst 1930, trat er als Novize in das Augustiner Chorherrenstift Klosterneuburg ein, wo er den Ordensnamen Roman erhielt, und 1936 zum Priester geweiht wurde. In all seinen seelsorgerlichen und pädagogischen Ämtern – Kaplan in

Wien-Heiligenstadt von 1936 bis 38, Religionslehrer am Gymnasium Klosterneuburg 1938/39 und Dozent für christliche Philosophie an der ordenseigenen theologischen Hochschule ab 1939 – begeisterte Scholz junge Menschen (Erika Weinzierl nannte ihn den „Typus des mitreißenden Jugendführers"). Sein aus dem sudetendeutschen Nationalismus resultierendes, im Orden auf wenig Sympathie stoßendes Engagement für den Nationalsozialismus soll er angesichts der zunehmenden Gewaltpolitik Hitlers und nach einem desillusionierenden Besuch des Reichsparteitages in Nürnberg (1936 oder 1937) beendet haben. Diese von überlebenden Mitkämpfern kolportierte Version steht allerdings in Widerspruch zu der Tatsache, dass Scholz am 14. 5. 1938 ein Ansuchen um Aufnahme in die NSDAP stellte. In dem eigenhändig ausgefüllten „Personal-Fragebogen" gab er an, am 5. 2. 1935 der illegalen NSDAP, Ortsgruppe Klosterneuburg, beigetreten zu sein und bis Ende 1936 Parteimitgliedsbeiträge entrichtet und als Zellenleiter fungiert zu haben. In dem Fragebogen ist weiters von „(strafweiser) Versetzung, Überwachung" sowie „Zurücksetzung in der dienstlichen Verwendung" die Rede, was sich offenbar auf disziplinäre Maßnahmen des Ordens gegen ihn bezieht. Obwohl die NSDAP-Ortsgruppe Klosterneuburg den Antrag „um besonderer Verdienste um die Bewegung willen wärmstens befürwortete", hatte Scholz zum damaligen Zeitpunkt keine Chance auf positive Erledigung mehr, weil inzwischen bereits keine katholischen Priester in die NSDAP aufgenommen wurden.[322] Jedenfalls dürfte sein Bruch mit dem Nationalsozialismus erst nach dem „Anschluss" erfolgt sein, was insofern plausibler klingt, als die sich verschärfende antikatholische NS-Politik in Österreich ein weitaus stärkerer Grund zur Abwendung vom Nationalsozialismus gewesen sein mag als das einmalige Erlebnis eines NS-Reichsparteitags. Als Reaktion auf das Verbot des Religionsunterrichts durch das NS-Regime organisierte Scholz jedenfalls Bibelstunden für seine ehemaligen Schüler, aus deren Kreis sich viele Aktivisten für die von ihm im Herbst 1938 gegründete Widerstandsgruppe rekrutierten.

Während seiner langen Haft von 1940 bis 1944 schuf Scholz, der bereits 1934 einen Gedichtband im Selbstverlag herausgebracht hatte, ein umfangreiches literarisches Werk – Gedichte, Dramen, Novellen –, das z. T. aus dem Gefängnis geschmuggelt werden konnte und später veröffentlicht wurde. Karl Roman Scholz wurde gemeinsam mit Mitkämpfern am 23. Februar 1944 vom Volksgerichtshof wegen Vorbereitung zum Hochverrat zum Tode verurteilt und am 10. Mai 1944 in Wien hingerichtet. Seine letzten Worte waren: „Für Christus und Österreich". Sein Leichnam kam in das Anatomische Institut und konnte erst nach der Befreiung 1945 identifiziert und bestattet werden. Seine Mitkämpfer und Schüler sorgten dafür, dass Scholz nicht in Vergessenheit geriet.[323]

Die drei „Österreichischen Freiheitsbewegungen"

Gruppe Scholz

Die von Karl Roman Scholz und seinem Freund Viktor Reimann, einem nominellen NSDAP-Mitglied, im Herbst 1938 in Klosterneuburg gegründete Widerstandsgruppe nannte sich zuerst „Deutsche Freiheitsbewegung", ab Herbst 1939 „Österreichische Freiheitsbewegung" und im Juni 1940 „Freiheitsbewegung Österreich". Durch seine Schüler Herbert Crammer und Walter Urbarz ließ Scholz kleine Flugzettel herstellen und in Wien und Umgebung verbreiten, die Parolen wie „Österreich den Österreichern!" oder „Hinaus mit den Preußen!" enthielten. Besonderen Wert wurden auf Auslandskontakte gelegt. Ein Mitglied der Gruppe, Rudolf Strasser von Györvar, stellte die Verbindung zum Ausland her, und Scholz fuhr im August 1939 nach England, wo er finanzielle Unterstützung für seine Tätigkeit erhielt. 1940 hatte die Gruppe rund 100 Mitglieder, zum Großteil SchülerInnen und StudentInnen, die alle vor einem Kreuz durch einen Eid verpflichtet worden waren. An der Spitze stand ein Exekutivkomitee mit Scholz als Vorsitzendem und dem Rechtsanwaltswärter Hans Zimmerl (geb. 1. 9. 1912) als Stellvertreter; weiters gehörten diesem Leitungsgremium an: Gerhard Fischer-Ledenice (geb. 5. 3. 1919), Hanns Georg Heintschel-Heinegg (geb. 15. 9. 1919), die Führerin der Frauengruppe, Luise Kanitz, und als Leiter der Aktivistenhundertschaft Otto Hartmann. Dieser Ende 1939 zu Scholz gestoßene Burgschauspieler war ein V-Mann der Gestapo, der als Agent provocateur für eine Radikalisierung sorgen sollte, woraufhin – laut VGH-Urteil – auch Sabotage- und Terroranschläge vorbereitet sowie Waffen und Munition besorgt wurden.

Ziel und Charakter der Widerstandsgruppe wurden im Urteil des VGH gegen Margarete Jahoda und acht andere Angeklagte vom 8. 12. 1943 folgendermaßen umrissen:

„Dass die ÖFB die Beseitigung der nationalsozialistischen Staatsführung und unter Losreißung der Donau- und Alpengaue die Errichtung eines neuen österreichischen Staates vorbereitete, wussten alle Angeklagten. Darüber ließ sie schon der Name der Organisation nicht im Zweifel. Soweit sie behaupten, sie hätten sich ‚nichts Schlimmes dabei gedacht' oder die Organisation habe nur freiere Diskussionsmöglichkeiten schaffen und manche drückenden öffentlichen Verhältnisse verbessern sollen, können sie im Hinblick auf die konspirativen Methoden der Organisation und die Art ihrer sonstigen Vorbereitungen nicht gehört werden. Als geistig regsame Menschen erkannten die Angeklagten aber auch, dass jene Ziele nur mit Gewalt hätten verwirklicht werden können und dass demgemäß auch die ÖFB gewaltsame Mittel anzuwenden bereit war, um zur Macht zu gelangen und ein neues österreichisches Staatsgebilde zu errichten."

Die Aktivitäten der Melanie Jadrny (geb. 3. 3. 1903), die am 20. 11. 1944 wegen „Vergehens nach dem Gesetz gegen die Neubildung von Parteien" mit 8 Monaten Gefängnis bestraft wurde, werden im Urteil des Oberlandesgerichts beschrieben:

„Politisch ist sie [Jadrny] bisher nicht hervorgetreten, war aber in einem Kloster erzogen worden und daher klerikal eingestellt. Dies und das Beispiel von Bekannten bewog sie öfters, die Gräber des Dollfuß und der Familie Schuschnigg auf dem Hietzinger Friedhof in Wien zu besuchen, wo eine Zeitlang eine Art Treffpunkt klerikaler Gesinnungsgenossen gewesen zu sein scheint. [...] Cäcilie Hofmann, die allerdings von den beabsichtigen Gewaltmethoden der ÖF keine nachweisbare Kenntnis hatte, teilte der Angeklagten im April 1940 ihr Wissen über die ÖF mit, nahm ihr einen Eid ab, stellte ihr ein Heiligenbild mit einer Nummer als Mitgliedskarte aus und hob einen Betrag von RM 4,- als Mitgliedsbeitrag für zwei Monate ein."

Wie aus diesem Gerichtsurteil (und auch aus anderen) hervorgeht, spiegelte sich die von Gestapo und VGH der ÖFB unterstellte Gewalttätigkeit in den Handlungen der Mitglieder der Gruppe nicht wider. Die angebliche Radikalisierung war im Grunde eigentlich nur das Ergebnis der Agent-provocateur-Tätigkeit des Gestapospitzels Otto Hartmann.

Gruppe Kastelic

Der Rechtsanwaltswärter Jakob Kastelic (geb. 4. 1. 1897) – laut Gerichtsurteil „ein Freund und Studiengenosse Dr. Schuschniggs" – gründete im Juni 1939 die „Großösterreichische Freiheitsbewegung" (GÖFB). Das nach dem Sturz des NS-Regimes aufzubauende künftige „Großösterreich" sollte laut Kastelic Gebiete von Triest bis zur Main-Linie umfassen, „ständisch-demokratisch" aufgebaut sein und einen Habsburger an der Spitze haben. Kastelic fungierte als Vorsitzender, Oskar Bourcard als Sekretär, Rudolf Schalleck und Johann Blumenthal als militärische Leiter, Heinrich Hock als Propagandaleiter und Karl Rössel-Majdan als Jugendführer. Rössel-Majdan und Alfons Uebelhör sollten die Verfassung für „Großösterreich" ausarbeiten. Als Leiter für Oberösterreich und Teile Salzburgs wurde Florian Rath, ein Zisterzienser aus Wilhering, eingesetzt. In einer bereits vorbereiteten Ministerliste war Kastelic als künftiger Justizminister vermerkt. Die Mitglieder des Exekutivkomitees hielten monatliche Sitzungen, über ihre

Der hingerichtete katholisch-konservative Widerstandskämpfer Dr. Jakob Kastelic illegale Arbeit ab. Insbesondere wurde eifrige Mitgliederwerbung betrieben, so dass die Organisation bereits auf einige hundert anwuchs. Besonders angeprangert wurden von den NS-Verfolgungsinstanzen die „zahlreichen Hetzparolen", die unter die Bevölkerung gebracht wurden:

„Fort mit diesen preußischen Abenteurern und Narren, die uns in Krieg, Not und Elende für fremde Interessen gestürzt haben. Wir wollen nicht länger ausgebeutete preußische Kolonie sein, wir wollen Freiheit und Menschenwürde".

Dem Unteroffizier Karl Rössel-Majdan (geb. 12. 1916) wurde neben seiner Tätigkeit in der GÖFB die am 27. 7. 1939 erfolgte „Besudelung" der am Bundeskanzleramt angebrachten Gedenktafel für die NS-Putschisten vom Juli 1934 angelastet, was „in den breitesten Bevölkerungskreisen von Wien große Empörung und Erbitterung hervorgerufen" hätte, wie die Gestapo Wien in ihrem Tagesrapport am 13. 2. 1941 berichtete.

Der GÖFB hatte sich eine größere Gruppe von Zisterziensern des Stiftes Wilhering (Oberösterreich) angeschlossen, u. a. der Forstmeister Reinhold Plohberger (geb. 5. 10. 1898) und Florian (Gebhard) Rath (geb. 13. 4. 1902), der nachmalige Generaldirektor des Österreichischen Staatsarchivs. Die Wilheringer Widerstandsgruppe versuchte überhaupt auch außerhalb des Klosters Mitstreiter zu finden, wie aus der Anklageschrift des Oberreichsanwalts beim VGH gegen den Kaplan Josef Hofstätter (geb. 24. 12. 1906; Ordensname: Theoderich) aus Schörfling am Attersee vom 16. 9. 1943 hervorgeht:

„Hofstätter erklärte sich abschließend bereit, in seinem geistlichen Wirkungskreis am Attersee für die GÖFB zu werben. Den allgemeinen Richtlinien entsprechend, die Geistlichkeit nach außen nicht zu sehr in Erscheinung treten zu lassen, sollte auch Hofstätter eine geeignete Person ausfindig machen, die den Aufbau der GÖFB am Attersee durchführen solle. Er erhielt ein Päckchen Mitgliedskarten, von denen er eine für sich übernahm. Als er die Frage anschnitt, dass die zu werbenden Mitglieder am Attersee auch mit Waffen versorgt werden müssten, erklärte Dr. Rath, dass sich jedes Mitglied selbst bewaffnen müsse, dass er im Übrigen aber diese Frage endgültig mit dem neuen, von Hofstätter zu werbenden Leiter des Gebiets am Attersee erörtern werde."

Gruppe Lederer

Die „Österreichische Freiheitsbewegung" wurde 1938 von Karl Lederer (geb. 22. 9. 1909), dem 1939 aus der Finanzprokuratur entlassenen Beamten, geplant und ein Jahr darauf ins Leben gerufen. Sie strebte – laut Anklageschrift des Oberreichsanwalts beim VGH – „den gewaltsamen Sturz der nationalsozialistischen Staatsführung, die Losreißung der Alpen- und Donaureichsgau vom Reich und die Wiedererrichtung eines selbständigen österreichischen Staates, dessen endgültige Staatsform einem späteren Volksentscheid vorbehalten sein sollte."

Die Organisation hatte zum Zeitpunkt des Zugriffs der Gestapo ca. 200 Mitglieder, die in verschiedene spezifische Gruppen (Wehrtrupp, Frauen, Jugendliche etc.) eingeteilt waren. Die Mitglieder mussten nach ihrer Werbung einen „heiligen Eid" schwören, der ähnlich wie in der Scholz-Gruppe lautete. Die wichtigste Aktivität der Gruppe Lederer war die Verbreitung von antinazistischer Propaganda, deren Informationen „ausländischen Hetzsendern" entnommen wurden. Seit Ende 1939 wurde die im Durchschlagverfahren hergestellte Flugschrift „Was nicht im V.B. [das NS-Organ „Völkischer Beobachter"] steht" in unregelmäßigen Abständen verbreitet. Sie enthielt neben Desinformation, NS-feindlichen Witzen und Gerüchten auch antinazistische Parolen wie „Österreicher macht Euch frei von der Nazibarbarei!" oder patriotische, NS-feindliche Gedichte. So wurde das „Soldatenlied", für dessen Verbreitung Jahre später Sr. Restituta zum Tod verurteilt wurde, schon von der Gruppe Lederer zur Propaganda verwendet. Im Tagesbericht der Gestapo Wien vom 13.–14. 8. 1940 wird über die Tätigkeit des festgenommenen Vizeinspektors der Wiener Elektrizitätswerke Rudolf Wallner (geb. 1. 4. 1903) berichtet:

„Er hat in der Zeit vom Dezember 1939 bis Juni 1940 nach Art des Schneeballsystems 113 Mitglieder geworben und an Mitgliedsbeiträgen von diesen ca. 1.200,- RM an Dr. Lederer abgeführt. Bei Wallner konnte auch das von Dr. Lederer stammende ‚Statut' der ‚Ö. F.', eine Mitgliederaufstellung, mehrere Manuskripte der illegalen Flugschrift ‚Was nicht im VB steht' und verschiedenes belastendes Schriftenmaterial beschlagnahmt werden."

Zusammenschluss und Aufdeckung

Im Frühjahr 1940 begannen Gespräche zwischen den Gruppen Scholz, Kastelic und Lederer über eine Zusammenarbeit bzw. einen Zusammenschluss; durch die Aufdeckung der Organisationen kamen die Verhandlungen aber nicht mehr zum Abschluss. Am 22. Juli 1940 schlug die Gestapo Wien, vom Verräter Otto Hartmann genau informiert, zu und verhaftete eine große Zahl von AktivistInnen der drei Freiheitsbewegungen. In ihrem Tagesbericht vom 12.–13. 2.1941 vermeldete sie 121 dem VGH angezeigte Beteiligte sowie 22 dem Reichskriegsgericht angezeigte Wehrmachtsangehörige. Die Festnahme von ca. 300 weiteren Mitgliedern in den Reichsgauen Wien, Niederdonau und Oberdonau „musste vorläufig wegen Schwierigkeiten in der Unterbringung in geeigneten Gefängnissen unterbleiben." Damit waren die drei Freiheitsbewegungen neben der KPÖ die weitaus größte Widerstandsgruppe der Jahre 1938 bis 1940.

Die gerichtliche Aburteilung erfolgte in den Jahren 1943 und 1944 in einer Reihe von Verfahren vor dem VGH und dem OLG Wien, wobei die Anklage fast durchwegs auf „Vorbereitung zum Hochverrat" lautete. Lediglich einige weniger Belastete wie der Schauspieler Fritz Lehmann oder der Komponist Friedrich Wildgans kamen wegen „Nichtanzeige eines hochverräterischen Unternehmens" mit geringeren Strafen davon. Die führenden Funktionäre Scholz, Fischer-Ledenice, Zimmerl, Heintschel-Heinegg, Lederer, Wallner, Miegl, Grosser, Loch und Kastelic wurden 1944 vom VGH zum Tode verurteilt und im selben Jahr im Wiener Landesgericht hingerichtet. Der Abt des Zisterzienserstifts, Wilhering Petrus (Bernhard) Burgstaller (geb. 14. 2. 1886), der über die Vorgänge in seinem Stift gar nicht informiert gewesen, aber dennoch verhaftet und verhört worden war, kam am 1. 11. 1941 im Gefängnis Anrath zu Tode. In bzw. an den Folgen der Haft starben Oberleutnant a. D. Richard Färber (geb. 16. 3. 1913), Adolf Gubitzer (geb. 17. 6. 1900), Heinrich Hock (geb. 2. 2. 1906) und Marie Schlagenhauser (geb. 17. 11. 1876). Der Verräter Otto Hartmann wurde vom Volksgericht Wien am 22. 11. 1947 wegen Verbrechens der Denunziation zu lebenslangem, schwerem Kerker verurteilt.[324]

Katholisch-konservative Jugendgruppen

Katholisch-konservativ orientierte Jugendgruppen zählten zu den ersten in Österreich, die illegale Aktivitäten entfalteten. So wurde z. B. die Widerstandsgruppe Frei-Jungdeutschland um die Brüder Alfred und Johann Ellinger, die sich aus ehemaligen Mitgliedern des Österreichischen Jungvolkes, des Studentenfreikorps und der Marianischen Studentenkongregation an der Canisiuskirche in Wien zusammensetzte, bereits Anfang April 1938 gegründet. Ziel war laut Anklageschrift des Staatsanwaltes beim LG Wien vom 10. 6. 1939 „neben der Bekämpfung des Kommunismus die Bekämpfung des Nationalsozialismus und die Errichtung einer süddeutschen Monarchie". Die Tätigkeit der Gruppe war allerdings bescheiden: Zusammenkünfte, eine „Führerbesprechung", eine Sonnwendfeier mit antinazistischer „Feuerrede" sowie das Einschlagen einer Auslage einer Blumenhandlungen, wo Bilder aus der antisemitischen Hetzzeitung „Der Stürmer" ausgehängt waren, zählten dazu. Ende Juni 1938 begannen die Festnahmen durch die Gestapo, die den Aktivitäten ein Ende setzten.[325]

Aus dem Milieu des Österreichischen Jungvolks (ÖJV), der 1936 gegründeten und 1938 aufgelösten Jugendorganisation der Vaterländischen Front, rekrutierten sich auch andere Widerstandsgruppen. Otto Molden berichtet, dass die Führergruppe des Grauen Freikorps (Studentenfreikorps im Österreichischen Jungvolk) schon am Abend des 11. 3. 1938 die Bildung von Widerstandsgruppen beschloss – freilich wurden einige ihrer Führer wie Helmuth Jörg infolge Verhaftung an diesem Vorhaben gehindert. Als Aktivisten dieser Widerstandsgruppe traten u. a. Otto und Fritz Molden, die Söhne des liberal-konservativen Journalisten Ernst Molden und der Dichterin der späteren österreichischen Bundeshymne, Paula von Preradovic, in Erscheinung. Im Zuge einer Demonstration der verbotenen Bündischen Jugend nach dem Konzert der Schwarzmeer-Kosaken im Wiener Konzerthaus im April 1940 wurden zahlreiche Jugendliche, meist Gymnasiasten, von der Gestapo festgenommen, jedoch bald wieder freigelassen. Durch die Einberufung vieler Jugendlicher zum Militär wurden die Aktivitäten eingedämmt; dies war aber auch ein gewisser Schutz vor Gestapoverfolgung.[326]

Die 1933 im Deutschen Reich und 1938 in der „Ostmark" in die HJ zwangsintegrierte Bündische Jugend setzte teilweise ihre verbotenen Aktivitäten fort, wobei die Gestapo die für die Bündische Jugend offenbar sehr attraktiven Konzertveranstaltungen der Donkosaken und anderer russischer Emigrantenchöre besonders im Auge hatte. Als Rädelsführer wurde in der Anzeige der Gestapo Wien an das Gericht der Division Nr. 177 vom 20. 5. 1940 der Soldat Otto Arlow (geb. 17. 6.1919) bezeichnet. Er hatte mit seiner BJ-Gruppe im Touristenklub des Deutschen Alpenvereins Unterschlupf gefunden und tarnte sich als Nationalsozialist. Die katholische Ausrichtung der regen Aktivitäten (Zusammenkünfte, Fahrten, Lager) wurde von der Gestapo „als für die Ziele und Zwecke der Staatsjugend [HJ] als äußerst gefährlich" qualifiziert.[327]

Auch in Tirol setzten nach dem Verbot der Bündischen Jugend bzw. deren Zwangseingliederung in die HJ einzelne Gruppen und Aktivisten ihre Tätigkeit in und außerhalb der HJ fort. Haupträdelsführer in den Augen der Gestapo war der Jusstudent Paul Flach (geb. 10. 7. 1921) aus Innsbruck, der vor 1938 gemeinsam mit dem Kaplan Hans Nebenführ die katholische Jugendorganisation „Neuland" geführt hatte und 1940 mit anderen katholisch-bündischen Jugendlichen eine Organisation mit dem Namen „Junger Orden" ins Leben rief. Sie umfasste eine „Horde Innsbruck" und eine „Horde Hollabrunn" (Niederösterreich) und entfaltete bis Anfang 1943 einschlägige „bündische" Aktivitäten. Neben Fahrten, Lagern und Schulungen wurden auch illegale Publikationen hergestellt und verbreitet, u. a. ein vor allem an Soldaten gerichteter Rundbrief „Kameraden". „Die Horden sollten", so der Vorwurf im Urteil des Sondergerichts Innsbruck, „eine Auslese für die künftig etwa nötigen Führer im geistigen Kampfe zwischen Nationalsozialismus und katholischer Weltanschauung sein". Nach der Aufdeckung der Jugendgruppe durch die Gestapo Innsbruck im Februar 1943 wurden Paul Flach und Hans Nebenführ wegen „Vergehen nach dem Gesetz gegen die Neubildung von Parteien" 1944 zu 18 Monaten Gefängnis verurteilt.[328]

Im Milieu der ehemaligen Mitglieder und Funktionäre der Jugendorganisationen des „Ständestaates" hatte sich in Tirol bereits unmittelbar nach dem März 1938 eine umfangreiche Widerstandsgruppe gebildet, die sich „Freiheit Österreich" (FÖ) nannte, also auf die Wiedererrichtung eines selbständigen Österreich orientiert war. Bezeichnenderweise hielt die Gruppe am 27. 7. 1938 eine Dollfuß-Gedenkfeier in Maria Waldrast ab. Als Anführer sah die Gestapo den Verkäufer Rudolf Ottlyk (geb. 23. 5. 1920); unter den zahlreichen Aktivisten waren Franz Rainer (geb. 25. 5. 1914), Hubert Mascher, Heinz Mayer (geb. 12. 6. 1917), Karl Niederwanger (geb. 31. 10. 1918), Josef und Helmut Niederwieser und Fritz Seystock (geb. 5. 6. 1921). Der zur Führungsgruppe gehörende Franz Ortler (geb. 11. 1. 1920), zur Tarnung aus der HJ ausgeschlossen, fungierte von Anfang an als Konfident der HJ bzw. in weiterer Folge der Gestapo; auch Karl Niederwanger erwies sich, wie aus dem Innsbrucker Volksgerichtsverfahren von 1947 hervorgeht, als Gestapospitzel. Durch diesen Verrat konnte die Gruppe im Herbst 1938 von der Gestapo Innsbruck zerschlagen werden; die meisten AktivistInnen blieben bis März 1939 in Haft. Aus diesem Kreis formierte sich unter der Leitung von Rudolf Ottlyk und Franz Rainer im Frühjahr 1939 neuerlich eine Widerstandsgruppe, die sich den Namen „Vergißmeinnicht" gab. Auch diese – stärker legitimistisch ausgerichtete – Gruppe geriet bald ins Visier der Gestapo, und ihre Mitglieder wurden schon im Juli/August 1939 verhaftet. Die gerichtliche Aburteilung durch das Sondergericht Innsbruck bzw. den VGH erfolgte erst im April bzw. Juli 1944; Franz Rainer als Hauptangeklagter erhielt 6 Jahre Zuchthaus wegen „Vorbereitung zum Hochverrat".329

Otto Haan (geb. 7. 5. 1922) baute eine illegale Jugendgruppe bestehend aus ca. 10 Jugendlichen des ÖJV im Alter von 14 bis 19 Jahren auf. Die Inhaberin der Fahrschule „City" in Wien 9. stellte den Schulraum für Zusammenkünfte zur Verfügung. Mit der Pfarrjugendgruppe um den Studenten Karl Strobl (geb. 31. 5. 1921), deren Mitglieder laut Gestapotagesbericht „eine absolut negative Haltung zum Staate einnehmen", wurde der Zusammenschluss angestrebt. In den „Tagesbefehlen des ÖJV" vom Juli 1940, die bei dem Schauspieler Hans Lepuschitz (geb. 4. 4. 1922) von der Gestapo beschlagnahmt wurden, hieß es u. a.: „Kämpft gemeinsam unter einer Flagge und einer Führung gegen unseren Todfeind Adolf Hitler und seine nationalsozialistische Mörderbande". Der Aufruf schloss mit den Worten „Österreich über alles, wenn es nur will, und es will". Im Oktober 1940 wurden die Gruppenmitglieder von der Gestapo Wien festgenommen und am 19. 11. 1941 vom Sondergericht Wien wegen „Vergehen nach dem Gesetz gegen die Neubildung von Parteien" zu relativ milden Strafen im Ausmaß zwischen 6 und 9 Monaten Gefängnis verurteilt.330

Aus früheren katholischen Jungvolk-Mitgliedern bestand auch die „Österreichische Bewegung" um Friedrich Theiss, die einen „Zusammenschluss von Katholiken" mit dem Ziel „Loslösung der Ostmark vom Deutschen Reich, also ein selbständiges Österreich", anstrebte. Von 1938 bis zur Aufdeckung der Gruppe im Februar 1940 wurde eine rege Aktivität entfaltet. So wurden monatliche Mitgliedsbeiträge eingehoben, Ausflüge und Schulungsabende veranstaltet, eine Frauengruppe gebildet und NS-feindliche, pro-österreichische Schriften hergestellt sowie die Aufstellung einer Wehrgruppe geplant. Am 17. 12. 1941 wurden 16 Mitglieder der „Österreichischen Bewegung", darunter sieben junge Frauen, vom Sondergericht Wien wegen Vergehens nach dem Gesetz gegen die Neubildung von Parteien zu Strafen zwischen zwei Jahren Zuchthaus und 4 Wochen Gefängnis verurteilt.[331] Dass diese katholischen Jugendlichen von der NS-Justiz wesentlich milder behandelt wurden als AktivistInnen des KJV, die durchwegs wegen „Vorbereitung zum Hochverrat" angeklagt und in großer Zahl zum Tode verurteilt wurden, ist evident und eine weitere Untersuchung wert.

In Salzburg formierte sich eine Widerstandsgruppe namens „Heimatfront", die gleichfalls vornehmlich ehemalige Angehörige des ÖJV bzw. „Jung-Vaterland", der 1936 im ÖJV aufgegangenen Heimwehr-Jugendorganisation, umfasste. Als Leiter der Gruppe fungierte der Postangestellte Johann Graber (geb. 21. 2. 1918), unter den Aktivisten befanden sich u. a. Otto Horst, Karl Petter und die Gebrüder Herbert und Karl Glaser. Obwohl die „Heimatfront" nur kurze Zeit – von Frühjahr bis Herbst 1940 – bestand, entwickelte sie beachtliche Aktivitäten. Laut Anklageschrift des Oberreichsanwalts beim VGH vom 19. 9. 1943 wurden „17 Folgen der im Vervielfältigungsverfahren hergestellten illegalen Hetzschrift ‚Hör zu!'" in Abständen von einer Woche und in einer Auflage von 40–50 Stück hergestellt und verbreitet. Die „hochverräterische Zielsetzung der Heimatfront" kam in Folge 4 klar zum Ausdruck: „Wir wollen unser Vaterland Österreich vom Nationalsozialismus befreien, es wieder frei und groß machen und von Grund auf erneuern". In Folge 12 wurde Dollfuß als „der erste große Blutheld Österreichs gegen den Nazismus" gepriesen und den „Herren Nazis" der „Tag der Abrechnung" angedroht: „Aug' um Aug', Zahn um Zahn". Wie Karl Glaser in einem Interview 1987 berichtete, war es für die Gestapo nicht schwer, in diese Gruppe politisch unerfahrener junger Menschen Konfidenten einzuschleusen, was im August 1940 zur Festnahme von mindestens 100 Personen in Salzburg und Umgebung führte. In mindestens zwei Verfahren vor dem VGH wurden die führenden Aktivisten wegen „Vorbereitung zum Hochverrat" abgeurteilt. Johann Graber und Otto Horst wurden am 2. 12. 1943 zum Tode verurteilt und am 18. 2. 1944 in München-Stadelheim hingerichtet.[332]

Bis Ende 1943 konnte sich eine weitere bündisch-katholische Jugendgruppe behaupten, die sich „Liga junger katholischer Deutscher, Kampfbund für christlichen Glauben und deutsche Art" nannte. „Die Liga", heißt es im Gestapotagesbericht vom 29.–31. 10. 1943, „will der Stoßtrupp einer Gegenreformation des 20. Jahrhunderts sein. [...] Ihr Ideal ist der Deutschritter-Orden." Mit dieser deutsch-christlichen

Ausrichtung hob sich diese ansonsten unbedeutende Widerstandsgruppe von nahezu allen anderen katholisch-konservativen Gruppen ab. Als „Führer der Organisation" wurde von der Gestapo der Leutnant Otto Fuchs (geb. 4. 9. 1919) ausgemacht, gegen den das Reichskriegsgericht am 9. 3. 1944 einen Haftbefehl wegen Hochverratsdelikten erließ. Im Zusammenhang mit dieser Gruppe wurden im Zeitraum von Februar bis April 1944 auch mehrere katholische Priester festgenommen: der San.-Feldwebel Gottfried Keller (geb. 29. 12. 1911), der Pfarrverweser Josef Zeininger (geb. 5. 2. 1916), der Kaplan Johann Ruggenthaler (geb. 3. 7. 1907) und der Ordensgeistliche Viktor Steffek (geb. 19. 5. 1908), die alle bis Kriegsende in Haft blieben. Ruggenthaler war bereits 1938 einige Monate in Haft genommen worden, weil er sich vor Schulkindern „über den Führer und Nationalsozialisten abträglich" geäußert hatte.[333]

Der am 16. 5. 1944 festgenommene Jesuitenpater Ferdinand Trentinaglia (2. 11. 1910) wurde von der Gestapo Wien verdächtigt, den „Aufbau einer illegalen katholischen Jugendorganisation vorbereitet zu haben". Im Tagesbericht vom 12.–18. 5. 1944 wird über ihn vermerkt:

„Bei der in seiner Klosterzelle durchgeführten Durchsuchung wurden schriftliche Kurzarbeiten von Oberschülern sichergestellt, die die Seelsorgestunden des Vorgenannten besuchten. Diese Kurzarbeiten weisen eindeutig nach, dass Trentinaglia die Jungen prüfungsmäßig gefragt hatte, wie eine illegale katholische Tätigkeit zu gestalten wäre."

Da offenbar eine „hochverräterische" Tätigkeit nicht nachweisbar war, wurde Trentinaglia am 18. 8. 1944 lediglich wegen „Kanzelmissbrauchs" zu 1 Jahr 6 Monaten Gefängnis verurteilt.[334]

Der Fassbinder Johann Baumgartner (geb. 4. 5. 1906) verwahrte nach dem „Anschluss" die Mitgliederkartei des 1938 aufgelösten Reichsbundes der katholischen deutschen Jugend Österreichs. Er wurde am 23. 3. 1939 verhaftet. Nach Einstellung des gerichtlichen Verfahrens war er ab 25. 5. 1940 in den KZ Dachau und Neuengamme inhaftiert. Vermutlich wurde er einer Strafkompanie zugewiesen und fiel als Soldat.

Gruppe Meithner-Kühnl

Eine Gruppe durchaus bürgerlich-konservativ eingestellter Männer um den ehemaligen Professor an der Hochschule für Welthandel Karl Meithner (27. 5. 1892) und den ehemaligen Gewerbeinspektor Otto Kühnl (geb. 30. 9. 1897) wurde wegen Unterstützung des kommunistischen Widerstandes verfolgt. Meithner, ein ehemaliger Amtswalter der Vaterländischen Front, der im März 1938 zwei Monate in

Schutzhaft genommen und zwangspensioniert wurde, hatte Kontakt zu dem gleichfalls aus politischen Gründen pensionierten Otto Kühnl, der seinerseits Verbindung zu kommunistischen Kreisen hielt. Bei einem Treffen äußerte Meithner, „dass auch er sich vor den Kommunisten fürchte, er begrüßte den Plan, mit roten Kreisen in Fühlung zu kommen und sich über die Vorgänge im kommunistischen Lager zu informieren und sich einen gewissen Schutz für den Fall zu schaffen, dass die Kommunisten zur Macht kommen sollten". Diese Befürchtung bzw. Überlegung zur Absicherung vor den Folgen einer „roten Machtergreifung" teilten u. a. auch der zwangspensionierte Beamte des Handelsministeriums Robert (Ritter von) Steyskal, der bekannte Klaviermacher Rudolf Stelzhammer und der Absolvent der Hochschule für Welthandel, Max Gererstorfer (geb. 4. 1. 1906). Angehörige der Gruppe trafen sich mehrmals mit den KPÖ-Funktionären Paul Antl und Leopold Gelany und leisteten in der Folge ab 1939 bis zu ihrer Festnahme im April 1941 Unterstützungsbeiträge für die illegale KPÖ. Meithner, Steyskal und Stelzhammer wurden wegen „Vorbereitung zum Hochverrat" am 5. 11. 1942 vom OLG Wien zu 6, 2 bzw. 6 Jahren Zuchthaus verurteilt, obwohl der Zeuge Antl in der Verhandlung jede Belastung vermied, indem er erklärte, „er habe seit seiner Verurteilung zum Tode das Gedächtnis verloren." Professor Meithner verstarb am 13. 12. 1942 in der Haft.[335]

Gruppe um Wolfgang Mayer-Gutenau

Wenig ist über eine Widerstandsgruppe in der Steiermark um den aus dem KZ Dachau entlassenen Anselm Grand, Fritz Holl und den Grazer Journalisten Wolfgang Mayer-Gutenau (geb. 9. 2. 1907) bekannt. Sie errichtete mit Duldung jugoslawischer Behörden in Zagreb einen Stützpunkt, wo auch Kontakte mit französischen Abwehroffizieren gepflegt wurden. Gegen diese Gruppe setzte die Gestapo eine Konfidentin, Mayer-Gutenaus frühere Verlobte, ein, die diesen an die Grenze lockte. Bei einem Schusswechsel im März 1940 wurden die Begleiter Mayer-Gutenaus, zwei katholische Priester, erschossen. Mayer-Gutenau und Gerhard Resseguier (Graf de Miremont, geb. 17. 11. 1907) wurden vom Reichskriegsgericht zum Tode verurteilt und am 25. 10. 1941 in Brandenburg hingerichtet; Hauptmann a. D. Alfred Mitkrois und Fritz Holl kamen 1941 bzw. 1945 im KZ um.[336]

Legitimistischer Widerstand

Der Widerstand der Legitimisten, also jener politischen Kräfte, die für die Wiedereinsetzung des Hauses Habsburg (und dessen Oberhaupt Otto) als Herrscher und für die Wiedererrichtung der Monarchie eintraten, war bemerkenswert stark und vielfältig und stand in Kontrast zu ihrer relativ geringen politischen Bedeutung vor 1938 und nach 1945.[337] Für die NS-Machthaber war Otto Habsburg ein Feind ersten Ranges, hatte er doch im Februar 1938 Bundeskanzler Schuschnigg aufgefordert, ihm die Kanzlerschaft zum Zwecke der militärischen Abwehr der NS-Gefahr zu übertragen, und am 15. März 1938 in einer internationalen Pressekonferenz in Paris gegen den „Anschluss" Stellung genommen. Otto Habsburg wurde als „Hochverräter" steckbrieflich gesucht und seine Anhänger in Österreich verfolgt.[338] Dennoch formierte sich eine Reihe von illegalen Organisationen, die jedoch zum Großteil von der Gestapo zerschlagen wurden. Auffallend ist, dass in den legitimistischen Widerstandsgruppen kaum Adelige oder Prominente zu finden sind; vielmehr weist der legitimistische Widerstand eine breite soziale Struktur auf: das Spektrum reicht von Akademikern und Unternehmern bis zu Bedienerinnen und Hausfrauen; ältere Frauen sind erstaunlich stark vertreten. Politisch hatten viele AktivistInnen eine christlichsoziale oder Heimwehrvergangenheit.

Gruppe Burian

Die monarchistische Studentenverbindung „Corps der Ottonen" ging nach ihrer Selbstauflösung „geschlossen in die Illegalität".[339] Ihr Senior, der Hauptmann Karl Burian, der bei der militärischen Vereidigung 1938 den Eid auf Hitler nicht mitgesprochen hatte, rekrutierte aus den Angehörigen dieser Verbindung, unter ihnen Josef Wotypka, Ludwig Krausz-Wienner, Julius Kretschmer und Josef Krinninger, eine Widerstandsgruppe, die die politische und finanzielle Unterstützung Otto Habsburgs erhielt und mit anderen legitimistischen Gruppen (Hebra, Zemljak) Kontakte aufnahm. Als Burian mit dem polnischen Nachrichtendienst in Verbindung trat, um wehrwichtige Nachrichten weiterzugeben, wurde er von einem Kontaktmann verraten und am 13. 10. 1938 von der Gestapo festgenommen. Auch die anderen Aktivisten fielen in die Hände der Gestapo. Der VGH verurteilte Burian wegen „Vorbreitung zum Hochverrat" am 9. 12. 1943 zum Tode; sechs Mitangeklagte erhielten Zuchthausstrafen zwischen 2 und 8 Jahren. Karl Burian wurde am 13. März 1944 hingerichtet; Josef Krinninger starb im KZ Mauthausen.[340]

Gruppe Hebra

Der Schriftsteller Wilhelm Hebra (geb. 11. 10. 1885) baute im Sommer 1938 eine größere legitimistische Gruppe auf. Er wurde Ende März 1939 festgenommen, 1943 vom VGH wegen „Vorbereitung zum Hochverrat und Feindbegünstigung" zum Tode verurteilt und am 18. 2. 1944 in München-Stadelheim hingerichtet. In einem von Hebra verfassten, mit „Östfrei" (Österreich frei) unterzeichneten Flugblatt kamen die österreichisch-patriotischen Ziele der Gruppe klar zum Ausdruck:

„Österreich ist nicht ein Teil des Deutschen Reichs, sondern ein durch Lüge und Gewalt erobertes, durch Tyrannei festgehaltenes, jedes Rechts beraubtes, gequältes und gepeinigtes Land. Wir Österreicher sind durch Geschichte und Kultur, in Geist und Gesinnung, in Charakter und Lebensform von den anderen Deutschen unterschieden, den Preußen gegensätzlich. Wir sind eine eigene Nation: die österreichische Nation."

Der gleichfalls Ende März 1939 festgenommene Baumeister und Grundstückshändler John Robert Lennox (geb. 12. 6. 1896), ein britischer Staatsbürger, wurde von der Gestapo verdächtigt, dem Secret Service anzugehören und für die Gruppe Hebra als Auslandskurier tätig zu sein. Tatsächlich bestanden über den ehemaligen österreichischen Presseattache in Paris, Martin Fuchs, bzw. den ehemaligen Botschafter in London zu französischen bzw. britischen Geheimdienststellen entsprechende Kontakte. Lennox wurde 1943 gemeinsam mit Wilhelm Hebra zum Tode verurteilt, das Urteil wurde aber nicht vollstreckt. Eine Reihe weiterer Angehöriger der Widerstandsgruppe wurde im November 1943 in zwei Verfahren vom VGH abgeurteilt, unter ihnen Josef Pinzenöhler (8. 12. 1909), Angehöriger des Minoritenordens, und der Versicherungsvertreter Josef Eder (28. 4. 1906), die zu 4 bzw. 6 Jahren Zuchthaus verurteilt wurden. Das Gerichtsverfahren gegen den wegen „illegaler legitimistischer Betätigung" am 23. 3. 1939 festgenommenen Lithographen Josef Jeschek (1. 3. 1887) wurde im Dezember 1939 eingestellt; er wurde aber in das KZ Sachsenhausen überstellt, wo er am 18. 7. 1940 starb. Auch der am 31. 5. 1939 und neuerlich am 4. 3. 1940 festgenommene Minoritenfrater Peter August Blandenier (19. 11. 1905) wurde ohne Verfahren in das KZ Dachau überstellt und kam dort am 20. 4. 1941 um.[341]

Gruppe Müller-Thanner

Die vielleicht wichtigste Widerstandsgruppe im legitimistischen Milieu wurde von Johann Müller, einem ehemaligen christlichen Gewerkschafter, der nach einem Besuch bei Otto Habsburg 1935 zum Legitimist wurde, im Herbst 1938 ins Leben gerufen. Mit Unterstützung Habsburgs wurde in Wien und in den anderen Gauen der

„Ostmark" (mit Ausnahme Tirol-Vorarlbergs) eine „legitimistische Gesamtorganisation" aufgebaut, die Kontakte zu anderen Gruppen und durch Kuriere zu legitimistischen Kreisen im Ausland knüpfte. Louise Marie Mayer, die sich im Juni 1939 Otto Habsburg zur illegalen Arbeit in Österreich zur Verfügung gestellt hatte, baute eine Frauengruppe auf. Auch ein katholischer Kreis um Dr. Erich Thanner arbeitete mit der Gruppe Müller eng zusammen. Von besonderer politischer Relevanz war die über den Prälaten Jakob Fried zustande gekommene Verbindung zu der freigewerkschaftlichen (sozialistischen) Gruppe um Felix Slavik. Diese Gruppe wurde durch einen Gestapospitzel, den Webereibesitzer Josef Alge aus Lustenau, verraten. Am 9. 11. 1939 – im Zuge einer großen Verhaftungsaktion nach dem Elser-Attentat auf Hitler – wurden Müller und die meisten seiner MitkämpferInnen festgenommen. Am 24. 11. 1943 wurden 8 Angehörige der Gruppe, unter ihnen Thanner, Slavik und Fried, wegen „Vorbereitung zum Hochverrat" vom VGH zu mehrjährigen Zuchthausstrafen verurteilt. Louise Marie Mayer wurde als Jüdin am 26. 4. 1944 in das KZ Auschwitz deportiert, wo sie umkam.[342]

„Österreichische Volksfront" (Gruppe Zemljak)

Der Physiker Dr. Wilhelm Zemljak führte bis zu seiner Festnahme im November 1939 eine legitimistische Gruppe, die die Zusammenarbeit mit anderen politischen Kräften, insbesondere Sozialdemokraten, im Rahmen einer „Österreichischen Volksfront" anstrebte und für die Wiederherstellung eines selbständigen österreichischen Staates auf demokratischer Grundlage eintrat. „Das Wirtschaftsprogramm der Volksfront", wurde verkündet, „ist ein sozialistisches; nur mit einer gut organisierten Planwirtschaft kann Österreich wiederaufgebaut werden." Die Angehörigen der Gruppe wurden im November 1939 von der Gestapo festgenommen und am 18. 7. 1944 vom VGH wegen „Vorbereitung zum Hochverrat" verurteilt.[343] Der Schneidergehilfe Johann Svoboda (geb. 13. 2. 1901), ein Mitbegründer der „Österreichischen Volksfront", der Tapeziergehilfe Karl Wolf (geb. 18. 4. 1897) erhielten je 3 Jahre Zuchthaus.[344]

„Österreichische Arbeiterpartei" (Gruppe Polly)

Der Lehrer Karl Polly (geb. 26. 6. 1904) gründete im Jänner 1940 die legitimistische „Österreichische Arbeiterpartei", deren Ziel eine „soziale Volksmonarchie auf demokratischer Grundlage" mit Otto von Habsburg als Kaiser war. Die Mitglieder der Gruppe hielten Besprechungen ab, entwarfen umfassende Programme und knüpften Kontakte zu Legitimisten im Ausland, aber auch zu Revolutionären Sozialisten. Polly wurde am 8. 9. 1941 festgenommen und am 20. 11. 1943 vom VGH wegen „Vorbereitung zum Hochverrat" zu 12 Jahren Zuchthaus verurteilt; vier weitere Angeklagte, darunter Pollys Frau Agnes, erhielten Strafen zwischen 2 und 12 Jahren. Einige Angehörige der Gruppe wurden von der Gestapo in KZ eingewiesen: Der Beamte Georg Andree (geb. 31. 10. 1883) und der Polizeirevieroberwachtmeister Franz Kirchweger (geb. 11. 12. 1913) kamen 1942 im KZ Groß-Rosen um; der Beamte Franz Danihelka (geb. 24. 3. 1896) starb am 17. 9. 1942 in Dachau, der Lehrer Egon Langer (geb. 3. 3. 1941) am 8. 8. 1943 im Zuchthaus Hohenasperg.[345]

Gruppe Schramm

Der im Deutschen Roten Kreuz (DRK) tätige Eduard Schramm gründete Anfang 1941 eine legitimistische Organisation, die vor allem aus Angehörigen des DRK bestand. Angestrebt wurde die Wiedererrichtung der Monarchie unter Otto von Habsburg, die auch Bayern, Südtirol und Ungarn umfassen sollte. Über das Schmieden von Plänen und die Anwerbung von Mitgliedern kam die Organisation nicht hinaus. Schramm wurde im Oktober 1941 von der Gestapo festgenommen. Er und zwei Mitangeklagte, Robert Hirsch und Rudolf Huly, wurden am 16. 3. 1944 vom VGH wegen Verbrechens nach dem Gesetz gegen die Neubildung von Parteien zu Zuchthausstrafen zwischen 2 und 4 1/2 Jahren verurteilt.[346]

Gruppe Mahr

Leopold Mahr, laut Anklageschrift, ein Gelegenheitsarbeiter, der schon seit vielen Jahren eine rege Werbetätigkeit für die legitimistische Idee entfaltet und sich u. a. dem Vertrieb von Lichtbildern Kaiser Karls und Otto von Habsburgs gewidmet hatte, gründete im Herbst 1939 eine legitimistische Widerstandsgruppe. Als Werbeschriften dienten zwei von Mahr selbst verfasste Flugschriften mit dem Titel „Handschreiben Kaiser Ottos" und „Auszug aus einer Rundfunkrede, die Kaiser Otto über den französischen Rundfunk hielt". Darin wurden die Anhänger Ottos aufgefordert, ihn in seinem „gerechten Kampf um die Befreiung" zu unterstützen. Bereits nach wenigen Wochen zählte die Organisation über 80 Mitglieder, meist ältere Frauen, die schon vor 1938 legitimistisch eingestellt waren. Im April 1940 wurde die Widerstandsgruppe von der Gestapo zerschlagen und ihre Mitglieder über ein Jahr inhaftiert. Am 23. 2. 1944 klagte der Oberstaatsanwalt beim Landgericht Wien 83 Personen wegen „Verbrechens nach dem Gesetz gegen die Neubildung von Parteien" an;

die im Urteil vom 12. 6. 1944 ausgesprochenen Strafen waren für die meisten durch die Verwahrungs- und Untersuchungshaft verbüßt.[347]

„Illegale Österreichische Kaisertreue Front"

Der Invalidenrentner Leopold Hof (geb. 9. 11. 1898) gründete gemeinsam mit Leopold Eichinger im Herbst 1939 die „Illegale Österreichische Kaisertreue Front" (IÖKF), die an die Tradition der „Kaisertreuen Volkspartei" in der Ersten Republik anknüpfte und die Wiederherstellung der Monarchie unter einem Habsburger anstrebte. Der frühere Leiter der „Kaisertreuen Volkspartei", Oberst Wolff, hatte freilich jede Mitarbeit abgelehnt. Der bis zur Festnahme Hofs am 14. 9. 1942 aktiven Widerstandsgruppe gehörten fast 80 Personen, darunter mehrheitlich Frauen, an. Leopold Hof wurde am 16. 11. 1943 vom VGH wegen „Vorbereitung zum Hochverrat und Feindbegünstigung" zum Tode verurteilt und am 18. 2. 1944 in München-Stadelheim hingerichtet. In seinem Abschiedsbrief vom 18. 2. 1944 wandte er sich an seine Familie:

„Ich muss Euch die traurige Mitteilung machen, dass ich mit heutigem Tage von meinem Leben Abschied nehmen muss. Bitte kränkt Euch nicht, Gott hat es so gewollt. Bitte macht alles gut, wie ich Euch immer geschrieben habe. Meine Lieben, ich sterbe für mein Vaterland Österreich, ich habe mein Vaterland immer geliebt bis zu meinem Tode. […] Meine Lieben, es ist mir so schwer, dass ich Euch nicht mehr gesehen habe, aber man kann halt nichts machen, es war Gottes Wille."

Der Schuhmachergehilfe Leopold Eichinger (geb. 12. 9. 1883) wirkte als „Frontführerstellvertreter, Organisations- und Propagandaleiter sowie Hauptkassier" der IÖKF. In der 1940 von ihm und Hof verfassten und verteilten Flugschrift „Mitteilungsblatt der Österreichischen Freiheitsbewegung" wurde zur Beseitigung der „nationalsozialistischen Tyrannen und Blutsauger" aufgefordert; die Flugschrift endete mit den Worten:

„Bist Du Österreicher?
Liebst Du Dein Vaterland?
Zu uns, mit uns, für ein freies
unabhängiges Österreich."

Eichinger wurde am 12. 9. 1942 festgenommen und am 16. 9. 1943 gemeinsam mit „Frontführer" Hof wegen „Vorbereitung zum Hochverrat" angeklagt; aus Krankheitsgründen kam er aber nicht vor Gericht. In der Anklageschrift inkriminierte der Oberreichsanwalt besonders die illegale Publizistik:

„An der Schriftenpropaganda der illegalen Organisation hatte Eichinger erheblichen Anteil. Er stellte mittels eines aus den Mitteln der Organisation beschafften

Druckkastens in mühseliger Arbeit die Streuzettel her und verstreute sie zusammen mit Hof. Bis auf etwa 1.000 Stück, die Eichinger dem von ihm geworbenen Gesinnungsfreund Kronister übergab, sind von ihm und Hof also, wie bereits erwähnt, Streuzettel in einer Gesamtzahl von etwa 70.000 bis 80.000 Stück verbreitet worden."

Die Stenotypistin Elsbeth Schuppert (geb. 18. 1. 1895), die die Flugschrift „Mitteilungsblatt der Österreichischen Freiheitsbewegung" vervielfältigt hatte, wurde am 16. 11. 1943 vom VGH wegen „Beihilfe zur Vorbereitung zum Hochverrat" zu 8 Jahren Zuchthaus verurteilt. Die Näherin Mathilde Cebul (geb. 23. 2. 1881) fungierte als „Bezirksfrauenschaftsleiterin und Fürsorgerätin für den 14. Wiener Gemeindebezirk" der IÖKF, wofür sie am 25. 5. 1944 vom VGH zu 5 Jahren Zuchthaus verurteilt wurde.[348]

Gruppe um Franz Seywald

In Salzburg wurden 12 Personen einer konservativen Widerstandsgruppe um den Oberregierungsrat a. D. Dr. Franz Seywald (geb. 9. 5. 1891) vom Oberreichsanwalt beim VGH am 17. 6. 1944 angeklagt, „durch Förderung des habsburgischen Separatismus ein hochverräterisches Unternehmen vorbereitet zu haben, indem sie Rundfunkabhörgemeinschaften bildeten und die Nachrichten des Schweizer und Londoner Senders abhörten, erörterten und verbreiteten, wobei sie insbesondere die Sendungen aus London, die für ein ‚freies selbständiges Österreich' Propaganda machten, bevorzugten". Seywald erhängte sich kurz nach dem vom VGH am 22. 7. 1944 verkündeten Todesurteil. Die minderjährige Tochter zweier weiterer Verurteilter, Dr. Rudolf und Maria Hanifle, Elisabeth Hanifle, wurde den Eltern weg genommen, in ein Kinderheim nach Wien gebracht, wo sie schwere Gesundheitsschäden erlitt.[349]

Verbreitung legitimistischer Flugblätter

Der Gemeindebeamte Franz Schönfeld (geb. 11. 2. 1890) stellte gemeinsam mit seiner Schwester Marie Schönfeld (geb. 13. 7. 1898) „hochverräterische Hetz- und Schmähschriften" her und verteilte sie vom Mai 1942 bis zu ihrer Festnahme am 20. 5. 1943. Eine am 1. 3. 1943 gefundene Flugschrift brachte ihre Ansichten:

„Was Deutschland für uns bedeutet, kann man kurz in drei Punkte zusammenfassen, und zwar: die Deutschen sind:
1. die größten Banditen der Welt, weil sie uns meuchlings überfallen haben,
2. Massenmörder, weil sie so viele Tausend schuldloser Menschen kalt dahinschlachten,
3. Vampire, weil sie unser Lebensmark aussaugen."

Im Schlussbericht der Gestapo Wien vom 15. 9. 1943 wurde vermerkt:
„Die Geschwister Schönfeld sind klerikal eingestellt und fanatische Anhänger des Legitimismus. Ihre staatsfeindliche Tätigkeit war letzten Endes darauf gerichtet, in der Ostmark den Boden für die Habsburgermonarchie vorzubereiten."

Marie und Franz Schönfeld wurden am 15. 7. 1944 vom VGH wegen „Vorbereitung zum Hochverrat und Feindbegünstigung" zum Tode verurteilt und am 19. 9. 1944 im Landesgericht Wien hingerichtet.

Philipp Pulsator (geb. 29. 9. 1893), Ingenieur und Hauptmann a. D., war Hersteller und Verbreiter von Streu- und Klebezetteln mit den Buchstaben „A.E.I.O.U.", den Initialen des legitimistischen Wahlspruches „Austria erit in orbe ultima". Pulsator wurde Anfang Jänner 1944 festgenommen und am 27. 6. 1944 wegen „Vorbereitung zum Hochverrat" zu 4 Jahren Zuchthaus verurteilt. Als Beteiligte an „dieser legitimistischen Propagandaaktion" wurden weiters die Angestellte Paula Schreiber (geb. 26. 1. 1892), die Blumenhändlerin Anastasia Popp (geb. 26. 4. 1874) und der Schuhleistenschneider Rudolf Deimmel (geb. 8. 11. 1888) inhaftiert.[350]

Oberstleutnant a. D. Walter Durr (geb. 1. 6. 1882), der wegen „seiner betont antinationalsozialistischen Einstellung" nach dem „Anschluss" in den Ruhestand versetzt worden war, wurde am 17. 11. 1939 festgenommen, weil er gemeinsam mit der Schriftstellerin Emilie Gehrig (geb. 11. 6. 1893) und Marie Therese Kettenburg (geb. 23. 1. 1878) ein „Hetzgedicht" verbreitet hatte. Am 21. 5. 1940 wurden die drei Angeklagten – langjährige überzeugte Legitimisten – vom Sondergericht Wien wegen „Vergehens nach dem Heimtückegesetz" zu Gefängnisstrafen zwischen 5 und 7 Monaten verurteilt. In der Anklageschrift vom 5. 3. 1940 wird das „Hetzgedicht" wiedergegeben:

„Ich sehe die gleichen Wälder,
Ich gehe die gleichen Wege einher,
Ich sitze in Mutters Stube
Und hab doch keine Heimat mehr.

Ich sehe die gleichen Menschen,
Die schon als Kind ich gekannt,
Sie grüßen mit fremdem Gruße
Und haben das Alte verbannt.

Sie beten zu fremden Göttern
Und dünken sich Göttern gleich –
Ich fühl' mich verlassen und einsam
Und wein' um mein Österreich!"[351]

Franziska Hortsch (geb. 24. 7. 1888), die schon nach dem „Anschluss" kurze Zeit wegen einer staatsfeindlichen Äußerung in Haft gewesen war, wurde am 30. 12. 1939 festgenommen, weil sie gemeinsam mit vier weiteren Personen an der Verbreitung „staatsfeindlicher Druckschriften" (französische und schweizerische Zeitschriften, die Emigrantenzeitung „Österreichische Post", legitimistische Flugschriften) beteiligt war. Am 4. 11. 1940 wurde sie vom Sondergericht Wien wegen „Vergehens nach dem Heimtückegesetz" zu 6 Monaten Gefängnis verurteilt.[352]

Auch die Tätigkeit für legitimistische Exilorganisationen wurde von Gestapo und NS-Justiz scharf verfolgt. So wurde Carl Georg Stürgkh (geb. 19. 3. 1899) aus Graz, der nach dem „Anschluss" 1938 nach Frankreich emigriert und dort „im Auftrage Ottos von Habsburg vom Frühjahr bis Herbst 1939 als Vorstandsmitglied der österreichischen Emigrantenorganisation ‚Ligue autrichienne'" tätig gewesen war, im Oktober 1940 in Paris festgenommen und zur Wiener Gestapo überstellt. Er wurde am 9. 6. 1942 vom VGH wegen „Vorbereitung zum Hochverrat" zum Tode verurteilt, aber stattdessen zu zehn Jahren Zuchthaus begnadigt.

Antifaschistische Freiheitsbewegung Österreichs

Die wichtigsten Widerstandsorganisationen im katholisch-konservativ-legitimistischen Bereich nach der Zerschlagung der Gruppen Scholz, Lederer und Kastelic 1940 waren die Antifaschistische Freiheitsbewegung Österreichs (AFÖ) und die Gruppe Maier-Messner-Caldonazzi. Die von dem Klagenfurter Pfarrer Anton Granig und dem ehemaligen Kärntner Landtagsabgeordneten und Sekretär der Vaterländischen Front, Karl Krumpl, gegründete Gruppe hatte in den Jahren 1941 bis 1943 ein weit verzweigtes Widerstandsnetz von Kärnten bis Wien aufgebaut.[353] Ziele und Tätigkeit der AFÖ wurden im VGH-Urteil vom 11. 8. 1994 umrissen:

„Die Angeklagten [Eduard] Pumpernig, Dr. Granig, [Wenzel] Primosch, [Ernst] Ortner, [Karl] Krumpl, Dr. [Eduard] Steinwender und Dr. [Wilhelm] Pieller haben in den Jahren 1941–1943 vor allem in Kärnten eine Organisation mit habsburgisch-separatistischen Zielen ins Leben gerufen oder sich an diesen staatsfeindlichen Umtrieben als Mittäter beteiligt. Dabei haben Pumpernig, Dr. Granig, Primosch, Ortner, Dr. Steinwender und Dr. Pieller auch staatsfeindliche Aufrufe hergestellt oder verbreitet oder sonst sich für diese Arbeiten zur Verfügung gestellt."

In der AFÖ wirkten mehrere Franziskaner aktiv mit: Eduard Steinwender (Pater Angelus), der Provinzial der österreichischen Ordensprovinz, Wilhelm Pieller (P. Johannes Capistran, geb. 30. 9. 1891), Guardian und Kirchenrektor in Eisenstadt, Karl Staudacher (P. Hartmann, geb. 6. 1. 1901) aus Maria Enzersdorf und der Luftwaffensoldat Eduard Pumpernig aus Klagenfurt. Pieller wurde von der Gestapo vorgeworfen, für die Tätigkeit der Organisation Geld und zwei Pistolen nebst Munition zur Verfügung gestellt zu haben. Laut einem im Diözesanarchiv Eisenstadt liegenden Gedächtnisprotokoll der VGH-Hauptverhandlung hat Pieller Pumpernig die Waffe zur Verteidigung überlassen und angeboten, „ihn zu absolvieren, wenn er einen Nazi umgelegt habe". Die AFÖ wurde im Juli und August 1943 von der Gestapo zerschlagen; 13 Angeklagte wurden vom 9.–11. 8. 1944 vor den VGH gestellt, wobei Granig, Primosch, Ortner, Krumpl, Steinwender, Pieller, Bernthaler und Kofler zum Tode verurteilt wurden, Pumpernig, Stoppacher und Jörgl lediglich Zuchthausstrafen zwischen 10 und 6 Jahren erhielten. Der Jesuitenpater Ferdinand Frodl (geb. 12. 8. 1886), Regens des Priesterseminars und Professor der Theologie, der Kenntnis hatte, dass ein „staatsfeindlicher" Aufruf ins Ausland gebracht werden sollte, wurde wegen „Unterlassung der Verbrechensanzeige" zu 3 Jahren Gefängnis verurteilt. Lediglich P. Staudacher wurde freigesprochen. Gegen den Wiener Rechtsanwalt Rudolf Granichstädten-Czerva (geb. 2. 5. 1885), der der Gestapo als Legitimist und Heimwehrangehöriger bekannt war, wurde „Schutzhaft" verhängt, weil er „die Sache verdunkeln" und „den Gang der Ermittlungen zu erschweren" suchte.

Ein am 30. 8. 1944 von Kardinal Innitzer als Apostolischen Administrator des ehemaligen Burgenlands an den Oberreichsanwalt beim VGH gerichtetes Gnadengesuch für P. Wilhelm Pieller, in dem dieser auf Grund seiner drei Doktorate als „weltfremder Mensch" dargestellt wurde, blieb letztlich ergebnislos. Die beiden Franziskaner Pieller und Steinwender sowie Pfarrer Anton Granig (geb. 17. 9. 1901) und der Oberlehrer i. R. Franz Bernthaler (geb. 26. 10. 1889) wurden nach einem Fußmarsch der zum Tode verurteilten Häftlinge von Wien nach Stein a. d. Donau am 15. 4. 1945 mit 43 weiteren Verurteilten erschossen. Die Wehrmachtsangehörigen Ernst Ortner (geb. 1. 9. 1914) und Karl Krumpl (geb. 27. 9. 1909) wurden am 22. 3. 1945 im Landesgericht Wien hingerichtet.[354]

Gruppe um Karl Wanner

Der ehemalige Rechtsanwalt Karl Wanner (geb. 19. 11. 1894), der 1938/39 in einem Klagenfurter Gefängnis in Schutzhaft war, leitete ab Anfang 1941 eine legitimistische Gruppe in Wien, die überwiegend aus ehemaligen Heimwehr-Angehörigen bestand und sich die Wiedererrichtung der österreichisch-ungarischen Monarchie unter Einbeziehung von Süddeutschland und Südtirol mit Otto von Habsburg als Herrscher zum Ziel setzte. Im Tagesbericht der Gestapo Wien vom 12.–15. 2. 1943 wird die Tätigkeit der Gruppe beschrieben:

„Die Genannten, welche während der Systemzeit in Österreich ausnahmslos der Heimwehr angehörten und als Gegner des Dritten Reiches staatspolizeilich bereits bekannt sind, kamen durchschnittlich einmal wöchentlich in einem Wiener Gasthaus als Stammtischrunde zusammen und gaben bei dieser Gelegenheit ihrer staatsgegnerischen Einstellung Ausdruck durch defaitistische Redensarten, Meckereien schlimmster Art und Verbreitung von Gräuelmärchen, deren Ursprung im Abhören des Feindrundfunks zu suchen sein dürfte. Die weiteren Ermittlungen ergaben, dass es sich im gegenständlichen Falle um eine reaktionäre Geheimorganisation handelt, die sich die Wiedererrichtung der österr.-ungarischen Monarchie unter der Regentschaft Ottos v. Habsburg zum Ziele gesetzt hat."

In der Anklageschrift des Oberreichsanwaltes beim VGH vom 9. 6. 1944 wurden Karl Wanner und 13 Mitangeklagten weit reichende Verbindungen zu anderen Widerstandsgruppen vorgeworfen. So stand die Gruppe Wanner seit Sommer 1942 mit einer anderen Tischrunde, die unter dem Oberstleutnant a. D. Oskar Ghelleri (geb. 26. 11. 1875) und dem Tapeziergehilfen Stefan Glanz (geb. 21. 11. 1896) ihre Zusammenkünfte im Cafe Tschockel in Wien abhielt, in Verbindung. Wanner hatte auch Beziehungen zu einer unter der Führung des ehemaligen italienischen Kronprinzen Umberto stehenden antifaschistischen Strömung in Italien. Im Frühjahr 1942 schloss sich die Gruppe Wanner der „Antifaschistischen Freiheitsbewegung Österreichs" an. Karl Wanner und die meisten anderen Aktivisten wurden im Februar und März 1943 von der Gestapo festgenommen und am 15. 8. 1944 vom VGH wegen „Vorbereitung zum Hochverrat" abgeurteilt. Der Rechtsanwalt Otto Tiefenbrunner und der Gastwirt Franz Lambert wurden freigesprochen.[355]

Die Widerstandsgruppe Maier-Messner

Die Bedeutung der 1942 bis 1944 operierenden Gruppe um den Währinger Kaplan Heinrich Maier und den Semperit-Generaldirektor Franz Josef Messner lag vor allem in den Kontakten zum US-Kriegsgeheimdienst OSS, der mit wichtigen Informationen über die Rüstungsindustrie in Ostösterreich versorgt wurde. Auf Verlangen der Amerikaner wurden auch Standorte von Industriebetrieben weitergegeben, die dann von den Alliierten bombardiert wurden, wobei von Seiten der Widerstandsgruppe argumentiert wurde, dass auf diese Weise die Bombardierung von Wohngegenden vermieden werden konnte.[356] Die Gruppe wurde zwischen Februar und April 1944 von der Gestapo aufgedeckt Am 28. 10. 1944 standen 10 ihrer Angehörigen vor dem VGH. Die Angeklagten Maier, Messner, Hofer, Caldonazzi, Wyhnal, Klepell, Ritsch und Pausinger wurden wegen „Vorbereitung zum Hochverrat" durch

„Beteiligung an einem separatistischen Zusammenschluss" zum Tode verurteilt, der Angeklagte Legradi kam mit 10 Jahren Zuchthaus davon, ein Angeklagter wurde freigesprochen.[357]

Klepell wurde besonders sein Versuch angelastet, „französischen Kriegsgefangenen beziehungsweise einem deutschen Soldaten zur Flucht über die Reichsgrenze ins Ausland zu verhelfen". Dem Arzt Wyhnal wurde vorgeworfen, er habe „Angehörigen der Wehrmacht und Schutzpolizei Mittel verschafft oder bei ihnen angewendet, um diese wenigstens zeitweise für den Kriegseinsatz untauglich zu machen". Auch Caldonazzi und Hofer hatten Fieber erzeugende Mittel an Soldaten weitergegeben, die vor ihrer militärischen Untersuchung standen. Hervorgehoben wurde im VGH-Urteil auch die Mission Legradis in die Schweiz:

„Im September 1943 wollte [Heinrich] Maier neuerdings eine Botschaft ähnlicher Art in die Schweiz schicken. Er bat den Angeklagten Legradi, der gerade geschäftlich in die Schweiz reisen musste, diese zu bestellen. […] In der Schweiz schrieb er [Legradi] sie dann auf einen Zettel und schickte sie an Dr. Karrer. Sie hatte nach seinen Angaben folgenden Wortlaut: ‚Österreich soll sein Selbstbestimmungsrecht ausüben können. Es soll wirtschaftliche Hilfe und Hilfe auf allen anderen Gebieten bekommen.' […]"[358] Dass diese Kontakte der Verbindung mit britischen und amerikanischen Geheimdiensten dienten, blieb verborgen.[359]

Der hingerichtete katholische Widerstandskämpfer Kaplan Dr. Heinrich Maier

Heinrich Maier (geb. 16. 2. 1908), Kaplan an der Pfarre Wien-Gersthof, der Mediziner Josef Wyhnal (geb. 22. 2. 1903) und der Student Hermann Klepell (geb. 19. 6. 1918) wurden am 22. 3. 1945 im Landesgericht Wien hingerichtet.[360] Franz Josef Messner (geb. 8. 12. 1896), Generaldirektor der Semperit-Werke, wurde am 23. 4. 1945 im KZ Mauthausen ermordet. Der Forstingenieur Walter Caldonazzi (geb. 4. 6. 1916) wurde am 9. 1. 1945 im Landesgericht Wien hingerichtet. Der Fabrikdirektor Theodor Legradi (1. 4. 1880) blieb bis 6. 4. 1945 in Haft. Seine spätere Frau, Helene Legradi (geb. 26. 5. 1903, Rechtsanwaltsanwärterin, gesch. Sokal) befand sich vom 4. 4. bis zu ihrer Flucht am 5. 7. 1944 in Haft und tauchte anschließend bis April 1945 als „U-Boot" in Wien unter. Der Revieroberwachtmeister der Schutzpolizei, Andreas Hofer (geb. 24. 8. 1915), wurde auf dem Fußmarsch der zum Tode verurteilten Häftlinge von Wien nach Stein a. d. Donau am 15. 4. 1945 mit 43 weiteren Verurteilten erschossen.[361]

Christliche Arbeiterbewegung; Karl-Vogelsang-Bund

Die christliche Arbeiterbewegung wurde – als Bestandteil des Schuschnigg-Systems – im März 1938 zerschlagen; viele ihrer führenden Funktionäre wurden inhaftiert oder in KZ gebracht. Ansätze zum illegalen Neuaufbau der Organisation sind nicht festzustellen. Zweifellos wurden aber gewisse Verbindungen zwischen früheren Funktionären der christlichen Arbeiterbewegung aufrechterhalten, und auch zu deutschen christlichen Gewerkschaftern um Jakob Kaiser und damit bestanden zum Verschwörerkreis des 20. Juli 1944 Kontakte. Felix Hurdes und Lois Weinberger, führende Persönlichkeiten dieses Lagers, wurden im Herbst 1944 verhaftet. In dem von RSHA-Chef Kaltenbrunner unterzeichneten Schutzhaftbefehl für Hurdes vom 23. 10. 1944 wurden folgende Gründe angegeben:

„Er gefährdet nach dem Ergebnis der staatspolizeilichen Feststellungen durch sein Verhalten den Bestand und die Sicherheit des Volkes und Staates, indem er sich für eine Geheimorganisation, die sich die Wiedererrichtung eines selbständigen Österreich zum Ziele gesetzt hatte, hochverräterisch betätigte."[362]

Der von Anton Orel gegründete und geführte Karl Vogelsang-Bund, der in den 1920er Jahren aus der Christlichsozialen Partei ausgeschlossen und 1938 verboten worden war, setzte seine Tätigkeit bis zur Verhaftung Orels 1942 fort. Die Zusammenkünfte wurden als „Bibelrunde" getarnt, die bei der zuständigen Pfarre angemeldet wurde. Die Gruppe hatte auch die Predigt des Bischofs von Münster, August Graf Galen, gegen die NS-Euthanasie vom 3. August 1941 verbreitet. Diese Angelegenheit war für den Reichsminister der Justiz so heikel, dass er den Oberstaatsanwalt in Wien anwies, das Verfahren in diesem Punkt nicht weiter zu treiben[363]. Zwei Exponenten der Gruppe, Anton Orel und der Schriftsetzer Ottokar Sommer (geb. 19. 3. 1891), wurden im Mai bzw. April 1942 von der Gestapo festgenommen und am 1. 4. 1943 wegen „Verbrechens nach dem Gesetz gegen die Neubildung von Parteien" zu 2 1/2 bzw. 2 Jahren Gefängnis verurteilt, weil das Sondergericht Wien dem Vogelsang-Bund (als nicht mehr zulässige) „Partei" qualifizierte.[364]

„Österreichische Freiheitsfront" – Gruppe Knoll

Der Buchhalter Johann (Hans) Knoll (geb. 10. 2 1902) war am 18. 3. 1938 wegen seiner Tätigkeit für den Österreichischen Heimatschutz festgenommen worden und vom Juli 1938 bis 11. 3. 1939 im KZ Dachau inhaftiert. Am 8. 9. 1944 wurde er wegen Gründung einer Widerstandsgruppe in der „Österreichischen Freiheitsfront" neuerlich festgenommen und blieb bis zur Befreiung Ende April 1945 in Dachau inhaftiert. Zu dieser Gruppe gehörte auch der Vermögensverwalter Hauptmann a. D. Franz Herbert (geb. 7. 1. 1894), ein ungarischer Staatsangehöriger. Er konnte vor seiner geplanten Festnahme am 8. 9. 1944 flüchten und hielt sich bis zu seiner Verhaftung am 7. 12. 1944 versteckt in Wien auf. Franz Herbert wurde am 16. 2. 1945 in das KZ Mauthausen überstellt und blieb dort bis Kriegsende in Haft. Der Fleischselchermeister Franz Krof (geb. 29. 11. 1900) aus Wien, der der „Österreichischen Freiheitsfront – Gruppe Knoll" Geld zum Ankauf von Waffen zur Verfügung gestellt hatte, wurde am 15. 12. 1944 festgenommen und blieb bis 6. 4. 1945 in Haft.[365] Darüberhinaus ist über diese im konservativen Bereich angesiedelte Widerstandsgruppe wenig bekannt.

Zur Rolle des Cartellverbandes (CV)

Der Cartellverband, eine einflussreiche katholische, österreichisch-patriotische Studenten- und Akademikerorganisation, war 1938 – wie nahezu alle nicht-nationalsozialistischen Organisationen – aufgelöst worden, und zahlreiche seiner Angehörigen wurden als Funktionäre und Repräsentanten der Vaterländischen Front vom NS-Regime in vielfältiger Weise diskriminiert und verfolgt. Gerhard Hartmann hat in seiner Geschichte des CV herausgearbeitet, dass im ersten Österreichertransport in das KZ Dachau ca. 10 % CV-Angehörige waren, unter ihnen die späteren Bundeskanzler Leopold Figl und Alfons Gorbach.[366] Die im CV vermittelte weltanschauliche Einstellung und der lebenslange Zusammenhang der Mitglieder führten viele CVer in den Widerstand. So organisierte der Gemeindebedienstete Alfred Unger (geb. 9. 5. 1888) illegale Treffen von Angehörigen der katholischen Hochschulverbindung Franco-Bavaria und knüpfte Kontakte nach London. Er wurde am 9. 11. 1939 von der Gestapo Wien wegen „Verdachts der Vorbereitung zum Hochverrat" festgenommen und war vom April 1940 bis Kriegsende in den KZ Dachau und Neuengamme in Haft.[367] Vor allem in den Widerstandsgruppen Scholz-Kastelic-Lederer, Maier-Messner-Caldonazzi, Meithner, Antifaschistische Freiheitsbewegung, in mehreren legitimistischen Organisationen und anderen Gruppen waren CVer aktiv; nicht wenige – wie etwa P. Johann Kapistran Pieller OFM – starben als „Blutzeugen" ihrer Bewegung. Gerhard Hartmann hat diese Aktivitäten und Aktivisten ausführlich gewürdigt; in der vorliegenden Arbeit sind sie im Rahmen der jeweiligen Widerstandsgruppe behandelt.

ÖVP im Widerstand entstanden

Gegen Kriegsende formierten sich vielerorts neue Widerstandskreise im bürgerlichen Lager, die jedoch meist nicht aktivistische Organisationen, sondern eher lose Verbände darstellten, wobei bei ihren Zusammenkünften in Wohnungen und Gaststätten Pläne für die Nach-NS-Zeit erörtert wurden. Sowohl bei den christlichen Arbeiterfunktionären als auch bei Bauern und Gewerbetreibenden gab es solche Ansätze, so dass Ludwig Reichhold in seiner Geschichte der Österreichischen Volkspartei zu Recht auf deren Entstehen im Widerstand hinweisen konnte. In der Anklageschrift des Oberreichsanwalts beim VGH gegen die Angehörigen der Widerstandsgruppe um Karl Wanner vom 9. 6. 1944 wurde den Angeklagten Vinzenz Hauser und Hans Leinkauf vorgeworfen, dass sie die Gründung einer „Österreichisch-Nationalen Volkspartei" geplant hätten.[368]

Im Zuge der reichsweiten Aktion gegen NS-GegnerInnen nach dem misslungenen Attentat auf Hitler am 20. 7. 1944 wurden auch zahlreiche Politiker aus dem konservativen Lager verhaftet; einige von ihnen waren später an der Gründung der ÖVP im April 1945 beteiligt. Dazu gehörte u. a. Hans Pernter (geb. 3. 10. 1887), 1936–1938 Bundesminister für Unterricht, der ab 1938 rund 3 Jahre in den KZ Dachau, Flossenbürg und Mauthausen inhaftiert war und 1945 erster ÖVP-Obmann wurde, der niederösterreichische Bauernführer Leopold Figl (geb. 2. 10. 1902), der mit dem ersten Österreichertransport 1938 nach Dachau gekommen war und im Dezember 1945 Bundeskanzler wurde, und Lois Weinberger (geb. 22. 6. 1902), ein christlicher Gewerkschafter, der an verschiedenen Widerstandsaktivitäten beteiligt war.[369]

Widerstand weiterer religiöser Gruppen

Zeugen Jehovas

Die in Österreich schon seit 1935/36 verbotene religiöse Gruppe Internationale Bibelforschervereinigung setzte ihre Tätigkeit nach dem März 1938 im Wissen um die ungleich schärferen Repressionsmaßnahmen des NS-Regimes trotzdem unbeirrt fort. Die im NS-Jargon ‚Bibelforscher' genannte, sich selbst ‚Zeugen Jehovas' bezeichnende christliche Kleingruppe verkündete in ihren in großer Auflage verbreiteten Schriften nicht nur religiöse Lehren, sondern auch klare politische Positionen: Sie lehnten den nationalsozialistischen Staat kompromisslos ab, verweigerten den vorgeschriebenen ‚Deutschen Gruß' (‚Heil Hitler') ebenso wie den Dienst in der Hitler-Jugend; insbesondere weigerten sie sich als grundsätzliche Pazifisten, Kriegsdienst und Rüstungsarbeit zu leisten; sie wandten sich aber auch gegen andere totalitäre Herrschaftsformen und Diktatursysteme, wie z. B. gegen den italienischen Faschismus, gegen Franco-Spanien und den Kommunismus in Russland; sie beklagten nicht nur die Verfolgung ihrer Glaubensbrüder im Deutschen Reich, sondern prangerten auch die Verfolgung der Juden und anderer ‚unschuldiger' Menschen an. Das NS-Regime verfolgte die Zeugen Jehovas, die als „im Dienst der jüdischen Weltherrschaftspläne" diffamiert wurden, genauso konsequent und brutal wie politische Gegner. Gefängnis, Konzentrationslager und Todesstrafe sollten den Widerstandswillen der Zeugen Jehovas brechen und die Glaubensgemeinschaft vernichten. Besonders infam war die – von der Forschung bislang noch wenig aufgearbeitete – Praxis, Eltern ihre Kinder wegzunehmen und diese in Kinderheime wie dem berüchtigten „Spiegelgrund" zu bringen. Am 8. 6. 1940 erging ein Erlass des RSHA, alle Angehörigen der IBV – schlagartig am 12. 6. – in Schutzhaft zu nehmen, wobei ausdrücklich auch die Frauen eingeschlossen waren. Diese große Verhaftungsaktion wurde – wie der stellvertretende Wiener Gestapochef Karl Ebner 1947 vor Gericht aussagte – auch in Österreich durchgeführt.[370]

Aus vielen Berichten von ehemaligen Häftlingen wissen wir, dass sich die „Bibelforscher" in den Konzentrationslagern und Gefängnissen menschlich bewährt und sich ihren Mitgefangenen gegenüber solidarisch verhalten haben. Im Unterschied zu den rassistisch verfolgten Juden und Roma wurde den „Bibelforschern" die Möglichkeit gegeben, durch „Abschwören" von ihrer Lehre den Verfolgungen zu entgehen. Dass nur ganz wenige dieser Verlockung folgten und die meisten standhaft blieben, spricht für die Glaubensstärke der Zeugen Jehovas. In diesen Fällen, wo KZ-Haft und Todesurteil bewusst in Kauf genommen wurden, ist die Bezeichnung Heldentum und Märtyrertum durchaus angebracht. Nach Angaben der Glaubensgemeinschaft sind von 550 Mitgliedern in Österreich 145 umgekommen, davon 54 wegen Kriegsdienstverweigerung oder Wehrkraftzersetzung.[371] Thomas Walter gibt an, dass die NS-Militärjustiz gegen österreichische Zeugen Jehovas 51 Todesurteile wegen Wehrdienstverweigerung fällte, von denen 42 vollstreckt wurden; fünf Wehrdienstverweigerer starben in der Haft oder im KZ.[372]

Im Urteil des Sondergerichts Wien vom 2. 7. 1942 gegen Ludmilla Michna (geb. 14. 9. 1887) wegen „Teilnahme an einer wehrfeindlichen Verbindung" kam die kompromisslose Haltung der Zeugen Jehovas klar zum Ausdruck:

„Die Beschuldigte bekannte sich auch in der Hauptverhandlung vor dem Sondergericht hartnäckig als Anhängerin des Glaubens Christi und als aufrechte Schwester Jehovas. Sie erklärt, die staatlichen Gesetze nur soweit achten zu können, als sie nicht im Widerspruch zur Bibel stehen. Aus Glaubensgründen lehnt sie jegliche Arbeit in einer Waffen- oder Munitionsfabrik ab und erklärt auch, den deutschen Gruß nicht leisten zu können."

Nach Verbüßung der zweijährigen Zuchthausstrafe wurde Ludmilla Michna am 22. 8. 1944 in das KZ Ravensbrück überstellt, wo sie bis zur Befreiung in Haft blieb.[373] Johanna Grübling (geb. 25. 9. 1901), am 12. 2. 1942 wegen „Teilnahme an einer wehrfeindlichen Verbindung" „nur" zu 6 Monaten Gefängnis verurteilt, weil sie „den Lehren der IBV abschwor", wurde nach der Strafverbüßung an die Gestapo rücküberstellt: „Bei ihrer neuerlichen Vernehmung erklärte sie", laut Gestapotagesbericht, „bei Gericht nur deshalb ‚abgeschworen' zu haben, um nicht zu einer Zuchthausstrafe verurteilt zu werden. Da sie sich nach wie vor als ‚Zeugin Jehovas' bekennt, wurde ihre Einweisung in ein KL beantragt." Johanna Grübling wurde in das KZ Ravensbrück überstellt.[374] In gleicher Weise verfuhr die Gestapo Wien mit Marie Herforth (geb. 17. 1. 1889), Ferdinanda Kraupa (geb. 18. 3. 1896) und Olga Besenböck (geb. 16. 8. 1894), die am 6. 2. 1941 wegen „Teilnahme an einer wehrfeindlichen Verbindung" zu je 2 Jahren Zuchthaus verurteilt worden waren. Nach der Strafverbüßung wurden sie im Juli 1942 an die Gestapo überstellt, bekannten sich dort als aufrechte Zeugen Jehovas und lehnten „jedwede für die Verteidigung des Reiches notwendige Arbeit ab". Sie wurden in das KZ Ravensbrück überstellt, wo sie bis zur Befreiung in Haft blieben.[375]

Nach der Verhaftung und KZ-Einweisung des illegalen Landesleiters der IBV, August Kraft (geb. 13. 10. 1886), fungierte ab Mai 1939 der Wiener Grünwarenhändler Peter Gölles (geb. 5. 6. 1891) als Landesleiter. Er wurde im Juni 1940 mit 44 weiteren Bibelforschern festgenommen und am 2. 5. 1941 wegen „Wehrkraftzersetzung" zu 10 Jahren Zuchthaus verurteilt, wobei er nur deshalb der Todesstrafe entging, weil er sich von den „Ideen der Bibelforscher lossagte". Gölles befand sich bis 6. 4. 1945 in

Haft.[376] Theresia Hirschmann (geb. 5. 5. 1894), die am 28. 10. 1941 festgenommen und am 4. 3. 1942 wegen „Teilnahme an einer wehrfeindlichen Verbindung" zu 10 Monaten Gefängnis verurteilt wurde, hatte – wie aus der Anklageschrift des Oberstaatsanwalts beim Landgericht Wien als Sondergericht vom 16. 1. 1942 hervorging – eng mit Gölles zusammengearbeitet:

„Sie bezog bis zum Frühjahr 1940 von dem damaligen Landesleiter der IBV Peter Gölles herausgegebene illegale Bibelforscherschriften und veranstaltete bis zu ihrer Festnahme in ihrer Wohnung ‚Studienzusammenkünfte', an denen fallweise Anton Blaschek teilnahm. Für diesen, der damals aus der Schutzhaft entflohen war, sammelte sie laufend Unterstützungsgelder und Lebensmittelmarken. Sie bekennt sich in allen Vernehmungen als Zeugin Jehovas und lehnt auch Arbeiten in einer Waffen- und Munitionsfabrik ab." Der genannte Anton Blaschek (geb. 20. 1. 1894), ein Selchergehilfe, war schon Ende Oktober 1939 von der Gestapo festgenommen, weil er sich „im Sinne der Bibelforscher betätigt hatte. Er hatte sogar seinen Kindern die Leistung des Deutschen Grußes und das Singen der Lieder der Nation verboten. Auch hatte er es abgelehnt, seine Kinder im nationalsozialistischen Sinne zu erziehen." Während der Schutzhaft wurde Blaschek zur Beobachtung in die Heilanstalt „Am Steinhof" überwiesen, von wo er im August 1940 floh. Am 24. 10. 1941 wurde er neuerlich verhaftet und am 2. 12. 1942 wegen „Teilnahme an einer wehrfeindlichen Verbindung" zu 8 Jahren Zuchthaus verurteilt. Anton Blaschek befand sich bis Mai 1945 in Haft. Blascheks Ehefrau Franziska wurde ebenfalls im Oktober 1941 festgenommen. Ihre Kinder waren von 1939–1941 in staatlichen Erziehungsanstalten. Johanna Hron (geb. 15. 4. 1904) versorgte die Bundesländer mit Bibelforscherschriften und wurde am 27. 1. 1941 wegen „Teilnahme an einer wehrfeindlichen Verbindung" zu 6 Jahren Zuchthaus verurteilt und blieb bis Mai 1945 in Haft. Die Verkäuferin Elisabeth Holec (geb. 23. 1. 1923), die am 28. 10. 1941 festgenommen und am 11. 2. 1942 wegen „Teilnahme an einer wehrfeindlichen Verbindung" zu 2 Jahren Zuchthaus verurteilt worden war, verbüßte die Strafe im Frauenzuchthaus Aichach (Deutschland) und wurde dann in das KZ Ravensbrück überstellt, wo sie am 5. 11. 1944 umkam. Auch ihre Mutter Elisabeth Holec war in Ravensbrück in Haft.[377]

Der Inkassant Alois Kasperkowitz (geb. 15. 4. 1904), der sich seit 1924 als Zeuge Jehovas bekannte, entfaltete 1941 eine umfangreiche Flugzettelverteilaktion, die das besondere Interesse der Gestapo erweckte, nachdem auch Gestapochef Franz Josef Huber solche Flugzettel und die Broschüre „Harmageddon" in seinem Postkasten vorgefunden hatte. Kasperkowitz wurde am 24. 10. 1941 von der Gestapo festgenommen und am 5. 3. 1942 vom Sondergericht Wien wegen „Beteiligung an einer wehrfeindlichen Verbindung" zu 10 Jahren Zuchthaus verurteilt. Im September 1943 wurde er aus dem Zuchthaus Waldheim in das KZ Buchenwald überstellt, wo er bis zur Befreiung in Haft blieb.[378]

Im Namen des Deutschen Volkes!

F e l d u r t e i l .

In der Strafsache gegen
    den Schützen Franz Z e i n e r ,
    Inf.Ers.Btl. I/482,
wegen Zersetzung der Wehrkraft
hat das Reichskriegsgericht, 3. Senat, in der Sitzung vom 22. Juni 1940,
an der teilgenommen haben
    als Richter:
        Senatspräsident Dr. Schmauser, Verhandlungsleiter,
        Konteradmiral Arps,
        Oberst Golle,
        Oberst Selle,
        Oberkriegsgerichtsrat Dr. Block,
    als Vertreter der Anklage:
        Oberkriegsgerichtsrat Dr. Bischoff,
    als Urkundsbeamter:
        Reichskriegsgerichtsoberinspektor Hotje,
für Recht erkannt:
    Der Angeklagte wird wegen Zersetzung der Wehrkraft
        zum Tode, zum dauernden Verlust der
        bürgerlichen Ehrenrechte und zum Ver-
        lust der Wehrwürdigkeit
verurteilt.
        Von Rechts wegen.

Todesurteil des Reichskriegsgerichtes gegen den Zeugen Jehovas und Wehrdienstverweigerer Franz Zeiner, 22. 6. 1940

Die Verweigerung des Wehr- bzw. Kriegsdienstes und des Fahneneids traf das auf Krieg und Expansion orientierte NS-Regime an seiner empfindlichsten Stelle; entsprechend rigoros wurden die Verweigerer aus den Reihen der Zeugen Jehovas bestraft. Karl August Haas (geb. 12. 2. 1909) leistete dem Gestellungsbefehl nicht Folge und versteckte sich vom Juni 1940 bis zu seiner Festnahme am 27. 9. 1941 in einer Schrebergartenhütte. Er wurde am 5. 3. 1942 vom Reichskriegsgericht wegen „Wehrkraftzersetzung" zum Tode verurteilt und am 11. 4. 1942 im Zuchthaus Brandenburg-Görden hingerichtet. Der Kellner Karl Alram (geb. 11. 3. 1894) verweigerte aus Glaubensgründen den Dienst mit der Waffe und wurde am 21. 3. 1939 festgenommen. Von September 1939 bis Kriegsende war er in den KZ Dachau, Buchenwald, Mauthausen und Ravensbrück inhaftiert. Der Hilfsarbeiter Josef Walzer (geb. 19. 12. 1896) wurde von den Mödlinger Gaswerken entlassen, weil er sich weigerte, den Gruß „Heil Hitler" zu gebrauchen. Im Jänner 1940 verweigerte er in der Heeresbekleidungsstelle Brunn am Gebirge die Ablegung des Eides unter Hinweis auf seine Zugehörigkeit zu den Zeugen Jehovas. Walzer kam mit zwei Jahren Zuchthaus relativ glimpflich davon. Keine Gnade kannte das Reichskriegsgericht mit dem Hilfsarbeiter Franz Zeiner (geb. 23. 1. 1909), der aus Glaubensgründen den Wehrdienst verweigert hatte. Er wurde wegen „Wehrkraftzersetzung" zum Tode verurteilt und am 20. 7. 1940 in Berlin-Plötzensee hingerichtet. Im Urteil wurde die Todesstrafe begründet:

„Dieser Einberufung leistete der Angeklagte keine Folge. Er schrieb am 20. 4. an das Wehrmeldeamt Wien X, dass er als wahrer Christ, d. h. als Christi Nachfolger, keine Waffen tragen könne und dürfe. Gott verbiete es zu töten. Er habe gelobt, den in der Heiligen Schrift festgelegten Willen Gottes zu tun. Er wurde erneut zum Wehrmeldeamt vorgeladen. Dort wiederholte er die Weigerung, obwohl er sofort auf die schwerwiegenden Folgen hingewiesen wurde. […] Zwar hat der Angeklagte nicht aus Feigheit oder dgl. gehandelt. Mit Rücksicht auf die von ihm gezeigte Hartnäckigkeit und Unbelehrbarkeit ist aber eine milde Beurteilung ausgeschlossen. Derart hartnäckige Wehrdienstverweigerungen sind schon wegen der ihnen innewohnenden gefährlichen Werbekraft besonders geeignet, den Wehrwillen anderer zu zersetzen. Deshalb muss auf Todesstrafe erkannt werden."

„Siebenten-Tags-Adventisten Reformbewegung"

Auch die ebenfalls wehrdienstfeindliche Sekte „Siebenten-Tags-Adventisten Reformbewegung", eine Abspaltung der Adventistenkirche, setzte ihre verbotene religiöse Tätigkeit fort und wurde – ähnlich wie die Zeugen Jehovas – von den NS-Behörden verfolgt.[379] Im Urteil des Sondergerichts Wien vom 29. 5. 1942, mit dem die Miedermacherin Stefanie Obhlidal (geb. 22. 7. 1910) wegen „Wehrkraftzersetzung" zu 15 Monaten Zuchthaus verurteilt wurde, kommt die NS-Sicht auf diese religiöse Gruppe prägnant zum Ausdruck:

„Diese wehrfeindliche Einstellung wirkt selbstverständlich in der Zeit des Existenzkampfes des deutschen Volkes außerordentlich schädlich und besorgt geradezu die Geschäfte unserer äußeren Feinde".[380]

Der Kunstmaler Josef Holzbauer (geb. 7. 9. 1897), seit 1936 Angehöriger der „Siebenten-Tags-Adventisten", wurde am 30. 6. 1942 wegen „Wehrkraftzersetzung" zu 5 Jahren Zuchthaus verurteilt und blieb bis Kriegsende in Haft. Im Urteil des Sondergerichts Wien vom 30. 6. 1942 wird auf seine „wehrfeindliche" Handlungsweise eingegangen:

„Nach dem Umbruch im Jahre 1938 wurde er von der Geheimen Staatspolizei in Salzburg geladen und in einem Protokoll, das er mit seiner Unterschrift versah, verpflichtet, nicht mehr werbend für die ‚Siebenten-Tags-Adventisten' tätig zu sein. [...] Er führte ständig ein Exemplar der Bibel mit sich, um zu jeder Zeit in der Lage zu sein, die von ihm zum Beweise seiner Behauptungen geeignet gehaltenen Stellen seinen Zuhörern vorlesen zu können. Dabei widmete er dem angeblich wehrfeindlichen Charakter des 5. Gebotes in seinen Vorträgen besondere Aufmerksamkeit, indem er in all den Fällen erklärte, er müsse es ablehnen, Wehrdienst mit der Waffe in der Hand zu leisten, er könne auch nicht in einer Munitionsfabrik arbeiten, weil es dem 5. Gebot, so wie es jeder ‚wahre Christ' auslegen müsse, entgegenstände."

Tschechischer spiritistischer Zirkel „Libuse"

Der 1921 in Wien gegründete tschechische Bildungs- und Wirtschaftsverband „Libuse" verstand sich als unpolitisch und nichtreligiös und bemühte sich vor allem um das Verständnis des „Okkultismus". Bis zu seiner Auflösung im Zuge des 1940 beim OLG Wien eingeleiteten Hochverratsverfahrens gegen einige seiner AktivistInnen hatte die Organisation ca. 45–60 Mitglieder, die sich aus der tschechischen Minderheit in Wien rekrutierten. Die NS-Justiz brachte die spiritistischen Aktivitäten in Zusammenhang mit den Bemühungen der tschechischen Exilregierung um Eduard Benesch zur Wiederherstellung der Tschechoslowakischen Republik und warf den TeilnehmerInnen der spiritistischen Sitzungen vor, unter dem Deckmantel solcher Sitzungen „wüste Gräuelhetze gegen das Deutsche Reich" und „hochverräterische Propaganda" zu treiben, die auf die „Losreißung der zum Deutschen Reich gehörigen Gebietsteile Böhmens und Mährens" zielte. Die Schneiderin Josefine Suchanek (geb. 24. 2. 1887), die für diese spiritistischen Sitzungen ihre Wohnung zur Verfügung gestellt hatte, wurde am 24. 7. 1940 von der Gestapo Wien erkennungsdienstlich erfasst und am 23. 6. 1942 wegen „Beihilfe zur Hochverratsvorbereitung" zu 5 Jahren Zuchthaus verurteilt. Mehrere andere Beteiligte erhielten geringere Gefängnis- und Zuchthausstrafen.[381]

Evangelische Christen

Gemessen an den Zeugen Jehovas und im Vergleich zu den Protestanten im „Altreich" war der Widerstand der evangelischen Kirche in Österreich zahlenmäßig gering, wiewohl auch sie von den antikirchlichen Verfolgungsmaßnahmen des NS-Regimes in Mitleidenschaft gezogen wurde. „Die protestantische Kirche", erklärte der für sie zuständige Gestapobeamte Karl Ebner in seiner Beschuldigtenaussage vor dem Volksgericht Wien 1947, „spielte in Österreich hinsichtlich der staatspolizeilichen Tätigkeit eine wenig beachtenswerte Rolle, zumal auch zahlreiche Kleriker Beziehungen zur NSDAP hatten. Es fanden höchstens 2 oder 3 Amtshandlungen, die politisch von geringer Bedeutung waren, statt."[382] Diese in einer Verteidigungssituation gemachten Angaben mögen untertrieben sein, doch auch die von evangelischer Seite 1946 berichteten Zahlen ergeben kein wesentlich anderes Bild:

„1938–1944 waren 5 Geistliche verhaftet, 1 in Konzentrationslager, 1 zu Zuchthaus verurteilt, 9 aus Österreich ausgewiesen oder so genanntes Gauverbot, 15 in staatspolizeilicher oder gerichtlicher Untersuchung, 1 hatte beschränktes Redeverbot."[383]

Mehr als gelegentliche regimekritische Predigten oder Stellungnahmen von Vertretern der evangelischen Kirche und anderer christlichen Gruppen, wie z. B. Baptisten, fielen die Bemühungen der (Evangelischen) Schwedischen Mission in Wien ins Gewicht, die mehr als 3000 Juden und Christen jüdischer Herkunft zur Auswanderung in das neutrale Ausland verhalfen.[384]

Während im „Altreich" auch evangelische Christen mutig gegen die NS-Euthanasie Stellung nahmen[385], ist von Widerstandshandlungen österreichischer Protestanten, insbesondere von Kirchenrepräsentanten, gegen den staatlichen Massenmord bislang nur wenig bekannt. Zum einen waren die Protestanten in Österreich schon zahlenmäßig eine kleine Minderheit; zum anderen dürfte aus verschiedenen, hier nicht zu erörternden Gründen der NS-Anteil unter ihnen höher als bei den Katholiken gewesen sein, woraus allgemein auf ein geringeres Widerstandspotential zu schließen ist.[386] Immerhin zeigen aber die von Neuhauser/Pfaffenwimmer veröffentlichten Briefe von Angehörigen von Euthanasieopfern an das Evangelische Diakoniewerk Gallneukirchen, dass zumindest bei diesen protestantischen Betroffenen eine Ablehnungshaltung gegen die NS-Euthanasie gegeben war.[387] Über die Anstalt in Gallneukirchen wird berichtet, dass eine Schwester, Irma Gindelhumer, drei erwachsene Mädchen vor dem Abtransport retten konnte, und eine Mutter bedankte sich, dass ihre Tochter „aus den fürchterlichen Listen" gestrichen worden sei.[388] Der Pfarrer der evangelischen Gemeinde zu Rottenmann in der Steiermark hingegen machte dem Rektor von Gallneukirchen Vorwürfe wegen des Todes des aus seinem Ort stammenden Patienten Johann Landl, wobei aus dem Tonfall ersichtlich ist, dass mehr als Zweifel an der angegebenen Todesursache „Blutvergiftung" bestanden.[389]

Jüdischer Widerstand

Juden und Jüdinnen bzw. Menschen, die vom NS-Regime als Juden im Sinne der Nürnberger Gesetze qualifiziert wurden, haben in vielfältiger Weise und in verschiedenen Formen Widerstand geleistet, obwohl dafür durch die sofort nach dem „Anschluss" einsetzende Diskriminierung und Verfolgung die Voraussetzungen wesentlich ungünstiger waren als für „arische" ÖsterreicherInnen. Hermann Langbein hat seinem Werk über den Widerstand in den KZ den zutreffenden Titel „Nicht wie die Schafe zur Schlachtbank ..." gegeben und damit dem Vorurteil der passiven Hinnahme der Vernichtung entgegengewirkt. Arno Lustiger hat in seinem großartigen Werk ein eindrucksvolles Bild des jüdischen Widerstandes in Europa gezeichnet – leider gibt es darin kein Kapitel über Österreich. Diese Lücke hat Jonny Moser mit seinem Beitrag „Österreichische Juden und Jüdinnen im Widerstand gegen das NS-Regime" bei der Parlaments-Enquete 2005 geschlossen.[390] „Im Unterschied zum nichtjüdischen Widerstand", schreibt Moser, „bestand der jüdische Widerstand im Wesentlichen aus einer Nichtbefolgung bestimmter antijüdischer Weisungen, in der Verweigerung, bestimmten Ordern nachzukommen, sowie in einer Flucht in den Untergrund oder über die Grenze nach Ungarn." Die Tagesberichte der Gestapo Wien sind voll von Meldungen über Festnahmen von Jüdinnen und Juden, die gegen NS-Vorschriften verstoßen haben. Allein im Zeitraum vom 11. 9. bis 11. 10. 1940 wurden laut Gestapobericht 106 Juden wegen Überschreitung der Ausgehzeit und verbotenen Kino- und Theaterbesuchs angezeigt und zu Geldstrafen verurteilt; ab 1941 erfolgte in solchen Fällen die Deportation. Wegen Rundfunkvergehen wurden 1940 zwölf und 1941 39 Personen jüdischer Herkunft festgenommen. 1941 wurden 39 Personen wegen staatsfeindlicher Äußerungen und 16 wegen kommunistischer Agitation festgenommen. Von den 1941 in Gettos in Polen („Generalgouvernement") Deportierten flüchteten hunderte nach Österreich zurück, um hier neuerlich festgenommen und deportiert zu werden. Die Berichte der Rückkehrer über die menschenunwürdigen Zustände in den polnischen Gettos veranlassten viele Jüdinnen und Juden, den Deportationsbefehlen nicht mehr nachzukommen, sie versuchten im Untergrund – als „U-Boote" – zu überleben, flüchteten über die Grenze oder gingen nicht mehr freiwillig in die Sammellager zur Deportation, so dass bei der „Aushebung" der Opfer Zwang angewendet werden musste. Trotz dramatisch zurück gehender Bevölkerungszahl infolge der Deportationen ließ der Widerstands- und Überlebenswille nicht nach: Im Jahr 1942 wurden laut Gestapotagesberichten 80 Personen beim illegalen Grenzübertritt nach Ungarn festgenommen und 45 Personen, die sich versteckt hatten, aufgegriffen; 51 Personen wurden wegen Verstoßes gegen die Kennzeichnungsverordnung für Juden, 22 Personen wegen Tarnung als Nichtjuden von der Gestapo, 38 Personen wegen unzulässiger Äußerungen und 25 Personen wegen kommunistischer Propaganda inhaftiert.[391]

Ein Beispiel für die bewusste Nichteinhaltung der NS-Vorschriften für Juden ist das Ehepaar Maria (geb. 24. 3. 1892) und Arnold „Israel" Tragatsch (geb. 6. 8. 1873) aus Wien. Im Tagesbericht der Gestapo Wien vom 15.–12. 1942 wird darüber berichtet:

„Arnold Israel Tragatsch hat sich trotz wiederholter Aufforderung geweigert, den Judenstern zu tragen und eine Kennkarte zu lösen, mit der Begründung, dass er Tscheche sei und ihn die Judenbestimmungen nichts angingen. Seine Ehefrau hat mit derselben Begründung an verschiedene Behörden Eingaben in beleidigender Form gemacht. Ein an ihren Ehemann gerichtetes Steuermandat hat sie zerrissen und an das Finanzamt mit dem Bemerken zurückgesandt, dass sie Tschechin sei und in Zukunft überhaupt nicht arbeiten werde, wenn die Steuern weiter so hoch bleiben. Gegen das Ehepaar wird Schutzhaft beantragt."

Maria Tragatsch kam am 21. 11. 1943 in Auschwitz um, ihr Ehemann Arnold am 23. 10. 1943.[392]

Da Juden auf Grund der 13. Verordnung zum Reichsbürgergesetz vom 1. 7. 1943 nicht mehr der Justiz, sondern der Polizei unterstanden, wurden Zuwiderhandelnde ohne jedes Verfahren in KZ eingewiesen, meist in das Vernichtungslager Auschwitz.[393] So wurden 1943 101 „U-Boote" aufgegriffen und nach Auschwitz deportiert; 1944 wurden 43 Personen festgenommen, die unterstandslos in Wien gelebt hatten, um sich der Deportation zu entziehen. Jonny Moser schätzt, dass insgesamt etwa 700 Juden und Jüdinnen mit Hilfe von FreundInnen und Bekannten als „U-Boote" in Wien überleben konnten.[394] Auf die todesmutigen Helfer wird im Kapitel „Gerechte der Völker" eingegangen werden.

Schließlich muss auch die so genannte „Rassenschande", die durch die Nürnberger Gesetze verbotenen Eheschließungen bzw. geschlechtlichen Beziehungen zwischen Juden und Nichtjuden, in Anbetracht der drakonischen Bestrafung als bewusste Widerstandshandlung gegen das NS-Regime gesehen werden. Die nichtjüdischen PartnerInnen wurden strafrechtlich belangt, während die jüdischen PartnerInnen ohne Verfahren in KZ gebracht wurden. Dieses Delikt wurde auch auf Eheschließungen im Ausland – im Inland war eine solche Ehe ab Mai 1938 nicht mehr möglich – angewandt, wie die nachstehenden drei Fälle dokumentieren.

Der Lehrer Leopold Brenner (geb. 22. 1. 1912) reiste 1939 nach Frankreich, um dort die aus rassistischen Gründen verfolgte Lydia Luftmann zu heiraten. Er wurde im Oktober 1943 festgenommen und am 11. 8. 1944 vom Sondergericht Wien wegen „Rassenschande" zu 3 Jahren Zuchthaus verurteilt. Seine Frau Lydia Brenner (geb. 23. 8. 1914) wurde beim Versuch, in die Schweiz zu flüchten, festgenommen. Sie war vom 31. 12. 1942 bis 26. 6. 1943 im Durchgangslager Drancy inhaftiert und wurde anschließend aufgrund ihrer Schwangerschaft in das Rothschild-Spital in Paris überstellt. Dort blieb sie bis zur Befreiung durch die Alliierten im August 1944 interniert. Die im Juli 1939 nach Brüssel emigrierte Helene Herzka (geb. 15. 12. 1899) „hat dort unter Umgehung des Gesetzes zum Schutze des deutschen Blutes und der deutschen Ehre vom 15. 9. 1935 die Ehe mit dem Juden Paul Herzka, geb. 10. 6. 1899 in Wien, vor dem Standesamt in Brüssel geschlossen". Sie wurde am 15. 5. 1943 festgenommen, wegen „ihres artvergessenen Verhaltens" wurden Schutzhaft und Einweisung in ein KZ gegen sie beantragt. Helene Herzka wurde in das KZ Ravensbrück eingewiesen und war dort bis 15. 9. 1944 in Haft. Die Köchin Josefine Herzog (geb. 2. 4. 1906) wurde am 21. 1. 1943 festgenommen, weil sie „unter Umgehung des Blutschutzgesetzes den Juden Paul Herzog, 5. 6. 1900 Wien geb., im Jahre 1938 in Brüssel geheiratet" hatte. Gegen sie wurde Schutzhaft beantragt. Paul Herzog wurde am 4. 11. 1942 aus dem Lager Drancy (Frankreich) nach Auschwitz deportiert und kam dort am 30. 11. 1942 um. Die Bürokraft Karoline Spiro-Wende (geb. 5. 2. 1903) heiratete 1939 in Frankreich ihren jüdischen Lebensgefährten. Sie wurde am 25. 8. 1942 wegen „rassenschänderischen Verhaltens" festgenommen. Nach Einstellung des gegen sie eingeleiteten Strafverfahrens wurde sie in das KZ Auschwitz überstellt, wo sie am 15. 3. 1943 zu Tode kam.[395]

An dieser Stelle kann nicht auf das Wirken der Repräsentanten und Funktionäre der Israelitischen Kultusgemeinde (bzw. später des Ältestenrates der Juden in Wien) eingegangen werden. Sie bemühten sich, im Rahmen des Möglichen das Beste für die von ihnen betreuten Menschen zu leisten, mussten sich aber an die Vorgaben des NS-Regimes halten und wirkten – in objektiver Hinsicht – an Verfolgungsmaßnahmen mit. Doron Rabinovici hat diese heikle Problematik der erzwungenen Tätigkeit im Auftrag der SS, die von manchen, auch von jüdischen Opfern, vorschnell als Kollaboration interpretiert wurde, in ausgewogener Weise dargestellt.[396] Während der Wiener Rabbiner Dr. Benjamin Murmelstein (1905–1989) auf Grund seiner Tätigkeit als Lagerältester des Gettos Theresienstadt zum Inbegriff dieser erzwungenen Kollaboration wurde,[397] repräsentiert der Wiener zionistische Jugendfunktionär Aron Menczer (1917–1943) die Alternative: den altruistischen, heldenhaften Widerstandskämpfer, der für seine Überzeugung in den Tod ging. Der 1917 geborene Menczer, Mitglied des gemäßigt sozialutopisch-zionistischen Jugendbundes „Gordonia", wirkte führend in der „Jugendalijah" in Wien (JUAL), eine vom NS-Regime geduldete zionistische Organisation, die junge Jüdinnen und Juden für ihr künftiges Leben in Palästina bzw. in einem Kibbuz landwirtschaftlich und handwerklich schulte und vorbereitete. Menczer betreute die Jugendlichen, stärkte ihr jüdisch-zionistisches Bewusstsein und versuchte legal wie illegal, so viel Personen wie möglich ins rettende Ausland und von dort nach Palästina zu bringen. Er selbst schlug

Der in Auschwitz ermordete zionistische Jugendfunktionär Aron Menczer, mit FunktionärInnen der „Jugendalijah", ca. 1940

die Möglichkeit, sich ins Ausland abzusetzen aus, als er trotz Warnungen vom Zionistenkongress in Genf im August 1939 nach Wien zurückkehrte, weil er seine Jugendlichen nicht in Stich lassen wollte. Nach seiner Deportation in das Getto Theresienstadt im September 1942 arbeitete er in der von der jüdischen Gettoselbstverwaltung aufgebauten Jugendfürsorge. In besonderer Weise kümmerte er sich um die 1260 elternlosen Kinder, die im August 1943 aus dem Getto Bialystok nach Theresienstadt gebracht wurden. Mit ihnen gemeinsam wurde Aron Menczer im November 1943 nach Auschwitz gebracht, wo sie in den Gaskammern von Birkenau sofort nach ihrer Ankunft ermordet wurden. Ob er wusste, wohin der Transport ging, den er begleitete, ist ungeklärt.[398]

Der Psychiater Viktor E. Frankl und die Fürsorgerin der IKG, Franzi Danneberg-Löw, bemühten sich, jüdische Menschen, insbesondere Kinder, vor der NS-Euthanasie zu retten. Viktor Frankl, der bis 1942 Leiter der Neurologischen Station am Rothschild-Spital in Wien und Konsiliarius des jüdischen Altersheimes war, wurde dabei von dem befreundeten Leiter der Universitätsnervenklinik, Univ. Prof. Otto Pötzl, unterstützt. Er nahm trotz gegenteiliger Vorschriften geisteskranke jüdische Patienten auf und verschleierte in den Diagnosen deren Krankheiten. „Und Pötzl muss davon Wind bekommen haben.", schreibt Frankl, „Denn auf einmal begann die Klinik Pötzl, wann immer ein jüdischer Patient aufgenommen worden war, das Altersheim davon zu verständigen." Die dann zu Frankl überstellten jüdischen Patienten hatten aufs erste zumindest die Gefahr der Euthanasie überstanden; dass sie auch die nachfolgenden antijüdischen Verfolgungsmaßnahmen überleben konnten, ist allerdings nicht anzunehmen. Die PatientInnen des Rothschild-Spitals wurden später in die Deportationen einbezogen, ebenso der Großteil des Personals, darunter auch Viktor Frankl selbst, der über Theresienstadt in das KZ Auschwitz kam. Auch aus anderen, kleinen Anstalten verlegte Frankl mittels falscher Gutachten von der Euthanasie bedrohte jüdische Patienten in das jüdische Altersheim, dessen Leiter Max Birnstein, der frühere Direktor des „Grauen Hauses" (Haftanstalt des Landesgerichts für Strafsachen Wien), ebenso wie Frankl dabei sein Leben riskierte.[399]

Franzi Danneberg-Löw, die seit 1937 als Fürsorgerin der Israelitischen Kultusgemeinde Wien bzw. später des Ältestenrates der Juden in Wien wirkte, war vom Jugendgerichtshof Wien für zahlreiche Kinder und Jugendliche als Kurator eingesetzt worden und bemühte sich, seit 1940 vom raschen Sterben der abtransportierten Geisteskranken wissend, um die Rettung der im Heim in Wien 2., Tempelgasse 3, versammelten Kinder. Einige wenige konnte diese mutige Frau in das Rothschildspital transferieren, wo sie in Viktor Frankl einen Mitstreiter hatte. Allerdings wurden auch diese Kinder eineinhalb Jahre später nach Polen deportiert. Ebenso nahm sich Franzi Löw der geisteskranken Kinder in einem Heim in Wien 19., Langackergasse 12, an, von wo 23 Kinder am 23. Mai 1941 in die Anstalt „Am Steinhof" überstellt wurden. Die Kinder wurden – höchstwahrscheinlich in die Euthanasie-Tötungsanstalt Hartheim – abtransportiert, bevor die Fürsorgerin die von der Steinhof-Direktion gewünschten Unterlagen abliefern konnte.[400]

Zahlreiche Juden und Jüdinnen haben in linken, vor allem kommunistischen Organisationen eine sehr aktive Rolle im Widerstand gespielt, worauf schon eingegangen worden ist. Allerdings ist hinzuzufügen, dass diese WiderstandskämpferInnen meist völlig assimiliert und Atheisten waren und keine jüdisch-religiöse Identität hatten. Insbesondere der österreichische Widerstand in den besetzten Ländern Frankreich und Belgien wurde zum größten Teil von solchen Menschen jüdischer Herkunft getragen. Dies traf auch für die 1942/43 aus Frankreich zum Widerstand nach Österreich zurückgekehrten Gruppe von KommunistInnen und für die Koralmpartisanen zu, die von zwei jungen Spanienkämpfern jüdischer Herkunft – Leo Engelmann und Walter Wachs – geführt wurden.[401]

Auf eine spezifische Problematik hat Ingrid Strobl in ihren bemerkenswerten Arbeiten über jüdische Frauen im Widerstand aufmerksam gemacht, nämlich die völlige Ignorierung des Holocaust. In der kommunistischen Agitation und Propaganda in Widerstand und Exil findet sich keine Thematisierung der auch im Westen bekannt gewordenen Deportation und Ermordung der europäischen Juden. Aus den Interviews, die Strobl mit Widerstandskämpferinnen geführt hat, wird sichtbar, dass die Mission des Kampfes gegen den Faschismus, für die Befreiung und Wiederherstellung Österreichs weder für Fragen nach dem Schicksal der Verwandten und Bekannten noch nach der Mitverantwortung der Österreicher Platz ließ.[402]

Hans Landauer, der als ehemaliger Spanienkämpfer und KZ-Häftling für das DÖW eine umfassende Sammlung von Dokumenten zum Spanischen Bürgerkrieg angelegt hat, hat in seinem Beitrag über österreichische Juden als Spanienkämpfer herausgearbeitet, dass unter den 1600 KämpferInnen 80 Juden (5 %) waren, von denen 30 umkamen (10 % aller Gefallenen). Auffallend war der hohe Prozentsatz von ÄrztInnen und medizinischem Pflegepersonal. Erwähnt sei hier nur der in mehreren KZ inhaftierte Student Gottfried Ochshorn (geb. 6. 4. 1915), der am 20. Oktober 1943 von dem – 1987 von den USA nach Österreich ausgewiesenen – SS-Mann Martin Bartesch in Mauthausen „auf der Flucht" erschossen wurde.[403]

Schließlich ist in diesem Zusammenhang auch zu erwähnen, dass sich tausende junge ins Ausland geflüchtete österreichische Juden nach Kriegsausbruch in die alliierten Streitkräfte meldeten (bzw. eingezogen wurden) und – unter einem nicht geringen Blutzoll – einen Beitrag zur Befreiung Europas und Österreichs leisteten.[404]

Die aktivste im jüdischen Milieu wirkende Widerstandsgruppe war die so genannte „Mischlingsliga Wien", der hauptsächlich „Mischlinge 1. Grades" (im Sinne der Nürnberger Gesetze), aber auch „Volljuden" und „Geltungsjuden" – so die Diktion des Oberreichsanwaltes in der Anklageschrift vom 5. 6. 1944[405] – angehörten. Die „Mischlinge" wurden zwar nicht wie die Juden deportiert, waren aber zahlreichen Diskriminierungen, vor allem im Schulbereich, ausgesetzt, so dass sich vor allem jugendliche Unzufriedene zum Widerstand entschlossen. Einer der Anführer der Gruppe, der Bauabrechner Otto Horn (geb. 17. 5. 1923), berichtet darüber in einem Interview:

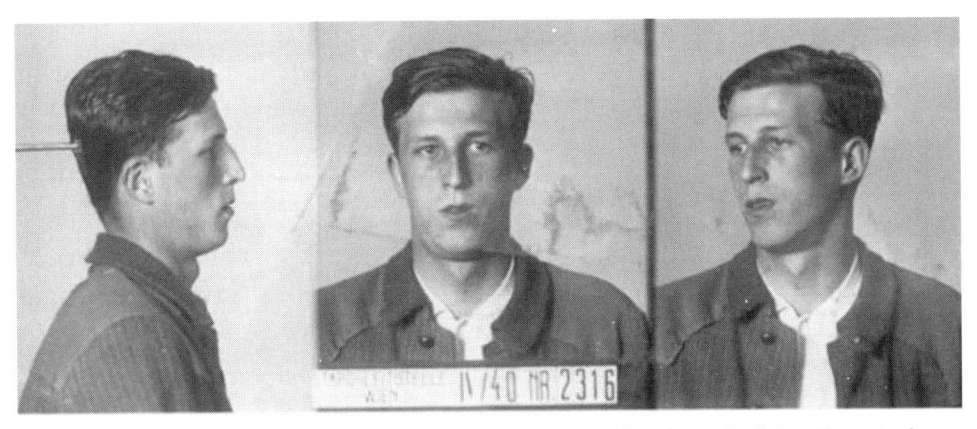

Gestapofoto des in der Haft umgekommenen Führers der „Mischlingsliga Wien" Otto Ernst Andreasch, 15. 3. 1944

„Durch Zufall wurde ich in dem Rüstungsbetrieb, in dem ich als Techniker arbeitete, mit einem Kollegen konfrontiert, der Otto Ernst Andreasch hieß und Funktionär des illegalen Kommunistischen Jugendverbandes war. Er war zum Zeitpunkt unseres Bekanntwerdens wegen ‚Hochverrats' bereits einmal verhaftet gewesen, war aber mangels an Beweisen freigelassen worden. Er erzählte mir, dass er vom Zentralkomitee [der illegalen KPÖ] den Auftrag hatte, vor allem junge österreichische Bürger, die von den ‚Nürnberger Gesetzen' betroffen waren, in einer eigenen Organisation zu sammeln. […] Nun baute ich mit ihm zusammen ab 1941 wieder eine solche Organisation auf, die wir ‚Sonderabteilung NN' nannten. NN bedeutete ‚nach Nürnberger Gesetz'. Diese Organisation umfasste immer ungefähr 200 bis 250 Mitglieder. Auch die meisten unserer Mitglieder wurden deportiert. [...]

Im Jahre 1943, als wir schon sehr ausgeblutet waren und vielleicht drei Viertel unserer Mitglieder durch die Transporte [Deportationen der Juden] verloren hatten, sahen wir, dass unser Auftrag nur für die ‚Mischlinge' gelten kann, weil sie nicht deportiert wurden. Wir entschlossen uns, eine solche spezielle ‚Mischlingsorganisation' zu gründen. Es sind natürlich jene Juden oder ‚Geltungsjuden', die noch hier waren, in der Organisation geblieben. Aber wir benannten unsere Organisation in ‚Mischlingsliga Wien' um. [...]

Wir machten zum Beispiel auch verschiedene Anschläge auf den Verkehr. Einmal, das war eine ganz einfache Geschichte, da haben wir von einer Brücke, die über die Badner Bahn läuft, eine Kupferlitze mit einem starken Stein beschwert und über die Oberleitung der Bahn geworfen. Es entstand ein Kurzschluss. Das war in der Früh, um 1/2 6, als die Züge mit den Arbeitern in die Rüstungsbetriebe fuhren. Diese Aktion war nicht nur eine Störung des Verkehrs, sondern vor allem auch ein Zeichen für die Arbeiter, dass etwas gegen das Regime unternommen wird. Die propagandistische Seite war noch wichtiger. [...]

1943 gelang es uns, Kontakte zu den jugoslawischen Partisanen aufzunehmen. In der Folgezeit organisierten wir den Partisanennachschub, und zwar schickten wir Material, vor allem Verbandsmaterial und Chinin – sie hatten dort Malaria –, aber auch einen kleinen Sender, den wir gebaut hatten."[406]

In einem bezeichnenderweise mit „Messenhauser" und „Münichreiter" (hingerichtete Anführer der Revolution 1848 bzw. der Februarkämpfe 1934) unterzeichneten Flugblatt wurde auf die Moskauer Deklaration der Alliierten hingewiesen und zum bewaffneten Kampf „für ein freies, unabhängiges, demokratisches Österreich nach dem „Vorbild der jugoslawischen Partisanen" aufgerufen.

„Die Funktionäre und Führer dieser Organisation", lautete die Anklage des Oberreichsanwaltes, „beabsichtigten, durch eigene Kraft oder durch Anschluss an andere illegale Organisationen (Kommunisten, Monarchisten), erforderlichenfalls mit Hilfe einer ausländischen Macht, das nationalsozialistische großdeutsche Reich zu stürzen, um dadurch eine allgemeine Verbesserung der rechtlichen und wirtschaftlichen Lage der Mischlinge zu erreichen." Von den ca. 40 von der Gestapo im Februar und März 1944 festgenommenen Mitgliedern wurden 13 wegen „Verfassungshochverrat" und „Feindbegünstigung angeklagt. Das am 21. 9. 1944 vom VGH verkündete Urteil fiel glimpflich aus, weil den Angeklagten ihre „rassische Abstammung" mildernd ausgelegt wurde und nicht alle belastenden Aktivitäten bekannt geworden waren. Andreasch und Horn, die je 6 Jahre Zuchthaus erhielten, meldeten sich freiwillig zu einer Strafeinheit, die Entschärfungs- und Minenräumaufgaben durchführte; dabei ist Andreasch gefallen. Die nicht vor Gericht gestellten „Geltungsjuden" (das waren „Mischlinge 1. Grades, die zum Stichtag 15. 9. 1935 der jüdischen Religion angehörten und wie „Volljuden" behandelt wurden) kamen in das Vernichtungslager Auschwitz.[407]

Im Übrigen wurden jüdische „Mischlinge" von Gestapo und NS-Justiz keineswegs bevorzugt behandelt, wie das Schicksal des Radiohändlers Oskar Beck (geb. 21. 7. 1899) aus Wien-Leopoldstadt zeigt, der wegen einer relativ harmlosen Äußerung hingerichtet wurde. Er hatte im April 1943 zu der pensionierten Postsekretärin Therese Draxler in deren Wohnung gesagt: „[…] wissen Sie, dass jede Frau, die arbeiten geht, einen Soldaten in den Tod schickt?" Die vom NSDAP-Blockleiter weitergeleitete Denunziation wurde durch eine rassistische politische Qualifizierung der NSDAP-Ortsgruppe Rembrandtstraße verschärft: „Beck ist Mischling 1. Grades, benimmt sich jedoch wie ein Volljude und ist ein gehässiger Gegner von Partei und Staat". Nach der Anzeige der Gestapo Wien an die Oberstaatsanwaltschaft verhängte der VGH am 20. 9. 1943 wegen „Wehrkraftzersetzung" das Todesurteil, das am 20. 10. 1943 vollstreckt wurde.[408]

Exilwiderstand

Als integrierender Bestandteil des österreichischen Widerstandes gegen das NS-Regime ist auch die vielfältige Tätigkeit von Exilorganisationen und Exilanten zu verstehen.[409] Dies gilt insbesondere für jene ÖsterreicherInnen, die nach Kriegsausbruch in besetzten europäischen Ländern Widerstandsaktivitäten setzten, in Widerstands- oder Partisanengruppen tätig wurden oder in Spanien gegen den europäischen Faschismus kämpften. Vor allem im französischen Widerstand spielten ÖsterreicherInnen neben anderen verfolgten ImmigrantInnen eine hervorragende Rolle. Diese Qualifikation gilt ebenso für alle ÖsterreicherInnen auf Seiten der alliierten Streitkräfte und Nachrichtendienste. Die umfassenden politischen und kulturellen Aktivitäten von ÖsterreicherInnen im Exil stellen ein eigenes, in zahlreichen Publikationen abgehandeltes Thema dar; an dieser Stelle kann nur ein Überblick über den Exilwiderstand skizziert werden.

Nach dem gewaltsamen „Anschluss" Österreichs an Hitlerdeutschland mussten mehr als 130 000 ÖsterreicherInnen, die als Juden (im Sinne der Nürnberger Gesetze) verfolgt wurden, aus dem Land flüchten; dazu kamen einige wenige tausend politische AktivistInnen, von denen ein großer Teil schon nach den Februarereignissen 1934 geflüchtet war. Im Gegensatz zu weit verbreiteten Vorurteilen über die „Emigranten", denen es viel besser ergangen wäre als den im Land befindlichen Menschen, hatten die Vertriebenen ein mühevolles, ungewisses Schicksal zu meistern, das sich für viele Tausende dramatisch zuspitzte, als sie nach den Blitzkriegen Hitlers 1940/41 wieder unter deutsche Herrschaft gerieten. Als politische NS-GegnerInnen und als verfolgte Juden oft doppelt gefährdet, wagten viele trotzdem den Einsatz im europäischen Widerstand.[410]

Als erste müssen hier die antifaschistischen Freiwilligen genannt werden, die nach dem Franco-Putsch 1936 der Spanischen Republik zu Hilfe eilten. Nach den akribischen Forschungen des einstigen Spanienkämpfers und nunmehrigen DÖW-Mitarbeiters Hans Landauer kämpften ca. 1400 Österreicher, unter ihnen nicht wenige Frauen, auf Seiten der Republik, vor allem in den Internationalen Brigaden, in denen auch ein Bataillon „12. Februar" aufgestellt wurde. Die Österreicher, zum Großteil ehemalige Schutzbündler, die eines der stärksten Freiwilligenkontingente stellten, wollten den in Österreich im Februar 1934 verlorenen Kampf gegen den Faschismus in Spanien wieder aufnehmen. Diese gelebte internationale Solidarität kommt in dem Lied der Internationalen Brigaden zum Ausdruck, wo es heißt: „Wir haben die Heimat nicht verloren, unsere Heimat liegt heute vor Madrid!" Das Gros der Spanienkämpfer flüchtete nach der Niederlage im Frühjahr 1939 nach Frankreich, und stellte auch in der Folge eine militante Vorhut, die an allen Fronten des Widerstandes in Europa zu finden war.

Die Spanienkämpfer, die in deutsche Hände fielen, wurden trotz Zusicherung von Straffreiheit durch die Deutsche Waffenstillstandskommission und das RSHA auf Grund eines Erlasses des Chefs des RSHA, Heydrich, vom 25. 9. 1940 von der Gestapo festgenommen und „mindestens für die Dauer des Krieges" in Schutzhaft genommen, sprich in KZ eingewiesen. Mit 458 Häftlingen stellten die österreichischen „Rotspanienkämpfer" – so der NS-Jargon – das stärkste Kontingent in den deutschen KZ.[411]

Der Arbeiterschriftsteller Benedikt Fantner (geb. 9. 6. 1893) kämpfte ab 1937 im Spanischen Bürgerkrieg (1936–1939) auf Seiten der Republik. Im Oktober 1940 wurde er von Frankreich zur Gestapo Wien überstellt und am 22. Februar 1941 in das KZ Dachau eingeliefert. Er wurde als nicht mehr arbeitsfähiger Häftling im Zuge der Aktion „14f13" am 19. 1. 1942 in die Euthanasieanstalt Hartheim gebracht und dort vergast. Der Wagnergehilfe Franz Kasteiner (geb. 17. 1. 1905) geriet im März 1938 in Franco-Gefangenschaft und wurde am 25. 11. 1941 in Spanien von der deutschen Sicherheitspolizei übernommen und nach Wien überstellt. Er kam am 23. 11. 1942 im KZ Groß-Rosen um. Der Maurergehilfe Alexander Bielewicz (geb. 21. 2. 1911) kämpfte ab 1937 auf Seiten der Republik. Er geriet im April 1938 in Franco-Gefangenschaft und wurde Ende 1941 von den Spaniern an die Gestapo übergeben, die ihn am 27. 3. 1942 in das KZ Dachau einlieferte. Dort blieb Alexander Bielewicz bis Ende April 1945 in Haft. Hans Landauer (geb. 19. 4. 1921) aus Oberwaltersdorf, der jüngste österreichische Spanienkämpfer, stand ab 19. 6. 1937 in den Reihen der Internationalen Brigaden. Nach Ende des Bürgerkrieges wurde er in Frankreich in den Lagern Argelès, St. Cyprien und Gurs sowie im Gefängnis von Toulon interniert. Nach seiner Rückkehr wurde Landauer am 17. 4. 1941 von der Gestapo Wien erkennungsdienstlich erfasst und am 6. 6. 1941 im KZ Dachau interniert, wo er bis zur Befreiung Ende April 1945 in Haft blieb. Der Medizinstudent Josef Schneeweiß (geb. 24. 4. 1913) kämpfte ab September 1936 in der Centuria Thälmann und in der 11. Internationalen Brigade bis zur Niederlage der Republik 1939. Er wurde am 1. 12. 1940 in Paris festgenommen und in der Folge über Saarbrücken nach Wien überstellt. Am 11. 11. 1941 wurde er vom OLG Wien wegen „Vorbereitung zum Hochverrat" zu 2 Jahren 6 Monaten Zuchthaus verurteilt, weil er „sich dessen bewusst sein musste, dass es sich bei dem spanischen Bolschewikenaufstand um den Versuch der Ausbreitung des Kommunismus in Europa und damit auch im Deutschen Reich handelte". Bei den wegen „Vorbreitung zum Hochverrat" angeklagten österreichischen Spanienkämpfern wurde allerdings nur der Zeitraum ab 13. März 1938 inkriminiert, was aber letztlich irrelevant war, denn auf Grund einer Vereinbarung zwischen dem Reichsjustizministerium und dem RSHA wurden die „Rotspanienkämpfer" aus der Justizhaft an die Gestapo überstellt und in KZ eingewiesen. So wurde auch Josef Schneeweiß am 9. 2. 1942 in das KZ Dachau gebracht und bis zur Befreiung am 29. 4. 1945 inhaftiert.[412]

Mit der deutschen Okkupation Frankreichs und Belgiens 1940 schlossen sich viele österreichische Flüchtlinge und ExilantInnen dem dortigen regionalen Widerstand an. Deutsche und österreichische KommunistInnen arbeiteten – in enger Verbindung mit der Resistance – in der Travaille Allemande (TA), auch Travaille Anti-Allemande (antideutsche Arbeit), zusammen, wobei eine rege Flugblatt- und Zeitungspropaganda betrieben wurde. Darüber hinaus wurde die direkte Agitation unter deutschen (bzw. österreichischen) Soldaten praktiziert, die zum Desertieren veranlasst werden sollten. Diese äußerst gefährliche und personell verlustreiche Tätigkeit wurde vor allem von jungen Frauen durchgeführt – die so genannte Mädelarbeit.

Auf die 1943 erfolgte Einschleusung von österreichischen WiderstandskämpferInnen als französische Fremdarbeiter nach Österreich wurde bereits an anderer Stelle hingewiesen. Im Hinblick darauf entsandte die Wiener Gestapo mehrere Beamte nach Frankreich, die die dortigen österreichischen Widerstandsstrukturen brutal zerschlugen. Im Juni 1944 wurden der zentrale Funktionär Oskar Grossmann, Mitglied des ZK der KPÖ, seine Lebensgefährtin Dr. Selma Steinmetz und andere KommunistInnen von der Gestapo verhaftet. Selma Steinmetz, nachmalige Bibliothekarin des DÖW, schildert ihre „Vernehmung" durch den Gestapobeamten Tucek:

„Ich wurde von Tucek in Ketten gelegt, vorerst schlug er mich mit der bloßen Faust. Dann nahm er einen Ochsenziemer zur Hilfe, mit welchem er mich am ganzen Körper so schlug, dass mein Körper voll mit Blutstriemen war […] Am nächsten Tag wandte er bei mir die Methode eines Bades an. Ich musste mich bis auf meine Unterwäsche ausziehen, wurde an Händen und Füßen gefesselt und in die Badewanne gelegt, welche mit kaltem Wasser angefüllt war. Ich wurde fortwährend mit dem Kopf unter Wasser getaucht, wenn ich mit dem Kopf aus dem Wasser kam, hielt man mir die Dusche ins Gesicht, so dass ich durch die Wasserstrahlen ebenfalls fast keine Luft bekam. Ich glaubte jeden Moment ersticken zu müssen. In dieser Weise wurde ich fünf Tage lang von Tucek verhört."[413]

Widerstandsaktivitäten wie sie in Frankreich geschahen, setzten österreichische KommunistInnen auch im besetzten Belgien. So war etwa Ester Tencer (geb. 1909 in Galizien als Tochter eines Rabbiners), die Anfang 1939 nach Belgien emigriert war, dort in der „Mädelgruppe" der Kommunistischen Partei aktiv und agitierte bis zu ihrer Festnahme im März 1943 unter deutschen Soldaten gegen den Krieg. Sie wurde im Jänner 1944 aus dem Sammellager Malines nach Auschwitz und von dort nach Ravensbrück überstellt, wo sie im April 1945 vom Roten Kreuz nach Schweden evakuiert wurde.[414]

In den Niederlanden hatte sich der österreichische Medizinstudent Karl Gröger einer holländischen Widerstandsgruppe angeschlossen, der es im März 1943 gelang, das Amsterdamer Einwohnermeldeamt (samt den darin befindlichen für jüdische Zwangsarbeit und Deportation wichtigen Unterlagen) zu sprengen – eine der erfolgreichsten Aktionen des Widerstandes in den Niederlanden, die vielen Juden das Leben rettete. Anne Frank berichtete über diese spektakuläre Aktion in ihrem Tagebuch am 27. März 1943. Gröger wurde gemeinsam mit seinen Mitkämpfern vom SS- und Polizeigericht in Den Haag zum Tode verurteilt und am 1. Juli 1943 bei Amsterdam von einem SS-Kommando erschossen. 1986 wurde er posthum als „Gerechter der Völker" ausgezeichnet.[415]

In Budapest fungierte der 1938 mit seiner Familie aus dem Burgenland vertriebene, nach Ungarn abgeschobene Jonny Moser (geb. 10. 12. 1925) als Helfer des schwedischen Diplomaten Raul Wallenberg, der 1944 unter hohem persönlichen Risiko tausenden von Deportation und Ermordung bedrohten Juden durch Ausstellung von „Schutzpässen" das Leben rettete.[416]

Nach vorsichtigen Schätzungen von Siegfried Beer kämpften rund 10 000 Österreicher in den Armeen Großbritanniens, Frankreichs, der Vereinigten Staaten und der Sowjetunion. In den alliierten Armeen waren die Österreicher in der Regel über alle Truppenkörper verstreut, was die Ortung und die zahlenmäßige Erfassung dieser Rekrutierten, aber auch der Gefallenen schwierig macht.[417] Österreicher, Exilanten wie Kriegsgefangene, wirkten auch in alliierten Kommandounternehmen mit, wo sie zum Zweck der Spionage-, Sabotage- und Partisanentätigkeit über österreichischem Gebiet abgesetzt wurden. So wurden z. B. die Sozialisten Albrecht Gaiswinkler und Hans Grafl von den Briten im April 1945 im Höllengebirge abgesetzt und beteiligten sich an der Befreiung des Salzkammerguts.[418] Die Spanienkämpfer Siegmund Kanagur (Kennedy), Josef Kraxner und Franz Marx wurden in den letzten Wochen vor der Befreiung vom OSS im Dreiländereck Österreich, Italien und Slowenien als Funkaufklärungstrupp mit dem Fallschirm abgesetzt und konnten ihre Mission ohne Verluste erfolgreich abschließen. Ein aus Österreichern bestehendes, aus der Sowjetunion kommendes Kommando verunglückte beim Absturz des britischen Transportflugzeuges in den bayrischen Bergen, und die Opfer wurden – auf Grund der mitgeführten gefälschten Dokumente – 1945 auf einem Militärfriedhof als „Polen" bestattet.[419] Peter Pirker hat die vielfältigen (britischen) SOE-Operationen in Kärnten-Osttirol eindrucksvoll dargestellt, bei denen österreichische Freiwillige unter besonders gefährlichen Bedingungen zum Einsatz kamen. Der militante Sozialist Hubert Mayr und der Bürgerliche Wolfgang Treichl, beide österreichische Patrioten, sind dabei gefallen[420].

In diesem Zusammenhang ist festzustellen, dass die Grenzen zwischen Widerstandsaktivitäten und nachrichtendienstlichen Tätigkeiten für die Alliierten fließend waren und dass aus heutiger Sicht der militärische und geheimdienstliche Einsatz für die Alliierten, von NS-Gerichten und Gestapo bzw. heutigen Rechtsextremen als „Hoch oder Landesverrat" diffamiert, als integrierender Bestandteil des Kampfes der Anti-Hitler-Koalition und des europäischen Widerstandes zu werten ist.[421]

Es ist heute unübersehbar, dass viele Exilierte und ExilwiderstandskämpferInnen ein schönfärberisches Österreichbild hatten. Unter Vorwegnahme der späteren Opfertheorie sahen sie die Österreicher als ein von den Deutschen vergewaltigtes Volk, das sich heldenhaft zur Wehr setzte. Der Widerstand wurde in diesem Sinn ausschließlich als ein nationaler Befreiungskampf interpretiert, an dem sie aktiv Anteil nehmen wollten. Sie wollten die tiefe Durchdringung der österreichischen Bevölkerung vom Nationalsozialismus und seiner rassistischen Ideologie, die Komplizenschaft und das Nutznießertum durch „Arisierung" und Zwangsarbeit nicht wahr haben. Wenn überhaupt so gingen manchen erst nach der Befreiung, angesichts der innenpolitischen Entwicklung Österreichs, des Buhlens um die ehemaligen Nationalsozialisten und der unzulänglichen Täterverfolgung die Augen auf; tendenziell blieb aber die zu positive Sicht auf Österreich auch bei so gut informierten und klugen Leuten wie den Historikern Felix Kreissler und Herbert Steiner (und damit auch dem frühen DÖW) erhalten. Dass der von Kreissler behauptete Aufschwung des österreichischen Widerstandes und Exilwiderstands zum „nationalen Konsens" 1944[422] so nicht stattgefunden hat, geht u. a. aus der ausgezeichneten Studie von Peter Pirker über die feindselige Aufnahme jener österreichischen Fallschirmspringer hervor, die 1944/45 von den Briten im Raum Kärnten-Osttirol abgesetzt worden waren.[423] Trotz des im Laufe des Krieges vor sich gehenden Rückgangs der Massenbegeisterung vom Frühjahr 1938 stand ein nicht geringer Teil der österreichischen Bevölkerung bis zum Kriegsende unter dem Einfluss des Nationalsozialismus.

Bewaffneter Widerstand, Partisanenkampf

Die österreichischen WiderstandskämpferInnen beschränkten sich in der Hauptsache auf traditionelle politische Tätigkeitsformen, wie die Bildung von Organisationen, Propaganda u. dgl., die sich als verlustreich, aber wenig effizient erwiesen. Gewaltsame Aktionen, auch Sabotage, waren eher selten. Die heute so „erfolgreichen" Formen des internationalen Terrorismus wie Sprengstoffanschläge, wahllose oder auch gezielte Attentate, Autobomben, Selbstmordanschläge, Geiselnahmen, Flugzeugentführungen, damit verbundene erpresserische Forderungen, kamen im deutschen und österreichischen Widerstand während des Dritten Reiches nicht zur Anwendung.

Der Partisanenkampf hatte zwar schon eine längere Tradition – das Wort Guerilla („kleiner Krieg") leitet sich ja aus dem spanischen Unabhängigkeitskampf gegen Napoleon ab –, zu einer Ausweitung zum „Volkskrieg" kam es aber erst im Laufe des Zweiten Weltkriegs, vor allem nach den deutschen Überfällen auf Jugoslawien und die Sowjetunion, bzw. durch die Kriegs- und Bürgerkriegsereignisse in China und Vietnam.

Erst ab etwa 1942 formierten sich, meist auf Initiative von Kommunisten, bewaffnete Widerstandsgruppen; eine militärische und politische Bedeutung erlangten jedoch nur die slowenischen Partisanen in Kärnten. Die vernichtenden Schläge der Gestapo und der Niedergang des regionalen und lokalen Organisationsnetzes bis 1943 bedeuteten keineswegs das Ende des kommunistischen Widerstandes in Österreich, denn es wurden neue politisch-organisatorische Strukturen entwickelt. Die im sowjetischen Exil befindliche KPÖ-Führung bemühte sich, durch den Einsatz von kampferfahrenen und verlässlichen Funktionären, vor allem aus den Reihen der Februar- und Spanienkämpfer, die meist mit dem Fallschirm abgesetzt wurden, bewaffnete Verbände aufzubauen. Vornehmlich aus ehemaligen Spanienkämpfern bestand die nach einer Ausbildung in Moskau Anfang August 1944 auf slowenischem Gebiet abgesetzte „Kampfgruppe Steiermark", besser bekannt als „Koralmpartisanen", die in der Gegend der Sau- und Koralpe aktiv kämpften. Von den ursprünglich 20 Mann fielen 8 im Kampf, darunter der Anführer Leo Engelmann (geb. 30. 9. 1914).[424]

Im Unterschied zu den auf die Sympathie der slowenischen Bauern sich stützenden Kärntner Partisanen fiel es den mit Fallschirmen abgesetzten Kampfgruppen sehr schwer, in der Bevölkerung Fuß zu fassen, da hier die NS-Propaganda mit ihren antibolschewistischen Feindbildern stark wirksam war. Fritz Tränkler (geb. 1910) berichtet in einem DÖW-Interview, dass die politischen Bedingungen viel schwieriger waren als erwartet:

Der 1945 als Partisan gefallene vormalige Spanienkämpfer Leo Engelmann

„[…] ich bin viel in der Welt herumgekommen, das war meine schwierigste Phase, Partisan sein in einem kleinen Land, wo das Gebiet, das man benützen kann, sowieso nicht sehr groß ist, wo alle paar Kilometer ein Dorf oder sonst etwas ist, das mit Straßen doch verhältnismäßig gut bestückt ist, wo eine Armee- oder Gendarmerieeinheit binnen einer halben Stunde wer weiß wo sein kann, das ist an und für sich nicht leicht. Wenn aber dann noch dazugekommen ist, dass wir von der Bevölkerung sehr wenig Unterstützung erhalten haben, ist es besonders schwer."[425]

Von den bewaffneten Widerstandsgruppen außerhalb Kärntens trat nur die Partisanengruppe Leoben-Donawitz militärisch in Erscheinung, während andere vielfach als „Partisanen" bezeichnete Gruppen wie im Tiroler Ötztal[426] oder im Salzkammergut über die Aufbau und Bewaffnungsphase nicht hinauskamen bzw. wegen Befürchtungen vor Repressalien gegen die Zivilbevölkerung den Kampf nicht aufnahmen. Die von Sepp Filz angeführte Partisanengruppe Leoben-Donawitz formierte sich 1943 aus den Überlebenden der zerschlagenen kommunistischen Widerstandsgruppen in der Obersteiermark und nannte sich – der kommunistischen Volksfrontlinie folgend – „Österreichische Freiheitsfront". Im Lauf des Jahres 1944 verübte die Gruppe mehrere Anschläge auf Bahnlinien und verlor bei Gefechten mit den sie verfolgenden NS-Kräften mehrere Kämpfer. In der zweiten Hälfte 1944 wurde die Gruppe, vor allem durch die Aufdeckung des zivilen Unterstützerumfelds, weitgehend aufgerieben.[427]

Die „Salzkammergut-Partisanen" unter der Leitung des im August 1943 aus dem KZ-Außenlager Hallein geflüchteten kommunistischen Spanienkämpfers Sepp Plieseis (geb. 29. 12. 1913) versteckten sich in einem Unterschlupf („Igel") bei der Ischler Hütte und pflegten intensive Kontakte zu Widerstandskreisen in der Umgebung. Die schwierige und gefährliche Versorgung der nach 1945 zum Mythos erhobenen „Partisanen" erfolgte durch politisch engagierte Frauen aus dem Tal.

Im Salzkammergut agierte ab Ende April 1945 auch eine von den Briten im Höllengebirge abgesetzte Kampfgruppe unter der Leitung des nachmaligen SPÖ-Abgeordneten Albrecht Gaiswinkler. Beide Widerstandsgruppen beteiligten sich an der Befreiung Anfang Mai 1945 und wirkten an der Rettung der aus ganz Europa geraubten Kunstwerke mit, die in einem Stollen des Salzbergwerks eingelagert waren und auf Geheiß von Gauleiter Eigruber hätten vernichtet werden sollen.[428]

Insbesondere im bewaffneten Widerstand spielten Frauen eine hervorragende Rolle, indem sie – unter größtem Risiko – die Infra- und Kommunikationsstrukturen (Unterkünfte, Verpflegung, Nachschub, Informationen, Verbindungen etc.) aufbauten und aufrechterhielten. Dabei kam ihnen zugute, dass sie von den durch und durch patriarchalisch gesinnten NS-Behörden als Gegner nicht so gefährlich eingeschätzt und ernst genommen wurden als Männer.[429]

Die „Österreichischen Bataillone" in Slowenien

Auf Grund eines Abkommens zwischen den kommunistischen Parteien Jugoslawiens und Österreichs wurden im Rahmen der Jugoslawischen Volksbefreiungsarmee (Tito-Partisanen) im Herbst 1944 fünf „Österreichischen Bataillone" in Slowenien aufgestellt, von denen zwei 1945 zum Kampfeinsatz kamen. Der Großteil der Kämpfer waren verlässliche Kader der KPÖ, Spanienkämpfer bzw. zur Roten Armee übergelaufene Deserteure, die mit Flugzeugen aus der Sowjetunion nach Slowenien gebracht wurden. Die Bataillone waren nicht als Verstärkung der Tito-Partisanen gedacht; vielmehr sollten sie nach Südösterreich vordringen und an der Befreiung Österreichs im Sinne der Moskauer Deklaration mitwirken. Eine erste, 15-köpfige Kampftruppe, die unter der Leitung des aus der Sowjetunion kommenden Willi Frank (geb. 12. 2. 1909) und Laurenz Hiebl (geb. 27. 7. 1903) stand, versuchte am 17. 2. 1945 nach Österreich zu gelangen, wurde aber in einem Gefecht zurückgeschlagen, wobei Frank, Mitglied des ZK der KPÖ, fiel.

Im Sinne der kommunistischen Volksfrontpolitik wurde unter dem Namen „Österreichische Freiheitsfront" (ÖFF) eine patriotische Überparteilichkeit propagandistisch verkündet, doch die politische Führung der Bataillone lag in den Händen von zwei KPÖ-Spitzenfunktionären, des nachmaligen Innenministers Franz Honner und des langjährigen KPÖ-Generalsekretärs Friedl Fürnberg. Als politischer Instruktor wirkte der 1944 aus Kärnten nach Slowenien geflüchtete RS-Funktionär Erwin Scharf (geb. 29. 8. 1914), der nach 1945 als SPÖ-Zentralsekretär für die Zusammenarbeit mit den Kommunisten plädierte und ausgeschlossen wurde.

Die politische Bedeutung der Österreichischen Bataillone in Slowenien liegt darin, dass sie die einzigen militärischen Einheiten unter österreichischem Kommando auf Seiten der Anti-Hitler-Koalition waren. Eine längere Dauer des Krieges im Jahr 1945 hätte möglicherweise diesen bewaffneten Widerstandsgruppen – wie in anderen Ländern – ein größeres politisches und militärisches Gewicht gegeben[430].

Slowenische Partisanen in Kärnten

Die mit Abstand wichtigsten bewaffneten und tatsächlich kämpfenden Widerstandsgruppen waren die slowenischen Partisanen in Kärnten. Die Ursachen für die starke slowenische Widerstands- und Partisanentätigkeit lagen in der bald nach dem „Anschluss" 1938 einsetzenden, von Kärntner Nationalsozialisten forcierten brutalen Germanisierungspolitik der NS-Machthaber, die auf die totale Assimilierung der slowenischen Volksgruppe, die Ausschaltung der nichtassimilierungswilligen „Nationalslowenen" und letztlich die Vernichtung als Volksgruppe abzielte. Erster Höhepunkt war die Einweisung von nahezu 1000 „national gesinnten" Kärntner SlowenInnen in Lager in Deutschland im April 1942, der im Zuge des Krieges noch weitere Deportationen von Widerstandsympathisanten folgten.

Diese Zwangsmaßnahmen förderten den Widerstandsgeist; viele junge Kärntner Slowenen entzogen sich dem Dienst in der deutschen Wehrmacht und flüchteten nach Slowenien. Nach der Besetzung und Zerschlagung Jugoslawiens 1941 kehrten viele nach Kärnten zurück und bildeten die „grünen Kader", die später in der Partisanenbewegung aufgingen.

Im Sommer 1942 formierten sich in Kärnten die ersten Gruppen der „Osvobodilna fronta" /Befreiungsfront (OF), die ein Jahr zuvor als eine Art Volksfrontkoalition unter kommunistischer Führung (Tito) entstanden war. Die slowenischen Partisanengruppen in Kärnten waren programmatisch und operativ Teil der jugoslawischen bzw. slowenischen Volksbefreiungsarmee. Ziel der OF war „die unerbittliche bewaffnete Aktion" gegen die deutschen Besatzer, nach deren Vertreibung die „Vereinigung" aller Slowenen und die Einführung einer „Volksdemokratie" geplant waren. Die ersten bewaffneten Organisationen, die bald Verstärkung aus Slowenien erhielten, entstanden im Raum Eisenkappel bzw. Zell. Am 25. 8. 1942 kam es zum ersten Gefecht bei Abtei.

Für die Entwicklung der Partisanenbewegung war es von entscheidender Bedeutung, dass sie auf die Unterstützung weiter Kreise der Kärntner Slowenen zählen konnte. Der Terror der Gestapo richtete sich daher verstärkt gegen das Unterstützer- und Sympathisantenumfeld. Allein im November und Dezember 1942 wurden 200 Personen festgenommen und angezeigt. 36 standen im April 1943 vor dem in Klagenfurt tagenden VGH, 13 Angeklagte wurden zum Tode verurteilt und am 29. 4. 1943 im Wiener Landesgericht hingerichtet. Auch in der Folgezeit gab es immer wieder größere Verhaftungsaktionen gegen die OF-AktivistInnen und -Förderer.

Der NS-Terror konnte die Ausbreitung der Partisanenbewegung nicht aufhalten. Die Partisanen griffen kleinere Stützpunkte, Kolonnen und Patrouillen der Besatzer an, zerstörten Bahnstrecken und andere Kommunikationseinrichtungen, zerstörten kriegswichtige Betriebe und requirierten Lebensmittel, Bekleidung etc. für ihre Versorgung. Darüber hinaus bot die Partisanenbewegung geflüchteten Kriegsgefangenen, Fremdarbeitern und Deserteuren der Wehrmacht Unterschlupf, und nicht wenige, vor allem Russen, aber auch deutschsprachige Österreicher, kämpften an der Seite der Kärntner Slowenen. Zu einigen anderen österreichischen Widerstandsgruppen bestanden Kontakte. So wurde etwa der Schlosser Rudolf Lorbeck (geb. 20. 3. 1921) von der Gestapo Wien wegen Zugehörigkeit zur „slowenischen Freiheitsfront" festgenommen und in das KZ Groß-Rosen überstellt. Er starb am 29. 4. 1945 im KZ Mauthausen.[431]

Die Kärntner slowenischen Partisanen Janez Wutte (rechts) und Johann Petschnig

Im Juni 1944 überschritt ein Partisanenverband die Drau und operierte bis in die Kreise Wolfsberg und St. Veit an der Glan. Größere Gefechte mit den zahlenmäßig überlegenen deutschen Kräften wurden nach Möglichkeit vermieden. Einer der Anführer der Partisanengruppe auf der Saualpe, Janez Wutte-Luc (geb. 1918), der spätere Vorsitzende des Verbandes der Kärntner Partisanen, berichtete in einem DÖW-Interview über die schwierigen Verhältnisse in der nördlichen Operationszone:

„Wir waren die erste Kampfgruppe auf der Nordseite der Drau. Am 24. [6. 1944] um ein Uhr nachts kamen wir zur Drau. Wir hatten ein kleines englisches Boot mit für zwei Personen. Sagt der Kommissar Polde zu mir, das war der Miha Roz aus Vellach: ‚Luc, ich bin neugierig, wer sich als Erster ins Boot setzen wird'. Sage ich: ‚Wirst sehen, es wird nichts anderes übrig bleiben, als dass ich gehen werd müssen' […]

Dann begannen einige Burschen von der Nordseite, sich uns anzuschließen. Als Erster kam ein österreichischer Demokrat, im August oder Ende Juli. Er hat die Partisanen gesucht, er ist in Eichberg zu uns gestoßen; der Zweite war Tomaž aus Griffen, noch einer aus Griffen und der Franc aus Kletschach, dann einer aus dem Görtschitztal. […] Es war ja schlimm, überhaupt auf der Nordseite. Wir hatten keinen Arzt, kein Krankenhaus, wir hatten nichts, wir waren auf uns selbst angewiesen. Leichte Sachen haben wir selber operiert, wie wir es wussten und konnten, schwerer Verletzte haben sich erschossen, damit sie den Deutschen nicht in die Hände gefallen sind.

Bis zum 15. September hatten wir das gesamte Terrain bis Preblau hinauf bearbeitet, samt Görtschitztal und Lavanttal. Vom 10. auf den 11. August hatten wir unser erstes Opfer […] Die Polizei schoss mit Dumdum-Patronen, dass es von den Fichten Äste herunterregnete. Wir schleppten den verwundeten Kommandanten mit. Dem Polen hatte es das Bein total weggefetzt, der blieb dort liegen. Die Polizei fand die beiden am nächsten Morgen, den Gašper und den Polen; er war noch nicht tot, er hat schrecklich gelitten. Sie haben beide an der Straße, die von St. Andrä nach Wolfsberg führt, aufgehängt – zur Abschreckung."[432]

Die NS-Machthaber hatten im April 1944 einen „Einsatzstab zur Bandenbekämpfung" in Klagenfurt gebildet und ein SS-Polizei-Regiment nach Kärnten verlegt. Am 8. August 1944 erklärte Himmler das südliche Kärnten und das angrenzende slowenische Gebiet zu „Bandenkampfgebiet". Die slowenischen Partisanen konnten sich organisatorisch, politisch und militärisch in Kärnten fest etablieren. Sie bildeten mehrere größere Kampfverbände, traten in Uniformen auf und waren gut bewaffnet, zumal sie von den Alliierten, die Militärmissionen schickten, Unterstützung erhielten. In einigen festen Stellungen richteten sie Druckereien zur Herstellung illegaler Zeitschriften und Flugblätter sowie Spitäler zur Behandlung Verletzter ein. Die slowenischen Partisaneneinheiten lieferten den dort zur „Bandenbekämpfung" eingesetzten Polizei, SS und Wehrmachtseinheiten immer wieder Gefechte, bei denen hunderte WiderstandskämpferInnen gefallen sind. Unter den Gefallenen befand sich auch der Kommandant des 1. Kärntner Bataillons France Pasterk-Lenart (1912–1943), der auf dem Cover dieses Buches abgebildet ist. Am 8. Mai 1945 konnte die Partisanenarmee nahezu zeitgleich mit den britischen Truppen in Klagenfurt einziehen.

Die Zahlenangaben für die slowenischen WiderstandskämpferInnen schwanken zwischen ca. 600 und 800. Nach neuesten Forschungen von Augustin Malle wurden mehr als 900 Kärntner SlowenInnen aus politischen Gründen verfolgt.[433] Ungeachtet der politischen Orientierung der OF auf ein vereintes Slowenien unter kommunistischer Herrschaft ist dieser Einsatz der Kärntner SlowenInnen als wichtigster und effektivster „eigener Beitrag" zur Befreiung Österreichs von der NS-Herrschaft anzusehen.

Widerstand im Militär

Verweigerung, Fahnenflucht und Hochverrat

In der öffentlichen Wahrnehmung hat sich in den letzten Jahren durch die zwei Wehrmachtsausstellungen und den 60. Jahrestag des 20. Juli 1944 ein sehr divergierendes Bild der Wehrmacht ergeben. Die Ausstellung über die Verbrechen der Wehrmacht war notwendig, um die bis dahin tradierte apologetische Sichtweise von der Wehrmacht als ritterlich und heroisch kämpfende Truppe und Hort des Widerstandes aufzubrechen und den Blickwinkel auf die Mitwirkung der Wehrmacht am Holocaust und anderen NS-Verbrechen zu richten. Eine ausgewogene Beurteilung der Wehrmacht hat aber auch zu berücksichtigen, dass diese insgesamt rund 20 Millionen Soldaten umfasste, die zum Großteil nicht freiwillig, sondern zwangsweise eingerückt waren und von denen nur ein mehr oder weniger kleiner Teil in kriegsverbrecherische Handlungen involviert war. Schließlich gehört zu einem vollständigen Bild der Wehrmacht auch die Würdigung des nicht geringen militärischen Widerstandes, der weit über die kleine Gruppe der am Umsturzversuch des 20. Juli 1944 beteiligten hohen Offiziere hinausging. Die überwältigende Mehrheit der Verfolgungshandlungen der NS-Militärjustiz richtete sich nicht gegen Offiziere, sondern gegen einfache Soldaten.

Gegen hunderttausende Soldaten wurden von der Militärjustiz Verfahren eingeleitet, tausende Todesurteile wegen Hochverrat, Wehrkraftzersetzung, Wehrdienstverweigerung und Fahnenflucht ausgesprochen und exekutiert. Die nachfolgenden Angaben zum Widerstand in der deutschen Wehrmacht stützen sich vor allem auf die ausgezeichnete Arbeit über die österreichischen Opfer der Militärjustiz, die Walter Manoschek mit einem Team jüngerer ForscherInnen herausgebracht hat.[434] Einschränkend ist vorauszuschicken, dass die unzähligen an der Front oder in Besatzungsgebieten von Feldgerichten und anderen Militärgerichten zum Tode verurteilten und hingerichteten Soldaten und Offiziere, insbesondere in der Endphase im April und Mai 1945, noch keineswegs restlos erfasst sind; hier besteht wohl die größte Dunkelziffer hinsichtlich des österreichischen Widerstandes.

Die größte Deliktgruppe der Militärjustiz waren Entziehungsdelikte wie Kriegsdienstverweigerung, Fahnenflucht, unerlaubte Entfernung und Selbstverstümmelung. Die Kriegsdienstverweigerung fand zum Großteil in der ersten Phase des Krieges statt; von 119 erfassten Fällen fallen 71 in den Zeitraum 1939/40. Der Großteil dieser Fälle betraf Zeugen Jehovas, auf die bereits eingegangen worden ist; der katholische Kriegsdienstverweigerer Franz Jägerstätter ist ein herausragendes Beispiel für diesen Widerstand aus Gewissensgründen. Dass von den 60 in der Manoschck-Untersuchung erfassten Todesurteilen 80 % vollzogen wurden, zeigt die Härte der NS-Militärjustiz, die vor allem der Abschreckung und Disziplinierung dienen sollte.[435]

Das häufigste Entziehungsdelikt war die Desertion, deren Zahl Thomas Geldmacher in der Manoschek-Studie mit 4000 Urteilen auf der Basis von 400 erfassten hochrechnet. Die Gesamtzahl aller Wehrdienstentziehungen von Österreichern wird von Geldmacher in einer geschätzten Größenordnung von 30 000 bis 50 000 angegeben – bei 1,2 Millionen eingezogenen Soldaten wären das immerhin 3 bis 4 %. Auch hier war die Bestrafung rigoros: in fast der Hälfte der Verfahren wurden Todesurteile verhängt, von denen mehr als 60 % vollstreckt wurden. Geldmacher geht davon aus, „dass zwischen 1200 und 1400 österreichische Fahnenflüchtlinge von der nationalsozialistischen Terrorjustiz hingerichtet wurden". Im Hinblick auf die Diskussion, dass die Deserteure „Kameradenmörder" (so der FPÖ/BZÖ-Politiker Kampl) gewesen wären, wird herausgearbeitet, dass 99 % der Deserteure bei ihrer Flucht keine physische Gewalt angewendet haben. Das zweithäufigste Delikt – ca. ein Viertel der erfassten Fälle – war die unerlaubte Entfernung von der Truppe. Hier war der Ermessensspielraum der Richter groß: die Urteile reichten von Disziplinarstrafen bis zu Todesurteilen[436]. An dieser Stelle können nur wenige Fallbeispiele angeführt werden.

Der Elektriker Ludwig Tschida (geb. 12. 9. 1921) aus Ebergassing wurde als Funktionär des Kommunistischen Jugendverbands am 3. 7. 1942 festgenommen und am 25. 11. 1943 wegen „Vorbereitung zum Hochverrat" vom VGH zu 15 Jahren Zuchthaus verurteilt. Ende Juli 1944 wurde er einer Strafeinheit zugeteilt. Wegen Fahnenflucht wurde Tschida am 11. 10. 1944 zum Tode verurteilt und hingerichtet. Der Ledergalanterist Johann Duffek (geb. 8. 4. 1914) desertierte von der Deutschen Wehrmacht. Am 30. 6. 1943 wurde er von der Gestapo wegen „Verdachts der KP-Betätigung" erkennungsdienstlich erfasst. Duffek wurde wegen „Fahnenflucht" zum Tode verurteilt und am 7. 9. 1943 im Landesgericht Wien hingerichtet Der Buchhändlergehilfe Fritz Stumpf (geb. 4. 3. 1925) wurde am 17. 11. 1944 von der Gestapo erkennungsdienstlich erfasst. Er wurde wegen „Wehrkraftzersetzung" und „Fahnenflucht" zum Tode verurteilt und am 16. 4. 1945 in Torgau hingerichtet.[437] Der Gefreite Johann Fleck, gegen den wegen kommunistischer Tätigkeit vor dem OLG Wien ein Verfahren lief, wurde beim Versuch am 14. 5. 1942 in die Schweiz zu flüchten, an der Grenze festgenommen. Über das weitere Schicksal informierte das zuständige Heeresgericht die Ehefrau Franziska Fleck am 23. 5. 1942:

„Durch Urteil des Heeresgerichts der Dienststelle Feldpostnummer 16 076 ist Ihr Ehemann deshalb wegen Fahnenflucht zum Tode verurteilt worden. Das Urteil ist am 23. 5. 1942 vormittags 7 Uhr vollstreckt worden. Der Leichnam ist am 23. 5. 1942 auf dem Friedhof zu Moulins sur Allier beigesetzt worden."[438]

Zwei gerade eingezogene Soldaten, Michael Muck und Paul Novak, die im Oktober 1939 nach Ungarn flüchteten, wurden von den ungarischen Behörden an die deutsche Grenzpolizei zurückgestellt und vom Feldkriegsgericht der Division Nr. 177 am 23. 1. 1940 wegen Fahnenflucht zu 10 bzw. 12 Jahren Zuchthaus verurteilt. Der Befehlshaber des Ersatzheeres General Fromm, der im Juli 1944 eine fragwürdige Rolle spielte und hingerichtet wurde, hob das Urteil gegen Novak am 20. 2. 1940 auf und wies den Anklagevertreter an, die Todesstrafe zu beantragen. Thomas Novak (geb. 2. 11. 1922) aus Siegendorf wurde am 14. 3. 1945 hingerichtet.[439] In Leithaprodersdorf wurden der Fleischhauer Martin Pöschl, der Tischlermeister Georg Radatz und die Landwirte Josef Menitz und Michael Tschank von der Gendarmerie festgenommen und über die Gestapo Wien im Februar 1945 in das KZ Mauthausen überstellt, weil sie öffentlich gegen ihre Einziehung zum Volkssturm Stellung genommen hatten.[440]

Im Laufe des Krieges, als die Verwundeten- und Gefallenenquoten immer stärker anstiegen, nahmen Selbstverstümmelungen zu, mit der man sich zumindest eine Zeit lang dem Wehrdienst entziehen konnte. Maria Fritsche beschreibt in ihrer Untersuchung dieser Thematik die dabei angewandten Methoden, zum Großteil mit plumper Gewalt herbeigeführte Arm- und Beinbrüche. Bei der „Simmeringer Variante" etwa sprang eine zweite Person auf das ausgestreckte Bein des Opfers und verletzte auf diese Weise das Knie- oder Sprunggelenk. Auch der bekannte Fußballer der Wiener Austria und der österreichischen Nationalmannschaft, Ernst Stojaspal, damals 19 Jahre alt, ließ sich den Arm brechen und wurde am 26. 10. 1944 zu acht Jahren Zuchthaus verurteilt. Er kam damit glimpflich davon, denn in 20 % der aufgedeckten und angeklagten Fälle lautete das Urteil auf Todesstrafe. Bei dem in Wien stationierten Gericht der Division Nr. 177, einer Einheit des Ersatzheeres, steigerte sich die Todesquote 1944/45 durch den „besonderen Eifer" des Oberfeldrichters Karl Everts, der Spitzel in Reservelazarette einschleuste und Verdächtige foltern ließ.[441] So wurden auf seinen Antrag am 8. 12. 1944 13 von 14 Angeklagten, die meisten unter 20 Jahre alt, wegen „Wehrkraftzersetzung, begangen durch Selbstverstümmelung" zum Tode verurteilt. Im Urteil wurde darauf hingewiesen, dass bereits mit früheren 1944 ergangenen Urteilen Selbstverstümmler „zu den härtesten Strafen, hievon 10 zu Tode" verurteilt worden waren. Am 7. 2. 1945 leitete Everts den Vollzug der Todesstrafe an 14 Soldaten. Das Exekutionskommando bestand aus 7 Offizieren und 70 Mann; als „Zuschauer" waren ca. 170 Soldaten von im Raum Wien stationierten Truppenteilen „gestellt", wodurch offenbar eine abschreckende Wirkung zur Eindämmung der in Wien grassierenden Selbstverstümmelungsseuche erzielt werden sollte.[442]

Eine relativ häufige, aber durchaus gefährliche Widerstandshandlung war die Mithilfe bei der Entziehung vom Wehrdienst durch Herbeiführung von Krankheiten, Unfällen u. dgl. bzw. durch falsche Befundung von Ärzten. Rudolf Dörner (geb.

25. 3. 1907), ehemaliger Krankenpfleger und Manager für Theater und Artistik, wurde am 3. 3. 1944 wegen „Wehrkraftzersetzung durch Beihilfe zur Wehrdienstentziehung von Wehrdienstpflichtigen" (Verabreichung von Injektionen und Pulvern zur „teilweisen oder vollständigen Herabsetzung der Front- und Wehrdiensttauglichkeit") festgenommen. Er wurde vom Reichskriegsgericht (gemeinsam mit Heinrich Moltkau u. a.) zum Tode verurteilt und am 15. 4. 1945 auf dem Schießstandgelände in Weiden (Oberpfalz) erschossen. Der Journalist Ewald Sator-Buron (geb. 26. 6. 1910), der ab 1941 in Verbindung mit der Widerstandsgruppe um Hans Becker stand, wurde am 30. 3. 1944 von der Gestapo Wien festgenommen, weil er verdächtigt wurde, „im Zusammenwirken mit anderen Wehrmachtsangehörigen durch falsche Befundungen das Ausscheiden von Wehrmachtsangehörigen aus dem Wehrdienst erwirkt zu haben". Ewald Sator-Buron wurde am 27. 7. 1944 wegen „Wehrkraftzersetzung" zu 8 Jahren Zuchthaus verurteilt. Aus dem Feldurteil des Gerichts der Division Nr. 177 geht hervor, dass auch diese Widerstandsaktivitäten durch einen V-Mann aufgedeckt wurden:

„In der Radetzkykaserne in Wien erfuhr etwa Mitte 1943 der Gefreite [...], dass eine günstige Befundung durch Truppenärzte durch Umstellung von Kv[kriegsverwendungsfähig]-Befunden in solche auf GvH [garnisonsverwendungsfähig Heimat] herbeigeführt wird. [...] In Anbetracht der Bedeutung dieser Fälle, hinter denen man das Treiben reaktionärer Kreise vermutete, wurde [...] im Einvernehmen mit den in Betracht kommenden Stellen des Wehrkreises, der Abwehrstelle und der Gestapo als Vertrauensmann angesetzt. Er hatte die Aufgabe, sich an die Gruppe der verdächtigen Personen heranzumachen. [...] Unter Hinweis auf seine 4 Kinder bat [...], ihm zu einer günstigen Befundung zu verhelfen. Sator sagte seine Hilfe zu. [...] Als [...] zu drängen begann, erklärte Sator, dass er ihm Tabletten verschaffen werde. Am 10. 2. 1944 übergab Sator tatsächlich in seiner Wohnung dem [...] eine braune Glasphiole mit 40 Tabletten [...] Sator erklärte auch, dass durch die Gebrauchnahme eine vorübergehende Herzreaktion herbeigeführt werde. [...] Die Verabreichung erfolgte kostenlos."[443]

Neben den Entziehungsdelikten gab es eine Fülle von „wehrkraftzersetzenden Äußerungen", „Verratsdelikte" und diverse Widersetzlichkeiten wie Gehorsamsverweigerung, Meuterei oder „Feigheit vor dem Feind". Auch bei diesen, meist politisch motivierten Tatbeständen kam in zunehmendem Maße die Todesstrafe zur Anwendung.[444]

Schließlich ist hier auch zu berücksichtigen, dass österreichische Militärangehörige im politisch organisierten Widerstand eine sehr aktive Rolle spielten; es sei nur auf Hauptmann Karl Burian, Herbert Eichholzer oder die KJV-Aktivisten mit ihrer „wehrkraftzersetzenden" Agitation verwiesen. Auch die österreichischen Soldaten, die sich in alliierter Kriegsgefangenschaft für gefährliche Fallschirmeinsätze in

Österreich zur Verfügung stellten, wurden schon mehrfach erwähnt. Der Drehergehilfe Franz Reitschmidt (geb. 23. 9. 1915), der im August 1942 in russische Kriegsgefangenschaft geraten war und am 1. Lehrgang des österreichischen Sektors der Antifa-Schule Krasnogorsk teilgenommen hatte, wurde Ende 1944 als Fallschirmspringer hinter der Front abgesetzt, verhaftet und am 23. 10. 1944 in das Wehrmachtsuntersuchungsgefängnis Wien-Hardtmuthgasse eingeliefert. Der am 20. 12. 1944 von der Gestapo Wien erkennungsdienstlich behandelte Franz Reitschmidt überlebte die Haft nicht und wurde 1947 für tot erklärt. Der im Jänner 1942 einberufene Willibald Wagner (geb. 14. 4. 1904), Gefreiter und Postkraftwagenlenker, geriet Anfang August 1942 in sowjetische Kriegsgefangenschaft. Er wurde als Fallschirmspringer angeworben und sollte ab Februar 1943 hinter den deutschen Linien eingesetzt werden. Am 19. 6. 1943 wurde Wagner in Smolensk festgenommen und in der Folge an die Gestapo Wien überstellt. Er wurde am 20. 3. 1944 vom Reichskriegsgericht wegen „Fahnenflucht" zum Tode verurteilt und am 2. 5. 1944 hingerichtet.[445]

Nicht wenige Österreicher in der Deutschen Wehrmacht wirkten in den Besatzungsgebieten mit dortigen Widerstandsgruppen zusammen oder halfen Verfolgten, insbesondere Juden. Der aus Wien stammende Feldwebel Anton Schmid (geb. 9. 1. 1900) verhalf in dem – vom Österreicher Franz Murer kommandierten – Getto Wilna ca. 300 Juden zur Flucht nach Weißrussland und damit zum – zumindest vorübergehenden – Überleben. Wie Oskar Schindler beschäftigte er in den Werkstätten der „Versprengtensammelstelle" in Wilna weitaus mehr jüdische MitarbeiterInnen als erforderlich und verhinderte damit deren Deportation. Außerdem half er der dortigen, von Abba Kovner geleiteten jüdischen Widerstandsbewegung unter Ausnutzung seiner militärischen Stellung. Nach seiner Verhaftung im Februar 1942 wurde er nach § 90 MStGB und § 32 RStGB von einem Feldgericht zum Tode verurteilt und am 13. 4. 1942 erschossen. 1962 wurde er posthum als „Gerechter der Völker" geehrt, und 2000 wurde eine Bundeswehrkaserne in Kiel nach ihm benannt.[446]

Der 1943 zur Deutschen Wehrmacht eingezogene Otto Schimek (geb. 5. 5. 1925), wie Schmid aus Wien-Brigittenau, weigerte sich – aus christlicher Überzeugung – mehrfach an Erschießungen von polnischen Zivilisten teilzunehmen. Er wurde von einem fliegenden Standgericht der 544. Volksgrenadierdivision am 28. 10. 1944 wegen „Feigheit vor dem Feinde" und „Fahnenflucht" zum Tode verurteilt und am 14. 11. 1944 in Lipiny (Polen) von einem Erschießungskommando exekutiert. Schimek genießt in Polen große Anerkennung; Papst Johannes Paul II. nannte ihn einen Märtyrer des Gewissens.[447]

Ein ähnliches Schicksal erlitt der aus Tirol stammende Soldat Walter Krajnc (geb. 22. 2. 1916). Er wurde nach Absolvierung seines Jusstudiums wegen seiner betont katholischen und österreichisch-patriotischen Einstellung – er war Mitglied der Marianischen Kongregration und der katholischen Hochschulverbindung Vindelicia – 1938 nicht zum Gerichtsdienst zugelassen. 1940 zur Wehrmacht eingezogen, knüpfte er im November 1942 in Südfrankreich Kontakte zur dortigen Resistance. Am 12. 7. 1944 wurde er verhaftet und von einem Feldgericht zum Tod verurteilt. Ob der Grund seiner Verurteilung in seiner Kritik an Geiselerschießungen oder in einer Verweigerung der Teilnahme lag, ist unklar; jedenfalls reichten die bekannt gewordenen Verbindungen zur Resistance zur Verhängung der Höchststrafe aus. Walter Krajnc wurde am 29. 7. 1944 erschossen; eine Gedenktafel auf dem Friedhof von Les Angles bei Avignon erinnert an diesen österreichischen Widerstandskämpfer.[448]

Auf die „wehrdienstunwürdigen", verurteilten Widerstandskämpfer, die in die berüchtigten Strafeinheiten wie das Strafbataillon 999 gepresst wurden, ist bereits im Zusammenhang mit der NS-Justiz hingewiesen worden. Nicht wenige deutsche und österreichische Soldaten schlossen sich in Griechenland, Jugoslawien, Frankreich, aber auch in Kärnten und anderswo den Partisanen an. So lief der 1941 eingezogene und in Griechenland stationierte Mathias Lavender (geb. 15. 5. 1922) im Oktober 1943 zu den griechischen Partisanen über und kämpfte in der ELAS gegen die deutsche Wehrmacht, bis er Anfang 1945 von der englischen Armee entwaffnet und in Kriegsgefangenschaft gebracht wurde. Der burgenländische Kroate Johann Müller (geb. 16. 6. 1924) aus Großwarasdorf, Korporal der Wehrmacht, schloss sich am 7. 2. 1945 bei Siroki Brijeg der jugoslawischen Volksbefreiungsarmee (Tito-Partisanen) und diente bis Kriegsende als Dolmetscher bei verschiedenen Stäben.[449]

Eine der dramatischsten Aktionen spielte sich am Ende und nach Ende des Krieges in Norwegen ab. Im Gebirgs-Artillerie-Regiment 118 wurde bekannt, dass der Regimentskommandeur befohlen hatte, auch nach der am 8. Mai 1945 in Kraft tretenden bedingungslosen Kapitulation der deutschen Wehrmacht weiterzukämpfen. Eine ganze Batterie, insgesamt 60 Mann, überwiegend Österreicher, widersetzte sich diesem Befehl und versuchte unter der Führung des Obergefreiten Wilhelm Grimburg nach Schweden zu flüchten. Von „Fahnenflucht" kann angesichts des mit der Kapitulation eingetretenen Untergang Hitlerdeutschlands und der am 27. 4. 1945 erfolgten Unabhängigkeitserklärung der Republik Österreich, in der alle dem Deutschen Reich geleisteten Gelöbnisse aufgehoben und die „staatsbürgerlichen Pflicht- und Treueverhältnisse" wiederhergestellt wurden, wohl nicht mehr gesprochen werden. Im Zuge der Auseinandersetzung erschoss Grimburg zwei nazistisch gesinnte Offiziere, die sich dem Unternehmen entgegenstellen wollten. Der Großteil der Gruppe erreichte die rettende, 17 Kilometer entfernte schwedische Grenze. In Schweden half der sozialdemokratische Exilant Bruno Kreisky den Flüchtlingen, insbesondere wurde eine Auslieferung an die in Norwegen trotz Kapitulation und britischer Militärherrschaft weiter wirkende Wehrmachtsjustiz verhindert. 15 Soldaten, die auf der Flucht gefangen genommen worden waren, kamen am 9. Mai 1945 vor das Gericht der 6. Gebirgs-Division. Zwei Tage nach der deutschen Kapitulation, am 10. 5. 1945, wurden vier Todesurteile gegen österreichische Soldaten vollstreckt. Weitere neun Todesurteile erfolgten in Abwesenheit.[450]

In der Endphase des Zweiten Weltkriegs, als die Niederlage Hitlerdeutschlands feststand, bemühten sich viele Soldaten und Offiziere der Wehrmacht, die sinnlos gewordenen, verlustreichen Kämpfe abzukürzen und insbesondere Ortschaften und Städte kampflos an die alliierten Streitkräfte zu übergeben. Dabei ging es vielfach auch um die Verhinderung der von Hitler in den Nero-Befehlen angeordneten Zerstörungen von Gebäuden, Betrieben, Verkehrs und Nachrichtenverbindungen etc. Bis in den Mai 1945 wurden diese Widerstandsaktivitäten durch Standgerichte von Wehrmacht, SS und NSDAP brutal zu unterdrücken versucht, wobei unzählige Soldaten und Offiziere, aber auch beteiligte Zivilisten in meist gar nicht mehr dokumentierten Schnellverfahren exekutiert wurden. Zu diesen Helden, die unter Einsatz ihres Lebens Menschen und Städte vor Schaden bewahren wollten, gehörte Oberstleutnant Josef (Ritter von) Gadolla (geb. 14. 1. 1897) aus Graz. Gadolla, bereits aktiver Offizier in der österreichisch-ungarischen Monarchie, bei der Volkswehr und im österreichischen Bundesheer der Ersten Republik, wurde Anfang 1945 Kampfkommandant der Stadt Gotha, eine Verteidigung hielt er allerdings Anfang April 1945 für völlig sinnlos und versuchte die Stadt am 3. April kampflos den amerikanischen Streitkräften zu übergeben. Er wurde verhaftet, am 4. April 1945 in Weimar vom Standgericht der Wehrmachtskommandantur zum Tode verurteilt und am 5. April 1945 um 7 Uhr früh erschossen. Seine letzten Worte waren: „Damit Gotha leben kann, muss ich sterben!" Gotha konnte dank Gadollas Verhalten am 4. April von der 3. US-Panzerdivision kampflos eingenommen werden, und auch die US-Bomberverbände verschonten die Stadt.[451]

Leutnant Hugo Pepper war 1945 an militärischen Widerstandsaktivitäten im westlichen Niederösterreich beteiligt. Pepper (geb. 4. 2. 1920), an sich aus linkem Milieu kommend und sozialistisch gesinnt, war 1938 als Schüler im RG 18 in Wien als Beteiligter an einer eher „vaterländisch" geprägten Jugendwiderstandsgruppe von der Gestapo festgenommen worden, das Verfahren wurde aber 1940 eingestellt, und er wurde zur Wehrmacht eingezogen, wo er zum Offizier ausgebildet wurde. Pepper fand Anschluss an einen von Hauptmann Estermann geführten Widerstandskreis im Wehrkreis XVII. Seine mit Major Szokoll und anderen Widerstandskämpfern kooperierende Einheit, die Ersatzabteilung des Artillerieregiments 109, wurde in den Raum Amstetten verlegt, wo alle Befehle zur Zerstörung der Infrastruktur sowie die Bewaffnung des Volkssturmes sabotiert werden konnten. Der von der Gestapo verhaftete Hauptmann Estermann konnte gewaltsam befreit werden, und in der Folge kam es Anfang Mai 1945 zu Kämpfen mit der SS um die Ortschaft Groß-Hollenstein, die mehrere Tote forderten.[452]

Der 20. Juli 1944 und die militärische Widerstandsgruppe um Carl Szokoll

Zweifellos war der 20. Juli 1944 die wichtigste Aktion des militärischen Widerstandes, weil sie unmittelbar auf den Sturz Hitlers und des NS-Regimes abzielte und dieses Ziel beinahe erreichte. Ich hielte es für eine sehr verengte, ja gehässige Interpretation, die Verschwörung der hohen Offiziere und ihres politischen Umfeldes bloß als letzten Versuch der herrschenden Eliten zur Rettung des deutschen Imperialismus zu sehen, wie es in der DDR-Historiographie lange Zeit der Fall war. Es gab in dem breiten politischen Spektrum des 20. Juli reaktionäre Kräfte, die mit Demokratie und pluralistischem Parteienstaat nichts am Hut hatten, und die Verschwörer waren deutsche Patrioten, die den Krieg zu günstigen Bedingungen beenden und möglichst viele Gebiete, darunter auch Österreich, bei Deutschland belassen wollten. Es darf aber nicht übersehen werden, dass die Offiziersverschwörer, allen voran Graf Stauffenberg, bemüht waren, eine breitere politische Basis zu schaffen und viele Kontakte zu NS-Gegnern aus verschiedenen Lagern geknüpft hatten. Neben dem Kreisauer Kreis der liberalen Aristokraten um Helmut Graf Moltke und Yorck von Wartenburg sowie Christdemokraten waren deutsche Sozialdemokraten und Gewerkschafter in die Aktion einbezogen; zuletzt wurden auch kommunistische Widerstandskämpfer kontaktiert. Ein Gelingen dieser Widerstandsaktion hätte jedenfalls das NS-Regime sofort beseitigt und Millionen Menschen vor dem Tod im Krieg und in der Nachkriegszeit bewahrt.

Der Plan des Umsturzes, die „Operation Walküre", war ebenso einfach wie genial. Ein für Unruhen im Reich schon früher ausgearbeiteter Generalstabsplan, der die Übernahme der vollziehenden Gewalt durch die Wehrmacht vorsah, wurde adaptiert, wobei die normale militärische Befehlskette – von oben nach unten – auch solche Leute eingebunden hätte, die gar nicht in die Verschwörung eingeweiht waren. Ein entscheidender Fehler im Konzept war gewiss, dass Oberst Stauffenberg, das Herz und Hirn dieser Aktion, gleichzeitig das Attentat auf Hitler in der Wolfsschanze und die Leitung der Aktion in Berlin durchführen sollte.[453]

Zu Österreich bestanden zwei Schienen: Zum einen wurden auf der politischen Ebene von deutschen Sozialdemokraten und Christdemokraten österreichische Gesinnungsfreunde, u. a. Adolf Schärf, Felix Hurdes und Lois Weinberger, kontaktiert. Adolf Schärf hat in seinen Erinnerungen die Dramatik dieser Besprechungen eindrucksvoll festgehalten: Das Verbleiben bei Deutschland nach einem Sturz Hitlers wurde österreichischerseits abgelehnt. Dessen ungeachtet wurden in einem Fernschreiben der Berliner Militärverschwörer der Sozialdemokrat Karl Seitz und der christlichsoziale Josef Reither als politische Beauftragte für den Wehrkreis XVII angeführt. Zum anderen lief auf der militärischen Ebene die Verbindung Stauffenbergs über Oberstleutnant i. G. Robert Bernardis (geb. 7. 8. 1908), einen ursprünglichen NS-Sympathisanten, zu einigen im Wehrkreiskommando XVII in Wien tätigen Offizieren: Hauptmann Carl Szokoll (geb. 15. 10. 1915), Oberst Rudolf (Graf) Marogna-Redwitz (geb. 15. 10. 1886), ein antinazistisch gesinnter Reichsdeutscher, und Oberst i. G. Heinrich Kodre (geb. 8. 8. 1899), ein Ritterkreuzträger, der 1935 der illegalen NSDAP beigetreten war. Es war das Verdienst vor allem des mutig und entschlossen handelnden Carl Szokoll, dass die Aktion in Wien gelang und führende Wiener NS-Funktionäre vorübergehend festgenommen werden konnten. Erst das Scheitern des Aufstands in Berlin führte zum Ende der Wiener Aktion. Während Oberstleutnant Robert Bernardis und Oberst Rudolf Marogna-Redwitz aus der Wehrmacht ausgestoßen und vom VGH zum Tode verurteilt und hingerichtet wurden (am 8. 8. bzw. 12. 10. 1944), und der gleichfalls unehrenhaft entlassene Oberst Kodre Anfang 1945 in das KZ Mauthausen kam, blieb Szokoll unentdeckt und konnte im Widerstand weiterwirken.[454]

Der Leiter der Widerstandsgruppe im Wehrkreiskommando XVII, Carl Szokoll als Leutnant, 1938

Der inzwischen zum Major beförderte Carl Szokoll baute systematisch ein Netz von österreichisch gesinnten Offizieren und Soldaten im Wehrkreis XVII auf und nahm ab Herbst Verbindungen zur Widerstandsgruppe O5 auf, um auch den zivilen Widerstand in den beim Heranrücken der alliierten Truppen geplanten Aufstand einzubinden. In dieser Endphase der NS-Herrschaft ging es den Widerstandskämpfern vor allem darum, die von Hitler anbefohlenen Zerstörungen („Nerobefehle") zu verhindern und die verlustreichen Kämpfe abzukürzen. Um Wien das Schicksal des hart umkämpften und weitgehend zerstörten Budapest zu ersparen, entwickelte Carl Szokoll den Plan zur kampflosen Übergabe der Stadt Wien an die Rote Armee – die Operation Radetzky. Zu diesem Zweck schickte er Anfang April 1945 seinen Mitstreiter Oberfeldwebel Ferdinand Käs (geb. 7. 3. 1914) in das Hauptquartier der heranrückenden Roten Armee in Hochwolkersdorf – ein äußerst gefährliches, aber geglücktes Unterfangen. Bei dieser Besprechung wurde vereinbart, dass die Widerstandsbewegung in Wien einen Aufstand durchführen und die Rote Armee – nach Möglichkeit kampflos – von Westen in die Stadt einrücken werde. In diesem Zusammenhang ist festzuhalten, dass die Frage, ob die Rote Armee erst aufgrund Szokolls Vorschlag die Westumgehung Wiens durchführte oder eine solche schon vorher geplant hatte (was der Verfasser annimmt), nicht geklärt ist, zumal keine militärhistorischen Arbeiten über die sowjetischen Planungen und Operationen auf der Grundlage russischer

Quellen vorliegen. Jedenfalls wurde der Aufstandsplan verraten – u. a. vom Inhaber einer bekannten Maturaschule – und drei Mitkämpfer von Szokoll – Major Karl Biedermann (geb. 11. 8. 1890), Hauptmann Alfred Huth (geb.30. 8. 1918) und Oberleutnant Rudolf Raschke (geb. 21. 6. 1923) – wurden von einem SS-Standgericht noch am 8. April 1945 zum Tode verurteilt und auf brutale Weise gehenkt.[455]

Die Kämpfe und Zerstörungen konnten infolge des Scheiterns des Aufstands zwar nicht verhindert werden, doch die sowjetischen Streitkräfte eroberten Wien relativ schnell – wohl auch auf Grund der Zersetzungsarbeit der Widerstandskräfte. Major Szokoll (u. a. Widerständler) wurde nach Ende der Kämpfe zweimal von der sowjetischen Besatzungsmacht wegen seiner Kontakte zu der als US-Geheimdienstorganisation angesehenen O5 verhaftet und verhört, aber bald wieder freigelassen und später vollständig rehabilitiert.[456] Anlässlich seines Todes richtete der Botschafter der Russischen Föderation ein Kondolenzschreiben an das DÖW, in dem die historischen Verdienste Carl Szokolls gewürdigt wurden.

Generell ist festzustellen, dass die Befreiung Österreichs nicht das Werk des Widerstandes war (und nicht sein konnte), sondern die ausschließliche Leistung der alliierten Streitkräfte. Allein die Rote Armee verlor auf österreichischem Boden 27 000 Soldaten – wesentlich mehr als alle Opfer des österreichischen Widerstandes zusammen. Obwohl sich Carl Szokoll durch seine Widerstandsaktivitäten größte Verdienste erworben hat, blieb der Dank des offiziellen Österreich nach 1945 aus. Das österreichische Bundesheer wollte ihn nicht; für die das Heer dominierenden ehemaligen Wehrmachts- und SS-Angehörigen waren Szokoll und die anderen Widerstandskämpfer „Eidbrecher" und „Verräter" – Vorurteile, die bis heute bestehen, wie die unwürdige Diskussion um eine Kasernenbenennung nach Robert Bernardis 2004 zeigte. Carl Szokoll reüssierte dennoch im Berufsleben, vor allem als Filmproduzent, der Glanzlichter des österreichischen Nachkriegsfilms wie „Der letzte Akt" oder „Der Bockerer" schuf. Erst spät fand Szokoll die ihm gebührende Anerkennung; u. a. wurde er Bürger der Stadt Wien.

Überparteiliche Widerstandsgruppen in der Endphase 1944/45

Gegen Ende des Krieges formierten sich vielerorts überparteiliche Widerstandsgruppen, deren AktivistInnen aus verschiedenen politischen und sozialen Lagern stammten; die Ablehnung des Nationalsozialismus, die Abkürzung des Krieges, die Erkämpfung der Freiheit waren das einigende Band.

„Freies Österreich"

Zu dieser Kategorie zählte die Gruppe „Freies Österreich", deren beachtliche Tätigkeit sich in den Tagesberichten der Gestapo Wien widerspiegelt. Als Leiter der Widerstandsgruppe wird der Schriftsteller und Angestellte Karl Gruber (geb. 13. 7. 1888) angeführt; unter den AktivistInnen befanden sich u. a. der Gymnasialdirektor Eugen Kozdon (geb. 8. 11. 1886) aus Eisenstadt, der bereits 1938/39 im KZ Dachau inhaftiert gewesen war, die Krankenschwester Helene Hentschel (geb. 12. 7. 1887), seit 1933 NSDAP-Mitglied, und der Postbeamte Guido Engelbrecht (geb. 1. 1907), der ab März 1938 als politischer Leiter einer NSDAP-Ortsgruppe fungiert hatte. Die Widerstandsgruppe stellte seit November 1943 bis in den Herbst 1944 eine Reihe von Flugschriften her, die vor allem im Raum Wien verbreitet wurden und in der für ein unabhängiges und demokratisches Österreich geworben wurde. In der von Gruber verfassten Flugschrift „Freies Österreich. Blätter für Frieden, Freiheit und Fortschritt", Folge 3, 15. 12. 1943 heißt es:

„Die Preußen haben unser Land enteignet, alle wertvollen Schätze verschleppt; Wien, die herrliche Donaustadt, jämmerlich verschandelt und uns einen Landvogt hergesetzt, dessen Fallbeil unter den ruhigen Bürgern grässliche Ernte hält. [...] An uns selbst aber liegt es, die Voraussetzungen dafür zu schaffen, die Gutwilligen zum unbedingten Eintreten für die Ideale des Freien Österreich zu begeistern und selbst das Vertrauen in Österreichs Mission zu pflegen, aus dem die Saat friedlicher Kulturarbeit ersprießen soll und wird. Es lebe das Freie Österreich!

[...] Achtung! Achtung! Die Großmächte erklären sich für die Unabhängigkeit Österreichs! – Die Moskauer Konferenz der Großmächte, die am 1. November 1943 zu Ende ging, fasste bezüglich Österreichs folgende Entschließung: [Es folgte der offenbar selbst übersetzte Wortlaut der Erklärung der Moskauer Deklaration über Österreich.]

Österreicher! Sorgen wir dafür, dass unser Beitrag zur Befreiung ein solcher wird, dass uns niemand etwas vorzuwerfen vermag! Es lebe das Freie Österreich!"

Die Angehörigen der Widerstandsgruppe wurden im Zeitraum September bis Dezember 1944 von der Gestapo Wien festgenommen und bis April 1945 inhaftiert.

Die Widerstandsgruppe O5

Die größte und bekannteste dieser Widerstandsgruppen war die O5, die von bürgerlich-konservativen Kräften initiiert und getragen wurde, später aber auch Kontakte zu Sozialdemokraten und Kommunisten knüpfte. Als Initiator trat der im Dezember 1940 aus dem KZ Dachau entlassene Hans (von) Becker (geb. 22. 11. 1895), ein ehemaliger Propagandaleiter der Vaterländischen Front, in Erscheinung, der ab 1941/42 mit der Sammlung von verschiedenen Widerstandsgruppen begann. Ab 1944 taucht die Bezeichnung „O5" (als Abkürzung für Oesterreich) auf, die zum Markenzeichen der Gruppe wurde. Als Aktivisten werden u. a. genannt: Raoul Bumballa-Burenau als Stellvertreter Beckers, (Fürst) Willy Thurn-Taxis, Johannes Eidlitz, (Baron) Nikolaus Maasburg, Hubert Ziegler, Wolfgang Igler, Viktor Müllner, Franz Sobek, Major Alfons Stillfried, die Sozialdemokraten Georg Fraser und Eduard Seitz sowie die Kommunistin Hermine (oder Mathilde) Hrdlicka.[457] Die von verschiedenen Autoren berichteten umfassenden Widerstandsaktivitäten schlugen sich allerdings kaum in den Gestapo- und NS-Justizdokumenten nieder. Meine Skepsis gegenüber manchen übertriebenen und nicht belegten Widerstandsberichten sei an einem Beispiel dokumentiert: Hauptmann Josef Rothmayer, laut Otto Molden, „die Seele des Widerstandes bei den Deutschmeistern", will im Herbst 1941 bei der „Besatzungstruppe in Serbien" eine „Österreichische Widerstandsgruppe" aufgebaut haben. Bei der Präsentation des DÖW-Buches „Widerstand und Verfolgung in Wien", in dem der Rothmayer-Bericht abgedruckt ist, hat Simon Wiesenthal 1975 publik gemacht, dass Rothmayer ein Kriegsverbrecher ist, der an Judenmassakern in Serbien beteiligt war.[458] Jedenfalls kann die O5 nicht als d i e österreichische Widerstandsbewegung angesehen werden, wie es von manchen Zeitzeugen und Historikern getan wird; sie war, vor allem durch ihre politischen Ambitionen und alliierten Kontakte, eine der wichtigsten Widerstandsgruppen, aber keineswegs die Dachorganisation oder Leitungsgruppe des österreichischen Widerstandes.

Im November 1944 schufen Becker und seine Mitstreiter einen „Siebener-Ausschuss" als Leitungsgremium; nach Beckers Verhaftung am 28. 2. 1945 übernahm Bumballa die Führung.[459]

Gefälschtes Soldbuch des Widerstandskämpfers und Verbindungsmann der O5 zu den USA, Fritz Molden

Zu einem politischen Faktor wurde die O5 nicht zuletzt dadurch, dass sie über den jungen, mutigen und intelligent operierenden Soldaten Fritz Molden (geb. 8. 4. 1924) eine feste Verbindung mit den Westalliierten, herstellen konnte. Der schon ab 1938 im katholisch-konservativen Jugendwiderstand tätige, 1940 erstmals festgenommene Molden war als Wehrmachtsangehöriger im Sommer 1944 zu italienischen Partisanen desertiert und dann in die Schweiz geflüchtet. Er konnte das Vertrauen von Allan W. Dulles, dem Leiter des OSS in Bern, gewinnen, mit dem er, unterstützt von den Exilösterreichern Kurt Grimm und Hans Thalberg, nun eng zusammenarbeitete. Molden pendelte mit gefälschten Papieren und unter größtem Risiko zwischen Wien, Tirol und der Schweiz, um Gespräche zu führen und Nachrichten auszutauschen, und trug wesentlich zur Aktivierung der Widerstandsarbeit der O5 in Österreich bei.

Am 12. 12. 1944 wurde ein Provisorisches Österreichisches Nationalkomitee (POEN) aus dem schon erwähnten Personenkreis von O5/Siebenerkomitee gebildet, das sich als Kern einer zukünftigen provisorischen österreichischen Regierung sah. Die von Molden behauptete und von Luza wiedergegebene Beteiligung von Adolf Schärf und Viktor Matejka als Vertreter der Sozialdemokraten bzw. der Kommunisten wurde von diesen beiden Politikern allerdings entschieden bestritten. Verhaftungen durch die Gestapo im Jänner, Februar und März 1945, u. a. Hans Becker, Ernst Spitz und Alfons Stillfried, löschten das POEN aus. Während die Westalliierten dem POEN und der O5 durch Moldens Berichterstattung, die die Größe und Stärke des österreichischen Widerstandes verständlicherweise übertrieb, positiv gegenüberstanden und Hilfe leisteten, z. B. in Form von Fallschirmspringerkommandos, stand die sowjetische Seite gerade wegen der proamerikanischen Bindung der O5 mit größter Skepsis gegenüber.[460]

Mit der um Carl Szokoll gescharten militärischen Widerstandsgruppe im Wehrkreiskommando XVII arbeitete die O5 eng zusammen und war in die Planungen des Aufstands im April 1945 eingebunden, jedoch nicht im Sinne einer politischen Leitungsinstanz. Das durch Verrat verursachte Scheitern der „Operation Radetzky" war auch für die O5 ein entscheidender Rückschlag. Für die Mitte April aus dem Moskauer Exil zurückgekommenen KPÖ-Führer Johann Koplenig und Ernst Fischer waren die Widerstandskämpfer der O5 „Schwätzer" und „eine Bande von Gaunern, Schwindlern und naiven Leuten"; aber auch die neu gegründete ÖVP und die wiedergegründete SPÖ hatten kein Interesse an einer politischen Konkurrenz. Die sowjetische Besatzungsmacht erließ am 21. 4. 1945 einen Befehl, der die Tätigkeit nicht registrierter politischer Organisationen untersagte, und mehrere Vertreter der O5 sowie Major Szokoll wurden vorübergehend verhaftet.[461] Damit waren die Hoffnungen der O5, eine politische Rolle in Nachkriegsösterreich zu spielen, beendet.

Die Tiroler Widerstandsbewegung 1944/45

Gegen Ende 1944 und Anfang 1945 formierten sich verschiedene Widerstandskreise allmählich zu einer Tiroler Widerstandsbewegung, wobei auch hier Fritz Molden mit seinen Verbindungen zum OSS und zur O5 eine wichtige Rolle spielte. Die von ihm initiierte Entsendung eines OSS-Kommandos nach Innsbruck bedeutete eine moralische und politische Unterstützung für den Widerstand. Im Winter 1945 kehrte der 1909 in Innsbruck geborene Karl Gruber, ein tatkräftiger und entschlossener Mann, der schon während seiner beruflichen Tätigkeit in Berlin Kontakte zum OSS in der Schweiz geknüpft hatte, nach Innsbruck zurück und übernahm die Führung der Widerstandsbewegung.[462] Zur O5 in Wien bestanden enge Verbindungen, doch waren die Tiroler eine eigenständige Gruppe. Wichtigstes Ziel war, Innsbruck und Tirol beim Heranrücken der US-Truppen zu befreien, wofür vor allem zahlreiche Widerstandssympathisanten in den in Tirol stationierten Wehrmachtseinheiten, wie z. B. der (reichsdeutsche) Major Werner Heine, zur Verfügung standen.

Eine der wichtigsten und gefährlichsten Aktionen des Tiroler Widerstandes war die Kontaktaufnahme mit den heranrückenden amerikanischen Truppen, die am 30. 4. 1945 am Gendarmerieposten Zirl durch Oberleutnant Ludwig Steiner (geb. 14. 4. 1922), den Sohn eines im KZ Dachau inhaftierten Christlichsozialen, erfolgte. Dabei wurde das Zusammenwirken bei der Befreiung Innsbrucks besprochen.

Der Tiroler Widerstandskämpfer Oberleutnant Ludwig Steiner bei der Kontaktaufnahme mit der US-Armee in Zirl, 30. 4. 1945

Am 2. Mai 1945 begann die militärische Befreiungsaktion der Widerstandsbewegung: alle wichtigen Kasernen, Polizeistationen, Rundfunksender u. dgl. wurden besetzt, der Wehrmachtskommandant von Tirol und der Innsbrucker Polizeipräsident wurden gefangen genommen; bei der Besetzung des Landhauses fiel der Gymnasialprofessor Franz Mair (geb. 29. 10. 1910). Am Nachmittag des 3. Mai 1945 war Innsbruck in den Händen der Tiroler Widerstandsbewegung, und am Abend marschierten die US-Truppen unter dem Jubel der Bevölkerung kampflos in die befreite Stadt ein.[463] Nicht zuletzt wurden dadurch Menschenverluste und Zerstörungen, die eine militärische Eroberung erfordert hätte, verhindert. Der Führer der Widerstandsbewegung, Karl Gruber, wurde der erste Landeshauptmann des befreiten Tirol. Zweifellos war die Befreiungsaktion in Innsbruck eine der wichtigsten Leistungen des österreichischen Widerstandes.

Widerstand in Gefängnissen und Lagern: „Geist der Lagerstraße"?

Auch in den Gefängnissen, Zuchthäusern und Konzentrationslagern des Dritten Reiches, in denen Zehntausende ÖsterreicherInnen inhaftiert waren, gab es – trotz der noch größeren Gefahren und Schwierigkeiten – Widerstand. Dabei standen die Organisierung der Solidarität, die Hilfe für die anderen KameradInnen und die Sorge um das nackte Überleben im Vordergrund. Man versuchte, die von der SS geschaffenen fürchterlichen Zustände zu verbessern, doch wurden auch politische Diskussionen und Schulungen abgehalten, Ausbruchsversuche unterstützt und andere illegale Aktivitäten unternommen. Eine wichtige Rolle spielten dabei die so genannten Funktionshäftlinge, Lager-, Stuben- und Blockälteste, Capos u. a., die innerhalb der in den meisten Lagern üblichen Häftlingsselbstverwaltung Entscheidungen über Einteilung in Arbeitskommandos und in anderen Belangen treffen mussten. Daher bemühten sich die politischen Häftlinge in Auseinandersetzung mit kriminellen Häftlingen die Vorherrschaft zu gewinnen. Die meisten politischen Häftlinge aus Österreich waren in den KZ Dachau, Buchenwald und Auschwitz inhaftiert, wo es zahlreiche, hier im Einzelnen nicht anführbare Widerstandshandlungen gab.

Im KZ Buchenwald fungierte der bei Kriegsausbruch 1939 festgenommene KJV-Funktionär Franz Leitner (geb. 12. 2. 1918) aus Wiener Neustadt als Blockältester des „Kinderblocks", in dem bis zu 400 jüdische Kinder untergebracht waren. Er setzte sich vorbildlich für sie ein und rettete so zahlreichen Kindern das Leben. Für seine riskante Hilfeleistung erhielt Franz Leitner, der nach 1945 viele Jahre steirischer Landtagsabgeordneter der KPÖ war, 1999 von Yad Vashem die Auszeichnung „Gerechte der Völker"[464].

In der internationalen Widerstandsbewegung im KZ Auschwitz spielte der österreichische Spanienkämpfer Hermann Langbein (geb. 18. 5. 1912) eine wichtige Rolle. Er nützte seine Stellung als Häftlingsschreiber des SS-Standortarztes Dr. Wirths vor allem zur Verbesserung der Lage der jüdischen Häftlinge. Er erreichte, dass im Häftlingskrankenbau im Hauptlager, wo nur polnische und deutsche Häftlinge arbeiten durften, auch jüdisches Personal aufgenommen wurde, was viele jüdische Häftlinge vor den Gaskammern rettete. Fünf Angehörige der „Kampfgruppe Auschwitz", drei Österreicher und zwei Polen, wurden am 30. 12. 1944 wegen Organisierung einer Flucht hingerichtet.[465] Der Schriftsteller Erich Hackl hat die bemerkenswerte Geschichte eines dieser Hingerichteten – des Automechanikers Rudolf Friemel (geb. 11. 5. 1907) aus Wien – eindrucksvoll dargestellt. Der Anfang 1942 von der Gestapo Wien nach Auschwitz überstellte Februar- und Spanienkämpfer Friemel hatte dort auf Grund besonderer Umstände am 18. 3. 1944 die Spanierin Margarita Ferrer heiraten können.[466]

1938 wurden ca. 8000 Österreicher – Politiker der Vaterländischen Front, Sozialisten, Kommunisten, Juden, Roma, so genannte „Asoziale" u. a. – in das KZ Dachau eingewiesen.[467] In der folgenden Zeit wurden auch Widerstandskämpfer sowie ab 1941 Spanienkämpfer nach Dachau gebracht. Selbst unter den dortigen furchtbaren Bedingungen entwickelte sich ein Kulturleben, an dem die Österreicher einen wesentlichen Anteil hatten.[468] Rudolf Kalmar schildert die Aufführung eines von ihm verfassten Ritterspieles „Die Blutnacht auf dem Schreckenstein", das von Viktor Matejka inszeniert und von bekannten Schauspielern gespielt wurde. Die Hitlerpersiflage in diesem Stück wurde von den SS-Wachen nicht bemerkt.[469] Fritz Grünbaum blieb bis zum seinem schrecklichen Ende Kabarettist, wie sein Mithäftling Ernst Federn in einem Brief an die Witwe 1945 berichtete: „Es ist mir noch gut in Erinnerung, dass ich in Dachau meinte, ich werde nie mehr in meinem Leben lachen können. Aber Fritz Grünbaum hat es mich wieder gelehrt, als er, das erste Mal in einem deutschen KZ, eine Kabarettvorstellung inszenierte."[470] Der erst 26jährige Jura Soyfer, eines der größten Talente der österreichischen Literatur, hatte in den wenigen Wochen seiner Dachauer Lagerhaft 1938 das „Dachaulied" getextet. Sein Freund und Mithäftling Max Hoffenberg berichtet über Soyfer:

„Dem Dachauer Lagerleben waren, zum Unterschied von Buchenwald, arbeitsfreie Sonntagnachmittage eigentümlich. Zu dieser Zeit war fast kein SS-Mann bei den Baracken anzutreffen. An diesem Nachmittag entfaltete sich so etwas wie ein Kulturleben. Jura im Verein mit dem bekannten Wiener Komponisten Hermann Leopoldi und dem Kabarettisten Fritz Grünbaum schuf uns, obwohl derartiges streng verboten war, oft genug einige Erbauung, etwa dadurch, dass er Anregungen zu kleinen Stegreifspielen gab. Eines Sonntags nachmittags […] las er uns das Dachau-Lied vor, das er heimlich, ich weiß nicht bei welcher Gelegenheit – wir waren buchstäblich alle vierundzwanzig Stunden des Tages beisammen – gedichtet hatte. Es machte auf uns alle großen Eindruck."[471]

Die durchaus als Widerstand anzusehenden kulturellen Aktivitäten erhöhten zwar die Lebensqualität der Häftlinge, nicht aber deren Lebenschancen: Jura Soyfer starb am 16. Februar 1939 in Buchenwald, Fritz Grünbaum im Jänner 1940 in Dachau; nur Hermann Leopoldi, der mit dem in Auschwitz umgekommen Fritz Beda-Löhner das Buchenwald-Lied schuf, überlebte. Der Exilösterreicher Jean Amery schrieb über die typische Unterlegenheit des Intellektuellen im KZ: „Das Lagerleben erfor-

Der 1939 im KZ Buchenwald umgekommene Schriftsteller Jura Soyfer (mit Maria Szecsi)

derte vor allem körperliche Gewandtheit und einen notwendigerweise hart an der Grenze der Brutalität liegenden physischen Mut. Mit beiden waren die Geistesarbeiter nur selten gesegnet".[472]

Obwohl politische Diskussionen im KZ strengstens verboten waren, kam es bald zu derartigen Gesprächen zwischen den inhaftierten Österreichern. Hauptgesprächsthemen waren die Ursachen des Untergangs Österreichs und die zukünftige Gestaltung der politischen Verhältnisse. Der Häftling und spätere Präsident der „Österreichischen Widerstandsbewegung" Franz Sobek erinnert sich: „Ja, wir haben damals im KZ in jeder freien Minute Politik gemacht, die Zukunft gestaltet, Ressorts verteilt und auch an einer Einigung zwischen Roten und Schwarzen gearbeitet."[473] Das gemeinsam zu ertragende Leid, die nun lebensnotwendige Solidarität, aber auch die Einsicht in begangene Fehler in der Vergangenheit und die Erkenntnis, dass der Nationalsozialismus der gemeinsame Gegner jetzt und in der Zukunft sei, führte zur menschlichen und politischen Annäherung der Österreicher. „Auf der Lagerstraße von Dachau", schreibt der burgenländische Sozialist Stefan Billes, „wurde zwischen den Gegnern von einst über die unglückliche Vergangenheit unserer Heimat diskutiert. Und wenn wir auch bei unseren Überzeugungen blieben, ein Gedanke war uns gemeinsam: Wenn wir die Freiheit erreichen, werden wir die Demokratie aufbauen und alles tun, dass es nie wieder zu einem Bruderkampf kommen kann."[474] Insbesondere bei den tief im autoritären Gedankengut verstrickten Bürgerlichen spielten sich demokratische Lernprozesse ab. Franz Olah überliefert die Aussage Emanuel Stillfrieds, des vormaligen Kommandanten des Anhaltelagers Wöllersdorf: „Hier, in Dachau, bin ich Demokrat geworden! Wir haben immer nur gelernt, dass man der Regierung gehorchen muss. Jetzt sehe ich ein, dass es eine Opposition geben muss."[475]

Aus nahezu allen Häftlingsberichten geht hervor, dass sich die Österreicher auch als solche verstanden und die meisten in ihren politischen Zukunftsvorstellungen an ein eigenständiges Österreich dachten. Heikel konnte in diesem Zusammenhang die von SS-Männern gestellte Frage werden: „Was bist Du?" Ludwig Soswinski, später langjähriger Präsident des KZ-Verbandes, berichtet, dass die Antwort „Deutscher" nicht in Frage kam, die Antwort „Österreicher" lebensgefährlich war, daher sagte man „Weana" (Wiener).[476] Den Gesprächen und Diskussionen über die zukünftige Gestaltung Österreichs lag ein nicht zu übersehender patriotisch-demokratischer

Optimismus zugrunde. „Wir haben [...] trotz aller geschichtlichen Ereignisse dieser Wochen und Monate", berichtet der nachmalige ÖVP-Vizekanzler Fritz Bock,[477] „nicht einen einzigen Augenblick daran gedacht, dass Österreich für immer von der Landkarte verschwunden wäre. Und als wir uns halbwegs da in Dachau arrangiert haben, haben wir schon im Sommer 1938 auf der Dachauer Lagerstraße, wenn dazu Gelegenheit war, von nichts anderem geredet, als was wir wieder machen würden, wenn Österreich wieder einmal frei sein werde. Dabei hat keiner von uns gewusst, ... ob er den nächsten Tag überleben wird, aber wir haben die Hoffnung und den Glauben daran nie aufgegeben, dass es wieder ein Österreich geben wird."

In Dachau bahnte sich eine Entwicklung an, die für die Geschichte der Zweiten Republik von grundlegender Bedeutung war. Die Zusammenarbeit der einst bis zum Bürgerkrieg verfeindeten Sozialdemokraten und Bürgerlichen hatte im „Geist der Lagerstraße" von Dachau (und später anderen KZ) ihre ersten Wurzeln. Aus dem gemeinsam erfahrenen Leid in hitlerdeutschen Konzentrationslagern kam ein wichtiger Impuls zur Überwindung der großdeutschen Vorstellungen und für das Werden eines österreichischen Nationalbewusstseins.[478]

Die Sichtweise vom „Geist der Lagerstraße" im Sinne einer uneingeschränkten Solidarität der Häftlinge ist freilich inzwischen von wissenschaftlicher Seite als Mythos massiv in Frage gestellt worden. Die hier zitierten Gespräche und Diskussionen fanden hauptsächlich innerhalb der Gruppe der politischen Häftlinge statt; rassistisch und andere Verfolgte (Juden, Roma, „Asoziale", Homosexuelle etc.) blieben – oft schon aus Gründen der räumlichen Separierung – ausgeschlossen. Auch innerhalb der politischen Häftlinge gab es Konflikte und Ausgrenzungen, vor allem zwischen Kommunisten und dissidenten linken Gruppen, die sich allerdings in Buchenwald stärker bemerkbar machten als in Dachau.[479] Die Konflikte, die sich in Dachau etwa zwischen dem Sozialisten Franz Olah und österreichischen Kommunisten anbahnten, spielten auch nach 1945 in der österreichischen Innenpolitik eine Rolle.[480] Die Gemeinsamkeit der KZ-Häftlinge, sofern es sie überhaupt gegeben hat, zerbrach spätestens im Zuge des Kalten Krieges. Im Lichte neuerer Forschungen zur Geschichte der KZ, insbesondere Buchenwald, hat das von den politischen Häftlingen tradierte heroisierende Geschichtsbild Sprünge bekommen: die Häftlingsgesellschaft war eine hierarchische, die Solidarität vielfach eine gruppenegoistische, der Widerstand war auch eine Machtausübung, bis hin zur Liquidierung Missliebiger.[481]

Widerstand von Einzelnen: „Kollektive Systemopposition" – „Resistenz"

Neben dem Widerstand von Gruppen, Organisationen und Parteien gab es einen breiten Strom von individuellen Widerstandhandlungen gegen das NS-Regime. Menschen setzten sich, völlig auf sich allein gestellt, aus verschiedensten Motiven der NS-Gewaltherrschaft entgegen.

Diese Formen von Widerstand und Opposition – nichtorganisierter Widerstand von Einzelnen, passive Resistenz, Nonkonformismus, soziales Protestverhalten u. dgl. – sind lange Zeit vernachlässigt worden und erst spät in das Blickfeld der Widerstandsforschung gekommen.[482] Der nichtorganisierte Widerstand zeigte sich in den verschiedensten Formen: Der Bogen reicht von antinazistischer Haltung und Äußerungen über das verbotene Abhören ausländischer Sender bis hin zur Sabotage und zur Hilfeleistung für Verfolgte (Juden, Fremdarbeiter, Kriegsgefangene u. a.). Humanitäre Erwägungen, Mitleid für den verfolgten Nächsten, Abneigung und Hass gegen ein verbrecherisches Regime waren die Wurzeln dieses unorganisierten, aus dem Volke kommenden Widerstandes, der genauso wie der organisierte Widerstand polizeilich und gerichtlich verfolgt wurde und auch zahlenmäßig keineswegs geringer war als dieser. Aufgrund der Quantität und Qualität dieser Fälle wird dieser „individuelle Widerstand" nicht zu Unrecht als „kollektive Systemopposition" interpretiert.[483]

Regimefeindliche Äußerungen

Regimefeindliche Äußerungen waren – neben der „Vorbereitung zum Hochverrat" – jenes Delikt, nach dem die meisten WiderstandskämpferInnen von der NS-Justiz verfolgt wurden. So bezieht sich ein großer Teil der fast 10 000 Verfahren vor dem Sondergericht Wien auf Delikte nach dem so genannten „Heimtückegesetz", das waren defätistische Äußerungen, Verbreiten von Gerüchten, Witzen über bzw. Beleidigungen von führenden NS-Funktionären, prokommunistische oder prokatholische Äußerungen, Singen verbotener Lieder, Eintreten für Juden, Ausländer etc., Verweigerung von Spenden oder des Deutschen Grußes u. v. a. Diese regimefeindlichen Äußerungen spiegelten bis zu einem gewissen Grad die Stimmung der Bevölkerung wider, weil sie ja in den meisten Fällen nicht bewusst als „heimtückische Äußerung" oder „Wehrkraftzersetzung", sondern als spontaner Ausdruck der Enttäuschung, der

Erbitterung und des Hasses gegen das NS-Regime getan wurden. Nicht der entschlossene Widerstandskämpfer, sondern der viel zitierte „kleine Mann", der „Mann aus dem Volke", ja selbst Mitglieder der NSDAP waren es, die deswegen mit der Gestapo und Gerichten in Konflikt gerieten. „Heute sind bereits Äußerungen mit durchaus defätistischer Tendenz […] auch von durchaus anständigen Partei- und Volksgenossen zu hören", hieß es in einem am 4. 9. 1944 abgegangenen Lagebericht des zweifellos gut informierten Leiters des Gau- und Reichspropagandaamtes Wien Eduard Frauenfeld an Reichsstatthalter Baldur von Schirach.[484]

Dass dabei in zunehmendem Maße antipreußische/antideutsche und proösterreichische Stimmen zum Ausdruck kamen, kann gewiss nicht als Zufall abgetan werden[485].

Das Regime öffnete kein Ventil für diesen Unmut, Gestapo und NS-Justiz gewährten keine Toleranz, auch Witze über Hitler und andere Nazigrößen wurden gnadenlos verfolgt. In der Regel wurden die Betreffenden nach dem „Heimtückegesetz" verfolgt. Der dabei herangezogene § 2 (1) des „Gesetzes gegen heimtückische Angriffe auf Staat und Partei und zum Schutz der Parteiuniformen" vom 20. 12. 1934 hatte folgenden Wortlaut: „Wer öffentlich gehässige, hetzerische oder von niedriger Gesinnung zeugende Äußerungen über leitende Persönlichkeiten des Staates oder der NSDAP, über ihre Anordnungen oder die von ihnen geschaffenen Einrichtungen macht, die geeignet sind, das Vertrauen des Volkes zur politischen Führung zu untergraben, wird mit Gefängnis bestraft."[486] Das Strafausmaß betrug meist einige Monate bis einige Jahre Gefängnis. Unter Umständen kam an Stelle des Heimtückegesetzes eine Verurteilung nach § 134 a RStGB in Frage, wenn die Wehrmacht oder ein Wehrmachtsangehöriger beleidigt wurde.[487] Schwerere Fälle wurden auch nach dem „Kriegssonderstrafrecht" (Verordnung über das Sonderstrafrecht im Kriege und bei besonderem Einsatz vom 17. August 1938) als „Wehrkraftzersetzung" bestraft. Im § 5 (1) dieser Verordnung wurde bestimmt: „Wegen Zersetzung der Wehrkraft wird mit dem Tode bestraft: 1. Wer öffentlich dazu auffordert oder anreizt, die Erfüllung der Dienstpflicht in der deutschen oder einer verbündeten Wehrmacht zu verweigern, oder sonst öffentlich den Willen des deutschen oder verbündeten Volkes zur wehrhaften Selbstbehauptung zu lähmen oder zersetzen sucht."[488] Bei so genannter „kommunistischer Mundpropaganda" konnte, auch wenn gar keine Verbindung zu kommunistischen Gruppen bestand, der Hochverratsparagraf des RStGB zu Anwendung kommen. Folgende Fälle demonstrieren die gnadenlose Härte der Gesetze und der diese anwendenden NS-Justizfunktionäre.

Der Konzertpianist und Komponist Ladislaus Döry von Jobbahaza (geb. 17. 11. 1897), der sich selbst als Legitimist bezeichnete und der dem „Heimatschutz" und der „Paneuropa-Union" angehört hatte, äußerte in Gesprächen „wiederholt, dass ‚das wirtschaftliche und kulturelle Leben Österreichs im Absterben begriffen' sei und nur ‚die Loslösung von Hitler' Österreich befreien könne. Er bezeichnete den Führer als einen ‚machtgierigen Despoten' und ‚Emporkömmling, der auf Länderraub aus sei' [...] Wenn die Sprache auf den Führer kam, nannte er ihn stets ein ‚Schwein' oder einen ‚Schweinehund'." Diese Äußerungen wurden von seinem Bekannten Graf Paul Seilern, einem Angestellten der NSDAP-Gauleitung, weitergemeldet. Ladislaus Döry wurde am 7. 10. 1943 vom VGH wegen „Wehrkraftzersetzung" zum Tode verurteilt und im Zuchthaus Brandenburg-Görden hingerichtet.[489]

Die Haushälterin Therese Bachmann (geb. 27. 8. 1879) wurde am 8. 3. 1944 von der Gestapo festgenommen, weil sie „sich wiederholt in staatsabträglicher Weise geäußert und die Person des Führers, so auch die Stalingradkämpfer beschimpft und herabgewürdigt" hat. Sie wurde am 14. 7. 1944 wegen „Wehrkraftzersetzung" zu 5 Jahren Zuchthaus verurteilt. Johanna Bihary (geb. 8. 3. 1898) zertrat ein Bild von Goebbels mit den Worten „Der Lump gehört nicht anders behandelt". Sie wurde am 28. 5. 1943 festgenommen und blieb bis 12. 4. 1945 in Haft. Ihr Mann, der Rechtsanwalt Napoleon Bihary (geb. 2. 1. 1883), vor dem März 1938 bis zu seinem Ausschluss im Juli 1943 Mitglied der NSDAP und der SA, wurde am 21. 5. 1943 wegen „Vorbereitung zum Hochverrat" (Verbindung zu sowjetischen Fallschirmspringern) festgenommen und war bis zur Befreiung im KZ Dachau inhaftiert. Der Schneidergehilfe Franz Brom (geb. 21. 7. 1905) wurde am 22. 2. 1940 festgenommen. Er hatte in einem Gasthaus geäußert: „Ich bin ein Kommunist und wir kämpfen für England und Frankreich. Wir werden noch viele Deutsche erschießen. Ihr Nationalsozialisten mit eurem Hakenkreuz könnt uns alle im Arsch lecken, samt eurem Führer." Die Gutsbesitzerin Nadine Drasche-Wartinberg (geb. 7.9. 1878) erwiderte – laut Gestapobericht – den „Heil-Hitler"-Gruß mit „gemeinen, von niedriger Gesinnung zeugenden Worten" und wurde am 21. 1. 1941 wegen „Vergehens nach dem Heimtückegesetz" festgenommen. Sie war bis 24. 5. 1941 im Landesgericht Wien in Haft und wurde dann an die Gestapo überstellt. Der Handelsangestellte Ludwig Staszyszyn (geb. 22. 4. 1891) wurde im April 1939 wegen staatsfeindlicher Äußerungen polizeilich verwarnt und am 25. 11. 1940 wegen „Vergehens nach dem Heimtückegesetz" zu 6 Monaten Gefängnis verurteilt. Einen Monat nach Strafverbüßung äußerte er in einer Gaststätte: „Ich warte jetzt auf den Umsturz, da habe ich Aussicht, sofort ein höherer Offizier zu werden, da werde ich dann gewisse Herren besuchen. Die Deutschen sind erdäpfelfressende Barbaren. Das Einparteisystem kann sich nicht halten, da es auf den Spitzen der Bajonette aufgebaut ist. Ich war und bleibe ein Österreicher." Ludwig Staszyszyn wurde am 19. 9. 1941 festgenommen und am 18. 8. 1942 nach Auschwitz überstellt, wo er am 2. 9. 1942 umkam.[490] Der Versicherungsangestellte Anton Steffek (geb. 20. 4. 1896) wurde vom VGH am 9. 10. 1943 wegen „Wehrkraftzersetzung" und „Volksverrats durch Lügenhetze" zum Tode verurteilt, weil er in einer Gastwirtschaft in Rettenegg (Steiermark) behauptet hatte, die

Massenmorde in Katyn seien nicht von den Sowjets, sondern von der Waffen-SS verübt worden. Als beisitzender Richter fungierte SS-Oberführer Langoth, Oberbürgermeister von Linz.[491]

Bei fortgesetzten Verstößen gegen das „Heimtückegesetz", das relativ geringe Strafen zur Folge hatte, verfügte die Gestapo die KZ-Einweisung bzw. erfolgte eine Anklage wegen „Wehrkraftzersetzung". Der Landwirt Franz Toifl (geb. 28. 12. 1896) aus Dallein (NÖ) wurde erstmals am 6. 7. 1940 wegen defätistischer Äußerungen zu 1 Jahr Gefängnis verurteilt. Im Juli 1943 äußerte er vor mehreren Personen, Deutschland werde den Krieg verlieren und Hitler bringe noch alle ins Verderben. Toifl wurde vom VGH wegen „Wehrkraftzersetzung" zum Tode verurteilt und am 23. 7. 1944 hingerichtet. Der Straßenbahner Franz Groll (geb. 19. 12. 1897) wurde 1944 von der Gestapo wegen „Verstoßes gegen die Rundfunkverordnung" 21 Tage in Schutzhaft genommen. Nach der Entlassung wurde er wegen „staatsfeindlicher Äußerungen" neuerlich festgenommen. Laut Gestapo-Tagesbericht vom 12.–18. 5. 1944 hat er „seine nationalsozialistisch eingestellten Angehörigen unter dem Hinweis, dass der Krieg im September 1944 für Deutschland verloren wäre und ‚sie dann daran glauben müssten', auf das Schwerste bedroht. G. wird, da er unverbesserlicher und fanatischer Marxist ist, in ein KL eingewiesen werden." Groll kam am 15. 11. 1944 im KZ Flossenbürg um.[492] Der Kellner Friedrich Hauptvogel (geb. 13. 3. 1896) wurde wegen „Vergehens nach dem Heimtückegesetz" 1940 und neuerlich am 1. 8. 1941 festgenommen und bis 10. 11. 1943 in im KZ Dachau inhaftiert. Dem Tagesbericht der Gestapo Wien vom 1.–3. 8. 1941 zufolge hatte er folgende Äußerungen gemacht:

„Heil England! Heil Amerika! Heil Moskau! Der größte Marmeladesaubruder ist Adolf Hitler, aber diesmal verliert er seine Schlacht, denn wir sind gut organisiert. Hitler ist der größte Hurenkerl, darum mein ganzes Leben dem Kommunismus!"[493]

Nicht wenige der Verfolgten hatten sich positiv über Juden geäußert bzw. die antijüdischen Maßnahmen kritisiert. So wurde Olga Groh (geb. 29. 9. 1888) am 8. 5. 1944 festgenommen und am 5. 1. 1945 wegen „Wehrkraftzersetzung" zu zwei Jahren Zuchthaus verurteilt, weil sie u. a. über die mobilen Gaswägen beim Judenmord gesprochen hatte. Im Urteil des Oberlandesgerichts Wien vom 5. 1. 1945 wurde darüber ausgeführt:

„Die Juden würden in Autos verladen und zwar mache dies die SS ganz allein, sie stelle die Kraftwagenlenker und die Leute dazu. Unterwegs werde dann eine Düse geöffnet, sodass Gas einströme, und wenn sie an Ort und Stelle ankämen, seien die Juden erledigt. Es gebe auch eine Gaskammer für Frauen und Kinder, eine andere für die Männer. Das Gas werde eingelassen und auf diese Weise würden sie erledigt."[494]

Die Trafikantin Gisela Stanicz (geb. 18. 5. 1881) aus Eisenstadt war vom 18. 8. 1941 bis 2. 3. 1942 inhaftiert. Sie hatte in einem Gespräch mit einem zu ihrer Bespitzelung ausgesandten Kriminalsekretär des Grenzpolizeikommissariats Eisenstadt „staatsfeindliche Äußerungen" getätigt, wie aus der Anklageschrift vom 6. 3. 1942 hervorgeht:

„Wissen Sie, wie im 38er Jahr der Naziumbruch gekommen ist, hat meine Tochter gesagt, was wird denn der ‚Tapezierergesell' schon können. Ich habe dann zu ihr gesagt, du, jetzt hör auf, mit dem Tapezierergesell, denn jetzt wird es gefährlich, jetzt gibt es viele Spitzeln. […] Wissen Sie, wie der Nat. Soz. gleich nach dem Umbruch so gegen die Juden vorgegangen ist, habe ich sofort gesagt, das ist gefehlt. Dadurch erzieht der Hitler die Menschen nur zu Bestien, und die ganze Welt wird sich gegen uns wenden."[495]

Auch Maria Gerhardt (geb. 31. 10. 1895), die am 2. 9. 1941 festgenommen und am 28. 3. 1942 wegen „Vergehens nach dem Heimtückegesetz" zu 1 Jahr Gefängnis verurteilt wurde, wurden in der Anklageschrift vom 18. 2. 1942 „judenfreundliche" Äußerungen zur Last gelegt:

„In diese Hetzreden und Hassausbrüche stimmte Maria Gerhardt ein und gab offen zu, dass sie den Nationalsozialismus hasse. Auch sie belegte die führenden Männer aus Partei und Staat mit Ausdrücken wie ‚Dieses Gesindel, Hunde, Bestien, Verbrecher, Dreckregierung' […].

Zur Behandlung der Juden nahm sie gleichfalls in ablehnender Form Stellung, bedauerte die Juden und erklärte: ‚Die Juden müssen nun wieder aus ihren schönen Wohnungen heraus und bekommen im 2. Bezirk Elendsquartiere zugewiesen. Das Gesindel von der Gestapo, das bei den Hausdurchsuchungen alles ausraubt, gehört vertilgt.'"[496]

In diesem Zusammenhang sei auch angeführt, dass die Gestapo Wien im Juli 1942 beim RSHA die Aberkennung der Staatsbürgerschaft der ehemaligen Kammersängerin der Wiener Staatsoper, Lotte Lehmann (verehelichte Charlotte Krause, geb. 27. 2. 1888), beantragte. Sie hatte einem französischen Journalisten gegenüber erklärt, „dass sie, obwohl deutschblütig, nicht nach Deutschland zurückkehren werde, da sie sich keine Vorschriften über ihr Liederprogramm machen lasse."[497]

Weit verbreitet in der Bevölkerung waren auch Gerüchte über führende Nationalsozialisten, die rigoros verfolgt wurden. So hatte der Magazinarbeiter Rudolf Hansmann (geb. 27. 2. 1904) u. a. erzählt, „dass der Führer nach einer persönlichen Auseinandersetzung mit Himmler diesen erschossen und Göring in Konsequenz dieses Vorfalles den Führer angeschossen habe". Er wurde am 18. 8. 1941 festgenommen und am 17. 11. 1941 wegen „Vergehens nach dem Heimtückegesetz" zu 9 Monaten Gefängnis verurteilt.

Die Näherin Hermine Holas (geb. 4. 1. 1943) wurde am 3. 9. 1942 wegen „Vergehens nach dem Heimtückegesetz" festgenommen und am 8. 2. 1943 zu 3 Jahren Gefängnis verurteilt. In der Anklageschrift vom 4. 1. 1943 wurde ihr u. a. vorgeworfen:

„Anfang Juli 1942 erklärte sie im Nähraum der Wäscherei in Gegenwart der Zeuginnen [...] u. a. ‚Der Hitler, der Hund, ist noch nicht hin. Mit meinen eigenen Händen möchte ich ihn erwürgen, damit die Menschheit gerettet ist.' Diese Bemerkung gebrauchte die Angeschuldigte in Beziehung auf ein Gerücht, wonach auf den Führer in der Tschechoslowakei ein Mordanschlag verübt worden sei."[498]

Denunziationen regimefeindlichen Verhaltens

„Heimtückische Äußerungen" und „Rundfunkverbrechen" waren jene Delikte, bei denen es am häufigsten zu Denunziationen kam. Die DenunziantInnen sind ersichtlich, weil sie in der Regel im NS-Gerichtsverfahren als ZeugInnen auftreten mussten bzw. nach 1945 von der österreichischen Nachkriegsjustiz nach dem Kriegsverbrechergesetz belangt werden konnten. Die Motive für die vielfach im Nachbarschaftsmilieu erfolgten Denunziationen waren meist politische Gehässigkeit oder persönliche Feindschaften. So wurde die Schriftstellerin Aloisia Helia (geb. 31. 1. 1890) wegen „beleidigender Äußerungen über den Führer" am 27. 4. 1942 festgenommen und am 26. 9. 1942 wegen „Vergehens nach dem Heimtückegesetz" zu 1 Jahr 6 Monaten Gefängnis verurteilt. Aus dem Urteil geht hervor, dass sie von einem Taxifahrer denunziert worden war:

„[...] begann die Angeklagte zu schimpfen, indem sie wörtlich erklärte: ‚Das Schwein [Hitler] kann nichts anderes als über die Juden schimpfen, ich weiß es eh, dass er die Macht in Händen hat, der dumme Tapezierergehilfe'. Der Zeuge gab hierauf der Angeklagten keine Antwort, fuhr sie in die Böcklinstraße 35 und rief nach dem Aussteigen der Angeklagten fernmündlich das Überfallkommando an, um die Festnahme der Angeklagten zu veranlassen."[499]

Josef Riese (geb. 29. 9. 1894), Primararzt des Spitals der Barmherzigen Brüder in Wien, der am 21. 1. 1944 festgenommen und der Wehrmachtsuntersuchungsanstalt überstellt wurde, hatte im Gespräch festgestellt, „dass das nationalsozialistische Deutschland im Jahre 1944 zusammenbrechen werde", er selbst wolle „alles veranlassen, um diesen Zusammenbruch zu beschleunigen". Der Medizinstudent Gustav Ziegler (geb. 30. 5. 1917) „hat sich zweimal einem deutschen Offizier gegenüber schwer defaitistisch geäußert und unter anderem erklärt, der Krieg sei verloren, es werde einen zweiten November 1918 geben". Er wurde am 23. 6. 1944 vom Volksgerichtshof wegen „Wehrkraftzersetzung" zum Tode verurteilt und am 30. 8. 1944 im Landesgericht Wien hingerichtet. Der Zahnarzt Rudolf Hellbach-Ohdenal (geb. 23. 4. 1892) wurde am 5. 2. 1941 festgenommen, weil er gesagt hatte: „Der schlechte Zustand der Zähne bei den Soldaten ist auf die mangelhafte Ernährung zurückzuführen."[500]

Der Autounternehmer Rudolf Kozian (geb. 30. 4. 1891) hat sich – laut VGH-Urteil – „Anfang November 1943 gegenüber der Frau eines verwundeten Soldaten schwer defaitistisch geäußert, hat den Führer beschimpft, ferner erklärt, es sei den Wienern egal, ob sie unter Hitler, Stalin oder Churchill lebten, und hat außerdem versucht, seinen Sohn dem weiteren Wehrdienst an der Front zu entziehen." Er wurde am 20. 6. 1944 vom VGH wegen „Wehrkraftzersetzung" zum Tode verurteilt und am 8. 11. 1944 im Landesgericht Wien hingerichtet.[501] Der Friseurmeister Franz Martin Binderitsch (geb. 6. 7. 1898) wurde am 25. 10. 1941 wegen „Beleidigung der Wehrmacht" nach dem Heimtückegesetz zu 10 Monaten Gefängnis verurteilt, nachdem er von einem Obergefreiten, den er rasierte, denunziert worden war. „Der Zeuge [...] meldete diesen Vorfall pflichtgemäß", hieß es im Urteil, „und der Angeklagte wurde verhaftet."[502] Der Handelsangestellte Andreas Streit (geb. 10. 11. 1899), der am 25. 3. 1942 festgenommen und am 18. 7. 1942 wegen „Vergehens nach dem Heimtückegesetz" zu 1 Jahr 3 Monaten Gefängnis verurteilt worden war, starb während der Strafhaft am 22. 5. 1943. Laut Urteil des Sondergerichts Wien vom 18. 7. 1942 hatte er vor mehreren Zeuginnen „an seiner Arbeitsstätte in der Zeit von Herbst 1941 bis zum März 1942 in Gegenwart anderer Gefolgschaftsmitglieder öfters Bemerkungen, die eine gegnerische Einstellung gegenüber dem jetzigen Regime erkennen ließen", gemacht. Weiters wurde ihm angelastet, dass er „die Bezeichnung ,Baldurs depperte Menscher' für ,BdM' [Bund deutscher Mädel] keineswegs nur in Witzform gebraucht hat, sondern [...] auch in Bezug auf die dem BdM angehörende [...] in herabsetzender Weise angewendet hat [...]."[503]

Der Legitimist Major a. D. Erwin Fürer (geb. 22. 2. 1883) bezeichnete während einer Bridgepartie Hitler als „größten Verräter der Welt" und wurde von einer ehemaligen Gesinnungsfreundin denunziert. Er wurde im Februar 1942 festgenommen und am 11. 6. 1942 wegen „Vergehens nach dem Heimtückegesetz" zu 2 Jahren Gefängnis verurteilt. Im Urteil des Sondergerichts Wien wird dazu ausgeführt:

„Der Angeklagte bringt zu seiner Verantwortung vor, er sei mit Rücksicht auf seine Herkunft und Erziehung ein Anhänger der Habsburger. Auch die Zeugin [...] sei früher legitimistisch eingestellt gewesen; dann habe sie sich zu Schuschnigg und nunmehr zum Nationalsozialismus bekannt. [...] Er sei über den Wechsel der politischen Einstellung durch die Zeugin [...] gereizt gewesen und habe ihr dem Sinne nach erwidert, dass der Führer für alle Verbrechen, die geschähen, die Verantwortung trage. Er habe dabei an ,die persönliche Unfreiheit', ,die Verfolgung der katholischen Kirche und der Juden' usw. gedacht, jedoch nichts Näheres dazu gesagt."[504]

Anna Löwy (geb. 26. 7. 1876) wurde „auf Grund der als vollkommen glaubwürdig erachteten Aussage der unter Eid vernommenen Zeugin" wegen „Vergehens nach dem Heimtückegesetz" am 4. 6. 1940 zu 14 Monaten Haft verurteilt. Die Angeklagte, der ihre „jüdische Versippung" vorgeworfen wurde, hatte laut Urteil u. a. folgende Äußerung gemacht:

„Der Führer tobt in der Zwangsjacke, unser Herrgott straft ihn für das Unrecht, das er nicht nur den Juden, sondern auch den Ariern zugefügt hat. Er wird es niemals verantworten können, dass er die Menschen ins Unglück stürzt. Schuschnigg hätte das nicht zusammengebracht. Unsere Soldaten an der Front leiden Hunger, die werden deshalb bald die Prügel wegwerfen."[505]

Anti-NS-Flugblätter und -Aufschriften

Neben einer Fülle von mündlichen Äußerungen gegen das NS-Regime wurden aber auch zahlreiche schriftliche Stellungnahmen, vor allem in Form von Flugblättern, produziert und verbreitet bzw. Parolen und Aufschriften angebracht. Sofern die Täter ausgeforscht werden konnten, erfolgte die Strafverfolgung wegen „Vorbereitung zum Hochverrat" oder „Wehrkraftzersetzung". Im Tagesbericht der Gestapo Wien vom 6.–7. 8. 1941 wird eine solche Aktion beschrieben:

„In den letzten Wochen wurden in Wien […] handgeschriebene Hetzschriften in großem Umfange gestreut und auf Bänken in Parkanlagen hinterlegt. Diese Schreiben enthalten zumeist Klagen über die wirtschaftliche Lage der Ostmark und unter Bezugnahme auf die getroffene Lösung der Südtirolerfrage schwere Angriffe gegen den Führer. Vielfach tragen sie auch die Aufforderung ‚Attentat auf Hitler'. Insgesamt wurden gegen 1000 Stück erfasst."

Der als Hersteller der Schriften von der Gestapo am 7. 8. 1941 festgenommene Volksschullehrer i. R. Josef Richter (geb. 2. 5. 1875) leugnete die Tat. Er starb am 14. 11. 1941 in der Haft im Gefangenenhaus des Landesgerichts Wien.[506] Der Tagesbericht der Gestapo Wien vom 13.–16. 8. 1943 verzeichnet, dass in mehreren Nächten in der Wiener Innenstadt mittels Handdruckkasten das nachstehende „Hetzgedicht" auf Litfasssäulen aufgedruckt worden ist:

„Bald sind wir wieder rotweißrot,
ist Österreichs Volk auch heut in Not.
Es ist der Augenblick nicht fern,
Wo Hitlers Gangster hängen wer'n."[507]

Eine handschriftliche Meldung eines Parteigenossen vom 3. 3. 1943 berichtet über die Anbringung eines NS-feindlichen Klebezettels an einem Schaukasten einer NS-Organisation mit folgendem Inhalt: „Nieder mit Hitler, dem Bluthund und Massenmörder, Nieder mit ihm".[508]

Von dem katholischen Widerstandskämpfer Friedrich Wildgans verfasstes Flugblatt „Der Berghofbauer", 1945

Strafbar war auch die Nichtablieferung bzw. Weitergabe von feindlichen Flugblättern. So wurde Franz Kolpas am 10. 11. 1944 vom OLG Wien wegen „Wehrkraftzersetzung" verurteilt, weil er am 30. 7. 1944 „ein von Feindfliegern abgeworfenes Flugblatt einem Bekannten weitergegeben" hat.[509]

Politisch bemerkenswert war die mit „Der Berghofbauer" gezeichnete, von dem katholischen Widerstandskämpfer und Komponisten Friedrich Wildgans 1945 verfassten Flugblätter, in den unter Bezugnahme auf die alliierten Konferenzen in Teheran und Moskau die „Schaffung eines freien, selbständigen, demokratischen Österreich" aufgerufen wurde. Der Neuaufbau könne aber nur stattfinden, „wenn die NSDAP und alles, was je damit zusammenhing, restlos ausgerottet werden".[510]

„Rundfunkverbrechen"

Mit der nicht zufällig am Tag des Kriegsausbruchs, am 1. 9. 1939, erlassenen Verordnung über außerordentliche Rundfunkmaßnahmen wurde das Abhören ausländischer Sender und das Verbreiten von deren Nachrichten unter Strafe gestellt.[511] Während die NS-Verfolgungsinstanzen von „Rundfunkverbrechen" sprachen, lautete die volkstümliche Bezeichnung „Schwarzhören"[512]. Mit diesem gesetzlich sanktionierten Verbot sollten Informationen und Propaganda aus gegnerischen oder neutralen Staaten unterbunden und das Nachrichtenmonopol des NS-Regimes durchgesetzt werden. Gerade die hundertprozentige nationalsozialistische Ausrichtung aller deutschen Sender mit ihrer Lügenpropaganda ließ insbesondere im Laufe des Krieges immer mehr Menschen am Wahrheitsgehalt der Rundfunkmeldungen zweifeln, und nicht wenige hörten trotz der rigorosen Strafandrohung „feindliche" Sender ab. Sofern das „Schwarzhören" nicht mit anderen, schwerwiegenderen Delikten wie z. B. „Vorbereitung zum Hochverrat" verbunden war oder als „Wehrkraftzersetzung" qualifiziert wurde, waren die bei den Landgerichten eingerichteten Sondergerichte zuständig. Vor dem Sondergericht Wien, dem mit Abstand wichtigsten NS-Tribunal für diesen „kleinen Widerstand", wurden bis 1945 in 290 Verfahren

400 Personen wegen „Rundfunkverbrechens" abgeurteilt, wobei die Regelstrafe Zuchthaus war und sich die meisten Strafen im Rahmen zwischen ein und zwei Jahren bewegten. In ganz schweren Fällen konnte auch die Todesstrafe verhängt werden; vor dem SG Wien war dies fünf Mal der Fall.[513] Weitere Todesurteile erfolgten durch den VGH und andere NS-Gerichte wegen „Wehrkraftzersetzung" oder in Verbindung mit „Vorbreitung zum Hochverrat". Bei „Rundfunkverbrechen musste der Strafantrag von der Gestapo gestellt werden, die aber auch eine KZ-Einweisung verfügen konnte. Diese – folgenschwere – Differenzierung in der juristischen Qualifizierung und Behandlung wurde in einem mit 12. 9. 1944 datierten Schreiben des Rechtsanwaltes Konrad Zembaty an die Ehefrau des am 17. 7. 1944 wegen „Verbreitung von Mitteilungen ausländischer Sender" von der Gestapo Wien festgenommenen Baumeisters Alexander Grasel (geb. 27. 6. 1888) präzis dargestellt:

„In obiger Angelegenheit habe ich heute bei der Gestapo auf Zimmer 280 vorgesprochen und hat mir der Referent mitgeteilt, dass es sich im Falle Ihres Gatten um gehässige Verbreitung von Mitteilungen ausländischer Sender handelt, die sowohl den Tatbestand des Verbrechens des Hochverrates als jenen der Wehrkraftzersetzung zu bilden geeignet sind.

Die diesbezügliche Entscheidung wurde nunmehr bereits in Berlin ausgesprochen und von derselben wird es abhängen, ob bei Annahme eines gerichtlich strafbaren Tatbestandes Ihr Gatte
1.) der gerichtlichen Aburteilung durch den Volksgerichtshof (Hochverrat) oder
2.) durch das Sondergericht in Wien (Wehrkraftzersetzung) zugeführt oder aber
3.) in ein Konzentrationslager abgeschoben werden wird."

Kurz danach, am 22. 9. 1944 wurde Grasel in das KZ Dachau überstellt, wo er am Vortag der Befreiung, am 28. 4. 1945, umkam.[514]

Der Bäckermeister Oskar Blie (geb. 20. 7. 1903), der von 1940 bis zu seiner Festnahme 1942 NSDAP-Mitglied war, wurde am 25. 3. 1943 wegen „Vorbereitung zum Hochverrat" und „Rundfunkverbrechen" zu 15 Jahren Zuchthaus verurteilt, aber vom 11. 11. 1943 bis Ende April 1945 im KZ Sachsenhausen inhaftiert. Der Solotänzer der Wiener Staatsoper, Anton Birkmeyer (geb. 25. 4. 1897), der gemeinsam mit anderen ausländische Sender abgehört hatte, wurde am 3. 9. 1940 vom SG Wien wegen „Verbrechens nach der Rundfunkverordnung" zu 1 Jahr 6 Monaten Zuchthaus verurteilt. Seine gleichfalls festgenommene Frau Jolanthe Birkmeyer kam in Auschwitz um. Wegen „Rundfunkverbrechens" – begangen durch wiederholtes Abhören des Londoner Senders – wurde Anna Marie Donath (geb. 6. 2. 1898), Gebäudeverwaltungsinhaberin, am 1. 7. 1943 festgenommen und am 13. 9. 1943 zu 2 Jahren Zuchthaus verurteilt, die sie im Zuchthaus Aichach abbüßte.[515] Emma Steininger (geb. 28. 5. 1880), Besitzerin der Edenbar in Wien, wurde am 29. 6. 1942 festgenommen und wegen „Rundfunkverbrechens" zu 3 Jahren Zuchthaus verurteilt.

Nach ihrer bedingten Entlassung aus dem Frauenzuchthaus Aichach am 27. 9. 1944 war sie bis Anfang November 1944 Häftling der Gestapo Wien. In der Anklageschrift vom 30. 7. 1942 wurde der Umgang mit Juden besonders hervorgehoben:

„Die Beschuldigte, welche anfangs das Abhören ausländischer Sender in ihrer Wohnung zu leugnen versuchte, musste schließlich [...] zugeben, dass sich in ihrer Wohnung tatsächlich Juden trafen, wobei wiederholt der Londoner Sender abgehört wurde. Die Beschuldigte hat in ihrem Geständnis zugegeben, dass sie zufolge ihrer Kurzsichtigkeit neben dem Rundfunkgerät ein Vergrößerungsglas liegen hatte, welches sie zur Einstellung der ausländischen Sender benützte."[516]

Über die Tätigkeit des Buchhalters Franz Gottek (geb. 9. 9. 1893), der vom 3. 2. 1944 bis 6. 4. 1945 wegen „Rundfunkverbrechens" und „Wehrkraftzersetzung" in Haft war, wird in der Anklageschrift des Generalstaatsanwalts Wien vom 1. 8. 1944 ausgeführt:

„Er [Gottek] hat im Jahre 1943 in Wien wiederholt öffentlich wehrkraftzersetzende Äußerungen zu einem Soldaten gemacht, fortgesetzt die deutschsprachigen Nachrichten des Londoner Senders abgehört und auch den erwähnten Soldaten zum Mithören veranlasst."

Bei der Aufdeckung des vermutlich weit verbreiteten „Schwarzhörens" spielte die Denunziation durch mithörende Nachbarn und zufällig vorbeikommende Personen eine wichtige Rolle. Eine solche Denunziation wird in der Anklageschrift gegen die am 7. 11. 1940 festgenommene und bis 7. 5. 1942 inhaftierte Olga Färber (geb. 25. 4. 1888) vom 7. 1. 1941 wiedergegeben:

„Als der Zeuge [...] am 6. 11. 1940 gegen Mittag in die Wohnung der Angeschuldigten Färber kam, um nach einer als vermisst angezeigten Person Rückfrage zu halten, bemerkte er, wie bei Betreten des Zimmers [Ernst Thomas] Frankl an den Rundfunkapparat ging und die Wellenlänge von Normalwelle auf Grammophon umstellte. [...] ging an den Apparat heran und bemerkte, dass die Skala noch auf den Sender ‚North Regional' zeigte. Hieraus ergab sich der Verdacht, dass beide Angeschuldigte ausländische, insbesondere englische Sender abhörten. Die weiteren Ermittlungen hierüber führten zu folgendem Ergebnis:

Die Angeschuldigte Färber hörte seit Kriegsbeginn etwa 2-mal wöchentlich zu verschiedenen Tageszeiten englische Rundfunksendungen in deutscher Sprache ab. Daneben stellte sie auch französische Sender ein, um deren in deutscher und französischer Sprache (deren sie mächtig ist) gegebenen Nachrichtendienst abzuhören."

Sabotage

Obwohl Sabotage zu den effizientesten Widerstandshandlungen zählt und für das Regime zweifellos gefährlicher war als beispielsweise das Sammeln von Spenden für die „Rote Hilfe", weil es die Kriegsführung unmittelbar schädigte, waren Sabotagehandlungen im deutschen und österreichischen Widerstand eher selten. Es gab zwar gelegentlich Aufrufe in illegalen Publikationen, doch vor allem die kommunistischen WiderstandskämpferInnen in den Betrieben beschädigten in der Regel nicht ihre Arbeitsgeräte oder ihre Produktion. Die rigorose Verfolgung reicht zur Erklärung dieses Umstandes nicht aus, zumal auch gelindere Formen des Widerstands wie Spendensammeln oder Flugblattverteilen in zunehmenden Maß mit der Todesstrafe geahndet wurden. Einige von der Gestapo „aufgeklärte" Sabotagefälle sind nachstehend angeführt.

In der am 11. 1. 1943 vorgelegten Anklageschrift des Oberstaatsanwalts beim Landgericht Wien als Sondergericht gegen die Hilfsarbeiter der Brunner Glasfabrik Johann Kolar (geb. 21. 9. 1905) und Leopold Harant (geb. 20. 9. 1904), die im September 1942 wegen Verdachts der „Sabotage" festgenommen worden waren, wurden die Folgen der Sabotagehandlungen der Angeklagten genau beschrieben:

„Beide Beschuldigte arbeiten, wie bereits erwähnt, als Hilfsarbeiter in der Brunner Fabrik der Ostdeutschen Glaswerke AG. Seit 1942 traten gerade bei den von ihnen bedienten Maschinen während ihrer Arbeitszeit immer wieder Störungen auf, deren Anlässe unklar waren, während solche Störungen bei anderen Arbeitern fast überhaupt nicht, wenn aber, so unter unverdächtigen Umständen vorkamen. Im Verlaufe von Erhebungen, die anlässlich eines ungeklärt gebliebenen gegen die ganze Fabrik gerichteten Sabotageaktes durchgeführt wurden, ergab sich, dass der Beschuldigte Harant etwa 21-mal und Kolar 9-mal ihre Maschinen durch Hineinwerfen von Glasscherben bzw. durch Hochheben der Bürsten jeweils mehrere Stunden außer Tätigkeit gesetzt hatten. Dass die Beschuldigten durch ihr Vorgehen das ordnungsmäßige Arbeiten dieses Betriebes stören, war ihnen, zwei kommunistisch eingestellten Staatsfeinden, zweifellos bewusst."[517]

Wegen „Verdachts der Sabotage" und „Arbeitsvertragsbruchs" wurde der Fräser Stefan Dworzak (Dworak) am 13. 8. 1942 festgenommen, über den im Tagesbericht der Gestapo Wien vom 11.–13. 8. 1942 berichtet wird:

„In diesem Betriebe werden Bestandteile für Flugzeuge hergestellt. D. blieb der Arbeit wiederholt angeblich krankheitshalber und öfters auch unentschuldigt fern. In den Vormittagsstunden des 27. 7. 1942 meldete er sich gesund, arbeitete 2 Stunden, verließ den Betrieb wieder und meldete sich fernmündlich krank. Nach seinem Abgang aus dem Betriebe wurde jene Fräsmaschine, an der er gearbeitet hatte, verstellt vorgefunden."[518]

Im Tagesbericht der Gestapo Wien vom 22.–23. 6. 1943 wird die Festnahme des Maurers Johann Götzenauer (geb. 2. 6. 1907) aus Wiener Neudorf wegen „Wehrmittelbeschädigung" berichtet:

„Am 23. 6. 1943 wurde der Protektoratsangehörige Johann Götzenauer [...] in den Flugmotorenwerken Ostmark in Wr. Neudorf wegen vorsätzlicher Beschädigung eines Starkstromkabels festgenommen. Durch den durch die Beschädigung verursachten Kurzschluss wurden 2 Fräsmaschinen insgesamt 20 Stunden außer Betrieb gesetzt. Götzenauer ist geständig und wird nach Abschluss der Ermittlungen dem zuständigen Gericht im Stande der Haft angezeigt werden."

Der Sabotagevorwurf richtete sich aber nicht nur gegen zerstörende Handlungen, sondern auch gegen Unterlassungen und verzögerte Arbeitsabläufe. So wurde der Tischler Richard Fiedler (geb. 13. 6. 1890) aus Wien am 6. 6. 1944 wegen „Verdachts der Sabotage" festgenommen, weil er als Werkmeister das erforderliche Holz zur Herstellung von Türen und Fenstern „nicht rechtzeitig herbeischaffte und den Betrieb mangelhaft beaufsichtigte". Der Mechanikermeister Friedrich Hergöth (geb. 25. 3. 1893) wurde am 19. 2. 1943 festgenommen, weil er verdächtigt wurde, „vorsätzlich die Kapazität seines Betriebes nicht ausgenützt zu haben, um – wie er sich ausdrückte – den Krieg nicht zu verlängern". Er wurde am 5. 7. 1943 wegen „Wehrkraftzersetzung" angeklagt, in der Folge zu 2 Jahren Zuchthaus verurteilt.[519]

Resistenzverhalten

Schließlich sind im Vorfeld von Widerstand und Opposition auch die verschiedenen Formen „asozialen" Verhaltens (was immer die Nazis darunter verstanden), die massenhaft abgeurteilte Pseudokriminalität (wie etwa Verstöße gegen die Kriegswirtschaftsverordnungen, also Schwarzschlachten, Nichtablieferung von bäuerlichen Produkten oder so genannter Schleichhandel), Homosexualität, „Rassenschande" sowie die damals terroristisch abgeurteilte, aus heutiger Sicht „normale" Kriminalität zu sehen, um das ganze Ausmaß aller jener Verhaltensweisen zu erfassen, die vom NS-Regime unerwünscht waren und verfolgt wurden.

Insbesondere für die Beurteilung der Einstellung im bäuerlich-katholischen Milieu ist die Aufarbeitung dieses diffusen „Resistenzverhaltens"[520] von hoher Relevanz. Ernst Hanisch, der zu Recht den Blickwinkel der Forschung auf diese Verhaltensweisen richtet, kommt in seiner Gesamtschau zu dem Ergebnis, dass „die bäuerlich-traditionale Machtelite" meist „resistent" blieb und sich um die Kirche scharte: „Das war kein Widerstand im strengen, politischen Wortsinn; da war auch wenig direkte Kritik am NS-Herrschaftssystem; das war ein zähes Festhalten am Gewohnten,

Alten."⁵²¹ Kirchgang, Prozessionen, Wallfahrten, Protest gegen Entfernen von Kreuzen, Isolierung von Kirchenaustretern, Einhalten abgeschaffter Feiertage und dergleichen gehörten zu diesem Resistenzverhalten.

Zu den scheinbar unpolitischen Formen von Opposition zählen auch Arbeitsbummelei, Krankfeiern, diverse Formen von Arbeitsvertragsbrüchen, Arbeitsverweigerung und dergleichen, die solches Ausmaß annahmen, dass das Regime besondere Repressionsmaßnahmen wie etwa Schnellverfahren durch den „Reichstreuhänder der Arbeit" und Einweisung in Arbeitserziehungslager einführte bzw. KZ-Haft verhängte.⁵²² So wurde der Hilfsarbeiter Otto Blaszusek (geb. 29. 12. 1921) aus Rannersdorf (NÖ) am 17. 11. 1939 von der Gestapo Wien als „arbeitsscheu" erkennungsdienstlich erfasst und bis 12. 9. 1941 im KZ Sachsenhausen inhaftiert. Er starb am 25. 1. 1943 an den Folgen der Haft. Der Hilfsarbeiter Rudolf Aubrunner (geb. 27. 8. 1890) wurde am 11. 12. 1940 festgenommen, weil er „einen Kreiswohlfahrtsleiter in Ausübung seines Amtes als ‚Tagedieb' bezeichnet und erklärt hatte, wohl mit dem Führer, nicht aber mit den Vorgängen in der Ostmark einverstanden zu sein". Am 27. Jänner 1941 beschloss die so genannte „Asozialenkommission" seine Einweisung in ein „Asozialenlager". Rudolf Aubrunner kam am 1. 7. 1941 im KZ Dachau um. Auch der Hilfsarbeiter Adolf Walter (geb. 24. 4. 1901), der wegen „eigenmächtigen Entfernens vom Arbeitsplatz und asozialen Verhaltens" am 11. 12. 1939 von der Gestapo erkennungsdienstlich erfasst worden war, wurde am 27. 5. 1942 im KZ Dachau zu Tode gebracht. Der wegen „Arbeitsverweigerung" am 22. 4. 1941 von der Gestapo Wien festgenommene Matrose Robert Eisenkölbl (geb. 2. 12. 1907) kam im Herbst 1941 im KZ Flossenbürg um. Der Schriftsteller Kurt Fleischer (geb. 4. 3. 1901) wurde am 26. 1. 1942 festgenommen, weil er sich laut Gestapo „staatsfeindlich äußerte und keinem geregelten Erwerb" nachging, und blieb bis 4. 4. 1942 im Arbeitserziehungslager Oberlanzendorf inhaftiert. Am 13. 4. 1942 wurde er aus der Haft entlassen. Der Maurer Karl Jarosch (geb. 19. 1. 1876), schon 1939 wegen „Beleidigung des Führers" mit 8 Monaten Kerker bestraft, wurde am 2. 9. 1942 wegen „fortgesetzter Bettelei in Pfarrhöfen" festgenommen und nach 8 Tagen Arrest der Gestapo Wien überstellt. Im Zuge der Vernehmung äußerte er, „dass er ein Arbeitsamt auf keinen Fall aufsuchen werde, so lange noch die NSDAP am Ruder ist". Gegen Karl Jarosch wurde „Schutzhaft und Überstellung in ein KL der Lagerstufe I a" beantragt. Der Kesselschmied Alois Herkl (geb. 20. 6. 1882) wurde 1938 wegen Beschimpfung Hitlers polizeilich bestraft und vom 26. 12. 1938 bis 6. 2. 1939 in einem „Bettlerlager" angehalten. Am 12. 4. 1939 wurde er wegen „Führerbeleidigung" im Zuge einer Bettelei im Cafe Wienzeile – er hatte Hitler als „lausigen Maurergesellen" bezeichnet – festgenommen und am 13. 10. 1939 wegen „Vergehens nach dem Heimtückegesetz" zu 10 Monaten Gefängnis verurteilt.⁵²³

Wie schon erwähnt, richteten sich die Verfolgungsmaßnahmen in großer Zahl auch gegen Schleichhändler, Preistreiber, Schwarzschlachter und andere Übertreter von spezifischen NS-Vorschriften, die von Sondergerichten abgeurteilt oder von der Gestapo in KZ gebracht wurden. So wurde z. B. der Fleischergehilfe Franz Enzinger (geb. 22. Juni 1904) wegen „Schleichhandels mit Schweinefleisch" zu 6 Monaten Gefängnis verurteilt. Nach Strafverbüßung wurde er am 16. 7. 1941 an die Gestapo Wien überstellt, die Antrag auf Schutzhaft und Einweisung in ein KZ stellte.[524]

Unangepasste Jugendliche: „Schlurfs" und „Swing-Jugend"

Die Ablehnung der Normen und Ansprüche des NS-Systems durch bewusst anderes Verhalten – in Kleidung, Haarschnitt, Musik u. a. – spielte besonders im Milieu der Arbeiterjugend eine Rolle. In Wien wurden diese – auch in anderen Großstädten des Deutschen Reiches präsenten – nichtangepassten Jugendlichen „Schlurfs" genannt, die freilich nur zum Teil politisch antinazistisch orientiert waren und im Übrigen bis in die fünfziger Jahre als Teil der Arbeiterjugend vorhanden waren.[525] Insbesondere der von der HJ ausgeübte Zwang stieß bei ihnen auf Widerstand und schlug sich auch in zahlreichen Überfällen auf HJ-Lokale und -Funktionäre nieder. „Auch das war keine politische Opposition im engeren Sinn", charakterisiert Ernst Hanisch diese Phänomene, „aber es war eine Verweigerung, die von der NS-Herrschaft durchaus als bedrohlich empfunden wurde und die bereits beginnende Konsumwelt der 1950er Jahre voraus wies."[526] Der in Wien-Rudolfsheim wohnende Ernst Nedwed (geb. 26. 5. 1929) berichtet über die Gegnerschaft zur HJ in seinem Umfeld:

„Aber in unserem Arbeiterbezirk gab es viele Jugendliche, die sich unterstützt von den Eltern, durch manche Tricks und Ausreden vom HJ-Dienst drückten. Dazu kam noch eine breite Oppositionsbewegung, die vor allem ab dem Jahr 1943 stärker geworden ist und die den Drill und den Zwang sowie den kurzen Haarschnitt der Hitlerjugend ablehnte."[527]

Die Tagesberichte der Gestapo Wien der Jahre 1941 bis 1943 enthalten zahlreiche Meldungen über Überfälle von Jugendlichen auf HJ-Funktionäre, bei denen diese durchwegs den Kürzeren zogen[528]. Im Tagesrapport vom 14.–16. 3. 1941 wird darüber berichtet:

„In den letzten Tagen langten verschiedentlich Mitteilungen ein, dass Angehörige der Hitler-Jugend in den Abendstunden auf dem Heimwege von ihren Versammlungslokalen von halbwüchsigen Burschen angestänkert und teilweise auch misshandelt wurden. So wurde am 13. 3. 1941 im IX. Bezirk eine Gruppe HJ-Angehöriger überfallen und misshandelt, wobei auch von unbekannter Seite ein Schuss abgegeben wurde."[529] Die Täter, meist im Alter zwischen 12 und 15 Jahren, wurden vielfach ausgeforscht, von Gerichten abgeurteilt, in Lager gebracht oder zu Strafeinheiten der Wehrmacht eingezogen. Über den 17-jährigen Johann Ebenauer, der am 3. 2. 1944 vom OLG Wien wegen „Vorbereitung zum Hochverrat" und anderer Delikte 2–4 Jahre Jugendgefängnis erhielt, wurde im Urteil ausgeführt:

„In der Verärgerung über seinen Misserfolg bei der HJ schloss sich der Angeklagte an die in der Umgebung seines Wohnortes in nicht geringer Zahl vorhandenen verwahrlosten Burschen an. Er fand gefallen an ihrer gegnerischen Einstellung zur HJ und beteiligte sich eifrig an ihren Zusammenrottungen, die sich u. a. zum Ziel gesetzt hatten, HJ-Angehörige zu überfallen und zu verprügeln."[530]

Andere Jugendliche, meist Gymnasiasten, entzogen sich den Anforderungen der Nazis, indem sie sich der aus den USA kommenden Unterhaltungsmusik wie Jazz und Swing zuwandten, die vom NS-Regime als Bedrohung ihrer ideologischen Vorstellungen einer deutsch-völkischen Jugenderziehung gesehen, als „Negermusik" diffamiert und verboten wurde. Dessen ungeachtet oder gerade deswegen fand diese Musik beträchtliches Interesse, wobei zugleich auch gegen die Elterngeneration rebelliert wurde. Dr. Helmut Böhm-Raffai, Jahrgang 1922, erzählt in einem Interview: „Sie [die Eltern] waren dem Jazz gegenüber sehr negativ eingestellt. Ich dagegen habe diese ‚Negermusik' aus Protest gegen die Eltern als ‚Musik der Freiheit' empfunden."[531] Bei der am Anfang eher unpolitischen Swing-Jugend, bewirkte die NS-Repression vielfach eine Politisierung, und manche Jugendliche näherten sich dem Widerstand, z. B die so genannten „Edelweißpiraten" in Köln und anderen westdeutschen Städten.[532] Auch in Wien bildeten sich Gruppen der „Swing-Jugend". Im Tagesbericht der Gestapo Wien vom 9.–12. 4. 1943 wird die Festnahme der Oberschüler (Gymnasiasten) Otto Finke (geb. 7. 6. 1925), Walter von Perko (geb. 23. 9. 1925) und Hermann Toth (geb. 8. 4. 1925) gemeldet. „Die Genannten", hieß es darin, „beabsichtigten, eine Vereinigung zu gründen, die den Sturz der ns. Regierung zum Ziele hatte. Sie nahmen an Zusammenkünften der ‚Swing-Jugend' teil."[533] Der Radiomoderator und Jazzexperte Günther „Howdy" Schifter (geb. 23. 12. 1923) wurde als begeisterter „Swing"-Anhänger verhört, zur Wehrmacht eingezogen und schließlich Ende 1944 in das Arbeitserziehungslager Oberlanzendorf eingewiesen, wo er zu Kriegsende entkommen konnte.[534] Die Tatsache, dass es einem totalitären Regime, das über alle Möglichkeiten der Indoktrination und der Repression, offenkundig nicht gelang, die gesamte Jugend für sich zu gewinnen, scheint mir jedenfalls bemerkenswert.

„Gerechte der Völker": Hilfe für verfolgte Juden

Von diesen Formen des „kleinen Widerstandes" und des abweichenden Verhaltens von NS-Normen hebt sich die von einzelnen Personen geleistete Hilfe für rassistisch Verfolgte, insbesondere für jüdische Menschen, qualitativ ab, weil sie von zutiefst humanen Motiven getragen war und eine dem zentralen politisch-ideologischen Anliegen des Nationalsozialismus entgegenwirkende, das Regime herausfordernde und daher risikoreiche Handlung war. Die Bevölkerung wurde systematisch gegen die Juden aufgehetzt, und jeder Umgang mit ihnen war verboten („judenfreundliches Verhalten"). Da es mit Ausnahme der „Rassenschande", die bereits in den Nürnberger Gesetzen 1935 definiert worden war, keine gesetzlichen Bestimmungen gab, die eine gerichtliche Verfolgung ermöglicht hätten, wurden einschlägige Verstöße, insbesondere Unterkunftgewährung für jüdische U-Boote oder Lebensmittelweitergabe, mit Gestapo- oder KZ-Haft bestraft. Wie schon an anderer Stelle erwähnt, wurde die Wiener Ärztin Ella Lingens 1942 wegen ihrer Hilfe für jüdische Flüchtlinge in das KZ Auschwitz gebracht; auch auf die Rettungsaktion von Feldwebel Otto Schmid im Getto von Wilna wurde bereits hingewiesen. Die israelische Gedenkstätte Yad Vashem hat (bis 2007)) mehr als 21 000 Personen aus über 30 Ländern, darunter 85 aus Österreich, als „Gerechte der Völker" ausgezeichnet. Es waren – so der zutreffende Titel des Buches von Erika Weinzierl – „Zu wenig Gerechte".[535] Einige seien hier hervorgehoben.

Die wichtigste und gefährlichste Hilfeleistung bestand in der Unterkunftgewährung, im Verstecken von jüdischen „U-Booten". Der Ministerialrat a. D. Josef Gurtner (geb. 12. 2. 1883) versteckte seine Schwägerin Camilla Zwerger, um sie vor der Deportation zu retten. Er wurde am 29. 4. 1943 wegen „judenfreundlichen Verhaltens" von der Gestapo erkennungsdienstlich erfasst und am 13. 11. 1943 in das KZ Dachau überstellt. Seine Ehefrau Gisela Gurtner und Camilla Zwerger kamen in Auschwitz um. Der Altwarenhändler Josef Kriz (geb. 15. 2. 1889) verbarg gemeinsam mit seiner Frau Anna Kriz deren Schwägerin, um sie vor der Deportation zu retten. Er wurde am 2. 10. 1942 festgenommen und war vom November 1942 bis 1. 12. 1943 in Auschwitz inhaftiert. Anna Kriz kam in Auschwitz um. Der ehemalige Rechtsanwalt und Industriebeamte Franz Sedlmayer (geb. 27. 11. 1885) unterstützte eine als „U-Boot" in Wien lebende Jüdin. Er wurde am 28. 11. 1944 wegen Verdachts der kommunistischen Betätigung und des „verbotenen Umgangs" festgenommen und blieb bis Ende Dezember 1944 in Haft. Emil Bruck (geb. 3. 8. 1886), Schifffahrtsbeamter i. R., der ab März 1942 eine jüdische Freundin in seiner Wohnung versteckte, wurde nach einer Hausdurchsuchung am 9. 2. 1943 festgenommen und am 14. 9. 1943 wegen „Verbrechens gegen das Gesetz des deutschen Blutes und der deutschen Ehre" zu 18 Monaten Zuchthaus verurteilt. Am 16. 2. 1945 wurde er zum Notdienst

(Schanzarbeiten in der Oststeiermark) eingezogen, konnte flüchten und hielt sich bis Kriegsende im Verborgenen auf. Der Dreher Anton Friedrich Matejka (geb. 21. 1. 1903) beherbergte 6 Monate den als „U-Boot" in Wien lebenden Leopold Blechner. Er wurde am 20. 4. 1943 festgenommen, in das KZ Flossenbürg eingewiesen und befand sich bis 27. 2. 1944 in Haft. Der Kaufmann Karl Wewerka (geb. 21. 10. 1894) wurde am 21. 1. 1943 wegen „judenfreundlichen Verhaltens" von der Gestapo erkennungsdienstlich erfasst. Er hatte gemeinsam mit seiner Frau Riza Wewerka Juden beherbergt, um sie vor der Deportation zu retten. Gegen ihn wurde Schutzhaft beantragt. Riza Wewerka kam in Auschwitz um.[536] Die Angestellte Leonore Rollig (geb. 15. 3. 1913) wurde am 19. 11. 1942 wegen „judenfreundlichen Verhaltens" festgenommen und am 20. 2. 1943 in das KZ Ravensbrück überstellt. Im Tagesbericht der Gestapo Wien vom 17.–19. 11. 1942 wird über ihre Aktivitäten berichtet:

„Sie [Leonore Rollig] hat trotz staatspolizeilicher Warnung, die am 14. 2. 1942 wegen Umganges mit Juden erteilt wurde, neuerdings einer Jüdin mehrere Tage Unterschlupf in ihrer Wohnung gewährt, um sie auf diese Weise vor der Evakuierung nach dem Osten zu schützen. Sie stand außerdem mit Juden, die aus dem Sammellager in Wien in die Nähe von Warschau flüchteten, in Verbindung und hat diese mit Leibwäsche versorgt."[537]

Die Maschinenarbeiterin Theresia Korn (geb. 11. 4. 1903) wurde am 18. 2. 1943 wegen „judenfreundlichen Verhaltens" von der Gestapo erkennungsdienstlich erfasst und auf Grund des Schutzhaftbefehls vom 19. 3. 1945 für zwei Jahre im KZ Ravensbrück inhaftiert:

„Sie gefährdet nach dem Ergebnis der staatspolizeilichen Feststellungen durch ihr Verhalten den Bestand und die Sicherheit des Volkes und Staates, indem sie dadurch, dass sie ungeachtet staatspolizeilicher Verwarnung das Verhältnis mit dem Juden Wetreich fortsetzt und ihm bei der Verbergung vor der Evakuierung Beihilfe leistet, Maßnahmen des Staates sabotiert und erhebliche Unruhe und Erregung in weite Kreise der Bevölkerung trägt."[538]

Eine weitere wichtige Unterstützung bestand in der Beschaffung von (gefälschten) Dokumenten, insbesondere solcher, die eine „arische" Abstammung beurkundeten. Der Lenker Josef Boes (geb. 27. 5. 1905) wurde am 28. 6. 1943 wegen „Verdachts der Dokumentenfälschung" von der Gestapo erkennungsdienstlich erfasst. Er hatte zwei Juden bei der „versuchten Nachmachung von Abstammungsurkunden" Hilfe geleistet und sich hierbei als Beamter der Geheimen Staatspolizei ausgegeben. Er wurde am 10. 11. 1943 zum Tode verurteilt und am 9. 12. 1943 im Landesgericht Wien hingerichtet. Der Kaufmann Curt (Kurt) Meisel (13. 2. 1901), ein Angehöriger der „Österreichischen Legion" und bis zu seinem Ausschluss 1943 NSDAP-Mitglied, beschaffte seiner Frau gefälschte Abstammungsnachweise, brachte seine Familie im April 1942 in die Schweiz und bereitete seine Flucht vor. Er wurde am 26. 10. 1942 in Berlin festgenommen, zur Gestapo Wien überstellt und am 24. 4. 1943 in das KZ Dachau eingewiesen, wo er bis zur Befreiung in Haft war. Im Tagesbericht der Gestapo Wien vom 4.–6. 5. 1943 wird die Festnahme des Ingenieurs Rudolf Petzold (geb. 12. 3. 1877) wegen „Beihilfe zur illegalen Auswanderung von Juden" gemeldet:

„Petzold, der in den österreichischen Saurerwerken an einer Erfindung arbeitet, hat sich zwei auf ehemalige französische Arbeiter lautende Werksausweise angeeignet, diese durch Auswechslung der Fotografien gefälscht und auswanderungslustigen Juden zur Verfügung gestellt. […] Petzold hat für die Zurverfügungstellung der Werksausweise […] keine Entschädigung verlangt und erhalten. Nach Abschluss der Ermittlungen wird gegen Petzold Schutzhaft beantragt."[539]

Eine für viele Betroffene lebensrettende Handlungsweise im Sinne des Widerstandes war die Hilfe für Juden bei der illegalen Auswanderung. Der Landwirt Franz Mersits (geb. 16. 12. 1900) aus Nikitsch (Burgenland) half aus rassistischen Gründen Verfolgten beim Grenzübertritt nach Ungarn. Er wurde am 28. 5. 1942 festgenommen und in das KZ Groß-Rosen überstellt, wo er am 18. 11. 1942 umkam. Wegen „Beihilfe zur illegalen Auswanderung von Juden" wurde Theresia Lichtblau (geb. 27. 9. 1896) am 9. 12. 1942 festgenommen. Sie wurde im Februar 1943 in das KZ Ravensbrück überstellt und blieb dort bis 25. 2. 1944 in Haft. Ihre Kinder Gisela, Kurt und Harry Lichtblau, wurden ebenfalls verhaftet und als „Geltungsjuden" nach Auschwitz deportiert, wo sie alle umkamen.[540] Der von der Gestapo Wien wegen „Judenschmuggels" 1942 festgenommene Polizeihauptwachtmeister Ferdinand Gürth (geb. 20. 10. 1903) wurde am 3. 3. 1943 vom Waffen-SS- und Polizeigericht Wien VII, wegen „Missbrauchs der Amtsgewalt" zu 4 Jahren Zuchthaus verurteilt und bis 1945 im KZ Mauthausen inhaftiert. Die Kohlenhändlerin Camilla Plaschka (geb. 7. 7. 1896) beherbergte die aus rassistischen Gründen verfolgte Sure Mehler-Bergmann (geb. 1. 10. 1883) und wollte ihr zur Flucht nach Ungarn verhelfen. Sie wurde am 17. 2. 1943 festgenommen und vom April 1943 bis 13. 1. 1944 in Auschwitz inhaftiert. Die gleichfalls nach Auschwitz deportierte Sure Mehler-Bergmann überlebte die Haft nicht. Johanna Frühwirth (geb. 16. 4. 1889) wurde am 21. 8. 1943 wegen „Judenschmuggels und Vermögensverschleppung" von der Gestapo erkennungsdienstlich erfasst. Sie kam am 7. 12. 1943 in Auschwitz um.[541]

Für die auf der Flucht befindlichen oder im Verborgenen lebenden Jüdinnen und Juden war auch die Unterstützung mit Geld, Kleidung und Lebensmitteln wichtig. Auch diese Hilfe wurde mit KZ-Einweisung geahndet. Rosa Franziska Jung (geb. 7. 6. 1908) wurde wegen „unbefugter Zuwendung von Lebensmitteln an Arbeitserziehungshäftlinge" bzw. „vertraulichen Umgangs mit Juden" im Mai 1942 festgenommen und am 7. 8. 1942 in das KZ Ravensbrück eingewiesen. Der Korrespondent Otto Baier (geb. 30. 4. 1884) unterstützte eine in das „Generalgouvernement" deportierte Jüdin mit Geld und Kleidungsstücken. In einem Brief schrieb er, die Zustände und die schlechte Lebensmittelversorgung würden auf das baldige Ende Deutschlands hindeuten. Am 7. 8. 1942 wurde Baier wegen „judenfreundlichen Verhaltens" festgenommen; gegen ihn wurden Schutzhaft und Einweisung in ein KZ beantragt. Wegen „judenfreundlichen Verhaltens" (Verwahrung von Schmuckstücken) wurde die Tabakverschleiß-Inhaberin Stefanie Reiß (geb. 28. 11. 1893) am 24. 4. 1942 festgenommen und nach Auschwitz überstellt, wo sie am 12. 1. 1943 starb.[542] Im Tagesbericht der Gestapo Wien vom 20.–21. 2. 1942 wurde die Festnahme des Schriftstellers Marcell „Israel" Klang gemeldet. Er hatte von ungefähr 50 Personen, darunter 14 NSDAP-Mitglieder, monatlich RM 5,- bis 10,- erhalten. Ob die Parteimitglieder ausgeforscht wurden, ist nicht ersichtlich; Klang starb am 25. 6. 1942, fünf Tage nach seiner Einlieferung in das KZ Mauthausen.[543]

Neben den zahlreichen Helfern aus Idealismus gab es aber auch nicht wenige Fälle, bei denen materielle Motive im Vordergrund standen. Dies betraf vor allem die Fluchthilfe, bei der – in gewisser Parallele zu gegenwärtigen Ereignissen – professionelle Fluchthelfer in Erscheinung traten. Bei der Verfolgung durch die Gestapo gab es freilich keinen Unterschied: In der Regel erfolgte die Einweisung in ein KZ. Im Tagesbericht der Gestapo Wien vom 4.–7. 9. 1942 wird die Festnahme eines Fluchthelferpaares gemeldet:

„Josef Matejka hat die bei ihm vorsprechenden Juden mit einer ungarischen Staatsangehörigen zusammengebracht, die die Juden in Wien abholte und die Führung über die ungarische Grenze übernahm. Seine Ehefrau, Marie Matejka, hat einem an der ungarischen Grenze wohnhaften Landwirt Juden zugeführt, die dieser dann über die Grenze brachte. Die Juden mussten bis zu 5.000 RM pro Person bezahlen. Die Eheleute Matejka sind wegen Judenschmuggels hier bereits in Erscheinung getreten."

Der Hilfsarbeiter Josef Matejka (geb. 8. 3. 1891) kam am 17. 1. 1943 im KZ Mauthausen um, seine Frau Maria (geb. 15. 7. 1888) am 27. 4. 1943 im KZ Auschwitz.

Franziska Bauer (geb. 5. 3. 1885) wurde gemeinsam mit ihrem Mann Rudolf Bauer und ihrem Sohn Othmar Bauer wegen „Judenschmuggels" im September 1942 festgenommen. Sie starb am 18. 3. 1943 im Polizeigefangenhaus Wien. Die am 17. 5. 1943 festgenommene Bedienerin Maria Kramer (geb. 8. 10. 1890) wurde bis 17. 5. 1944 im KZ Ravensbrück inhaftiert, weil sie in ihrer Wohnung Juden, die sich vor der Deportation retten wollten, gegen Bezahlung beherbergt hatte. Der 1942 wegen „Beihilfe zum Judenschmuggel" festgenommene Kaufmann Ludwig Drapal (geb. 7. 4. 1887) kam am 20. 11. 1943 im KZ Dachau um. Im Tagesbericht der Gestapo Wien vom 15.–17. 12. 1942 wird über ihn berichtet:

„Johann Newikluf […] und dessen Ehefrau Gabriele N. […] haben die Jüdin Freund, von der ihnen bekannt war, dass sie sich unter einem falschen Namen verborgen hält, mit dem Rittmeister a. D. Ludwig Drapal zusammengeführt. Drapal wollte die Freund illegal nach Italien verbringen und hat hierfür 2.700,- RM als Anzahlung erhalten."[544]

Gegen den Vertreter Karl Augustin (geb. 15. 2. 1878) wurden 1940 von der Gestapo Ermittlungen wegen „des Verdachtes unerlaubter Freistellungen vom Militärdienst und des Verdachtes gewerbsmäßiger Beschaffung von Ausreisevisen und sonstigen Papieren für Juden durchgeführt". Danach wurde er in das KZ Dachau überstellt, wo er am 4. 7. 1941 umkam. Im Tagesbericht der Gestapo Wien vom 4.–7. 12. 1942 wird über einen „Judenschmuggel" im Bereich des Militärs berichtet:

„Obergefreiter Zwickl war von seiner Dienststelle beauftragt, mittels Sanitätskraftwagens Kranke in das Militärlazarett nach Wien zu überführen. Er hat versucht, auf der Rückfahrt nach Malacky [Slowakei] mit dem Sanitätswagen 2 Juden über die Grenze zu schmuggeln. Die weiteren Ermittlungen haben ergeben, dass Margarethe Braunwald […] auf Vorschlag des Majors [Alfred] Kutschera, Zwickl zu diesem Judenschmuggel verleitet hat. Major Kutschera hat der Braunwald für die Durchführung dieses Geschäftes 25.000,- RM versprochen, von denen sie 10.000,- RM und Zwickl 15.000,- RM erhalten sollten. Der Betrag sollte durch die Juden nach Überschreitung der Grenze dem Zwickl übergeben werden. Zwickl wurde dem zuständigen Militärgericht überstellt; gegen Kutschera und Margarethe Braunwald wird Schutzhaft beantragt."[545] Major Alfred Kutschera (geb. 9. 9. 1887), illegales Mitglied der NSDAP, wurde im Mai 1943 in das KZ Dachau überstellt und blieb dort bis Kriegsende in Haft.

Auch gegen Geschäftsleute, die Lebensmittel an Juden verkauften, wurde seitens der Gestapo mit voller Härte vorgegangen. So wurde der Kaufmann Georg Engelhardt (geb. 6. 2. 1897) am 13. 11. 1941 festgenommen, weil er „Ware im Schleichhandel an Juden abgegeben" hatte. Gegen ihn wurde wegen „volksschädigenden Verhaltens überdies Antrag auf Schutzhaft und Einweisung in ein Konzentrationslager gestellt". Georg Engelhardt kam am 7. 5. 1942 im KZ Groß-Rosen um. Wegen wiederholter Verstöße gegen die „Preisvorschriften" und weil sie „trotz vorangegangener Warnung" Obst an Juden verkaufte, wurde die Straßenhändlerin Barbara Gollosch (geb. 22. 10. 1880) im Juli 1940 festgenommen und blieb einige Zeit in Gestapohaft. Die Gemischtwarenhändlerin Hermine Polatsek (geb. 23. 12. 1895); die „Ware im Schleichhandel an Juden abgegeben" hatte, wurde am 13. 11. 1941 festgenommen und am 20. 6. 1942 in das KZ Ravensbrück eingewiesen.[546]

Hilfe für Gefangene, Kriegsgefangene und „Fremdarbeiter"

Auch bei der Hilfeleistung für die in großer Zahl in das Deutsche Reich (und nach Österreich) gebrachten Zwangsarbeiter aus den besetzten Ländern Europas standen humanitäre Erwägungen und Mitleid für die meist unterernährten und vielen Diskriminierungen ausgesetzten Menschen im Vordergrund. Aber auch in diesen Handlungen ist eine bewusste Ablehnung des Regimes und seiner rassistischen Ideologie und Normen zu sehen; denn die NS-Behörden versuchten, durch verschiedene Strafbestimmungen jeden Umgang mit Kriegsgefangenen oder deren zu freundliche Behandlung zu unterbinden. In die „Wehrkraftschutzverordnung" vom 25. 11. 1939 war ein eigener Paragraf (4) über den „verbotenen Umgang mit Kriegsgefangenen" aufgenommen worden, der die gröbliche Verletzung des „gesunden Volksempfindens" mit Gefängnis- und Zuchthausstrafen sanktionierte.[547]

Die Bedienerin Angela Jahn (geb. 12. 5. 1894) warf einem russischen Kriegsgefangenen eine Orange und Bäckereiwaren zu und wurde am 31. 3. 1942 von einem Schutzpolizisten festgenommen. Die Gestapo Wien unterstellte ihr, dass sie aus „politischer Überzeugung" gehandelt habe, weil ihr Mann jahrelang bei der sozialdemokratischen Partei war. An 28. 5. 1942 wurde sie wegen „verbotenen Umgangs mit Kriegsgefangenen" vom Sondergericht Wien zu 3 Monaten Gefängnis verurteilt.[548] Der Schlossergehilfe Adolf Lampl (geb. 8. 4. 1903), nach den Februarkämpfen 1934 mehrere Monate inhaftiert, 1938 bis 1942 Angehöriger der SA, wurde am 1. 5. 1942 festgenommen, weil er an seinem Arbeitsplatz Lebensmittel an sowjetische Kriegsgefangene weiter gab. Das Sondergericht Wien verurteilte ihn am 16. 7. 1942 wegen „verbotenen Umgangs" zu 3 Monaten Gefängnis. Der Werkzeugmacher Anton Hietler (geb. 13. 6. 1901) wurde am 6. 1. 1943 wegen „Führerbeleidigung" und „verbotenen Umgangs mit russischen Kriegsgefangenen" festgenommen und am 5. 5. 1943 zu zwei Monaten Gefängnis verurteilt. Im Urteil des Sondergerichts Wien wird über ihn ausgeführt:

„Am 16. November fuhr der Angeklagte Hietler mit dem Rade auf dem Wege zur Arbeitsstätte an einer Kolonne russischer Kriegsgefangener vorbei. Er fuhr dicht an sie heran und gab dem ersten der Gefangenen ein Paket mit Marmeladenbroten, die er angeblich kurz vorher auf der Straße gefunden haben will."[549]

Strenger wurde der Kontrolleur Franz Schramek (geb. 27. 6. 1901) bestraft, weil er zugleich für die KPÖ tätig war. Er wurde am 12. 2. 1943 vom VGH wegen „Vorbereitung zum Hochverrat" zu 10 Jahren Zuchthaus verurteilt und blieb bis Kriegsende in Haft. In dem von der Gestapo Wien beantragten Schutzhaftbefehl vom 13. 5. 1942 wird seine Handlungsweise angeprangert:

„Er gefährdet nach dem Ergebnis der staatspolizeilichen Feststellungen durch sein Verhalten den Bestand und die Sicherheit des Volkes und Staates, indem er sich für die illegale KP hochverräterisch betätigt. Dadurch, dass er außerdem an sowjetrussische Kriegsgefangene Lebensmittel abgegeben hat, lässt er die gegen Angehörige des Sowjetstaates selbstverständliche Zurückhaltung vermissen und trägt dadurch seine staatsabträgliche Haltung Unruhe in weite Kreise der Bevölkerung."[550]

Im Urteil des OLG Wien vom 10. 11. 1942, mit dem gegen die Arbeiter der Wiener Lokomotivfabrik Alfred Strozka und Johann Suppinger Zuchthausstrafen von 3 bzw. 5 Jahren verhängt wurden, wurde die bloße Sammlung von Lebensmitteln für sowjetische Kriegsgefangene als „Vorbereitung zum Hochverrat" qualifiziert:

„Die Angeklagten haben am 1. Mai 1942 zu Wien durch Sammlung von Lebens- und Genussmitteln für kriegsgefangene Bolschewisten und Verteilung an dieselben ihre Solidarität mit dem Kommunismus bekundet und hierdurch das Verbrechen der Vorbereitung zum Hochverrat und des verbotenen Umganges mit Kriegsgefangenen begangen."[551]

Noch härter wurde der Beschäftigte der Wiener Brückenbau und Eisenkonstruktions- AG Johann Michalek bestraft; er hatte nicht nur den dort beschäftigten französischen Kriegsgefangenen Brot, Schokolade u. dgl. überlassen, sondern 1942/43 auch insgesamt 20 Franzosen zur Flucht nach Ungarn verholfen. Michalek wurde wegen „Feindbegünstigung" vom VGH am 10. 7. 1943 zum Tode verurteilt.[552]

Die Sortiererin Anna Szelinger (geb. 20. 5. 1903) wurde am 17. 11. 1943 wegen „Verbreitung von Gräuelnachrichten" und weil sie russischen Kriegsgefangenen an ihrem Arbeitsplatz, dem Wiener Nordbahnhof, wiederholt Kleidungsstücke zugeworfen hatte, festgenommen. Sie stand gemeinsam mit drei weiteren Angeklagten am 6. 7. 1944 vor dem OLG Wien und wurde wegen „Wehrkraftzersetzung" – sie hatte auch „defätistische Äußerungen" weiterverbreitet – und „verbotenen Umgangs" zu zwei Jahren Zuchthaus verurteilt.[553] Der Schankgehilfe Johann Bauer (geb. 6. 3. 1923) wurde vom Grenzpolizeiposten in Sauerbrunn (Burgenland) am 18. 3. 1942 festgenommen, weil er aus einem Eisenbahnzug russischen Kriegsgefangenen Zigaretten zugeworfen hatte. Auch er kam vor das Sondergericht Wien.[554]

Eine bemerkenswerte Aktion zugunsten eines sowjetrussischen Kriegsgefangenen setzte eine Gruppe von Arbeitern der Firma Strohmayer im 5. Wiener Gemeindebezirk; sie nahmen – laut Gestapobericht – „am 24. 3. 1942 öffentlich gegen die Maßnahmen eines militärischen Aufsichtsorganes gegen einen sowjetrussischen Kriegsgefangenen demonstrativ Stellung" und wurden „über Aufforderung des Lagerleiters der Firma Austria in Wien-Simmering" von der Gestapo festgenommen. Der Zimmermann Karl Ressek (geb. 23. 9. 1900) wurde deswegen am 17. 9. 1942 wegen „Beleidigung öffentlicher Beamter" zu einer 4-wöchigen Haftstrafe verurteilt.[555]

Selbst Angehörige von Justiz und Polizei halfen Häftlingen, indem sie etwa Briefe aus dem Gefängnis schmuggelten. So nahm auch der Polizeibeamte Johann Grausam (geb. 24. 4. 1900) von Häftlingen des Gefangenhauses Rossauerlände Briefe entgegen und leitete sie weiter. Er wurde am 11. 7. 1939 von der Gestapo wegen „Missbrauchs der Amtsgewalt als ehemaliger Polizeibeamter" festgenommen und war vom 22. 9. 1939 bis 17. 4. 1940 im KZ Buchenwald inhaftiert.[556]

Spionage

Wie schon mehrfach festgestellt, ist die nachrichtendienstliche Tätigkeit für Staaten, die sich mit Hitlerdeutschland im Krieg befanden bzw. bedroht waren, als ein Beitrag zum Widerstand zu sehen, weil damit die NS-Kriegsmaschinerie geschädigt und die Anti-Hitler-Kräfte gefördert wurden. Diese Einschätzung hatte auch die NS-Justiz, die mit zunehmender Härte gegen „Landesverräter" und Spione vorging. In der Zeit vor dem Kriegsausbruch kamen die Landesverratsbestimmungen (§ 89 RStGB) zur Anwendung, die sich in Österreich vor allem gegen Personen richteten, die für tschechoslowakische, jugoslawische oder französische Nachrichtendienste arbeiteten. Der VGH verhängte vier Todesurteile; mehrheitlich erfolgten Zuchthausstrafen.[557]

Der Händler Josef Kellner (geb. 23. 11. 1903) aus Wostitz (Tschechien) fuhr 1938 bis zu seiner Einberufung im Auftrag des tschechischen Nachrichtendienstes nach Wien, um militärische Nachrichten zu erkunden. Kurz nach der endgültigen Auflösung der Tschechoslowakischen Republik (14./15. 3. 1939) wurde Josef Kellner anlässlich der Überprüfung eines Flüchtlingslagers am 13. 4. 1939 wegen „seiner staatsfeindlichen Einstellung" festgenommen und war anschließend in den KZ Dachau und Flossenbürg in Haft. Ende März 1940 wurde er nach Wien überstellt, am 15. 11. 1941 wegen „landesverräterischer Ausspähung" vom VGH zu lebenslangem Zuchthaus verurteilt und bis Kriegsende inhaftiert. Das Strafausmaß wurde im Urteil folgendermaßen begründet:

„Bei der Strafzumessung stand nur die Todesstrafe oder die lebenslange Zuchthausstrafe zur Wahl. Der Senat hat sich für die lebenslange Zuchthausstrafe entschieden. Er ging dabei von folgenden Erwägungen aus: Der Angeklagte ist zwar deutscher Volkszugehörigkeit. Er war aber immerhin zur Zeit der Tat Ausländer und stand daher in einem Abhängigkeitsverhältnis. Er hat zwar die Tat in erster Linie aus seiner politischen Gegnerschaft gegen das Reich und überdies auch gegen Entgelt begangen. Seine Tätigkeit war aber nicht sehr umfangreich. Soweit er schuldig wurde, konnte ein Schaden für das Reich nicht entstehen. Dem Ergebnis seiner Ausspähung kam militärische Bedeutung nicht zu."[558]

Nach Kriegsausbruch 1939 ergab sich eine wesentliche Verschärfung, da neben dem „Landesverrat" auch die mit der Todesstrafe geahndeten Delikte „Feindbegünstigung" (§ 91b RStGB) bzw. „Hochverrat" (§ 83 RStGB) angeklagt wurden. In der im August 1939 von Hitler und Keitel unterzeichneten Kriegssonderstrafrechtsverordnung (KSSVO) war im § 2 (Spionage) für die nachrichtendienstliche Tätigkeit im Kriegsgebiet der deutschen oder verbündeten Wehrmacht nur mehr die Todesstrafe vorgesehen. Diese rigorosen Strafandrohungen kamen bei vielen WiderstandskämpferInnen, z. B. aus dem Umfeld rund um Maier – Messner – Caldonazzi oder slowenischen Partisanen in Kärnten, zum Tragen, die Verbindungen zu den Kriegsgegnern Hitlerdeutschlands unterhielten.[559]

Im März und April 1943 wurde von der Gestapo Wien eine größere Personengruppe wegen „Landesverrats" festgenommen, die einer Nachrichtenorganisation des polnischen Widerstands angehörten. Diese „Stragan" genannte Gruppe sollte Nachrichten aus dem gesamten Kriegsgebiet der deutschen Wehrmacht beschaffen und der polnischen Untergrundarmee („Armia Krajowa") übermitteln. Sie setzte sich sowohl aus Polen als auch aus Österreichern zusammen, u. a. gehörten ihr der Gymnasialprofessor Karl Englisch (geb. 13. 7. 1881), die Juristen Robert Milata (geb. 3. 5. 1913), der als „Leiter" genannte Johann Mrozek (geb. 25. 9. 1913) sowie der ehemalige evangelische Pfarrer Gustav Ozana (geb. 27. 1909) an. 18 Angehörige dieser Widerstandsgruppe wurden im Februar 1945 wegen „Landesverrats" und Spionage vom VGH zum Tode verurteilt und im Zuchthaus Stein an der Donau am 15. 4. 1945 erschossen.[560] Die nähere Erforschung dieser Gruppe steht noch aus.

Eine politisch-moralische Wertung des Widerstands-, Oppositions- und Resistenzverhaltens hat dieses breite Spektrum unterschiedlicher Motivationen und Verhaltensweisen zu berücksichtigen, wobei die qualitativen Unterschiede zwischen bewaffnetem Kampf und „Heimtückevergehen", zwischen Rettung von Leben unter eigener Lebensgefahr und Hören verbotener Jazzmusik nicht eingeebnet werden dürfen.

Widerstand gegen die NS-Euthanasie

Betroffene und Angehörige

Auf den von religiösen und politischen Gruppierungen, insbesondere von der Katholischen Kirche geleisteten Widerstand gegen die 1940/41 in Österreich durchgeführte Euthanasie-Mordaktion „T4" wurde bereits hingewiesen; der stärkste unmittelbare Widerstand gegen den Abtransport in die Tötungsanstalt Hartheim ging von den Betroffenen und deren Angehörigen aus. Während die NS-Propaganda der

Bevölkerung ein Bild von abstoßenden, furchterregenden Geisteskranken zu vermitteln und diese als tierartige, ohne Bewusstsein ihrer Lage dahindämmernde Wesen darzustellen versuchte[561], sprach sich die Kunde vom bevorstehenden oder bereits vollzogenen nationalsozialistischen Massenmord an den „Pfleglingen" der Heil- und Pflegeanstalten in erstaunlich kurzer Zeit unter PatientInnen herum. Diese herumschwirrenden Gerüchte vom Abtransport in den sicheren Tod lösten naturgemäß Angst und Schrecken bei den Betroffenen aus und führten immer wieder zu Widersetzlichkeiten, vor allem bei den Transporten durch Versuche der Entziehung.

In der Landesheilanstalt Salzburg-Lehen, wo schon bald die ersten Todesmeldungen von den nach Niedernhart/Hartheim abtransportierten PatientInnen einlangten, kam es beim vierten Transport zu dramatischen Szenen. Nicht wenige PatientInnen weigerten sich, die Autobusse zu besteigen, und mussten mit Gewalt verladen werden. Der in Abwesenheit des Direktors den Abtransport beaufsichtigende Arzt Dr. Gföllner berichtete, „dass Frauen am Boden knieten, mich an den Füßen fassten und armselig um ihr Leben bettelten." Eine Schriftstellerin aus der ersten Verpflegsklasse schrie mit gellender Stimme: Mein, spricht der Herr, ist die Rache! Weithin waren die Schreie der Opfer zu hören.[562]

Über dramatische Reaktionen seiner Patienten berichtete der Direktor der Anstalt Mauer-Öhling, Dr. Michael Scharpf, in einem Schreiben an den Reichsstatthalter und Gauleiter Dr. Hugo Jury vom 21. 1. 1941: „Unseren Kranken ist das Schicksal dieser Überstellten auch bekannt geworden und es spielen sich die ergreifendsten Szenen, wenn ich auf Visite zu den Kranken komme. Die einen gebärden sich verzweifelt und bitten, ich solle sie zurückbehalten und solle sie vor dem Tod erretten, sie müssten sich vorher sonst selbst umbringen, es hänge alles an meiner Hand. Auch Angehörige von Kranken kommen mit derselben Begründung ihrer Bitte für ihre Kinder oder Eltern. Andere Patienten beschimpfen mich als Mörder oder bedrohen mich, in den Briefen der Angehörigen von Patienten sind Beschimpfungen und Bedrohungen für mich und die ganze Anstalt wie auch alle Behörden in der schrecklichsten Art enthalten."[563]

Neben den PatientInnen waren es vor allem ihre Angehörigen, die der NS-Euthanasie in vielen Fällen oft hartnäckig Widerstand leisteten. Hier können nur einige wenige Fälle hervorgehoben werden. So gelang es etwa dem Wiener Gymnasialdirektor Prof. Leopold Widerhofer seine wegen Schizophrenie seit 1938 in Steinhof befindliche Tochter Gerta vor dem Abtransport zu retten. Widerhofer sprach schon nach dem Auftauchen der ersten Gerüchte Anfang August 1940 bei Erwin Jekelius, dem Leiter des Hauptgesundheitsamtes der Stadt Wien vor. Trotz der dabei erhaltenen Zusicherung wurde seine Tochter auf die Liste der Abzutransportierenden gesetzt, so dass Widerhofer Anfang Oktober 1940 neuerlich bei Jekelius vorstellig wurde. „Im Verlauf der nahezu eine Stunde dauernden Auseinandersetzung zwischen mir und Primarius Dr. Jekelius, an der sich auch Dr. Podhajsky zugunsten der Kranken beteiligte," berichtete Widerhofer in seiner Zeugenaussage am 27. 2. 1946, „sagte mir Dr. Jekelius in Gegenwart des Dr. Podhajsky zweimal ‚Ihre Tochter muss sterben'. Er suchte dies mit der Unheilbarkeit ihrer Krankheit zu begründen." Mit Hilfe der Ärzte Primarius Umlauf und Podhajsky, die die Patientin während des Abtransportes auf einen anderen Pavillon verlegten, konnte Widerhofers Tochter vor dem Tod bewahrt werden.[564] Solche Erfolge waren freilich nur wenigen beschieden; andere mussten mitansehen, wie ihre Verwandten, meist Kinder, umkamen. In einem an das Wiener Volksgericht gerichteten Schreiben von Marie Diatel aus Wien heißt es:

„Ich, die Mutter eines Kindes, das in Steinhof ermordet wurde, klage Dr. Illing, Dr. Jekelius und Frau Dr. Türk des gemeinen Mordes an meinem armen kranken Kind Martha an." Frau Diatel hatte ihr seit Geburt schwer behindertes Kind bis zu dessen fünfzehnten Lebensjahr zu Hause gepflegt, musste es aber nach dem Tod der Mutter in Anstaltspflege geben. Innerhalb weniger Wochen magerte das Kind bis aufs Skelett ab und starb Ende Oktober 1944, nachdem sich die Anstalt geweigert hatte, der Mutter ihr Kind zu übergeben.[565]

Den größten Widerhall hatten die – letztlich allerdings vergeblichen – Bemühungen der Krankenschwester Anna Wödl aus Wien. Diese unerschrockene und resolute Frau, eine Hilfsschwester im Militärlazarett im AKH, hatte ihr behindertes Kind in Gugging und war zutiefst beunruhigt, als sie 1940 von anderen Frauen über kriegsbedingte Patientenverlegungen von Steinhof in unbekannte Anstalten erfuhr. Mehr als 1000 Todesmeldungen in drei Monaten hatten viele Angehörige alarmiert und dazu bewogen, etwas dagegen zu unternehmen. Anna Wödl erklärte sich bereit, im Namen der Angehörigen der Steinhofer Patienten in Berlin zu protestieren. Mit einigen Schwierigkeiten gelang es ihr tatsächlich, bei dem zuständigen Beamten im Reichsinnenministerium, Dr. Linden, vorzusprechen, der aber auf einen Führerbefehl verwies und ihr keine Hoffnung machte. Nach Wien zurückgekehrt, informierte sie den Direktor von Steinhof, Dr. Mauczka, der ihr für ihre Initiative dankte, aber weiter die Befehle ausführte. Nach einigen Mühen konnte Frau Wödl auch beim Gauleiter von Schirach vorsprechen, der sich aber gleichfalls auf den Führerbefehl berief. Um ihr eigenes inzwischen nach Steinhof verlegtes Kind zu retten, suchte sie Dr. Jekelius auf, der ihr mit der Verhaftung durch die Gestapo drohte. Schließlich fuhr Anna Wödl nochmals nach Berlin zu Dr. Linden, ohne etwas zu erreichen. Wenige Tage später war Anna Wödls Kind tot.[566]

Im Zusammenhang mit der Deportation von mehr als 3200 Steinhofer Patienten wird auch von heftigen Protesten der Angehörigen in der Anstalt berichtet; angeblich soll sogar eine Demonstration zu Dr. Jekelius im Hauptgesundheitsamt der

Stadt Wien am Schottenring erfolgt sein. Während Polizisten die wütenden Demonstranten abwehrten, soll Jekelius durch die Hintertür geflüchtet sein.[567]

Auch in Salzburg war die Empörung unter den Angehörigen der Patienten und Teilen der Bevölkerung beträchtlich. Nach Aussage des Anstaltsarztes Dr. Gföllner wagte es der Anstaltsdirektor Dr. Wolfer nicht mehr, die Anstalt beim Haupttor zu verlassen, wo ihm Angehörige auflauerten, sondern ging längere Zeit bei einem rückwärtigen Tor hinaus. Intervenierende Angehörige wurden von Direktor Wolfer entweder nach Berlin verwiesen oder mit der Gestapo bedroht. Diese Drohung richtete Dr. Wolfer auch gegen Ärzte und Pfleger, die mit diesen Maßnahmen nicht einverstanden waren.

Unzählige Belege weisen auf die tief empfundene Empörung von Angehörigen hin, nachdem sie von der „Verlegung" und dem raschen Tod erfahren hatten. Vielfach wurden den Anstaltsleitungen und Ärzten schwere Vorwürfe gemacht; Beschimpfungen und Auseinandersetzungen werden berichtet."[568]

Alfred Rottmann aus Berlin, Vater eines aus Buch angeblich nach Hartheim überstellten und dort an „eitriger Mittelohrentzündung" plötzlich verstorbenen Patienten, erstattete Anzeige wegen § 134 StG (Mord), da er an die Version des „natürlichen Todes" nicht glaubte. Obwohl Erhebungen seitens der Staatsanwaltschaft beim Landgericht Wels eingeleitet und auch die Oberstaatsanwaltschaft Wels, die Generalstaatsanwaltschaft Linz und das Reichsjustizministerium eingeschaltet wurden, wurde das Verfahren nach § 90 STPO eingestellt; der zuständige Hartheimer Arzt Georg Renno war für die Justizbehörden nicht greifbar.[569]

PatientenInnen, die die NS-Zeit überlebt haben, berichten, dass sie von ihren Eltern zu Hause behalten worden sind, offenbar weil man über deren bevorstehendes Schicksal im Falle einer Anstalts„pflege" Bescheid wusste.[570]

Dass es auch bei nationalsozialistischen Familien, die von der Euthanasie betroffen waren, für diese dem Kern der NS-Ideologie entspringende Maßnahme kaum Zustimmung gab, ist menschlich verständlich. So machte sich die Mutter eines nur leicht behinderten Buben, der aus Gallneukirchen abtransportiert wurde, in einem mit 5. 2. 1941 datierten Schreiben an die Anstalt Vorwürfe, dass sie ihren Sohn nicht herausholen konnte. „Seine Brüder, die derzeit bei der Wehrmacht sind", klagte sie, „hätten ihm geholfen. Diese meine beiden Söhne sind die einzigen in unserer Gemeinde, welche sich am Putsch 1934 beteiligten und Wöllersdorfer Haft verbüßten. Der Ältere hat überhaupt die Ortsgruppe der NSDAP hier gegründet. Und jetzt haben wir solchen Dank."[571]

Die Tochter einer behinderten älteren Frau beklagte sich in einem Schreiben vom 18. 2. 1941 an Schwester Johanna Ling, Leiterin der Frauenabteilung im Martinstift (Gallneukirchen), über den „plötzlichen Tod" ihrer Mutter, einer „deutschen Frau und Mutter", und kritisierte offen die NS-Praktiken gegenüber den alten Menschen:

„Wenn dies so weitergeht, einfach mit den alten Leuten abzufahren, wenn die Kraft ausgedient hat – wir sind deutsch bis ins Innerste, aber wer dies selber ansehen und erleben muss, der denkt in manchen Sachen nach, ob dies wohl richtig deutscher Sinn ist."[572]

Bevölkerung

Für den Zeitraum der „Aktion T4" 1940/41 liegen diverse vertrauliche, Spitzel- und Stimmungsberichte vor, die über Ausmaß von Wissen und Ablehnung der Euthanasiemaßnahmen in der Bevölkerung Auskunft geben und auch von gegnerischer Propaganda berichten. So wird in einem Stimmungsbericht einer NSDAP-Ortsgruppe an das Kreispropagandaamt des Kreises IX der NSDAP Gau Wien vom 24. 8. 1940 folgendes gemeldet:

„In den letzten Tagen wollen immer und immer wieder Gerüchte, die zu einer gewissen Beunruhigung führen, nicht verstummen. Die Heil- und Pflegeanstalt Steinhof soll angeblich aufgelöst werden. Es kommt dabei angeblich vor, dass die Pfleglinge, ohne dass vorher die Angehörigen verständigt werden, diese bereits unbekannten Aufenthaltes abtransportiert sind. Nun werden Gerüchte ausgesprengt, dass die abtransportierten Pfleglinge in den Heilanstalten in großer Zahl sterben und die Angehörigen verständigt werden, über die Aschenurne zu verfügen. Diese Gerüchte werden im Zusammenhang mit dem Erbgesundheitsgesetz ausgeschrotet und für gegnerische Propaganda benützt."

In einem Bericht einer anderen NSDAP-Ortsgruppe an dieselbe Stelle heißt es:

„Zu Getuschel und unglaublichen Vermutungen geben die Ereignisse Am Steinhof Anlass. Die Meinungen sind geteilt. Die einen bedauern die Pfleglinge, die verstorben sind, die anderen finden es als gerechtfertigt, dass man energisch reinen Tisch macht. Seitens unserer Blockleiter wird natürlich immer darauf hingewiesen, dass die Sterbefälle bloße Zufälle sind. Es würde sich empfehlen, öffentlich darüber Aufklärung zu geben, damit die Gegner die Ereignisse nicht propagandistisch ausnützen können."[573]

In einem im Oktober 1940 dem Ministerialdirektor im Reichsjustizministerium, Dr. Suchomel, vorgelegten Aktenvermerk, der auch dem Staatssekretär Dr. Freisler, dem Reichsjustizminister und dem Reichsminister Dr. Lammers zur Kenntnis gebracht wurde, berichtete ein im September/Oktober in Wien und Gmunden urlaubender Beamter, dass die Gerüchte bereits von der Tötung der Lainzer Altersheiminsassen und von der bevorstehenden Tötung von Blinden und Lahmen sprechen. Die „Erregung der Bevölkerung", die auf „religiöse Momente" zurückgeführt wurde, habe solche Dimensionen angenommen, dass es bereits zu Demonstrationen vor der

Heilanstalt Am Steinhof gekommen wäre, die den Einsatz von Polizei und SS notwendig gemacht haben. Angeblich wäre auch ein Direktor oder Vizedirektor dieser Anstalt wegen seiner Weigerung mitzutun in Schutzhaft genommen worden.[574]

Ein Spitzel des SD mit der Nummer S 20 und dem Namen „Novak", der in seinem Bericht vom 7. 11. 1940 eine in Wien zunehmende Stimmung gegen Preußen und Berlin vermeldete, berichtete über ähnliche Gerüchte:

„Viel Aufregung, insbesondere bei den bigotten und frömmlerischen Leuten löste die sehr stark verbreitete Nachricht (jeder Wiener schien davon zu wissen) aus, dass die Mehrzahl der Insassen der Irrenhäuser und auch viele Kranke in Spitälern sowie Pfleglinge der Versorgungshäuser gewissermaßen von amtswegen getötet werden und dies ohne Zustimmung der jeweiligen Angehörigen. Daran wird von Dummköpfen und von Leuten, die damit einen besonderen Zweck verfolgen, gleich (die zum Teil echte, zum Teil gemachte) Besorgnis geknüpft: ‚Das kann in diesem Staat jedermann von uns passieren, wenn wir einmal ernstlich krank werden!'"[575]

Auch ein bei der Deutschen Reichsbahn tätiger Parteigenosse aus Oberdonau berichtete über die zunehmenden Gerüchte in Eisenbahnzügen und unter der Arbeiterschaft über die Entleerung der Krankenhäuser und Irrenanstalten und über die Ermordung der Insassen.[576] Die unaufhaltsame Ausbreitung von Gerüchten über die Tötung der Geisteskranken war den auf Geheimhaltung erpichten NS-Behörden äußerst unangenehm, nicht zuletzt weil diese Gerüchteverbreitung in der Bevölkerung vielfach mit negativen Kommentaren verbunden war. Bei der Eindämmung dieser Mundpropaganda schreckten die NS-Behörden letztlich vor dem Einsatz strafrechtlicher Mittel zurück. Es wurden zwar von Staatsanwaltschaften bei den Sondergerichten Verfahren nach dem berüchtigten Heimtückegesetz eingeleitet, die aber eingestellt wurden, zumal die Justizfunktionäre über die Euthanasiemaßnahmen ziemlich genau Bescheid wussten. So wollte z. B. die Anklagebehörde beim Sondergericht Linz einer Frau den Prozess machen, deren taubstummer Sohn im Jänner 1941 aus der evangelischen Anstalt „Friedenshort" in Oberndorf abtransportiert und getötet worden war. Die Frau hatte sich nicht nur beklagt, dass ihr Sohn „weggeputzt" wurde, sondern auch einer Nachbarin erzählt, dass „alle alten Leute und die verwundeten deutschen Soldaten [...] auf diese Art weggeräumt" werden, womit sie von der Wahrheit nicht sehr entfernt war. Das gegen mehrere Frauen eingeleitete Heimtückeverfahren wurde auf Vorschlag des Oberstaatsanwaltes wegen geringer Schuld eingestellt, und die Beschuldigten kamen mit einer Verwarnung davon.[577]

Einen relativ objektiven Indikator der Haltung der Bevölkerung stellte die „Scheu vor der Anstaltsaufnahme" dar, die offenbar unter dem Einfluss von Gerüchten zunahm und sich in sinkenden Aufnahmezahlen der psychiatrischen Anstalten niederschlug. Die „Reichsarbeitsgemeinschaft Heil- und Pflegeanstalten", eine zentrale Einrichtung der „T4"-Organisation, die sich des Zusammenhangs von „Verlegungen" und sinkenden Aufnahmezahlen bewusst war, hat diesen Sachverhalt Anfang 1942 genau erhoben und in einem „Zusammenfassenden Bericht" am 11. 7. 1942 festgehalten. In Bezug auf Wien heißt es: „energisches Sträuben gegen Verlegungen aus Angst vor vorzeitigem Ableben und das Bestreben, die Kranken vorzeitig aus der Anstalt zu nehmen."[578]

Erhalten geblieben ist der mit 20. 1. 1942 datierte Bericht der Landesheilanstalt für Geistes- und Gemütskranke in Salzburg (Lehen), in der ein vorübergehender Rückgang der Aufnahmen „aus Furcht vor einer etwaigen Verlegung in eine andere Anstalt" beobachtet wurde. Der Anstaltsdirektor berichtete (im Wege des Reichsstatthalters von Salzburg) nach Berlin, dass Familienmitglieder ihre Angehörigen nicht in seine Anstalt eingeliefert hätten, als er ihnen keine bindende Zusicherung hinsichtlich der befürchteten Verlegung geben konnte.[579]

Aus den oben zitierten Spitzel- und Stimmungsberichten geht hervor, dass die NS-Massenmordaktion von den gegnerischen Kräften angeprangert wurde. Man kann davon ausgehen, dass diese antinazistische Agitation zum Großteil in Form von Mundpropaganda erfolgte. Selbst in den Reihen der NSDAP fand die Mordaktion nicht ungeteilten Beifall. Freilich hatten nur wenige Nationalsozialisten den Mut, ihre Ablehnung der Krankenmorde auch offen zu bekunden, hätten sie damit zwar nicht ihr Leben, aber doch ihr politisches und berufliches Fortkommen gefährdet. Zu den wenigen Mutigen und Anständigen gehörten der Gugginger Pflegevorsteher Johann Öllerer und der Anstaltsportier Kliemstein, der zugleich Ortsgruppenleiter war. Beide beschwerten sich im April 1944 über die Massenmorde durch den Arzt Emil Gelny beim zuständigen NSDAP-Kreisleiter Mayer in Wien 17., der sie zum stellvertretenden Wiener Gauleiter Scharitzer führte. Scharitzer unterrichtete in einem Brief die Gauleitung Niederdonau darüber, doch Gauleiter Hugo Jury wies die „Anwürfe" als „völlig unhaltbar" zurück. Als Ergebnis der Intervention wurde Öllerer als Pflegevorsteher abgesetzt und durch einen willfährigeren Pfleger ersetzt; Klimstein wurde gerügt. Beiden wurde bedeutet, dass sich Parteigenossen in diese Angelegenheit nicht einmengen sollten.[580]

In Tirol hatte der Leiter der Heil- und Pflegeanstalt Ernst Klebelsberg den Vater eines abtransportierten Patienten, der sich bei ihm beschwerte und als Nationalsozialist bekannt war, an den Reichsverteidigungskommissar verwiesen. Dieser beschwerte sich beim Gauhauptmann Gustav Linert. Linert ging mit Klebelsberg zu Gauleiter Hofer, der jedoch die Intervention barsch abwies und beide – angeblich mit einem Eid – zum Schweigen verpflichtete.[581] Auch aus der Steiermark ist ein Fall der Ablehnung der „Euthanasie" durch einen hohen NS-Funktionär bekannt. Der Leiter der Kulturabteilung des Reichsstatthalters Josef Papesch erklärte seinen Austritt aus der SS, nachdem seine schwer behinderte 20-jährige Tochter Grete im Jänner 1941 der „Euthanasie" zum Opfer gefallen war. Papesch, dessen Familie sich um die in der Evangelischen Diakonissenanstalt in Gallneukirchen untergebrachte Tochter vorbildlich gekümmert hatte, war offenbar trotz seiner hohen Stellung nicht imstande gewesen, seine Tochter zu retten. Peter Nausner führt das Beispiel des Altersheimes Goldegg in Salzburg an, wo der Bürgermeister Bürgler, obwohl NSDAP-Mitglied, nach einer heftigen Auseinandersetzung mit dem bereits vorgefahrenen Transportkommando den Abtransport der 24 Patienten verhindern konnte.[582]

Diese Anführung von widersetzlichen Handlungen und Haltungen von Nationalsozialisten soll nicht den Eindruck erwecken, dass die NSDAP oder eine Mehrheit von Nationalsozialisten die Euthanasie ablehnte oder bekämpfte und diese nur von einigen wenigen Spitzenfunktionären durchgeführt wurde. Die rassenhygienischen Maßnahmen entsprangen dem Kern der nationalsozialistischen Weltanschauung und wurden gewiss von den meisten Nationalsozialisten zumindest theoretisch bejaht. Die praktische Umsetzung in den Massenmord bereitete aber offenbar auch manchen Nationalsozialisten, insbesondere wenn sie persönlich betroffen waren, Probleme. Ein massiver Widerstand, der auf die Verhinderung der Krankenmorde abstellte, resultierte daraus jedoch nicht.

Resümee

Größenordnung, Ergebnisse und Bedeutung des Widerstandes

Zahlen oder auch nur Größenordnungen des Umfangs des Widerstandes anzugeben, ist äußerst problematisch. Wer kann heute feststellen, wie viele AktivistInnen, Mitglieder oder SympathisantInnen die in tiefster Illegalität wirkenden Widerstandsgruppen aufwiesen? Bestenfalls ungefähre Anhaltspunkte liefern die Zahlen der Opfer, also die festgenommenen, gerichtlich abgeurteilten oder in KZ eingewiesenen WiderstandskämpferInnen. Das DÖW hat in den letzten Jahren in mehreren Großprojekten eine namentliche Erfassung der NS-Opfer in Angriff genommen, weil nur auf diese – aufwändige – Weise fundierte Ergebnisse möglich sind. Die Erfassung der Holocaust-Opfer konnte abgeschlossen werden; das – gemeinsam mit dem Karl Vogelsang-Institut durchgeführte – Projekt über die politisch Verfolgten ist noch im Gang. Unser derzeitiger Wissensstand weist folgende Ergebnisse auf:[583]

Es wurden mehr als 62 000 jüdische Opfer namentlich erfasst, eine realistische Schätzung nimmt 65 000 bis 70 000 Personen an. Die Zahl der Opfer der NS-Euthanasieaktionen beträgt zwischen 25 000 und 30 000. Der Verfolgung der Roma fielen in Österreich ca. 9000 bis 10 000 Menschen zum Opfer.[584] Die Größenordnung der (nichtjüdischen) Opfer politischer Verfolgung bzw. der ermordeten und umgekommenen WiderstandskämpferInnen beträgt 4000–5000, wozu eine nicht bekannte Zahl von Personen kommt, die durch Militär- bzw. Standgerichte hingerichtet wurden. Da das DÖW-Projekt noch im Gang ist, handelt es sich dabei um ein provisorisches Zwischenergebnis. Die Gesamtzahl aller aus politischen Gründen inhaftierten ÖsterreicherInnen, also sowohl präventiv Inhaftierte und als auch festgenommene WiderstandskämpferInnen, dürfte – grob geschätzt aufgrund von Gestapoberichten und Gerichtsurteilen – in der Größenordnung von etwa 100 000 gelegen sein.[585]

Der Widerstand, sein Ausmaß und seine Bedeutung, muss im Zusammenhang mit dem Gesamtverhalten der ÖsterreicherInnen in der NS-Zeit, d. h. unter Berücksichtigung des österreichischen Nationalsozialismus, der verschiedenen Formen des „Mitläufertums", der partiellen oder zeitweisen Zustimmung von Bevölkerungsgruppen zum System u. a. Faktoren, gesehen werden. Eine solche Beurteilung kann freilich nicht in Form einer Gegenüberstellung von – größenordnungsmäßig – einigen zehntausend WiderstandskämpferInnen mit 700 000 NSDAP-Mitgliedern erfolgen; denn die einen hatten ihre gesamte Existenz zu riskieren, die anderen genossen alle Vorteile einer die alleinige Macht ausübenden Staatspartei. Nur – noch weitgehend ausstehende – detaillierte Analysen in kleinen, überschaubaren gesellschaftlichen Bereichen (Betriebe, Wohnviertel, Dörfer etc.), die auch die Veränderungen der Stimmung und des Bewusstseins der Bevölkerung von 1938 bis 1945 berücksichtigen, werden hier zu brauchbaren Ergebnissen führen.

Gemessen an der großen Zahl der Opfer waren die praktischen Ergebnisse des Widerstandkampfes – etwa in Richtung einer Gefährdung des NS-Regimes, einer ernstlichen Schädigung der NS-Kriegsmaschinerie oder der Erringung der Hegemonie in der Bevölkerung – eher bescheiden. Die Befreiung Österreichs von der NS-Herrschaft war nicht das Werk einer Revolution von unten oder eines nationalen Freiheitskampfes, sondern das ausschließliche Verdienst der alliierten Streitkräfte, von denen mehr als 30 000 im Jahr 1945 auf österreichischem Boden gefallen sind. Die WiderstandskämpferInnen konnten nicht die Mehrheit der Bevölkerung auf ihre Seite bringen, standen sie doch auch in der Nachkriegszeit gegenüber den „Pflichterfüllern" in Wehrmacht, SS und Partei politisch-gesellschaftlich zurück.[586] Dennoch darf der Widerstandskampf nicht als eine sinnlose oder vergebliche Sache abgetan werden. Er zeigte, dass nicht alle ÖsterreicherInnen – wie es die 99,7 % Volksabstimmung vom April 1938 der Welt vorgaukeln sollte – im Lager des Nationalsozialismus standen. Der österreichische Widerstand hatte vor allem einen politischen Stellenwert, und zwar im Sinne der Moskauer Deklaration der Alliierten 1943, in der ein eigener Beitrag Österreichs zu seiner Befreiung gefordert wurde, der bei der endgültigen Regelung des Status von Österreich berücksichtigt werden würde. Dies ist im Zuge der Staatsvertragsverhandlungen nach 1945 tatsächlich geschehen.[587] Nicht zuletzt wurde im Widerstand erstmals der im 20. Jahrhundert vor sich gehende Nationswerdungsprozess, der zur heutigen Identität Österreichs geführt hat, analysiert und politisch verfochten; nicht wenige – Katholiken wie Kommunisten – waren mit einem Bekenntnis zu Österreich in den Tod gegangen.

Schließlich waren Männer und Frauen, die im Widerstand aktiv oder vom NS-Regime verfolgt worden waren, maßgeblich an der Bildung der provisorischen Regierung und am Neuaufbau des politischen Systems und der Verwaltung 1945 beteiligt. Die „O5" als wichtigste überparteiliche Widerstandsgruppierung in der Endphase des NS-Regimes hatte vor und während der Befreiung die Vorstellung, das traditionelle Parteiensystem überwinden und das politische Geschehen in Österreich gestalten zu können. Dies erwies sich jedoch im April 1945, als sich die drei Parteien SPÖ, KPÖ und ÖVP sofort konstituierten und in der Bevölkerung und bei den Alliierten durchsetzten, als Illusion ohne jede reale Grundlage. Alle drei Parteien betrachteten sich als antifaschistisch und beriefen sich – nicht zu Unrecht – auf ihre Herkunft aus dem Widerstand gegen das NS-Regime. Der viel zitierte „Geist von 1945", der die Anfangsphase des „neuen Österreich" bestimmte, war das historische Ergebnis auch des Widerstandes. Die weitere politisch-gesellschaftliche Entwicklung

Österreichs stand freilich nicht im Zeichen der WiderstandskämpferInnen und NS-Opfer; sie wurde von der Gruppe der Kriegsteilnehmer und ehemaligen Nationalsozialisten dominiert.

In einer Zeit, in der – zu Recht – sehr viel über österreichische Täter, über Schuld und Verantwortung von Österreichern für den Nationalsozialismus gesprochen wird, in der das mangelnde Eintreten zugunsten jüdischer Menschen und anderer Verfolgter beklagt wird, sollten die Österreicherinnen und Österreicher, die unter Einsatz ihres Lebens dem mörderischen Naziregime widerstanden, die ein anderes, ein von humanen und kulturellen Werten geprägtes Österreich repräsentierten, jedenfalls nicht gering geschätzt werden.

Zum Nachkriegsdiskurs

Der Kalte Krieg, der auf internationaler Ebene die Anti-Hitler-Koalition zerstörte, trug auch in Österreich wesentlich zum Abbau des Antifaschismus und zum Zerfall der antifaschistischen Einheit bei. Die Kommunisten, die größte Gruppe der ehemaligen Widerstandskämpfer, wurden aus der Konzentrationsregierung hinausgedrängt und politisch ausgegrenzt. Die ehemaligen Nationalsozialisten wurden vielfach als willkommene Verbündete im Kampf gegen den Kommunismus gesehen und konnten wieder wichtige Positionen einnehmen. Dazu kam, dass die Wiederzulassung ehemaliger Nationalsozialisten zu den Wahlen 1949 zu einem Buhlen um deren Stimmen durch die beiden Großparteien ÖVP und SPÖ führte. Im Zuge dieser Entwicklung trat nicht nur die Bedeutung des Widerstandskampfes völlig in den Hintergrund, auch die Verdienste der WiderstandskämpferInnen um Österreich blieben in der Zweiten Republik weitgehend unbedankt. Die Opfer des Nationalsozialismus hatten Mühe, auch nur halbwegs eine entsprechende Anerkennung ihrer Schädigung und Verluste – im selben Ausmaß wie etwa die der Kriegsopfer – zu finden. Diese Diskriminierungen trafen nicht nur, wenn auch primär Kommunisten und Kärntner Slowenen, sondern auch Katholiken und andere.[588]

Es ist evident, dass nach 1945 breite Bevölkerungsgruppen, die ehemaligen Nationalsozialisten und die so genannte Kriegsgeneration, dem Widerstand skeptisch bis feindselig gegenüberstanden; für sie war 1945 keine Befreiung, sondern ein Zusammenbruch. Widerstandskämpfer wurden und werden als „Eidbrecher", als „Feiglinge" und „Verräter", als „Verbrecher" und „Mörder" angesehen (bzw. nicht selten auch offen so bezeichnet).[589] Der höchste Offizier des österreichischen Bundesheeres, Generaltruppeninspektor Erwin Fussenegger, ein Angehöriger des illegalen Nationalsozialistischen Soldatenringes, lehnte 1958 die Aufnahme von Robert Bernardis und Alfred Huth auf dem Gefallenendenkmal in der Militärakademie Wiener Neustadt mit der Begründung ab, „diese seien als Eidbrecher gefallen und gehörten nicht auf dieses Denkmal".

Der österreichische Widerstand wurde angezweifelt, bagatellisiert oder geleugnet.[590] Nur wenn es darum ging, sich außenpolitische Vorteile zu verschaffen oder bei feierlichen Anlässen, wurde der Widerstand verbal hochgehalten. In der für das weitere Schicksal Österreichs entscheidenden Moskauer Deklaration der Alliierten vom 1. 11. 1943, die die Wiederherstellung Österreichs zum alliierten Kriegsziel erklärte, war Österreich sowohl als erstes Opfer Hitlerdeutschlands bezeichnet, als auch für seine Mitbeteiligung am Krieg auf deutscher Seite verantwortlich gemacht worden. Aus dieser durchaus ausgewogenen Einschätzung haben die österreichischen Nachkriegsregierungen stets den Opfercharakter hervorgehoben, um auf diese Weise rascher den Staatsvertrag mit den Alliierten und damit die volle Souveränität zu erlangen, aber auch um berechtigte „Wiedergutmachungs"ansprüche der NS-Opfer abzuwehren. Nach der Eliminierung der Mitschuldklausel aus dem im Mai 1955 unterzeichneten Staatsvertrag konnte die „Opfertheorie" bis zur Waldheim-Affäre im In- und Ausland erfolgreich propagiert werden.[591] Bei der berechtigten Kritik an dieser Haltung sollte aber nicht übersehen werden, dass eine solche Verdrängung der negativen Seiten der eigenen Geschichte keine österreichische Spezialität, sondern eher der Regelfall ist.

Das offizielle Österreich hat lange gebraucht, um sich zu einem Einbekenntnis der Mitverantwortung der Österreicher am Nationalsozialismus durchzuringen. Erst im Juli 1991 hat Bundeskanzler Franz Vranitzky in einer Erklärung namens der Bundesregierung vor dem Nationalrat gesagt: „Wir bekennen uns zu allen Daten unserer Geschichte und zu den Taten aller Teile unseres Volkes, zu den guten wie zu den bösen." Bei seinem Besuch in Israel 1993 bekannte sich Vranitzky zur „moralischen Verantwortung", auch hinsichtlich der österreichischen Täter, und bat die Opfer und deren Nachkommen um Verzeihung.[592] In ähnlicher Weise äußerte sich auch der österreichische Bundespräsident Thomas Klestil.[593]

Diese eindeutigen Bekundungen der Staatsführung spiegeln jedoch nicht die gesamtpolitisch-gesellschaftliche Realität wider. Bei dem alljährlichen berüchtigten Ulrichsbergtreffen in Kärnten, wo Kriegsveteranen und SS-Angehörige, aber auch jüngere Rechtsextremisten in Erscheinung treten, biedern sich Landes- und Bundespolitiker in pathetischen, z. T. pro-nazistischen Reden an die Kriegsgeneration an. Am deutlichsten sichtbar wurde die zwiespältige Einstellung der österreichischen Politik zu Nationalsozialismus und Zweiten Weltkrieg am Beispiel der Ausstellung über die Verbrechen der Wehrmacht: Aus Opportunismus gegenüber der Kriegsgeneration weigerten sich Regionalpolitiker die Ausstellung zu unterstützen oder den Ehrenschutz zu übernehmen, und dienten sich populistisch den Kriegsteilnehmern an.

Die Haltung der gesamten Bevölkerung zu diesen Fragen ist differenzierter zu sehen: Die jüngeren Generationen, die in der Zweiten Republik sozialisiert und erzogen worden sind, stehen Nationalsozialismus, NS-Verbrechen, Antisemitismus, Rechtsextremismus und Deutschnationalismus in überwältigender Mehrheit negativ gegenüber und vertreten mehrheitlich die Auffassung, Österreich hätte 1938 Widerstand leisten sollen; die Älteren, insbesondere die in Veteranenverbänden organisierte „Kriegsgeneration", sind offenbar kaum imstande, sich von verklärenden Sichtweisen in Bezug auf den Zweiten Weltkrieg und ihr eigenes Verhalten zu lösen.[594] Jedenfalls zeigen diese Diskussionen, Kontroversen und Verhaltensweisen, dass die NS-Vergangenheit und der Umgang mit Tätern, Opfern und WiderstandskämperInnen noch keineswegs ein abgeschlossenes Kapitel der Geschichte sind.

Anmerkungen

1 Neue Kronen-Zeitung, 21. 3. 1971. „Staberl" (Pseudonym für Richard Nimmerrichter) wurde – nach eigenen Angaben – wegen abweichender Äußerungen von einem NS-Gericht verurteilt und kann somit als Widerstandskämpfer angesehen werden.

2 Während der Österreichische Kameradschaftsbund (ÖKB) vor Jahren noch beim Linzer Diözesanbischof gegen den Seligsprechungsprozess protestierte, äußerte sich der jetzige ÖKB-Präsident Ludwig Bieringer positiv über Jägerstätter (Salzburger Nachrichten, 20. 8. 2007, S. 4). Lediglich eine kleine Rechtsaußen-Gruppe um den FPÖ-Europa-Abgeordneten und Zur-Zeit-Herausgeber Andras Mölzer, den Militärsuperior der Militärakademie Wiener Neustadt, Siegfried Lochner, und den pensionierten Bundesheer-Brigadier Josef Puntigam bemühte sich – allerdings ohne Erfolg –, eine Kampagne gegen die Seligsprechung zustande zu bringen (Zur Zeit, 21-22/07, 24/07 und 25-26/07).

3 Inzwischen ist ein Tagungsband erschienen: Stefan Karner/Karl Duffek (Hg.), Widerstand in Österreich 1938–1945, Graz–Wien 2007

4 Siehe dazu die angeführten Werke im Quellen- und Literaturverzeichnis

5 Emmerich Talos/Wolfgang Neugebauer (Hg.), Austrofaschismus. Politik, Ökonomie, Kultur, Wien–Münster 2005

6 Siehe dazu. Gerald Stourzh, Um Einheit und Freiheit: Staatsvertrag, Neutralität und das Ende der Ost-West-Besetzung Österreichs 1945–1955, 4., völlig überarbeitete und wesentlich erweiterte Aufl., Wien 1998, S. 607 f. und S. 71 f. Es handelte sich um den Annex M „The Attitude of the Austrian People towards the German Occupation and Austria's Contribution to her Liberation".

7 Rot-Weiss-Rot-Buch. Darstellungen, Dokumente und Nachweise zur Vorgeschichte und Geschichte der Okkupation Österreichs (nach amtlichen Quellen), erster Teil, Wien 1946. Zu dem nicht zustande gekommenen zweiten Teil siehe: Wiener Zeitung, 16. 9. 1953.

8 Siehe dazu: Maria Mesner (Hg.), Entnazifizierung zwischen politischem Anspruch, Parteienkonkurrenz und Kaltem Krieg. Am Beispiel SPÖ, Wien–München 2005; Wolfgang Neugebauer/Peter Schwarz, Der Wille zum aufrechten Gang. Offenlegung der Rolle des BSA bei der gesellschaftlichen Reintegration ehemaliger Nationalsozialisten, herausgegeben vom Bund sozialdemokratischer AkademikerInnen, Intellektueller und KünsterInnen (BSA), Wien 2004

9 Vor allem im Milieu der Veteranenverbände waren solche Beschimpfungen der österreichischen Widerstandskämpfer gang und gebe. Zuletzt hatte der FPÖ/BZÖ-Bundesrat Kampl in der Diskussion um die Rehabilitierung der Wehrmachtsdeserteure diese pauschal als „Kameradenmörder" diffamiert, was ihm die Bestellung zum Bundesratsvorsitzenden kostete.

10 Für den Autor, Maturajahrgang 1962, endete – wie für viele andere SchülerInnen dieser Generation – der Geschichtsunterricht in der Schule mit dem Ersten Weltkrieg.

11 Otto Molden, Der Ruf des Gewissens. Der österreichische Freiheitskampf 1938–1945, Wien–München 1958

12 Hermann Mitteräcker, Kampf und Opfer für Österreich. Ein Beitrag zur Geschichte des österreichischen Widerstandes 1938 bis 1945, Wien 1963

13 Meine diesbezüglichen Ausführungen stützen sich auf einen zwar polemischen, aber informativen und fundierten Aufsatz des langjährigen Innsbrucker Universitätsarchivars Gerhard Oberkofler in den Mitteilungen der Alfred Klahr-Gesellschaft, der den in der Österreichischen Nationalbibliothek verwahrten Nachlass von Justizminister Christian Broda auswertete. Gerhard Oberkofler, Das Regierungsprojekt einer Dokumentation über den Beitrag Österreichs zu seiner Befreiung, zitiert nach: http://www.klahrgesellschaft.at/Mitteilungen/Oberkofler_3_03.html, 1.6.2006

14 Während Stadler und Steiner aus dem Widerstandsbereich kamen und aus dem britischen Exil zurückkehrten, war Jedlicka ehemaliger Nationalsozialist, der sich jedoch von diesem Gedankengut

völlig abwendete und mit den genannten Historikerkollegen, aber auch mit dem Autor, der bei ihm dissertiert hatte, konstruktiv zusammenarbeitete.

15 Oberkofler, Regierungsprojekt
16 Diese Behauptung ist sachlich unzutreffend, da es sich um mindestens 10 belastete Personen im Justizdienst handelte. Darüber hinaus verschwieg Broda, dass einer seiner wichtigsten Berater, der Innsbrucker Strafrechtsprofessor Friedrich Nowakowski, als Staatsanwalt beim Sondergericht Wien tätig (und an mehreren Todesurteilen beteiligt) gewesen war. Vgl. dazu: Neugebauer/Schwarz, Der Wille, S. 133 ff.
17 Allein in den 13 Bänden der vom DÖW herausgegebenen Reihe über Widerstand und Verfolgung in österreichischen Bundesländern sind tausende Namen von Personen enthalten, von denen kein einziger gegen diese – in der Regel ungefragte – Veröffentlichung protestierte.
18 Mündliche Auskunft von Univ. Prof. Mag. Dr. Anton Staudinger, 28. 6. 2006. Staudinger, der als Stipendiat an diesem Projekt mitwirkte und dann Assistent bei Jedlicka wurde, weist darauf hin, dass die 1966 vor sich gehende Schaffung des Instituts für Zeitgeschichte der Universität Wien andere finanzielle Prioritäten bei den Beteiligten zur Folge hatte.
19 So wurde z. B. dem beim Projektleiter Prof. Jedlicka dissertierenden Autor 1967/68 der Zugang zu den im Institut für Zeitgeschichte liegenden NS-Justizakten unter Hinweis auf das unabgeschlossene Regierungsprojekt verwehrt. Anfang der 70er Jahre wurde mir die Einsichtnahme für meine Arbeit über „Widerstand und Verfolgung in Wien" gestattet.
20 Der um diese Herausgabe verdiente Generaldirektor des Wiener Herold Verlages, Willy Lorenz, wird von Gerhard Oberkofler, Regierungsprojekt, als „Repräsentant des konservativ-reaktionären Katholizismus" qualifiziert.
21 Maria Szecsi/Karl Stadler, Die NS-Justiz in Österreich und ihre Opfer, Wien–München 1962
22 Broda, Stadler und Rabosky gehörten in der austrofaschistischen Zeit einer linken Abspaltung des Kommunistischen Jugendverbandes an, die die illegale Zeitschrift „Ziel und Weg" herausgab und von KP-Seite als „trotzkistisch" attackiert wurde. Während Rabofsky zur KPÖ zurückkehrte, gingen Broda, Stadler und Szecsi zur SPÖ. Rabofsky, der selbst vor dem OLG Wien angeklagt und dessen Bruder Alfred hingerichtet worden war, bemühte sich sowohl um die Aufklärung über die Verbrechen der NS-Justiz als auch um die gerichtliche Ahndung von deren Verbrechen und prangerte immer wieder den Schutz der NS-Richter und -Staatsanwälte an. U. a. hatte Rabofsky eine Strafanzeige gegen den bis 1945 in Wien wirkenden, in Todesurteile involvierten Militärrichter und Strafrechtslehrer Erich Schwinge, 1945/55 Rektor der Universität Marburg, erstattet. Vgl. Gerhard Oberkofler, Eduard Rabofsky (1911–1994). Jurist der Arbeiterklasse. Eine politische Biographie, Innsbruck–Wien 1997, S. 104 ff.
23 Ludwig Jedlicka, 20. Juli 1944 in Österreich, Wien 1965; Karl R. Stadler, Österreich 1938–1945 im Spiegel der NS-Akten, Wien 1966
24 Oberkofler, Regierungsprojekt
25 Siehe dazu ausführlicher: Wolfgang Neugebauer, Widerstandsforschung in Österreich, in: Politik und Gesellschaft im alten und neuen Österreich. Festschrift für Rudolf Neck zum 60. Geburtstag, Wien 1981, Bd. II, S. 359–376; ders., Neue Forschungen und Forschungslücken zur Geschichte des Widerstandes, in: 16. Österreichischer Historikertag. Krems/Donau 1984, Wien 1985, S. 168–179
26 Im Falle der (ca. 2000) OLG-Wien-Akten fasste ein Richter des OLG Wien nach Anhörung der Staatsanwaltschaft über jedes einzelne Verfahren einen Beschluss zur Akteneinsicht, und der Autor konnte dann die Akten im Zimmer dieses Richters einsehen bzw. zur Kopierung entlehnen. Die damals in einem verschmutzten Keller des Landesgerichts für Strafsachen Wien liegenden Akten des Sondergerichts Wien wurden nach einem generellen Freigabebeschluss durch einen Richter des Landesgerichts für Strafsachen Wien vom Autor und einem Kollegen an Ort und Stelle kopiert. Inzwischen ist eine ordnungsgemäße Archivierung im Wiener Stadt- und Landesarchiv erfolgt.
27 Stadler, Österreich im Spiegel der NS-Akten, S. 11
28 Gerhard Botz, Methoden- und Theorieprobleme der modernen Widerstandsforschung, in: Helmut

Konrad/Wolfgang Neugebauer (Hg.), Arbeiterbewegung – Faschismus – Nationalbewußtsein. Festschrift zum 20jährigen Bestand des Dokumentationsarchivs des österreichischen Widerstandes und zum 60. Geburtstag von Herbert Steiner, Wien–München–Zürich 1983, S. 137–152; Willibald Holzer, David und Behemoth. Projekte zur Erforschung von Verfolgung und Widerstand 1933/34 in Bayern und Österreich, in: Zeitgeschichte, 9. J., 9/10, Juni/Juli 1982, S. 338–363; Ernst Hanisch, Gibt es einen spezifisch österreichischen Widerstand? in: Peter Steinbach (Hg.), Widerstand. Ein Problem zwischen Theorie und Geschichte, Köln 1987, S. 163–176; Gerhard Jagschitz, Individueller Widerstand, in: Widerstand und Verfolgung in Niederösterreich 1934–1945, Bd. 3, Wien 1987, S. 517 ff.; Wolfgang Neugebauer, Was ist Widerstand? in: Dokumentationsarchiv des österreichischen Widerstandes (Hg.), Jahrbuch 1986, Wien 1986, S. 61–71

[29] Radomir Luza, Der Widerstand in Österreich 1938–1945, Wien 1985
[30] a. a. O., S. 25 f.
[31] Karner/Duffek (Hg.), Widerstand
[32] Siehe dazu v. a. die publizierten Bände der Historikerkommission der Republik Österreich (www.historikerkommission.gv.at)
[33] Siehe dazu: Dokumentationsarchiv des österreichischen Widerstandes (Hg.), „Anschluss" 1938, S. 420 ff.; Wolfgang Neugebauer/Peter Schwarz, Stacheldraht, mit Tod geladen ... Der erste Österreichertransport in das KZ Dachau 1938, Wien 2008
[34] Vgl. dazu u. a. Gerhard Botz, Wohnungspolitik und Judendeportationen in Wien 1938 bis 1945. Zur Funktion des Antisemitismus als Ersatz nationalsozialistischer Sozialpolitik, Wien–Salzburg 1975
[35] Siehe dazu ausführlicher insbesondere hinsichtlich Literaturangaben: Wolfgang Neugebauer, Das NS-Terrorsystem, in: Tálos et al. (Hg.), NS-Herrschaft in Österreich, S. 721–743
[36] Siehe dazu: Daniela Angetter, Recherchen zu den Todesumständen von General Wilhelm Zehner, in: Senatsprojekt der Universität Wien, Untersuchungen zur Anatomischen Wissenschaft in Wien 1938–1945, Wien 1998, S. 306–325
[37] Dokumentationsarchiv des österreichischen Widerstandes (Hg.), „Anschluss" 1938. S. 440
[38] Siehe dazu ausführlich: Kurt Schmid/Robert Streibel (Hg.), Der Pogrom 1938. Judenverfolgung in Österreich und Deutschland, Wien 1990; Historisches Museum der Stadt Wien (Hg.), Der Novemberpogrom 1938. Die „Reichskristallnacht" in Wien, Wien 1989
[39] Siehe dazu: Karl-Heinz Reuband, Denunziation im Dritten Reich. Die Bedeutung von Systemunterstützung und Gelegenheitsstrukturen, in: Historical Social Research, Vol. 26 – 2001 – Nr. 2/3, S. 219–234
[40] www.doew.at, Nma
[41] www.doew.at, Nma
[42] www.doew.at, Nma
[43] Siehe dazu u. a. Dokumentationsarchiv des österreichischen Widerstandes (Hg.), Widerstand und Verfolgung in Niederösterreich 1934–1945. Eine Dokumentation, Bd. 2, Wien 1987, S. 489 ff.; Othmar Rappersberger, Das Schicksalsjahr 1945 in Freistadt, Freistadt 1997. Der „Nerobefehl" Hitlers zur Zerstörung der Infrastruktur Deutschlands wurde schon in den Dokumenten des Nürnberger Prozesses 1946 veröffentlicht: IMG, Bd. XLI, S. 431f., Dok Speer-26
[44] Siehe dazu im Detail: Gerhard Jagschitz/Wolfgang Neugebauer (Hg.), Stein, 6. April 1945 . Das Urteil des Volksgerichts Wien (August 1946) gegen die Verantwortlichen des Massakers im Zuchthaus Stein, Wien 1995
[45] Siehe dazu: Inez Kykal/Karl R. Stadler, Richard Bernaschek. Odyssee eines Rebellen, Wien 1976
[46] Siehe dazu: DÖW, Zeitungsausschnittesammlung, Horeischy. Der von dieser Widerstandsgruppe versteckte, rassistisch verfolgte Johannes Mario Simmel hat darüber in seinem Buch „Wir heißen Euch hoffen" (München 1980) geschrieben.
[47] Eva Holpfer, Das Massaker an ungarischen Juden in Rechnitz als Beispiel für den Umgang der politischen Parteien im Burgenland mit der NS-Vergangenheit in den ersten Nachkriegsjahren, in:

Claudia Kuretsidis-Haider/Winfried R. Garscha (Hg.), Keine „Abrechnung". NS-Verbrechen, Justiz und Gesellschaft in Europa nach 1945, Leipzig 1998, S. 421–429.
48 Helfried Pfeifer, Die Ostmark. Eingliederung und Neugestaltung, Wien 1941, S. 256 f.
49 Siehe dazu ausführlich Franz Weisz, Die Geheime Staatspolizei, Staatspolizeileitstelle Wien 1938–1945. Organisation, Arbeitsweise und personale Belange, phil. Diss., Wien 1991; weiters: Pfeifer, Ostmark, S. 262 ff.
50 Siehe dazu ausführlich Thomas Mang, Gestapo-Leitstelle Wien – „Mein Name ist Huber" – Wer trug die lokale Verantwortung für den Mord an den Juden Wiens? Münster 2003
51 Thomas Mang, Retter, um sich selbst zu retten. Die Strategie der Rückversicherung. Dr. Karl Ebner, Leiter-Stellvertreter der Staatspolizeileitstelle Wien 1942–1945, Diplomarb., Univ. Wien, 1998.
52 Dokumentationsarchiv des österreichischen Widerstandes (Hg.), Widerstand und Verfolgung in Wien 1934–1945. Eine Dokumentation, Bd. 2, 2. Aufl., Wien 1984, S. 82.
53 a. a. O., S. 401 ff.
54 Franz Weisz, Personell vor allem ein „ständestaatlicher Polizeikörper". Die Gestapo in Österreich, in: Gerhard Paul/Klaus Michael Mallmann (Hg.), Die Gestapo – Mythos und Realität, Darmstadt 1995, S. 457; Gabriele Lotfi, KZ der Gestapo. Arbeitserziehungslager im Dritten Reich, Stuttgart-München 2000, S. 11 ff.
55 Siehe dazu z. B. Dokumentationsarchiv des österreichischen Widerstandes (Hg.), Widerstand und Verfolgung in Oberösterreich 1934–1945. Eine Dokumentation, Bd. 2, Wien 1982, S. 439 ff.
56 Siehe dazu v. a. Robert Gellately, Die Gestapo und die deutsche Gesellschaft. Die Durchsetzung der Rassenpolitik 1933–1945, Paderborn u. a. 1994; Paul/Mallmann (Hg.), a. a. O.
57 Mang, Gestapo-Leitstelle, S. 48
58 Heimo Halbrainer, „Der größte Lump im ganzen Land, das ist und bleibt der Denunziant". Denunziation in der Steiermark 1938–1945 und der Umgang mit den Denunzianten in der Zweiten Republik, Graz 2007, bes. S. 121 ff.
59 Eric A. Johnson, Der nationalsozialistische Terror. Gestapo, Juden und gewöhnliche Deutsche, Berlin 2001; Götz Aly zitiert nach: Aussendung Austria Presse Agentur vom 31. 10. 2001 (APA 035 5 II 049 AI). Zu Denunziationen siehe: Karl-Heinz Reuband, Denunziationen im Dritten Reich. Die Bedeutung von Systemunterstützung und Gelegenheitsstrukturen, in: Historical Social Resarch, Vol. 26 – 2001, No. 2/3, p. 219–234
60 Weisz, Staatspolizei, S. 513 ff.
61 Jean Amery, Jenseits von Schuld und Sühne, Bewältigungsversuche eines Überwältigten, 2. Aufl., München 1966, S. 45.
62 www.doew.at, Nma
63 www.doew.at, Nma
64 www.doew.at, Nma
65 Ein Bild einer Hinrichtung von zwei polnischen „Fremdarbeitern" durch die Gestapo Innsbruck im Lager Kirchbichl, Herbst 1940, findet sich in: Widerstand und Verfolgung in Tirol, Bd. 1, Bildteil, Nr. 19. Siehe dazu allgemein: Dagmar Weitz, „Verbotener Umgang mit Kriegsgefangenen" vor dem Sondergericht Wien, Dipl.-Arb., Univ., Wien 2006
66 Siehe dazu S. 84ff
67 Diana Albu/Franz Weisz, Spitzel und Spitzelwesen der Gestapo in Wien von 1938 bis 1945, Wiener Geschichtsblätter, 54. Jg., H. 3, 1999, S. 169–208; Hans Schafranek, V-Leute und „Verräter". Die Unterwanderung kommunistischer Widerstandsgruppen durch Konfidenten der Wiener Gestapo, in: IWK, 36. Jg., Nr. 3/2000, S. 300–349
68 Der nach 1945 von einem Wiener Volksgericht zu lebenslanger Haft verurteilte Sanitzer wurde von Organen der sowjetischen Besatzungsmacht in die UdSSR gebracht und dort zu umfassenden Geständnissen über seine Tätigkeit und seine Mitarbeiter, Kontaktleute und Opfer gezwungen. Eine Übersetzung der Einvernahmeprotokolle wurde dem DÖW in dankenswerter Weise von Dr. Hans Schafranek überlassen. Siehe dazu weiters: Christine Cezanne-Thauss, Lambert Leutgeb. Ein Wie-

ner Gestapobeamter und seine Spitzel. Zur Biographie und Tätigkeit Lambert Leutgebs, Leiter des Nachrichtenreferats der Gestapoleitstelle Wien, Dipl. Arb., Univ., Wien 2003; Leopold Banny, Ihre Namen sind verweht … Österreicher bei Geheimunternehmen in ihrer Heimat während des Zweiten Weltkriegs, 1938–1944 [sic] (Manuskript Bibliothek DÖW)

69 Reichsgesetzblatt 1943 S. 372
70 www.doew.at, Nma
71 www.doew.at, Nma
72 www.doew.at, Nma
73 www.doew.at, Nma
74 Der Ablauf der Aktion „14f13" ist am ausführlichsten und exaktesten in dem Urteil des Landgerichtes Frankurt a. Main gegen Hans-Joachim Becker und Friedrich Lorent wegen Beihilfe zum Mord vom 25. 5. 1970 (Ks 1/69) dokumentiert (auszugsweise: DÖW E 18 214); siehe dazu weiters: Walter Grode, Die „Sonderbehandlung 14f13" in den Konzentrationslagern des Dritten Reiches. Ein Beitrag zur Dynamik faschistischer Vernichtungspolitik, Frankfurt/M–Bern–New York 1987
75 www.doew.at, Nma
76 www.doew.at, Nma
77 Siehe dazu ausführlich: Lotfi, KZ der Gestapo
78 Siehe dazu: Florian Freund/Bertrand Perz, Zwangsarbeit von zivilen AusländerInnen, Kriegsgefangenen, KZ-Häftlingen und ungarischen Juden in Österreich, in: Tálos et al. (Hg.), a. a. O., S. 644–695
79 Siehe dazu Erika Thurner, Nationalsozialismus und Zigeuner in Österreich, Wien–Salzburg 1983; Florian Freund, Die Ermordung der österreichischen Roma und Sinti, unveröffentlicher Forschungsbericht, Wien 2000
80 Siehe dazu ausführlich: Marianne Wilhelm, SD-Hauptaußenstelle und Volkstumsstelle Eisenstadt. Institutionelle und personelle Verflechtungen, phil. Diss., Wien 2004, S. 93 f.
81 Heinrich Kunnert, der nach 1945 lediglich wegen Registrierungsbetrug (falsche Angaben über seine NS-Zugehörigkeit) verurteilt wurde, konnte später mit Hilfe des BSA und der SPÖ im Burgenland Karriere machen. Siehe dazu: Neugebauer/Schwarz, Der Wille, S. 124 ff.; weiters:www.doew.at, Nma (Jack Taylor)
82 Siehe dazu allgemein: Heinz Boberach, Meldungen aus dem Reich. Auswahl aus den geheimen Lageberichten des Sicherheitsdienstes der SS 1939–1944, Neuwied-Berlin 1965; Alwin Ramme, Der Sicherheitsdienst der SS, Berlin o. J. (1969)
83 Mang, Gestapo-Leitstelle, S. 196 ff.
84 Siehe dazu u. a. Gabriele Anderl, Die Zentralstelle für jüdische Auswanderung, in: Rudolf G. Ardelt/Christian Gerbel (Hg.), Österreichischer Zeitgeschichtetag 1995, Innsbruck 1996, S. 204–208; Mang, a. a. O., S. 59 ff.; Hans Safrian, Die Eichmann-Männer, Wien–Zürich 1993, S. 41; Michael Wildt, Generation des Unbedingten. Das Führungskorps des Reichssicherheitshauptamtes, Hamburg 2002, S. 360 ff.
85 Siehe dazu Wolfgang Neugebauer, Richter in der NS-Zeit. Politische und gesellschaftliche Rahmenbedingungen, in: Erika Weinzierl et al. (Hg.), Richter und Gesellschaftspolitik. Symposion Justiz und Zeitgeschichte 12. und 13. Oktober 1995 in Wien, Innsbruck–Wien 1997, S. 56–68; Oliver Rathkolb, Anmerkungen zur Entnazifizierungsdebatte über Richter und Staatsanwälte in Wien 1945/46 vor dem Hintergrund politischer Obsessionen und Pressionen während des Nationalsozialismus, in: Erika Weinzierl et al. (Hg.), Justiz und Zeitgeschichte. Symposiumsbeiträge 1976–1993, Bd. 2, Wien 1995, S. 75–101.
86 Wolfgang Form/Wolfgang Neugebauer/Theo Schiller (Hg.), NS-Justiz und politische Verfolgung in Österreich 1938–1945. Analysen zu den Verfahren vor dem Volksgerichtshof und vor dem Oberlandesgericht Wien, München 2006; Wolfgang Form/Wolfgang Neugebauer/Theo Schiller (Hg.) in Zusammenarbeit mit dem Bundesarchiv, Widerstand und Verfolgung in Österreich 1938 bis 1945. Die Verfahren vor dem Volksgerichtshof und den Oberlandesgerichten Wien und Graz, Mikro-

ficheedition, München 2004. Das Projekt „Die Nazifizierung der österreichischen Justiz" ist noch nicht abgeschlossen.
[87] Reichsgesetzblatt I/1938, 640
[88] Walter Wagner, Der Volksgerichtshof im nationalsozialistischen Staat , Stuttgart 1974, S. 193
[89] Aufgrund neuer VGH-Akten, die das DÖW aus der DDR erhielt und Langoth schwer belasteten, erfolgte 1986 die Umbenennung der 1973 nach dem NS-Bürgermeister benannten Straße in Linz. Siehe dazu; Walter Schuster, Franz Langoth. Deutschnational – Nationalsozialistisch – Entnazifiziert, Linz 1999, S. 259 ff.
[90] Wagner, Volksgerichtshof, S. 244; Pfeifer, Ostmark, S. 246 f.; Szecsi/Stadler, NS-Justiz, S. 18; Widerstand Wien, Bd. 2, S. 50 f.
[91] Siehe dazu Anm. 85
[92] Wolfgang Form, Politische NS-Strafjustiz in Österreich und Deutschland – ein Projektbericht, in: Dokumentationsarchiv des österreichischen Widerstandes (Hg.), Jahrbuch 2001, Wien 2001, S. 13–34. Im Zuge des genannten Projekts haben sich die Zahlen für Österreich auf 2137 Angeklagte und 814 Todesurteile erhöht.
[93] Pfeifer, Ostmark, S. 246 f.
[94] www.doew.at, Nma
[95] www.doew.at, Nma
[96] Die Tabellen ÖsterreicherInnen vor dem VGH und vor den OLG Wien und Graz wurden mir dankenswerterweise von Dr. Ursula Schwarz, Sachbearbeiterin des Kooperationsprojektes DÖW-Universität Marburg zur NS-Strafjustiz in Österreich, zur Verfügung gestellt.
Bei den katholisch-konservativen und bei den legitimistischen Angeklagten erfolgte keine Bereinigung der Mehrfachanführungen, so dass sich die Gesamtzahl beider Gruppen etwas reduziert. Auf der anderen Seite kamen viele aus diesem Lager nicht vor den VGH oder die Besonderen Senate der OLG, sondern wurden vom Sondergericht, meist wegen des milderen Deliktes „Vergehen nach dem Gesetz zur Neubildung von Parteien", abgeurteilt.
[97] Szecsi/Stadler, NS-Justiz, S. 19 ff.
[98] DÖW R 237. Dr. Lillich gehörte zu jenen NS-Justizfunktionären, die mit Hilfe von SPÖ und BSA in der Zweiten Republik Karriere machen konnten. Siehe dazu: Neugebauer/Schwarz, Der Wille, S. 199 ff.
[99] Herbert Exenberger/Heinz Riedel, Militärschießplatz Kagran, Wien 2003
[100] Stefan Karner/Harald Knoll, Der „Feliferhof". Forschungsprojekt des BMLV/Büro für Wehrpolitik, durchgeführt vom Ludwig-Boltzmann Institut für Kriegsfolgenforschung, Wien 2001
[101] Walter Manoschek (Hg.), Opfer der NS-Militärjustiz. Urteilspraxis, Strafvollzug, Entschädigungspolitik in Österreich, Wien 2003
[102] Otto Peter Schweling, Die deutsche Militärjustiz in der Zeit des Nationalsozialismus, bearbeitet, eingeleitet und herausgegeben von Erich Schwinge, Marburg 1978; siehe dazu kritisch: Manfred Messerschmidt/Fritz Wüllner, Die Wehrmachtjustiz im Dienste des Nationalsozialismus. Zerstörung einer Legende, Baden-Baden 1987, S. 9 ff.
[103] Wolfgang Neugebauer, Politische Justiz in Österreich 1934–1945, in: Erika Weinzierl/Karl R. Stadler (Hg.), Justiz und Zeitgeschichte, Wien 1977, S. 169–209; Herbert Steiner, Zum Tode verurteilt. Österreicher gegen Hitler. Eine Dokumentation, Wien 1964, S. 18 f.
[104] www.doew.at, Nma
[105] Widerstand Wien, Bd. 3, 1984: S. 427 ff.; Othmar Rappersberger, Das Schicksalsjahr 1945 in Freistadt. 1. Teil: Vom 1. Jänner bis zum 9. Mai 1945, Freistadt 1997, S. 162 f.
[106] Siehe dazu im DÖW liegende Kopien aus dem Bestand Bundesarchiv, R 22 Reichsjustizministerium.
[107] www.doew.at, Nma
[108] Jagschitz/Neugebauer, Stein; Widerstand Niederösterreich, Bd. 2, 1987, S. 515 ff., 554 ff.
[109] www.doew.at, Nma
[110] Siehe dazu u. a.: Heinz Kühnrich, 999er zwischen Adria und Ägäis, in: Stefan Doernberg (Hg.), Im Bunde mit dem Feind, Berlin 1995, S.189–232, sowie die Berichte der österreichischen 999er

Dr. Fritz Hanacik und Adalbert Eibl in der DÖW-Bibliothek. Der Autor hat in den Jahren 1968/69 mehrere Interviews mit 999er durchgeführt, die im DÖW archiviert sind.

[111] www.doew.at, Nma
[112] Siehe dazu: Hans-Peter Klausch, Antifaschisten in SS-Uniform. Schicksal und Widerstand der deutschen politischen KZ-Häftlinge, Zuchthaus- und Wehrmachtsgefangenen in der SS-Sonderformation Dirlewanger, Bremen 1993
[113] www.doew.at, Nma
[114] DÖW, Fotosammlung 9348; Fotoarchiv der KZ-Gedenkstätte Mauthausen
[115] www.doew.at, Nma
[116] Siehe dazu: Talos/Neugebauer, Austrofaschismus
[117] Wolfgang Neugebauer/Herbert Steiner, Widerstand und Verfolgung in Österreich (im Zeitraum vom 12. Februar 1938 bis zum 10. April 1938), in: Anschluß 1938. Protokoll des Symposiums in Wien am 14. und 15. März 1978, Wien 1981, S. 102 f.; Evan Burr Bukey, Die Stimmung in der Bevölkerung während der Nazizeit, in: Talos et al. (Hg.), NS-Herrschaft, S. 73–87
[118] Siehe dazu ausführlich: Ger van Roon (Hg), Europäischer Widerstand im Vergleich, Berlin 1985
[119] Ernst Hanisch, Der lange Schatten des Staates. Österreichische Gesellschaftsgeschichte im 20. Jahrhundert, Wien 1994, S. 391
[120] Stadler, Österreich 1938–1945, S. 13
[121] Ernst Hanisch, Widerstand, S. 173
[122] Siehe dazu u. a.: Robert Schwarz, „Sozialismus" der Propaganda. Das Werben des „Völkischen Beobachters" um die österreichische Arbeiterschaft 1938/1939, Wien 1975; Gerhard Botz, Nationalsozialismus in Wien. Machtübernahme, Herrschaftssicherung, Radikalisierung 1938/39, Wien 2008
[123] Wolfgang Neugebauer, Das NS-Terrorsystem, in: Wien 1938, Wien 1988, S. 223 ff.
[124] Siehe dazu die Beiträge von Dieter Schrage, Bernhard Denscher, Fritz Hausjell, Theo Venus und Hannes Zimmermann in: Wien 1938, Wien 1988.
[125] Schwarz, a. a. O.
[126] Siehe dazu: Botz, Wohnungspolitik und Judendeportationen.
[127] Siehe dazu: Götz Aly, Hitlers Volksstaat. Raub, Rassenkrieg und nationaler Sozialismus, Frankfurt am Main 2005
[128] Siehe dazu insbesondere die Beiträge in dem Abschnitt „Nationalsozialismus in den Regionen", in: Talos et al.. (Hg.), NS-Herrschaft, S. 214 ff.
[129] Vgl. dazu etwa die Kapitel über Arbeiterwiderstand in: Widerstand Wien, Bd. 2, und Widerstand Oberösterreich, Bd. 1.
[130] Siehe dazu ausführlich: Wolfgang Neugebauer, Repressionsapparat und -maßnahmen 1933–1938, in: Talos/Neugebauer, Austrofaschismus, S. 298–321
[131] Wolfgang Neugebauer/Herbert Steiner, Widerstand und Verfolgung in Österreich (im Zeitraum vom 12. Februar 1938 bis zum 10. April 1938), in: Anschluss 1938. Protokoll des Symposiums in Wien am 14. und 15. März 1978, Wien 1981, S. 86–108
[132] Siehe dazu die Diskussion in: Helmut Konrad (Hg.), Sozialdemokratie und „Anschluss", Wien–München–Zürich 1978, bes. S. 94 ff.
[133] Wortlaut siehe: Widerstand Wien, Bd. 2., S. 29 f.
[134] DÖW 7596
[135] www.doew.at, Nma
[136] Widerstand Wien, Bd. 2, S. 46 ff.
[137] DÖW 7006; Austrian Labor Information, 20. 5. 1942. Siehe dazu ausfürlich: Herbert Steiner, Käthe Leichter. Leben und Werk, Wien 1973
[138] DÖW 1576.
[139] DÖW 1580.
[140] www.doew.at, Nma; www.dasrotewien.at
[141] www.doew.at, Nma

[142] DÖW 11052; siehe dazu u. a.: Hans Waschek (Hg.), Rosa Jochmann. Ein Kampf der nie zu Ende geht. Reden und Aufsätze, Wien 1994; Maria Sporrer/Herbert Steiner, Rosa Jochmann, Wien 1983
[143] Siehe dazu die Kontroverse: Walter Feymann, Das Deutschnationale im politischen Denken Ludwig Lesers, in: Wolfgang Gürtler/Gerhard Winkler (Hg.), Forscher – Gestalter – Vermittler: Festschrift Gerald Schlag, Eisenstadt 2001, S. 87–106; Norbert Leser, Ludwig Leser. Pionier des Burgenlandes, in: Österreich in Geschichte und Literatur, Heft 4, 1991, S.194–205
[144] www.doew.at, Nma
[145] Völkischer Bebachter, Wiener Ausgabe, 10. und 11. 6. 1939
[146] Widerstand Wien, Bd. 2, S. 55 ff.
[147] a. a. O., S. 55 ff.; www.doew.at, Nma
[148] www.doew.at, Nma
[149] Siehe dazu: Neugebauer/Steiner, Widerstand, S. 98 ff.
[150] Muriel Gardiner/Joseph Buttinger, Damit wir nicht vergessen. Unsere Jahre 1934–1947 in Wien, Paris und New York, Wien 1978, S. 73 ff.
[151] Eine Untersuchung von Prof. Dr. Jonny Moser, mit dem ich diesbezüglich viele Gespräche hatte, wird das Ausmaß dieser lebensrettenden Hilfe sichtbar machen.
[152] Joseph Buttinger, Am Beispiel Österreichs. Ein geschichtlicher Beitrag zur Krise der sozialistischen Bewegung, Köln 1953
[153] Widerstand Wien, Bd. 2, S. 7 ff.; DÖW E 19592
[154] Paul Schärf, Otto Haas. Ein revolutionärer Sozialist gegen das Dritte Reich, Wien 1967; Widerstand Wien, Bd. 2., S. 63 ff.
[155] www.doew.at, Nma; DÖW 4119
[156] Widerstand Wien, Bd. 2, S. 309 ff.
[157] Siehe dazu: Für Spaniens Freiheit. Österreicher an der Seite der Spanischen Republik 1936–1939, Wien 1986
[158] Wolfgang Neugebauer, Die nationale Frage im Widerstand, in: Konrad, Sozialdemokratie und „Anschluss", S. 88–93
[159] DÖW, Spanienkämpfer-Sammlung, Dossier Hubert Mayr
[160] Peter Wallgram, Hubert Mayr 1913–1945. Ein Leben im Kampf um die Freiheit, Innsbruck–Wien–Bozen 2005; Landauer/Hackl, Lexikon der österreichischen Spanienkämpfer 1936–1939, Wien 2003
[161] Widerstand Wien, Bd. 1, S. 28 f.
[162] DÖW 5733f
[163] Widerstand Wien, Bd. 2, S. 21; www.dasrotewien.at; www.doew.at, Nma und Datenbank zur Shoah
[164] Bruno Frei, Der kleine Widerstand, Wien 1978; Botz, Theorieprobleme, S. 137 ff.; Widerstand Oberösterreich, Bd. 1, S. 351 ff.
[165] www.doew.at, Nma
[166] www.doew.at, Nma
[167] www.doew.at, Nma
[168] Widerstand Wien, Bd. 2, S. 27
[169] Widerstand Wien, Bd. 2, S. 17
[170] Adolf Schärf, Österreichs Erneuerung 1945–1955, Wien 1955, S. 19 ff.
[171] Anton Tesarek, Unser Seitz, Wien 1949, S. 142 f.
[172] www.dasrotewien.at (Weblexikon der Wiener Sozialdemokratie)
[173] Siehe dazu etwa: Karl R. Stadler, Adolf Schärf. Mensch, Politiker, Staatsmann, Wien–München–Zürich 1982, S. 172 ff.
[174] www.doew.at, Nma
[175] Siehe dazu u. a.: Kurt L. Shell, Jenseits der Klassen? Österreichs Sozialdemokratie seit 1934, Wien–Frankfurt–Zürich 1969; Friedrich Weber, Die linken Sozialisten 1945–1948. Parteiopposition im beginnenden Kalten Krieg, phil. Diss., Salzburg 1977
[176] Siehe dazu u. a.: Herbert Steiner, Die Kommunistische Partei Österreichs 1918–1933. Bibliographi-

sche Bemerkungen, Wien 1968–95; Die KPÖ. Beiträge zu ihrer Geschichte und Politik, hgg. von der historischen Kommission beim Zentralkomitee der KPÖ, 2. Aufl., Wien 1989; www.klahrgesellschaft.at/Chronik

[177] Siehe dazu: Die nationale Frage und Österreichs Kampf um seine Unabhängigkeit, Paris 1939, S. 209 ff.
[178] Widerstand Wien, Bd. 2, S. 97; Luza, Widerstand, S. 119
[179] In der Propaganda, insbesondere über die Österreich-Sendungen von Radio Moskau, aber auch in der kommunistischen Nachkriegshistoriographie wurde der Eindruck erweckt, es wäre Ende Oktober 1942 eine umfassende Widerstandsbewegung „Österreichische Freiheitsfront" auf österreichischem Boden gegründet worden. Tatsächlich war das eine Propagandafiktion, die auf einen entsprechenden Beschluss der Komintern-Führung vom September 1942 zurückging. Siehe dazu: Karl Vogelmann, Die Propaganda der österreichischen Emigration in der Sowjetunion für einen selbständigen österreichischen Nationalstaat (1938–1945), phil. Diss., Wien 1973, S. 115 ff.
[180] Luza, Widerstand, S. 350 f.
[181] Siehe dazu die von Dr. Ursula Schwarz (DÖW) zusammengestellten Tabellen auf S. 37f.
[182] www.doew.at, Nma
[183] Siehe dazu die Tabellen auf S. 37f. Auch wenn man berücksichtigt, dass viele Angehörige legitimistischer und katholisch-konservativer Widerstandsgruppen vom Sondergericht abgeurteilt wurden, ändert sich an diesem Kräfteverhältnis nichts Wesentliches. Die Angaben von Luza – 44,5 %-Anteil der KPÖ an der Widerstandsbewegung (Luza S. 326 f.) – können nicht nachvollzogen werden. Die Gesamtbasis der ausgewerteten Daten – 3045 Personen wird allein durch die Zahl der 1938–1943 von der Gestapo Wien verhafteten KommunistInnen – 6300 – um das Doppelte übertroffen; die von Luza herangezogenen einzelnen Datenkategorien stellen nur einen Bruchteil des tatsächlich vorhandenen Datenmaterials dar, wobei das Zustandekommen der Auswahl nicht erklärt wird. So sind z. B. nur 320 Daten von den gegen 4163 Personen gerichteten Verfahren vor dem OLG Wien und nur 719 Daten (von 17 000) der Gestapo Wien ausgewertet.
[184] Widerstand Wien, Bd. 2, S. 105
[185] DÖW 5080.
[186] www.doew.at, Nma
[187] www.doew.at, Nma
[188] www.doew.at, Nma
[189] www.doew.at, Nma
[190] www.doew.at, Nma; Widerstand Wien, Bd. 2, Bildteil
[191] Schafranek, V-Leute, S. 327
[192] Widerstand Burgenland, S. 190 ff.; www.doew.at, Nma
[193] Luza, Widerstand, S. 119
[194] Siehe dazu ausführlich: Schafranek, Im Hinterland
[195] Widerstand Wien, Bd. 2, S. 93
[196] Widerstand Wien, Bd. 2, S. 104 f.
[197] Schafranek, V-Leute, S. 300–349; S. 334-339; Landauer/Hackl, Lexikon, S. 248 f.. Siehe dazu die NS-Propagandabroschüre „Im Namen des Volkes", hgg. vom Reichspropagandaamt Wien, o. J., S. 15–18. Zwiefelhofer kam 1945 in den Gewahrsam der österreichischen Staatspolizei und gilt seither als verschollen.
[198] Josef Meisel, „Jetzt haben wir Ihnen, Meisel!" Kampf, Widerstand und Verfolgung des österreichischen Antifaschisten Josef Meisel (1911–1945), Wien 1985, S. 118 ff.; Luza, Widerstand, S. 148; www.doew.at, Nma
[199] Meisel, Kampf, S. 129 ff.; DÖW 8232
[200] www.doew.at, Nma
[201] Widerstand Wien, Bd. 2., S. 107
[202] Widerstand Wien, Bd. 2, S. 103; Schafranek, V-Leute; Margarethe Schütte-Lihotzky, Erinnerungen aus dem Widerstand 1938–1945, Hamburg 1985, S. 61–74; siehe dazu weiters: http://david.juden.at

[203] Schafranek, V-Leute, S. 328 f.
[204] Widerstand Wien, Bd. 2, S. 113 ff.; www.doew.at, Nma
[205] www.doew.at, Nma
[206] www.doew.at, Nma
[207] Siehe dazu ausführlicher: Heimo Halbrainer (Hg.), Herbert Eichholzer 1903–1943. Architektur und Widerstand. Katalog zur Ausstellung, Graz 1998; Wolfgang Neugebauer, Herbert Eichholzer. Vortrag anlässlich der Eröffnung der Ausstellung „Herbert Eichholzer 1903–1943. Architektur und Widerstand", Wien, Wittgensteinhaus, 11. November 1998
[208] DÖW Bibliothek 4074/52. Das Originalflugblatt lag der Anklage des Obereichsanwaltes beim VGH 7 J 276/42 vom 25. 8. 1942 bei (DÖW 3222).
[209] Harald Knoll, Widerstand in der Provinz am Beispiel der Steiermark. Die Gruppe „Neuhold-Drews-Weiß-Eichholzer" und die „Rote Gewerkschaft" von Lorenz Poketz, in: Karner/Duffek (Hg.), Widerstand, S. 78
[210] Halbrainer, Eichholzer, S. 73 ff.
[211] Schütte-Lihotzky, Erinnerungen; Peter Noever (Hg.), Margarete Schütte-Lihotzky. Soziale Architektur. Zeitzeugin eines Jahrhunderts, Wien 1993
[212] Richard Zach, „Streut die Asche in den Wind". Österreichische Literatur im Widerstand, hgg. von Christian Hawle, Stuttgart 1988, S. 38 ff., S. 260
[213] Siehe dazu speziell: Petra Domesle, Österreicherinnen in Exil und Widerstand in Frankreich, Dipl. Arbeit, Univ. Wien 2006; Tilly Spiegel, Österreicher in der belgischen und französischen Resistance, Wien–Frankfurt 1969
[214] www.doew.at, Erzählte Geschichte
[215] DÖW 19 224 und 3258
[216] Dieser Umstand dürfte der Grund sein, dass der Anteil der Juden an der Widerstandsbewegung von Luza, Widerstand, S. 332, nur mit 0,4 % (das wären nur 12 Personen!) angegeben wird; allein in der oben angeführten französischen Gruppe waren mindestens so viele Menschen jüdischer Herkunft tätig.
[217] Widerstand Wien, Bd. 2, S. 117 ff; www.doew.at, Nma; Meisel, Kampf
[218] Widerstand Wien, Bd. 2, S. 119; www.doew.at, Nma
[219] www.doew.at, Nma; Lisa Gavric, Die Straße der Wirklichkeit. Bericht eines Lebens, Berlin 1984
[220] Zur Situation der tschechoslowakischen Minderheit während der NS-Zeit siehe: Eduard Kubu/Gudrun Exner, Tschechen und Tschechinnen, Vermögensentzug und Restitution. Nationale Minderheiten im Nationalsozialismus, Wien–München 2004 (Veröffentlichungen der Österreichischen Historikerkommission. Bd. 23/3)
[221] DÖW 5732f, Tagesbericht der Gestapo Wien Nr. 12 vom 27.–28. 9. 1941
[222] Widerstand Wien, Bd. 3, S. 338 ff.; Antonia Bruha, Ich war keine Heldin, Wien–München 1995; Rudolf Häuser, Dachau 1945. Letzte Tage im KZ – Evakuierung – Flucht, Wien 1995
[223] www.doew.at, Nma
[224] DÖW 1453, 2505, 441; Widerstand Wien, Bd. 2., S. 214 ff.
[225] Stadler, Österreich, S. 192; Luza, Widerstand, S. 120 f.
[226] www.doew.at, Nma
[227] Widerstand Wien, Bd. 2, S. 130; www.doew.at, Nma
[228] www.doew.at, Nma
[229] www.doew.at, Nma
[230] Siehe dazu: Walter Göhring, Der illegale Kommunistische Jugendverband Österreichs, phil. Diss., Wien 1971; Eduard Rabofsky, Über das Wesen der „Gruppe Soldatenrat". Erinnerungen und Einschätzungen, in: Konrad/Neugebauer (Hg.), Arbeiterbewegung, S. 213–224
[231] Widerstand, Wien, Bd. 2, S. 270 ff.
[232] www.doew.at, Nma
[233] www.doew.at, Nma

234 www.doew.at. Die Angaben zu de Crinis beruhen auf persönlichen Informationen von Univ. Prof. Dr. Eduard Rabofsky an den Verfasser. Siehe dazu auch: Oberkofler, Rabofsky
235 Exenberger/Riedel, Militärschießplatz Kagran , S. 28 f.; www.doew.at, Nma
236 www.doew.at, Nma
237 Widerstand Wien, Bd. 2, Bildteil; www.doew.at, Nma. Zu der kontroversiellen Diskussion um Brodas Dissertation und Behandlung durch Gestapo und NS-Justiz siehe: Falter, 50/1992, 51/1992 und 1/2/1993
238 Siehe dazu: Hans Schafranek, Im Hinterland des Feindes. Sowjetische Fallschirmagenten im Deutschen Reich 1942–1944, in: Dokumentationsarchiv des österreichischen Widerstandes (Hg.), Jahrbuch 1996, Wien 1996, S. 10–40; Banny, „Ihre Namen, sind verweht ... "
239 www.doew.at, Nma
240 www.doew.at, Nma
241 www.doew.at, Nma
242 www.doew.at, Nma; Widerstand Wien, Bd. 2, S. 455 ff.
243 Siehe dazu ausführlich: Nina Freihammer, Dem NS-Regime nicht untergeordnet. Biographische Stationen des österreichischen Widerstandskämpfers Josef Sasso bis 1945, Dipl. Arbeit, Universität Wien 1999
244 Luza, Widerstand, S. 172
245 Widerstand Wien, Bd. 2, S. 435 ff. und 420 ff.
246 www.doew.at, Nma
247 Widerstand Wien, Bd. 3, S. 388 ff.
248 Siehe dazu zahlreiche Belege in: Widerstand Wien, Bd. 2, S. 82 ff.
249 www.doew.at, Nma
250 www.doew.at, Nma
251 www.doew.at, Nma
252 www.doew.at, NMa
253 www.doew.at, Nma
254 www.doew.at, Nma
255 Szecsi/Stadler NS-Justiz, S. 69
256 www.doew.at, Nma
257 www.doew.at, Nma
258 www.doew.at, Nma
259 www.doew.at, Nma
260 www.doew.at, Nma
261 www.doew.at, Nma
262 www.doew.at, Nma
263 www.doew.at, Nma
264 Widerstand Wien, Bd. 2, S. 401 ff.
265 www.doew.at, Nma
266 www.doew.at, Nma
267 www.doew.at, Nma
268 Widerstand Wien, Bd. 2, S.
269 www.doew.at; Trotzkistische Opfer des NS-Terrors in Österreich. Eine Dokumentation, Wien 2001
270 Widerstand Wien, Bd. 2, S. 407 ff.
271 Widerstand Wien, Bd. 2, S. 437. Laut Meldeauskunft des WStLA wurde Tuch in den 50iger Jahren für tot erklärt mit der Feststellung: „dass er […] 1943 mit Sicherheit nicht überlebt hat". Es ist auch unklar, ob Tuch mit jenem Karl Tuch identisch ist, der 1938 auf der Liste des ersten Häftlingstransportes in das KZ Dachau stand und dessen Name gestrichen wurde.
272 DÖW 5732f, Tagesbericht der Gestapo Wien Nr. 9 vom 19.–20. 9. 1941
273 Wolfgang Form/Wolfgang Neugebauer/Theo Schiller (Hg.), Widerstand und Verfolgung in Öster-

reich 1938 bis 1945. Die Verfahren vor dem Volksgerichtshof und den Oberlandesgerichten Wien und Graz, Mikroficheedition, München 2004, Fiche 293–29

[274] a. a. O.; Widerstand Wien, Bd. 3, S. 440 ff.; DÖW 2542, Bericht von Josef Landgraf; Wiener Zeitung, 22. 2. 2005; http://juna.at/ausstellunglandgraf/index.html

[275] DÖW 10245; Widerstand und Verfolgung im Burgenland 1934–1945, hgg. vom Dokumentationsarchiv des österreichischen Widerstandes, Wien 1979, S. 178 ff.

[276] Marianne Wilhelm, Jugendwiderstand im Nationalsozialismus am Beispiel der Jugendgruppe Deutschkreutz, Dipl. Arbeit, Universität Wien, 2001

[277] Widerstand Burgenland, S. 180 ff.

[278] Siehe dazu: Maximilian Liebmann, Kirche und Anschluss, in: Maximilian Liebmann/Hans Paarhammer/Alfred Rinnerthaler (Hg.), Staat und Kirche in der „Ostmark", Frankfurt/Main 1998; Maximilian Liebmann (Hg.), Kirche in Österreich 1938–1988, Graz–Wien–Köln 1990, S. 137

[279] Jan Mikrut, Die christlichen Märtyrer des Nationalsozialismus und Totalitarismus in Mitteleuropa 1938-1945, Wien 2005, S. 128 f.

[280] www.doew.at, Erzählte Geschichte

[281] Widerstand Wien, Bd. 3, S. 36 ff.; Hermann Lein, Als Innitzergardist in Dachau und Mauthausen, Wien 1988, S. 27 ff.

[282] Erika Weinzierl, Kirchlicher Widerstand gegen den Nationalsozialismus, in: Themen der Zeitgeschichte und der Gegenwart. Arbeiterbewegung – NS-Herrschaft – Rechtsextremismus. Ein Resümee aus Anlass des 60. Geburtstags von Wolfgang Neugebauer, Wien 2004, S. 78 f. Maximilian Liebmann, Katholischer Widerstand – Der Umgang mit Priestern, die aus KZs zurückkamen, in: Karner/Duffek (Hg.), Widerstand, S. 47, nimmt eher 20 im KZ umgekommene Priester an; laut DÖW-Recherchen (Auskunft Dr. Gerhard Ungar) sind es etwa 30.

[283] www.doew.at, Nma; Widerstand Wien, Bd. 3, S. 54 f. und 62 f.

[284] www.doew.at, Nma; Widerstand Wien, Bd. 3, S. 51 f.

[285] www.doew.at, Nma

[286] Widerstand Wien, Bd. 3, S. 53 f.

[287] www.doew.at, Nma

[288] Widerstand Burgenland, S. 144 f.; www.doew.at, Nma

[289] Widerstand Wien, Bd. 3, S. 65 f.

[290] Jan Mikrut (Hg.), Blutzeugen des Glaubens. Martyrologium des 20. Jahrhunderts, 3 Bde., Wien 1999/2000

[291] Mikrut, Märtyrer, S. 147 ff.

[292] a. a. O., S. 152 ff.; Franz Köck, Pater Franz Reinisch SAC, in: Mikrut, Martyrologium, Bd. 3, S. 107 ff.

[293] Walter Juen, Dr. Carl Lampert, in: Mikrut, Martyrologium, Bd. 3, S. 11–36

[294] Werner Kunzenmann, Otto Neururer, in: Mikrut, Martyrologium, Bd. 3, S. 77–85

[295] Janko Merkac, Anton Kutej, in: Mikrut, Martyrologium, Bd. 3, S. 155–159

[296] Monika Würthinger, Pater Johann Nepomuk Schwingshackl S. J., in: Mikrut, Martyrologium, Bd. 2, S. 221–245

[297] Jan Mikrut, P. August Paulus Wörndl OCD, in: Mikrut, Martyrologium, Bd. 1, S. 317–329

[298] Michaela Kronthaler, Heinrich Dalla Rosa, in: Mikrut, Martyrologium, Bd. 2, S. 11–23. Das VGH-Urteil findet sich unter DÖW 19793/151.

[299] Edith Beinhauer, Sr. M. Restituta Kafka SFCC. Selige, Krankenschwester, Demokratin, in: Mikrut Martyrologium, Bd. 1, S. 119–134; Maximilian Liebmann, Schlussvortrag im Seligsprechungsprozess Maria Restituta (Helene Kafka), in: Dokumentationsarchiv des österreichischen Widerstandes (Hg.), Jahrbuch 1991, Wien 1991, S. 13–19; Benedicta Maria Kempner, Priester vor Hitlers Tribunalen, München 1966, S. 469–481. Das Andenken Sr. Maria Restitutas wird in vorbildlicher Weise vom Verein Restituta-Forum gepflegt, der u. a. das Periodikum Restituta-Forum herausgibt.

[300] Die wissenschaftliche Aufarbeitung und die öffentliche Präsentation Jägerstätters waren vor allem das

Verdienst von Dr. Erna Putz. Siehe dazu u. a.: Erna Putz, „… Besser die Hände als der Wille gefesselt….", Grünbach 1997; Erna Putz (Hg.), Franz Jägerstätter. Der gesamte Briefwechsel mit Franziska. Aufzeichnungen 1941–1943, Wien 2007; weiters: Manfred Scheuer, Selig, die keine Gewalt anwenden. Das Zeugnis des Franz Jägerstätter, Innsbruck 2007. Für die internationale Rezeption maßgeblich: Gordon F. Zahn, Er folgte seinem Gewisssen. Das einsame Zeugnis des Franz Jägerstätter, Graz 1967.

[301] Nach einer diesbezüglichen Vorsprache des ÖKB Oberösterreich beim Linzer Diözesanbischof habe ich im Jänner 1995 den Landesobmann, Vizeleutnant Sepp Kerschbaumer, vergeblich zum Umdenken und zur Diskussion aufgefordert (Korrespondenz im DÖW). Auf die gescheiterte Rechtsaußen-Kampagne gegen die Seligsprechung von Jägerstätter wurde bereits einleitend hingewiesen.

[302] Brief Franz Jägerstätters an seine Frau Franziska, 27. 2. 1941; Kopie freundlicherweise zur Verfügung gestellt von Dr. Erna Putz.

[303] Zit. nach: Erna Putz, Gefängnisbriefe und Aufzeichnungen. Franz Jägerstätter verweigert 1943 den Wehrdienst, Linz-Passau 1987, S. 137 f.

[304] DÖW 22057, Feldurteil des Reichskriegsgerichts, 2. Senat, 6. 7. 1943

[305] www.jägerstätter.at; in puncto jägerstätter, Das Magazin zur KirchenZeitung Diözese Linz, Oktober 2007; Franz Jägerstätter: „…Entscheiden, ob Nationalsozialist – oder Katholik!", in: DÖW Mitteilungen, F. 183, Oktober 2007; weiters allgemein: Liebmann, Katholischer Widerstand, in: Karner/Duffek, (Hg.), Widerstand, S. 39–52.
Der Autor war bei der Seligsprechung Jägerstätters 2007 und Restitutas 1998 anwesend.

[306] Siehe dazu vor allem: Kurt Nowak, „Euthanasie" und Sterilisierung im „Dritten Reich". Die Konfrontation der evangelischen und katholischen Kirche mit dem Gesetz zur Verhütung erbkranken Nachwuchses und der „Euthanasie"-Aktion, 3. Aufl., Göttingen 1984

[307] Benedicta Maria Kempner, Nonnen unterm Hakenkreuz. Leiden, Heldentum, Tod. Die erste Dokumentation über das Schicksal der Nonnen im 3. Reich, mit Verzeichnis der umgekommenen und überlebenden Nonnen, Würzburg 1979, S. 32 f.

[308] August Walzl, Gegen den Nationalsozialismus. Widerstand gegen die NS-Herrschaft in Kärnten, Slowenien und Friaul, Klagenfurt 1994, S. 150 ff., geht ausführlich auf Rohrachers Widerstand gegen die „Euthanasie" und auch andere NS-Verfolgungsmaßnahmen ein.

[309] Kathpress Nr. 261, 11. 11. 1993; August Walzl, Rohracher und die schutzlosen Kinder, in: Kärntner Kirchenzeitung, 14. 11. 1993

[310] Dazu hat leider auch das Diözesanarchiv St. Pölten beigetragen, das dem DÖW für sein 1987 abgeschlossenes Projekt „Widerstand und Verfolgung in Niederösterreich 1934–1945" keine Kopiererlaubnis erteilte.

[311] DÖW E 21 774. Für die Überlassung dieses Dokuments (und vieler anderer) bin ich Peter Nausner sehr dankbar.

[312] DÖW 10 867 (Kopie aus dem Diözesanarchiv Feldkirch, AA(6V)-VIII.4)

[313] Erzählte Geschichte, Bd. 2, 1992, S. 215 und 257.

[314] Walzl, Widerstand, S. 163.

[315] Wolfgang Neugebauer, Unser Gewissen verbietet uns, in dieser Aktion mitzuwirken. Der Massenmord an geistig und körperlich Behinderten und der Widerstand der Sr. Anna Bertha Königsegg, in: Dokumentationsarchiv des österreichischen Widerstandes (Hg.), Jahrbuch 1999, Wien 1999, S. 71–79.; Walter Reschreiter, Anna Bertha Königsegg. Die Proteste der Visitatorin der Barmherzigen Schwestern vom hl. Vinzenz von Paul gegen die NS-Euthanasie, in: Dokumentationsarchiv des österreichischen Widerstandes (Hg.), Jahrbuch 1991, Wien 1991, S. 51–66.

[316] Salzburger Nachrichten, 23. 3. 1988, S. 9

[317] Widerstand und Verfolgung in Salzburg, Bd. 2, Wien–Salzburg1991, S. 597 f.

[318] Gedächtnisprotokoll Dr. H. Gföllner, 16. 5. 1945, Sicherheitsdirektion für das Bundesland Salzburg, GZ. 7021/SD/46 (DÖW E 21 169).

[319] Ernst Hanisch, Nationalsozialistische Herrschaft in der Provinz. Salzburg im Dritten Reich, Salzburg 1983, S. 173

[320] Erika Weinzierl, Zu wenig Gerechte. Österreicher und Judenverfolgung 1938–1945, 4. Aufl., Graz–Wien–Köln 1984, S. 103 ff.
[321] Vgl. Peter Broucek, Die österreichische Identität im Widerstand 1938–1945, in: Österreich in Geschichte und Literatur, 43. Hg., H. 3, 1999, 146–159
[322] DÖW 51397 (Kopien aus Bundesarchiv Berlin, ehemaliges BDC)
[323] Feine Ferne Dinge. Gedichte, 1934; Goneril. Die Geschichte einer Begegnung, 1947; Ich werde immer bei euch sein. Verse. Eine Auswahl, 1994; Edda Pfeifer, Beiträge zur Geschichte der österreichischen Widerstandsbewegung des konservativen Lagers 1938–1940, phil. Diss, Wien 1963; Ildefons Fux, Roman Karl Scholz, in: Mikrut, Martyrologium, Bd. 1, S. 219 ff.
[324] Widerstand Wien, Bd. 3, S. 95–110; Luza, Widerstand, S. 64–70; Molden, Ruf des Gewissens, S. 69–83
[325] DÖW 5138; Widerstand Wien, Bd. 3, S. 89 f.
[326] Molden, Ruf des Gewissens, S. 53 ff.; Luza, Widerstand, S. 58 ff.
[327] Widerstand Wien, Bd. 3, S. 92 ff.
[328] Widerstand Tirol, Bd. 2., S. 431 ff.; Luza, Widerstand, S. 61
[329] Widerstand Tirol, Bd. 2, S. 462–500
[330] Widerstand Wien, Bd. 3, S. 113 ff.
[331] Widerstand Wien, Bd. 3, S. 90 ff.
[332] Widerstand Salzburg, Bd. 2, S. 67 ff.
[333] Widerstand Wien, Bd. 3, S. 117 f.
[334] www.doew.at, Nma
[335] Widerstand Wien, Bd. 3, S. 111 ff.; Molden, Ruf des Gewissens, S. 92 ff.; www.doew.at, Nma
[336] Luza, Widerstand, S. 71 f. und 77. Laut Auskunft des Bundesarchivs existiert der VGH-Akt nicht mehr.
[337] Siehe dazu jüngst: Martin Moll, Habsburg gegen Hitler. Legitimisten und Monarchisten im Widerstand, in: Karner/Duffek (Hg.), Widerstand, S. 133–144
[338] Siehe dazu: Stephan Baier/Eva Demmerle, Otto von Habsburg. Die Biografie, Wien 2002; weiters das Interview mit Dr. Otto Habsburg in: Die Presse, 9. 11. 2007
[339] Molden, Freiheitskampf, S. 53 ff.
[340] Luza, Widerstand, S. 44; Widerstand Wien, Bd. 3, S. 129 f.; www.doew.at, Nma
[341] www.doew.at, Nma; Widerstand Wien, Bd. 3, S. 131 ff.
[342] Luza, Widerstand, S. 45 ff.; Widerstand Wien, Bd. 3, S. 136 ff.; www.doew.at, Datenbank zur Shoah (dort Schreibweise Luise Mayer)
[343] Widerstand Wien, Bd. 3, S. 134 ff.; Luza, Widerstand, S. 45
[344] www.doew.at, Nma
[345] Widerstand Wien, Bd. 3, S. 14 ff.; www.doew.at, Nma
[346] Widerstand Wien, Bd. 3, S. 148
[347] Widerstand Wien, Bd. 3, S. 139 f.; Luza, Widerstand, S. 48
[348] Widerstand Wien, Bd. 3, S. 143 ff.; Luza, Widerstnd, S. 48; www.doew.at, Nma
[349] Widerstand Salzburg, Bd. 2, S. 80 ff.
[350] DÖW 8478; www.doew.at, Nma
[351] Widerstand Wien, Bd. 3, S. 122 f.; www.doew.at, Nma
[352] Widerstand Wien, Bd. 3, S. 125; www.doew.at, Nma
[353] Siehe dazu ausführlich: Maximilian Liebmann, Die „Antifaschistische Freiheitsbewegung Österreichs", in: Geschichte und Gegenwart, 4. Jg., Dezember 1985, 255–281; ders., Planungen und Aktion der „Antifaschistischen Freiheitsbewegung Österreichs" sowie die von einzelnen ihrer Anhänger, in: Geschichte und Gegenwart, 5. Jg., Mai 1986, 108–138
[354] Widerstand Wien, Bd. 3, S. 145 ff.; Widerstand Burgenland, S. 147 ff.; Luza, Widerstand, S. 50 f.; www.doew.at, Nma
[355] DÖW 2062; Widerstand Wien, Bd. 3, S. 146 ff.; Luza, Widerstand, S. 50 f.; www.doew.at, Nma
[356] Luza, Widerstand, S. 198; Siegfried Beer, „Arcel/Cassia/Redbird": Die Widerstandsgruppe Maier –

Messner und der amerikanische Kriegsgeheimdienst OSS in Bern, Istanbul und Algier 1943/1944 in: Dokumentationsarchiv des österreichischen Widerstandes, Jahrbuch 1993, Wien 1993, S. 75–100

[357] Rot-Weiß-Rot-Buch, S. 138 f.
[358] www.doew.at, Nma
[359] Siehe dazu: Luza, Widerstand, S. 198 und 203 f.
[360] Ein Bericht über diese Hinrichtung findet sich bei Hans Rieger, Verurteilt zum Tod. Ein Dokumentarbericht, Wuppertal 1967, S. 36 ff.
[361] www.doew.at, Nma
[362] Widerstand Wien, Bd. 3, S. 88
[363] Widerstand Wien, Bd. 3, S. 117
[364] Widerstand Wien, Bd. 3, S. 115 ff.
[365] www.doew.at, Nma
[366] Gerhard Hartmann, Der CV in Österreich. Seine Entstehung, seine Geschichte, seine Bedeutung, Limburg-Kevelaer 2001, S. 148 ff. Hartmann geht auch auf die Rolle Dr. Karl Ebners ein, eines zum illegalen Nazi und NS-Verbrecher gewordenen CVers, der als führender Funktionär der Gestapo Wien mehreren in die Fänge der Gestapo geratenen „Bundesbrüdern" half.
[367] www.doew.at, Nma
[368] Ludwig Reichhold, Geschichte der ÖVP, Graz 1975, S. 25 ff.; DÖW 2062
[369] www.doew.at, Nma
[370] Widerstand Wien, Bd. S. 163 f.
[371] Widerstand Wien, Bd. 3, S. 161 ff; Zeugen Jehovas 1998: S. 37 ff. Diese Zahl zeigt, dass der von Luza, Widerstand, S. 327, errechnete Anteil der Zeugen Jehovas an der Widerstandsbewegung von 2,9 % (das wären etwa 83 Verfolgte) zu niedrig ist.
[372] Thomas Walter, Standhaft bis in den Tod. Die Zeugen Jehovas und die NS-Militärgerichtsbarkeit, in: Manoschek, NS-Militärjustiz., S. 342–357
[373] www.doew.at, Nma
[374] Widerstand Wien, Bd. 3, S. 184 f.; www.doew.at, Nma
[375] Widerstand Wien, Bd. 3, S. 185; www.doew.at, Nma
[376] Widerstand Wien, Bd. 3, S. 165 ff.
[377] www.doew.at, Nma
[378] Widerstand Wien, Bd. 3, S. 173 ff; www.doew.at, Nma
[379] Widerstand Wien, Bd. 3, S. 186 ff.
[380] Widerstand Wien, Bd. 3, S. 186 f.
[381] Widerstand Wien, Bd. 3, S. 334 ff.; www.doew.at, Nma
[382] Zitiert nach: Widerstand Wien, Bd. 3, S. 159 ff.
[383] Gemeindebote, August/September 1946, zitiert nach: Widerstand Wien, Bd. 3, S. 159.
[384] Widerstand Wien, Bd. 3, 1984, S. 150 ff.
[385] Siehe dazu: Nowak, „Euthanasie", S. 131 ff.
[386] Siehe dazu allgemein den Beitrag von Rudolf Zinnhobler über die evangelische Kirche in: Widerstand Oberösterreich, Bd. 2, S. 188 ff.
[387] Johannes Neuhauser/Michaela Pfaffenwimmer (Hg.), Hartheim. Wohin unbekannt. Briefe & Dokumente, Weitra o. J. (1992). Siehe dazu auch den erwähnten Fall des hohen NS-Funktionärs Dr. Papesch aus Graz (S. 83 ff.)
[388] Gerhard Gäbler, Die „Aktion Gnadentod" in Gallneukirchen, in: Verlegt und ermordet, 1991, S. 26 f.
[389] Brief des Pfarramtes der evangelischen Gemeinde zu Rottenmann an den Rektor (der Anstalt Gallneukirchen), 27. 1. 1941, DÖW E 21 877.
[390] Hermann Langbein, „… nicht wie die Schafe zur Schlachtbank". Widerstand in den nationalsozialistischen Konzentrationslagern 1938–1945, Frankfurt/Main 1980; Arno Lustiger, Zum Kampf auf Leben und Tod! Das Buch vom Widerstand der Juden 1933–1945, Köln 1994; Jonny Moser, Öster-

reichische Juden und Jüdinnen im Widerstand gegen das NS-Regime, in: Karner/Duffek (Hg.), Widerstand, S. 125–132

[391] Moser, Österreichische Juden, S. 128 ff.
[392] www.doew.at, Nma und Datenbank zur Shoah
[393] Reichsgesetzblatt 1943 S. 372
[394] Moser, Österreichische Juden, S. 130
[395] www.doew.at, Nma
[396] Doron Rabinovici, Instanzen der Ohnmacht. Wien 1938–1945. Der Weg zum Judenrat, Frankfurt/Main 2000
[397] Siehe dazu u. a.: Jonny Moser, Dr. Benjamin Murmelstein, der dritte „Judenälteste" von Theresienstadt, in: Theresienstädter Gedenkbuch. Österreichische Jüdinnen und Juden in Theresienstadt 1942-1945, Prag 2005, S. 147–156
[398] Elisabeth Klamper, „Auf Wiedersehen in Palästina". Aron Menczers Kampf um die Rettung jüdischer Kinder im nationalsozialistischen Wien, Wien 1996. Auf dem Gelände des ehemaligen Aspangbahnhofs wird von der Stadt Wien eine Aron-Menczer-Schule und eine Gedenkstätte für die Deportierten errichtet.
[399] Viktor E. Frankl, Die Sinnfrage in der Psychotherapie, 4. Auflage, München–Zürich 1992, S. 159 ff.; DÖW, Sammlung „Erzählte Geschichte", Interview Nr. 823; weiters: Erich Stern, Die letzten zwölf Jahre Rothschild-Spital in Wien 1931–1943, Wien 1974
[400] Jüdische Schicksale. Berichte von Verfolgten, hgg. vom Dokumentationsarchiv des österreichischen Widerstandes, 2. Aufl., Wien 1993, S. 185 f.; Interview vom 25. 5. 1988, DÖW, Sammlung „Erzählte Geschichte", Nr. 515; Zeugenaussage vor dem LG Wien in der Strafsache gegen Franz Novak, 26. 9. 1961, LG Wien 27b Vr 529/61 (DÖW E 20 952)
[401] Jonny Moser, Widerstand gegen das NS-System, in: Themen der Zeitgeschichte und der Gegenwart, hgg. vom Dokumentationsarchiv des österreichischen Widerstandes, Wien 2004, S. 75
[402] Ingrid Strobl, Österreichische jüdische Exilantinnen in der Résistance, in: Context XXI, Wien 2003, Sondernummer 6–7, S. 12–19
[403] Hans Landauer, Österreichische Juden als Spanienkämpfer, in: Das jüdische Echo, Oktober 1989, S. 110–114; ders., Lexikon der österreichischen Spanienkämpfer 1936–1939, Wien 2003, S. 174
[404] Siehe dazu: Alfred M. Posselt, Österreichische Soldaten in den alliierten Streitkräften des Zweiten Weltkrieges, Wien 1988
[405] Widerstand Wien, Bd. 3, S. 348 f.
[406] Interview Otto Horn, in: Jüdische Schicksale, S. 325–331
[407] Gedächtnisprotokoll Otto Horn, 10. 3. 1971, DÖW 7162; Moser, Widerstand, S. 74
[408] Widerstand Wien, Bd. 3, S. 459 f.
[409] Dabei kann ich mich auf Arbeiten von Felix Kreissler stützen, der dem Exil und dem Exilwiderstand einen hohen Stellenwert einräumte. Siehe dazu: Felix Kreissler, Der Österreicher und seine Nation. Ein Lernprozess mit Hindernissen, Wien 1984
[410] Zum jüdischen Widerstand in Europa siehe: Arno Lustiger, Zum Kampf, Ingrid Strobl, jüdische Exilantinnen, und Arnold Paucker, Standhalten und Widerstehen. Der Widerstand deutscher und österreichischer Juden gegen die nationalsozialistische Diktatur, Stuttgart 1995
[410] Landauer/Hackl, Lexikon, S. 7 und S. 37 f.; Wolfgang Form/Albrecht Kirschner, Verfahren gegen ehemalige Spanienkämpfer, in: Form/Neugebauer/Schiller, NS-Justiz, S. 751 ff.
[411] www.doew.at, Nma; Widerstand Wien, Bd. 2, S. 431 f.; Form/Kirschner, Spanienkämpfer, S. 752 f.
[412] Irma Schwager, Zum hundertsten Geburtstag von Selma Steinmetz, in: Mitteilungen Alfred Klahr-Gesellschaft, 14. Jg., Nr. 3, September 2007, S. 21.
[414] Jüdische Schicksale, S. 465 ff., 514 und 570 ff.
[415] Wolfgang Neugebauer, Ansprache bei der Eröffnung der Anne Frank-Ausstellung in der Gedenkstätte Mauthausen, 13. 9. 1999, www.doew.at, thema; Meisels, Die Gerechten, S. 37 f.
[416] Siehe dazu: Jonny Moser, Wallenbergs Laufbursche. Jugenderinnerungen 1938–1945, Wien 2006.

Der nach der Befreiung im Jänner 1945 verschleppte Wallenberg kam in einem sowjetischen Lager um.

[417] Siegfried Beer, ÖsterreicherInnen in den westlichen Armeen und Geheimdiensten, in: Karner/Duffek, Widerstand, S. 231 ff.; Peter Leighton-Langer, X steht für unbekannt. Deutsche und Österreicher in den britischen Streitkräften im Zweiten Weltkrieg, Berlin 1999; Siegwald Ganglmair, Österreicher in den alliierten Armeen, 1938 bis 1945, in: Truppendienst. Zeitschrift für Führung und Ausbildung im Bundesheer, 1990/6, S. 523–536; Wolfgang Muchitsch, Mit Spaten, Waffen und Worten. Die Einbindung österreichischer Flüchtlinge in die britischen Kriegsanstrengungen 1939–1945, Wien-Zürich 1992 S. 56–69

[418] Christian Topf, Auf den Spuren der Partisanen, Grünbach 1996, S. 143 ff.

[419] Landauer/Hackl, Lexikon, S. 42 ff.; Informationen von Dr. Barry McLoughlin

[420] Peter Pirker, Schöne Zeiten, harte Zeiten. Recherchen über den Widerstand gegen den Nationalsozialismus im Rahmen der britischen SOE-Missionen in Friaul/Kärnten/Osttirol 1944, in: Zwischenwelt (2004), 4, 12–19; zu Wolfgang Treichl siehe die Autobiographie seines Bruders: Heinrich Treichl, Fast ein Jahrhundert. Erinnerungen, Wien 2004

[421] Siehe dazu: Hans Schafranek/Johannes Tuchel (Hg.), Krieg im Äther. Widerstand und Spionage im Zweiten Weltkrieg, Wien 2004

[422] Kreissler, Nation, S. 316–371

[423] Pirker, Schöne Zeiten

[424] Siehe dazu ausführlich: Christian Fleck, Koralmpartisanen. Über abweichende Karrieren politisch motivierter Widerstandskämpfer, Wien–Köln 1986

[425] www.doew.at, Erzählte Geschichte

[426] Widerstand Tirol, Bd. 2, S. 573 ff.

[427] Max Muchitsch, Die Partisanengruppe Leoben-Donawitz, Wien 1966; Luza, Widerstand, S. 228

[428] Peter Kammerstätter, Materialsammlung über die Widerstands- und Partisanenbewegung Willy-Fred Freiheitsbewegung im oberen Ausseerland 1943–1945, Linz 1978; Topf, Partisanen, S. 229 f.

[429] Siehe dazu: Karin Berger u. a. (Hg.), Der Himmel ist blau. Kann sein. Frauen im Widerstand. Österreich 1938–1945, Wien 1985, S. 247 ff. Der von Luza, Widerstand, S. 330 f., errechnete 12 %-Frauen-Anteil an der Widerstandsbewegung gibt insofern die Rolle der Frauen im Widerstand nicht adäquat wieder, als im männerdominierten NS-System Frauen auch als politische Gegner einen geringeren Stellenwert hatten und gerade im Falle von Hilfsdiensten, untergeordneten Tätigkeiten etc. unter Umständen der Verfolgung (und damit der statistischen Erfassung) entgehen konnten. Siehe dazu ausführlicher: Brigitte Bailer-Galanda, Zur Rolle der Frauen im Widerstand oder die im Dunkeln sieht man nicht, in: Dokumentationarchiv des österreichischen Widerstandes (Hg.), Jahrbuch 1990, Wien 1990, S.13–22

[430] Siehe dazu ausführlich: Willibald Ingo Holzer, Die österreichischen Bataillone im Verband der NOV I POJ. Die Kampfgruppe Avantgarde Steiermark. Die Partisanengruppe Leoben-Donawitz, phil. Diss., Wien 1971; Luza, Widerstand, S. 225 f.

[431] www.doew.at, Nma

[432] www.doew.at, Erzählte Geschichte

[433] Augustin Malle, Widerstand unter schwersten Bedingungen. Kärntner Slowenen im Widerstand, in: Karner/Duffek, Widerstand, S. 111–123. Meine Darstellung folgt weitgehend den Angaben von Malle. Siehe dazu weiters: Rausch Josef, Der Partisanenkampf in Kärnten im Zweiten Weltkrieg, Wien 1979; Spurensuche. Erzählte Geschichte der Kärntner Slowenen, hgg. vom Dokumentationsarchiv des österreichischen Widerstandes, Wien 1990; Walzl, Widerstand

[434] Manoschek, NS-Militärjustiz

[435] Manoschek, NS-Militärjustiz, S. 7

[436] Thomas Geldmacher, „Auf Nimmerwiedersehen!" Fahnenflucht, unerlaubte Entfernung und das Problem, die Tatbestände auseinander zu halten, in: Manoschek, NS-Militärjustiz, S. 133–194

[437] www.doew.at, Nma

[438] Widerstand Burgenland, S. 389
[439] Widerstand Burgenland, S. 387 f. und 449
[440] Widerstand Burgenland, S. 392
[441] Maria Fritsche, Die Verfolgung von österreichischen Selbstverstümmlern in der deutschen Wehrmacht, in: Manoschek, NS-Militärjustiz, S. 195–214, speziell S. 202
[442] Widerstand Wien, Bd. 3, S. 403 ff.; Fritsche, a. a. O., S. 203 ff.
[443] www.doew.at, Nma
[444] Manoschek, a.a. O., S. 8
[445] www.doew.at, Nma
[446] Arno Lustiger, Feldwebel Anton Schmid. Judenretter in Wilna 1941 – 1942, in: Wolfram Wette (Hg.), Retter in Uniform. Handlungsspielräume im Vernichtungskrieg der Wehrmacht, Frankfurt/M 2002, S. 45–67; DÖW 20 000/S229 (Feldurteil)
[447] Jan Mikrut, Otto Schimek, in: Mikrut, Martyrologie, Bd. 1, S. 201–215; DÖW 20 000/S 190 (Feldurteil)
[448] Alfons Penz, Walter Krajnc, in: Mikrut, Martyrologie, Bd. 3, S. 67–75
[449] Widerstand Burgenland, S. 240
[450] DÖW 19 721 und 6947a; Geldmacher, a. a. O., S. 153. Das gegen Dr. Wilhelm Grimburg eingeleitete Verfahren vor einem österreichischen Gericht wurde eingestellt. Ein von Grimburg angestrengtes Ehrenbeleidigungsverfahren gegen die Zeitschrift „Neue Ordnung", in der Grimburg als Mörder bezeichnet worden war, endete mit der Verurteilung der Diffamierer. Das DÖW erstattete durch Rechtsanwalt Dr. Robert M. W. Kempner Strafanzeige gegen die – in der BRD in hohen Funktionen tätigen – Richter und Anklagevertreter des Terrorurteils vom 10. 5. 1945, das jedoch – wie fast alle Verfahren gegen NS-Justizfunktionäre – ergebnislos blieb.
[451] Egon Ehrlich/Helga Raschke, Josef Ritter von Gadolla. Ein Grazer Offizier im militärischen Widerstand, in: Dokumentationsarchiv des österreichischen Widerstandes (Hg.), Jahrbuch 2003, Wien 2003, S. 162–191; Matthias Priestoph, Josef Ritter von Gadolla. Gedenkschrift der Residenzstadt Gotha, Gotha 1998, S. 18 ff.
[452] Erzählte Geschichte, Bd. 1, S. 254 ff.
[453] Siehe dazu u. a.: Gerd R. Ueberschär, Der militärische Umsturzplan „Walküre", in: Peter Steinbach/Johannes Tuchel (Hg.), Widerstand gegen die nationalsozialistische Diktatur 1933–1945, Berlin 2004, S. 489 ff.
[454] Widerstand Wien, Bd. 3, S. 409 ff.; Jedlicka, 20. Juli, S. 50 ff.; Glaubauf, Bernardis, S. 41 ff.; Karl Glaubauf, Oberst i. G. Heinrich Kodre. Ein Linzer Ritterkreuzträger im militärischen Widerstand, in: Dokumentationsarchiv des österreichischen Widerstandes (Hg.), Jahrbuch 2002, S. 41–68; Achmann/Bühl 1999, S. 211 ff. Robert Bernardis hatte als Ic des 51. Armeekorps noch am 12. 7. 1941 eine „Beurteilung der strategischen Lage" abgegeben, in der der Angriffskrieg Hitlerdeutschlands gegen die Alliierten als „Kampf gegen das Weltjudentum" gerechtfertigt wurde (DÖW 51 318, Kopien aus dem Bundesarchiv – Militärarchiv Freiburg)
[455] Widerstand Wien, Bd. 3, S. 412 ff. und 427 ff.; Luza, Widerstand, S. 258 ff.; Molden, Ruf des Gewissens, S. 218 ff.; Barbara Stelzl-Marx, Carl Szokoll und die Sowjets, in: Karner/Duffek, Widerstand, S. 167 ff.
[456] Stelzl-Marx, a. a. O.; Vasilij Christoforov, Zu den Dokumenten über die österreichische Widerstandsbewegung aus dem Zentralarchiv des Föderalen Sicherheitsdienstes der Russischen Föderation, in: Karner/Duffek, Widerstand, S. 195 ff.
[457] Luza, Widerstand, S. 185 ff. und S. 240 ff.; Molden, Ruf des Gewissens, S. 166 ff.
[458] Molden, Ruf des Gewissens, S. 212 f.; Widerstand Wien, Bd. 3, S. 413 f.
[459] Zu Bumballa siehe sehr kritisch: Oliver Rathkolb, Raoul Bumballa. Ein politischer Nonkonformist 1945. Fallstudie zur Funktion der O5 im Widerstand und in der Parteienrestauration, in: Unterdrückung und Emanzipation. Festschrift für Erika Weinzierl, Wien 1985, S. 295–317
[460] Fritz Molden, Fepolinski und Waschlapski auf dem berstenden Stern, Wien–München–Zürich 1976, S. 265 ff.; Luza, Widerstand, S. 240 ff.

461 Stelzl-Marx, Carl Szokoll, S. 180 ff.
462 Luza, Widerstand, S. 197 f.
463 Widerstand Tirol, Bd. 2, S. 573 ff.; Luza, Widerstand, S. 277 ff.; Horst Schreiber, Nationalsozialismus und Faschismus in Tirol und Südtirol. Opfer – Täter – Gegner, Innsbruck–Wien–Bozen 2007, S. 303 ff.
464 Siehe dazu: Mosche Meisels, Die Gerechten Österreichs. Eine Dokumentation der Menschlichkeit, Tel Aviv 1996
465 Meisels, a. a. O., S. 50–53; Hermann Langbein, Menschen in Auschwitz, Wien 1972, S. 304 ff.; ders., Widerstand
466 Erich Hackl, Die Hochzeit von Auschwitz. Eine Begebenheit, Zürich 2002
467 Siehe dazu ausführlich: Wolfgang Neugebauer/Peter Schwarz, Stacheldraht, mit Tod geladen … Der erste Österreichertransport in das KZ Dachau 1938, Wien 2008.
468 Siehe dazu: Nico Rost, Goethe in Dachau. Literatur und Wirklichkeit, München o. J. In seinem Dachauer Tagebuch überliefert der holländische Literaturkritiker auch Gespräche mit österreichischen Kulturschaffenden.
469 Rudolf Kalmar, Zeit ohne Gnade, Wien 1946, S. 183 ff.
470 Aufbau, 17. 8. 1945.
471 Fritz Hermann, Jura Soyfer. Die Anfänge eines volksverbundenen österreichischen Dichters, phil. Diss., Wien 1949, S. 181 f.
472 Jean Amery, Jenseits von Schuld und Sühne, 2. Aufl., München 1966, S. 14.
473 Ernst Trost, Figl von Österreich, Wien 1972, S. 122 f.
474 Stefan Billes, Im ersten Transport nach Dachau, in: Der sozialdemokratische Kämpfer, Nr. 1–2, 1998, S. 5.
475 Franz Olah, Die Erinnerungen, Wien–München–Berlin 1995, S. 79; siehe dazu auch: Hans Becker, Österreichs Freiheitskampf, Wien 1946.
476 Interview mit Dr. Ludwig Soswinski, DÖW-Sammlung „Erzählte Geschichte", Nr. 192/1, S. 71.
477 Interview mit Dr. Fritz Bock, 24. 3. 1983, DÖW-Sammlung „Erzählte Geschichte", Nr. 409.
478 Siehe dazu: Kreissler, Nation, bes. S. 223 ff.
479 Siehe dazu u. a: Zwei Dokumente zur Geschichte des KZ Buchenwald, in: Dokumentationsarchiv des österreichischen Widerstandes. Jahrbuch 1992, S. 94–106; Lutz Niethammer, Der „gesäuberte" Antifaschismus. Die SED und die roten Kapos von Buchenwald, Berlin 1994.
480 Franz Olah war einer der Exponenten einer scharf antikommunistischen Linie in der SPÖ und wurde deshalb von der KPÖ, auch im Hinblick auf sein Verhalten im KZ Dachau, attackiert. Um das KZ-Erinnerungsbuch von Hermann Langbein „Die Stärkeren" (Wien 1949) entbrannte 1949 ein Rechtsstreit, der mit einem Vergleich zwischen Olah und Langbein beigelegt wurde; siehe dazu: Anton Pelinka/Erika Weinzierl (Hg.), Hermann Langbein – Zum 80. Geburtstag. Festschrift, Wien 1993, S. 65 f.
481 Zur Problematik der „Häftlingsgesellschaft" im KZ siehe u. a.: Niethammer, a. a. O.; Wolfgang Sofsky, Die Ordnung des Terrors. Das Konzentrationslager, 2. Aufl., Frankfurt/M. 1993; Robert Streibel/Hans Schafranek (Hg.), Strategie des Überlebens. Häftlingsgesellschaften in KZ und Gulag, Wien 1996
482 Neugebauer, Was ist Widerstand?, S. 63 f. und 66 f.
483 Botz Gerhard, Widerstand von einzelnen, in: Widerstand Oberösterreich, Bd. 1, S. 353
484 DÖW 8570
485 Hanisch, Widerstand, S. 168 f.; siehe dazu auch: Frei, Widerstand
486 Strafgesetzbuch für das Deutsche Reich, S. 195 f.
487 a. a. O., S. 60
488 a. a. O., S. 259 f.
489 DÖW 4197; www.doew.at, Nma
490 www.doew.at, Nma

[491] DÖW 4274
[492] www.doew.at, Nma
[493] www.doew.at, Nma
[494] www.doew.at, Nma
[495] www.doew.at, Nma
[496] www.doew.at, Nma
[497] Widerstand Wien, Bd. 3, S. 453
[498] www.doew.at, Nma
[499] www.doew.at, Nma
[500] www.doew.at, Nma; Widerstand Wien, Bd. 3, S. 444, 464
[501] www.doew.at, Nma; Widerstand Wien, Bd. 3, S. 470
[502] www.doew.at, Nma
[503] www.doew.at, Nma
[504] www.doew.at, Nma
[505] www.doew.at, Nma
[506] www.doew.at, Nma
[507] DÖW 5734 d
[508] DÖW 133
[509] DÖW 5652
[510] DÖW 2690
[511] RGBl., I, S. 1683
[512] Siehe dazu: Karl-Heinz Reuband, „Schwarzhören" im Dritten Reich. Verbreitung, Erscheinungsformen und Kommunikationsmuster beim Umgang mit verbotenen Sendern, in: Archiv für Sozialgeschichte, 2001, S. 374–398
[513] Handout von Mag. Christian Müllner im DissertantInnenseminar des Autors, 29. 1. 2008; Albrecht Kirschner, Wehrkraftzersetzung, in: Form/Neugebauer/Schiller (Hg.), NS-Justiz, S. 427 ff.
[514] www.doew.at, Nma
[515] www.doew.at, Nma
[516] www.doew.at, Nma
[517] www.doew.at, Nma
[518] www.doew.at, Nma
[519] www.doew.at, Nma
[520] Der von Martin Broszat formulierte Begriff „Resistenz" wurde anstelle eines engen Widerstandsbegriffs als Oberbegriff für alle Formen von Widerstand, Opposition und Verweigerung dem vom Institut für Zeitgeschichte München bearbeiteten Projekt „Bayern in der NS-Zeit" zugrunde gelegt, hat der Widerstandsforschung in Deutschland und Österreich wichtige Impulse gegeben, sich aber nicht allgemein durchgesetzt. Unter „Resistenz" versteht Broszat „wirksame Abwehr, Begrenzung, Eindämmung der NS-Herrschaft oder ihres Anspruchs, gleichgültig von welchen Motiven, Gründen und Kräften her". Siehe dazu: Martin Broszat/Elke Fröhlich/Falk Wiesemann (Hg.), Bayern in der NS-Zeit, Bd. IV, München–Wien 1981, S. 691–709
[521] Hanisch, Österreichische Geschichte, S. 387 ff.
[522] Siehe dazu u. a.: Widerstand Oberösterreich, Bd. 1, S. 336 ff.; Widerstand Niederösterreich, Bd. 2, S. 573 ff.
[523] www.doew.at, Nma
[524] www.doew.at, Nma
[525] Siehe dazu ausführlicher: Christian Gerbel/Alexander Mejstrik/Reinhard Sieder, Die „Schlurfs". Verweigerung und Opposition von Wiener Arbeiterjugendlichen im Dritten Reich, in: Talos et al. (Hg.), NS-Herrschaft, S. 523–548
[526] Hanisch, Österreichische Geschichte, S. 389
[527] Der sozialdemokratische Kämpfer, Nr. 1-2-3/2008, S. 8 f. (Jugendwiderstand: Wien 1944/45)

528 Widerstand Wien, Bd. 3, S. 525 ff.
529 DÖW 5732b
530 Widerstand Wien, Bd. 3, S. 527
531 Die Presse, 2. 2. 2008, S. 39
532 Otto Klambauer, Mit „Swing Heil" gegen Hitler, in: Kurier, 15. 4. 2007, S. 34
533 Widerstand Wien, Bd. 2, S. 443
534 Kurier, 15. 4. 2007, S. 34
535 Weinzierl, Gerechte, bes. 140 ff.; Meisels, Die Gerechten, S. 2; zu Anton Schmid siehe u. a.: Lustiger, Feldwebel Anton Schmid, S. 45–68; Siegwald Ganglmair, Feldwebel Anton Schmid, in: Dokumentationsarchiv des österreichischen Widerstandes (Hg.), Jahrbuch 2002, Wien 2002, S. 25–40
536 www.doew.at, Nma
537 Widerstand Wien, bd. 3, S. 517; www.doew.at, Nma
538 www.doew.at, Nma
539 www.doew.at, Nma
540 www.doew.at, Nma
541 www.doew.at, Nma
542 www.doew.at, Nma
543 Widerstand Wien, Bd. 3, S. 508; www.doew.at, Datenbank zur Shoah
544 www.doew.at, Nma
545 www.doew.at, Nma
546 www.doew.at, Nma
547 Widerstand Wien, Bd. 3, S. 435 und 520 ff.
548 Widerstand Wien, Bd. 3, S. 520 f.
549 www.doew.at, Nma
550 www.doew.at, Nma
551 Widerstand Wien, Bd. 3, S. 521
552 DÖW 4045
553 Widerstand Wien, Bd. 3, S. 523
554 Widerstand Wien, Bd. 3, S. 520
555 Widerstand Wien, Bd. 3, S. 520; www.doew.at, Nma
556 www.doew.at, Nma
557 Ursula Schwarz, Landesverrat, in: Form/Neugebauer/Schiller (Hg.), NS-Justiz, S. 262 ff.
558 www.doew.at, Nma
559 Albrecht Kirschner, Spionage – § 2 KSSVO, in: Form/Neugebauer/Schiller (Hg.), a. a. O., S. 387 ff.
560 DÖW 8027; www.doew.at, Nma; Kirschner, a. a. O., S. 401
561 Siehe dazu etwa den im Bundesarchiv aufbewahrten NS-Propagandafilm „Erbkrank".
522 Salzburger Nachrichten, 11. 3. 1947.
563 Brief Dr. Michael Scharpfs an Reichsstatthalter und Gauleiter Dr. Hugo Jury, 24. 1. 1941, in: LG Wien, Vg 8 Vr 681/55 (DÖW 18 860)
564 Zeugenaussage Dr. Leopold Widerhofer vor dem Bezirksgericht Hallein in der Strafsache gegen Dr. Ernst Illing u. a. , 27. 2. 1946, in: LG Wien Vg 2b Vr 2365/45 (DÖW 19 542/2)
565 Zeugenaussage Marie Diatel vor dem Strafbezirksgericht I, Wien, in der Strafsache gegen Dr. Ernst Illing u. a., 8. 4. 1946, in. LG Wien Vr 2b Vr 2365/45
566 Neues Österreich, 24. 7. 1946, S. 3. Die Besucherscheine des Reichsministeriums des Innern, die Anna Wödls zweimalige Vorsprache bei Dr. Linden belegen, sind erhalten.
567 a. a. O.
568 Siehe dazu etwa die Zeugenaussagen vor der Bundespolizeidirektion Salzburg im Verfahren gegen Dr. Leo Wolfer, Sicherheitsdirektion für das Bundesland Salzburg, GZ. 7201/SD/46 (DÖW E 21 169)
569 ÖStA, AVA, Generalstaatswanwaltschaft Linz, 405 E – U6/40 (DÖW E 20 801)
570 Alois Doppelbauer, Behinderte im Dritten Reich. Unter besonderer Berücksichtigung der Verhält-

nisse im heutigen Oberösterreich. Gedenkschrift und Projektbericht, Altenhof, Gaspoltshofen 1984, S. 17 ff.

571 Verlegt und ermordet. Behinderte Menschen als Opfer der Euthanasie im Dritten Reich. Eine Dokumentation aus dem Evangelischen Diakoniewerk Gallneukirchen anläßlich des „Tag des Gedenkens für die Opfer der Euthanasie 1941" am 25. Jänner 1991 in Gallneukirchen, Gallneukirchen, 1991, S. 11.

572 a. a. O., S. 12.

573 DÖW 201.

574 Ernst Klee, „Euthanasie" im NS-Staat. Die „Vernichtung lebensunwerten Lebens", Frankfurt am Main 1986, S. 207 f.

575 Bundesarchiv, R 58/1186, fol. 1.

576 Widerstand Oberösterreich, Bd. 2, 1982, S. 516.

577 Widerstand Oberösterreich, Bd. 2, S. 515

578 Bundesarchiv, AllProz 7/112, FC 1807

579 Die Korrespondenz Reichsinnenministerium – Reichsstatthalter in Salzburg – Direktion Landesheilanstalt Salzburg liegt der Anzeige der Bundespolizeidirektion Salzburg an die Staatsanwaltschaft Salzburg gegen Dr. Heinrich Wolfer und Genossen vom 31. 8. 1946 bei (Sicherheitsdirektion für das Bundesland Salzburg, GZ. 7102/SD/46, Kopie DÖW E 21 169).

580 Zeugenaussage von Johann Öllerer vor dem LG Wien, 5. 2. 1946; Zeugenaussage von Dr. Koloman Nagy vor der Bundespolizeidirektion Wien, 28. 7. 1945; Korrespondenz Kreisleiter Mayer-Gauleiter Scharitzer-Gauleiter Jury April/Mai 1944, in: LG Wien Vg 8a Vr 455/46 (DÖW 18 860)

581 Zeugenaussage Dr. Ernst Klebelsberg vor der Bundespolizeidirektion Innsbruck, 15. 5. 1946, in: LG Innsbruck, 10 Vr 4740/47 (DÖW 11 440). Linert konnte sich an diese Episode nicht erinnern; siehe dazu seine Zeugenaussage vor dem LG Innnsbruck, 2. 9. 1948, a. a. O.

582 Stefan Karner, Die Steiermark im Dritten Reich 1938–1945. Aspekte ihrer politischen, wirtschaftlich-sozialen und kulturellen Entwicklung, Graz–Wien, S. 179; Neuhauser, /Pfaffenwimmer, Hartheim, S. 83 ff.; Peter Nausner, Euthanasie – die Vernichtung lebensunwerten Lebens. Ein Bericht über die österreichische Psychiatrie in der NS-Zeit. Manuskript einer Sendung des Österreichischen Rundfunks, Wien , o. J. (1984), S. 20.

583 Diese Angaben beruhen auf mehrfachen Gesprächen mit dem DÖW-Mitarbeiter Dr. Gerhard Ungar, der die genannten Großprojekte wissenschaftlich betreut.

584 Ein Projekt zur namentlichen Erfassung der Roma-Opfer wird vom Kulturverband österreichischer Roma durchgeführt und von Dr. Florian Freund und Mag. Gerhard Baumgartner wissenschaftlich betreut.

585 Siehe dazu auch: Luza, Widerstand, S. 318

586 Hanisch, Österreichische Geschichte, S. 390

587 Gerald Stourzh, Geschichte des Staatsvertrages 1945–1955. Österreichs Weg zur Neutralität, 2., neu bearb. und erw. Aufl., Graz 1980, S. 27 ff. und 179

588 Siehe dazu: Brigitte Bailer, Wiedergutmachung kein Thema. Österreich und die Opfer des Nationalsozialismus, Wien 1993

589 Hubertus Trauttenberg/Gerhard Vogl, Traditionspflege im Spannungsfeld der Zeitgeschichte, in: Österreichische Militärische Zeitschrift, Juli/August 2007, S. 411

590 Wolfgang Neugebauer, Im Spannungsfeld von Wissenschaft und Politik: DÖW, Widerstandsforschung und Antifaschismus, in: Gerhard Botz/Gerald Sprengnagel (Hg.), Kontroversen um Österreichs Zeitgeschichte. Verdrängte Vergangenheit, Österreich-Identität, Waldheim und die Historiker, Frankfurt/Main–New York 1994, S. 557 ff.

591 Siehe dazu: Ruth Wodak, „Wir sind alle unschuldige Täter". Diskurshistorische Studien zum Nachkriegsantisemitismus in Österreich, Wien 1990

592 Franz Vranitzky, Erklärung des Herrn Bundeskanzlers im Nationalrat, 8. 7. 1991; ders., Address of

the Federal Chancellor of Austria on the occasion of the Special Convocation of the Hebrew University of Jerusalem, 9. 6. 1993

[594] Thomas Klestil, Ansprache anlässlich der Sondersitzung der Österreichischen Bundesversammlung „50 Jahre Zweite Republik", 27. 4. 1995

[595] Siehe dazu: Handbuch des österreichischen Rechtsextremismus, hgg. vom Dokumentationsarchiv des österreichischen Widerstandes, aktualisierte und erweiterte Neuauflage, Wien 1994

Quellen und Literaturverzeichnis

Archivmaterial, Quelleneditionen
Nahezu das gesamte verwendete Quellenmaterial ist im Dokumentationsarchiv des österreichischen Widerstandes (DÖW), A-1010 Wien, Wipplingerstraße 8, zugänglich. Auf der DÖW-Homepage www.doew.at finden sich die Rubriken Nicht mehr anonym (ca. 3900 Fotos der Erkennungsdienstlichen Kartei der Gestapo Wien mit biographischen Angaben) und Erzählte Geschichte (mit zahlreichen Auszügen aus DÖW-Interviews) sowie die Datenbank Namentliche Erfassung der österreichischen Holocaustopfer (mit Namen und Daten von ca. 63 000 Personen).

Vom DÖW herausgegebene Quelleneditionen:
Widerstand und Verfolgung in Wien 1934–1945, 3 Bde., 2. Aufl., Wien 1984
Widerstand und Verfolgung im Burgenland 1934–1945, 2. Aufl., Wien 1983
Widerstand und Verfolgung in Oberösterreich 1934–1945, 2 Bde., Wien–Linz 1982
Widerstand und Verfolgung in Salzburg 1934–1945, 2 Bde.,Wien–Salzburg 1991
Widerstand und Verfolgung in Tirol 1934–1945, 2 Bde., Wien 1984
Widerstand und Verfolgung in Niederösterreich 1934–1945, 3 Bde., Wien 1987
Für Spaniens Freiheit. Österreicher an der Seite der Spanischen Republik 1936–1939, Wien 1986
„Anschluss" 1938. Eine Dokumentation, Wien 1988
Erzählte Geschichte. Berichte von Widerstandskämpfern und Verfolgten, 4 Bde., Wien 1985–1990

Andere relevante Quelleneditionen:
Wolfgang Form/Wolfgang Neugebauer/Theo Schiller (Hg.) in Zusammenarbeit mit dem Bundesarchiv, Widerstand und Verfolgung in Österreich 1938 bis 1945. Die Verfahren vor dem Volksgerichtshof und den Oberlandesgerichten Wien und Graz, Mikrofiche-Edition, München 2004
Wolfgang Form/Wolfgang Neugebauer/Theo Schiller (Hg.) in Zusammenarbeit mit dem Bundesarchiv, Widerstand und Verfolgung in Österreich 1938 bis 1945. Die Verfahren vor dem Volksgerichtshof und den Oberlandesgerichten Wien und Graz. Erschließungsband zur Mikrofiche-Edition, München 2005
Widerstand als „Hochverrat". Die Verfahren gegen deutsche Reichsangehörige vor dem Reichsgericht, dem Volksgerichtshof und dem Reichskriegsgericht, Mikrofiche-Edition, hgg. vom Institut für Zeitgeschichte, München 1998
Zarusky Jürgen/Mehringer Hartmut (Bearbeiter), Widerstand als „Hochverrat". Die Verfahren gegen deutsche Reichsangehörige vor dem Reichsgericht, dem Volksgerichtshof und dem Reichskriegsgericht. Erschließungsband zur Mikrofiche-Edition, hgg. vom Institut für Zeitgeschichte, München 1998
Rot-Weiss-Rot-Buch. Darstellungen, Dokumente und Nachweise zur Vorgeschichte und Geschichte der Okkupation Österreichs (nach amtlichen Quellen), erster Teil, Wien 1946

Monografien und Aufsätze
Achmann Klaus/Bühl Hartmut, 20. Juli 1944. Lebensbilder aus dem militärischen Widerstand, 3., erweiterte Aufl., Hamburg 1999
Albu Diana/Weisz Franz, Spitzel und Spitzelwesen der Gestapo in Wien von 1938 bis 1945, Wiener Geschichtsblätter, 54. Jg., H. 3, 1999, S. 169–208
Aly Götz, Hitlers Volksstaat. Raub, Rassenkrieg und nationaler Sozialismus, Frankfurt am Main 2005
Amery Jean, Jenseits von Schuld und Sühne, Bewältigungsversuche eines Überwältigten, 2. Aufl., München 1966
Anderl Gabriele, Die Zentralstelle für jüdische Auswanderung, in: Rudolf G. Ardelt/Christian Gerbel (Hg.), Österreichischer Zeitgeschichtetag 1995, Innsbruck 1996, S. 204–208

Angetter Daniela, Recherchen zu den Todesumständen von General Wilhelm Zehner, in: Senatsprojekt der Universität Wien, Untersuchungen zur Anatomischen Wissenschaft in Wien 1938–1945, Wien 1998, S. 306–325

Ardelt Rudolf G., Individueller Widerstand, in: Widerstand und Verfolgung in Salzburg 1934–1945, Bd. 2, Wien–Salzburg 1991, S. 354–360

Baier Stephan/Demmerle Eva, Otto von Habsburg. Die Biografie, Wien 2002

Bailer-Galanda, Brigitte, Zur Rolle der Frauen im Widerstand oder die im Dunkeln sieht man nicht, in: Dokumentationarchiv des österreichischen Widerstandes (Hg.), Jahrbuch 1990, Wien 1990, S. 13–22

Bailer Brigitte, Wiedergutmachung kein Thema. Österreich und die Opfer des Nationalsozialismus, Wien 1993

Banny Leopold, Ihre Namen sind verweht … Österreicher bei Geheimunternehmen in ihrer Heimat während des 2. Weltkrieges 1938–1944, unveröffentlichtes Manuskript im DÖW, 1981

Banny Leopold, Krieg im Burgenland I. Warten auf den Feuersturm, Eisenstadt 1983

Becker Hans, Österreichs Freiheitskampf, Wien 1946

Beer Siegfried, „Arcel/Cassia/Redbird": Die Widerstandsgruppe Maier – Messner und der amerikanische Kriegsgeheimdienst OSS in Bern, Istanbul und Algier 1943/1944 in: Dokumentationsarchiv des österreichischen Widerstandes (Hg.), Jahrbuch 1993, Wien 1993, S. 75–100

Beer Siegfried, ÖsterreicherInnen in den westlichen Armeen und Geheimdiensten, in: Karner/Duffek, Widerstand, S. 231 ff.

Beinhauer Edith, Sr. M. Restituta Kafka SFCC. Selige, Krankenschwester, Demokratin, in: Mikrut, Blutzeugen, S. 119–134

Berger Karin u. a. (Hg.), Der Himmel ist blau. Kann sein. Frauen im Widerstand. Österreich 1938–1945, Wien 1985

Billes Stefan, Im ersten Transport nach Dachau, in: Der sozialdemokratische Kämpfer, Nr. 1-2, 1998, S. 5.

Boberach Heinz (Hg.), Meldungen aus dem Reich. Auswahl aus den geheimen Lageberichten des Sicherheitsdienstes der SS 1939–1944, Neuwied-Berlin 1965

Botz Gerhard, Wohnungspolitik und Judendeportationen in Wien 1938 bis 1945. Zur Funktion des Antisemitismus als Ersatz nationalsozialistischer Sozialpolitik, Wien–Salzburg 1975

Botz Gerhard, Widerstand von einzelnen, in: Widerstand und Verfolgung in Oberösterreich 1934–1945, Bd. 1, Wien 1982, S. 351–363

Botz Gerhard, Methoden- und Theorieprobleme der modernen Widerstandsforschung, in: Konrad Helmut/Neugebauer Wolfgang (Hg.), Arbeiterbewegung – Faschismus – Nationalbewußtsein. Festschrift zum 20jährigen Bestand des Dokumentationsarchivs des österreichischen Widerstandes und zum 60. Geburtstag von Herbert Steiner, Wien–München–Zürich 1983, S. 137–152

Botz Gerhard/Sprengnagel Gerald (Hg.), Kontroversen um Österreichs Zeitgeschichte. Verdrängte Vergangenheit, Österreich-Identität, Waldheim und die Historiker, Frankfurt/Main–New York 1994

Botz Gerhard, Künstlerische Widerständigkeit. „Resistenz", partielle Kollaboration und organisierter Widerstand im Nationalsozialismus, in: Themen der Zeitgeschichte und der Gegenwart, hgg. v. Dokumentationsarchiv des österreichischen Widerstandes, S. 98–119

Botz Gerhard, Nationalsozialismus in Wien. Machtübernahme, Herrschaftssicherung, Radikalisierung 1938/39, Wien 2008

Broszat Martin/Fröhlich Elke/Wiesemann Falk (Hg.), Bayern in der NS-Zeit, 6 Bde., München–Wien 1977 ff.

Broucek Peter, Die österreichische Identität im Widerstand 1938–1945, in: Österreich in Geschichte und Literatur, 43. Jg., H. 3, 1999, S. 146–159

Bruha Antonia, Ich war keine Heldin, Wien–München 1995

Bukey Evan Burr, Hitler's Austria. Popular Sentiment in the Nazi Era, 1938–1945, Chapel Hill and London 2000

Bukey Evan Burr, Die Stimmung in der Bevölkerung während der Nazizeit, in: Talos et al. (Hg.), NS-Herrschaft, S. 73–87

Buttinger Joseph, Am Beispiel Österreichs. Ein geschichtlicher Beitrag zur Krise der sozialistischen Bewegung, Köln 1953

Cezanne-Thauss Christine, Lambert Leutgeb. Ein Wiener Gestapobeamter und seine Spitzel. Zur Biographie und Tätigkeit Lambert Leutgebs, Leiter des Nachrichtenreferats der Gestapoleitstelle Wien, Dipl. Arb., Univ., Wien 2003

Christoforov Vasilij, Zu den Dokumenten über die österreichische Widerstandsbewegung aus dem Zentralarchiv des Föderalen Sicherheitsdienstes der Russischen Föderation, in: Karner/Duffek, Widerstand, S. 195 ff.

Domesle Petra, Österreicherinnen in Exil und Widerstand in Frankreich, Dipl. Arbeit, Univ. Wien 2006

Doppelbauer Alois, Behinderte im Dritten Reich. Unter besonderer Berücksichtigung der Verhältnisse im heutigen Oberösterreich. Gedenkschrift und Projektbericht, Altenhof, Gaspoltshofen 1984

Ehrlich Egon/Raschke Helga, Josef Ritter von Gadolla. Ein Grazer Offizier im militärischen Widerstand, in: Dokumentationsarchiv des österreichischen Widerstandes (Hg.), Jahrbuch 2003, Wien 2003, S. 162–191

Exenberger Herbert/Riedel Heinz, Militärschießplatz Kagran, Wien 2003

Feymann Walter, Das Deutschnationale im politischen Denken Ludwig Lesers, in: Wolfgang Gürtler/Gerhard Winkler (Hg.), Forscher – Gestalter – Vermittler. Festschrift Gerald Schlag, Eisenstadt 2001, S. 87–106

Fleck Christian, Koralmpartisanen. Über abweichende Karrieren politisch motivierter Widerstandskämpfer, Wien–Köln 1986

Form Wolfgang, Politische NS-Strafjustiz in Österreich und Deutschland – ein Projektbericht, in: Dokumentationsarchiv des österreichischen Widerstandes (Hg.), Jahrbuch 2001, Wien 2001, S. 13–34

Form Wolfgang/Neugebauer Wolfgang/Schiller Theo (Hg.), NS-Justiz und politische Verfolgung in Österreich 1938–1945. Analysen zu den Verfahren vor dem Volksgerichtshof und vor dem Oberlandesgericht Wien, München 2006

Form Wolfgang/Kirschner Albrecht, Verfahren gegen ehemalige Spanienkämpfer, in: Form/Neugebauer/Schiller, NS-Justiz, S. 751 ff.

Frankl Viktor E., Die Sinnfrage in der Psychotherapie, 4. Auflage, München–Zürich 1992

Frei Bruno, Der kleine Widerstand, Wien 1978

Freihammer Nina, Dem NS-Regime nicht untergeordnet. Biographische Stationen des österreichischen Widerstandskämpfers Josef Sasso bis 1945, Dipl. Arbeit, Universität Wien 1999

Freund Florian/Perz Bertrand, Zwangsarbeit von zivilen AusländerInnen, Kriegsgefangenen, KZ-Häftlingen und ungarischen Juden in Österreich, in: Tálos et al. (Hg.), NS-Herrschaft, S. 644–695

Freund Florian, Die Ermordung der österreichischen Roma und Sinti, Wien 2000 (unveröffentlichter Forschungsbericht, Bibliothek DÖW)

Fritsche Maria, Die Verfolgung von österreichischen Selbstverstümmlern in der deutschen Wehrmacht, in: Manoschek, NS-Militärjustiz, S. 195–214

Ganglmair Siegwald, Österreicher in den alliierten Armeen, 1938 bis 1945, in: Truppendienst. Zeitschrift für Führung und Ausbildung im Bundesheer, 1990/6, S. 523–536

Ganglmair Siegwald, Feldwebel Anton Schmid, in: Dokumentationsarchiv des österreichischen Widerstandes (Hg.), Jahrbuch 2002, Wien 2002, S. 25–40

Ganglmair Siegwald, Funktionalisierung, Bagatellisierung und Verdrängung. Der Umgang in Österreich mit dem österreichischen und deutschen Widerstand, in: Gerd Ueberschär (Hg.), Der deutsche Widerstand gegen Hitler, Darmstadt 2002, S. 238–251.

Gardiner Muriel/Buttinger Joseph, Damit wir nicht vergessen. Unsere Jahre 1934–1947 in Wien, Paris und New York, Wien 1978

Gavric Lisa, Die Straße der Wirklichkeit. Bericht eines Lebens, Berlin 1984

Geldmacher Thomas, „Auf Nimmerwiedersehen!" Fahnenflucht, unerlaubte Entfernung und das Problem, die Tatbestände auseinander zu halten, in: Manoschek, NS-Militärjustiz, S. 133–194

Gellately Robert, Die Gestapo und die deutsche Gesellschaft. Die Durchsetzung der Rassenpolitik 1933–1945, Paderborn u. a. 1994

Gerbel Christian/Mejstrik Alexander/Sieder Reinhard, Die „Schlurfs". Verweigerung und Opposition von Wiener Arbeiterjugendlichen im Dritten Reich, in: Talos et al. (Hg.), NS-Herrschaft, S. 523–548
Glaubauf Karl, Robert Bernardis. Österreichs Stauffenberg, Statzendorf 1994
Glaubauf Karl, Oberst i. G. Heinrich Kodre. Ein Linzer Ritterkreuzträger im militärischen Widerstand, in: Dokumentationsarchiv des österreichischen Widerstandes (Hg.), Jahrbuch 2002, S. 41–68
Göhring Walter, Der illegale Kommunistische Jugendverband Österreichs, phil. Diss., Wien 1971
Grode Walter, Die „Sonderbehandlung 14f13" in den Konzentrationslagern des Dritten Reiches. Ein Beitrag zur Dynamik faschistischer Vernichtungspolitik, Frankfurt/M–Bern–New York 1987
Hackl Erich, Die Hochzeit von Auschwitz. Eine Begebenheit, Zürich 2002
Halbrainer Heimo (Hg.), Herbert Eichholzer 1903–1943. Architektur und Widerstand. Katalog zur Ausstellung, Graz 1998
Halbrainer Heimo, „Der größte Lump im ganzen Land, das ist und bleibt der Denunziant". Denunziation in der Steiermark 1938–1945 und der Umgang mit den Denunzianten in der Zweiten Republik, Graz 2007
Handbuch des österreichischen Rechtsextremismus, hgg. vom Dokumentationsarchiv des österreichischen Widerstandes, aktualisierte und erweiterte Neuauflage, Wien 1994
Hanisch Ernst, Nationalsozialistische Herrschaft in der Provinz. Salzburg im Dritten Reich, Salzburg 1983
Hanisch Ernst, Gibt es einen spezifisch österreichischen Widerstand?, in: Steinbach Peter (Hg.), Widerstand. Ein Problem zwischen Theorie und Geschichte, Köln 1987, S. 163–176
Hanisch Ernst, Österreichische Geschichte 1890–1990. Der lange Schatten des Staates. Österreichische Gesellschaftsgeschichte im 20. Jahrhundert, Wien 1994
Hartmann Gerhard, Der CV in Österreich. Seine Entstehung, seine Geschichte, seine Bedeutung, Limburg-Kevelaer 2001
Häuser Rudolf, Dachau 1945. Letzte Tage im KZ – Evakuierung – Flucht, Wien 1995
Hawle Christian (Hg.), Richard Zach, „Streut die Asche in den Wind". Österreichische Literatur im Widerstand, Stuttgart 1988
Hermann Fritz, Jura Soyfer. Die Anfänge eines volksverbundenen österreichischen Dichters, phil. Diss., Wien 1949
Historisches Museum der Stadt Wien (Hg.), Der Novemberpogrom 1938. Die „Reichskristallnacht" in Wien, Wien 1989
Holpfer Eva, Das Massaker an ungarischen Juden in Rechnitz als Beispiel für den Umgang der politischen Parteien im Burgenland mit der NS-Vergangenheit in den ersten Nachkriegsjahren, in: Claudia Kuretsidis-Haider/Winfried R. Garscha (Hg.), Keine „Abrechnung". NS-Verbrechen, Justiz und Gesellschaft in Europa nach 1945, Leipzig 1998, S. 421–429
Holzer Willibald I., Im Schatten des Faschismus. Der österreichische Widerstand gegen den Nationalsozialismus (1938–1945), Wien 1978
Holzer Willibald I., David und Behemoth. Projekte zur Erforschung von Verfolgung und Widerstand 1933/34 in Bayern und Österreich, in: Zeitgeschichte, 9. J., 9/10, Juni/Juli 1982, 338–363
Holzer Willibald I., Die österreichischen Bataillone im Verband der NOV I POJ. Die Kampfgruppe Avantgarde/Steiermark. Die Partisanengruppe Leoben-Donawitz, phil. Diss., Wien 1971
Jagschitz Gerhard, Individueller Widerstand, in: Widerstand und Verfolgung in Niederösterreich 1934–1945, Bd. 3, Wien 1987, S. 517 ff.
Jagschitz Gerhard/Neugebauer Wolfgang (Hg.), Stein, 6. April 1945. Das Urteil des Volksgerichts Wien (August 1946) gegen die Verantwortlichen des Massakers im Zuchthaus Stein, Wien 1995
40 Jahre Dokumentationsarchiv des österreichischen Widerstandes 1963–2003, hgg. vom Dokumentationsarchiv des österreichischen Widerstandes, Wien 2003
Jedlicka Ludwig, Der 20. Juli 1944 in Österreich, Wien–München 1965
Johnson Eric A., Der nationalsozialistische Terror. Gestapo, Juden und gewöhnliche Deutsche, Berlin 2001

Kalmar Rudolf, Zeit ohne Gnade, Wien 1946

Kammerstätter Peter, Materialsammlung über die Widerstands- und Partisanenbewegung Willy-Fred Freiheitsbewegung im oberen Ausseerland 1943–1945, Linz 1978

Karner Stefan/Knoll Harald, Der „Feliferhof". Forschungsprojekt des BMLV/Büro für Wehrpolitik, durchgeführt vom Ludwig-Boltzmann Institut für Kriegsfolgenforschung, Wien 2001

Karner Stefan, Die Steiermark im Dritten Reich 1938–1945. Aspekte ihrer politischen, wirtschaftlich-sozialen und kulturellen Entwicklung, Graz –Wien 1986

Karner Stefan/Duffek Karl (Hg.), Widerstand in Österreich 1938–1945, Graz–Wien 2007

Kempner Benedicta Maria, Priester vor Hitlers Tribunalen, München 1966

Kempner Benedicta Maria, Nonnen unterm Hakenkreuz. Leiden, Heldentum, Tod, Würzburg 1979

Kirschner Albrecht, Wehrkraftzersetzung, in: Form/Neugebauer/Schiller (Hg.), NS-Justiz, S. 427 ff.

Klamper Elisabeth, „Auf Wiedersehen in Palästina". Aron Menczers Kampf um die Rettung jüdischer Kinder im nationalsozialistischen Wien, Wien 1996

Klausch Hans-Peter, Antifaschisten in SS-Uniform. Schicksal und Widerstand der deutschen politischen KZ-Häftlinge, Zuchthaus- und Wehrmachtsgefangenen in der SS-Sonderformation Dirlewanger, Bremen 1993

Klee Ernst, „Euthanasie" im NS-Staat. Die „Vernichtung lebensunwerten Lebens", Frankfurt am Main 1986, S. 207 f.

Knoll Harald, Widerstand in der Provinz am Beispiel der Steiermark. Die Gruppe „Neuhold-Drews-Weiß-Eichholzer" und die „Rote Gewerkschaft" von Lorenz Poketz, in: Karner/Duffek (Hg.), Widerstand, S. 78

Konrad Helmut (Hg.), Sozialdemokratie und „Anschluss", Wien–München–Zürich 1978

Konrad Helmut/Neugebauer Wolfgang (Hg.), Arbeiterbewegung – Faschismus – Nationalbewußtsein. Festschrift zum 20jährigen Bestand des Dokumentationsarchivs des österreichischen Widerstandes und zum 60. Geburtstag von Herbert Steiner, Wien–München–Zürich 1983

Konrad Helmut, Widerstand an Donau und Moldau. KPÖ und KSC zur Zeit des Hitler-Stalin-Paktes, Wien 1978

Die KPÖ. Beiträge zu ihrer Geschichte und Politik, hgg. von der historischen Kommission beim Zentralkomitee der KPÖ, 2. Aufl., Wien 1989

Kreissler Felix, Der Österreicher und seine Nation. Ein Lernprozeß mit Hindernissen, Wien 1984

Kubu Eduard/Exner Gudrun, Tschechen und Tschechinnen, Vermögensentzug und Restitution. Nationale Minderheiten im Nationalsozialismus, Wien–München 2004 (Veröffentlichungen der Österreichischen Historikerkommission, Bd. 23/3)

Kühnrich Heinz, 999er zwischen Adria und Ägäis, in: Stefan Doernberg (Hg.), Im Bunde mit dem Feind, Berlin 1995

Kykal Inez/Stadler Karl R., Richard Bernaschek. Odyssee eines Rebellen, Wien 1976

Landauer Hans, Österreichische Juden als Spanienkämpfer, in: Das jüdische Echo, Oktober 1989

Landauer Hans, in Zusammenarbeit mit Erich Hackl, Lexikon der österreichischen Spanienkämpfer 1936–1939, Wien 2003

Langbein Hermann, Menschen in Auschwitz, Wien 1972

Langbein Hermann, … nicht wie die Schafe zur Schlachtbank. Widerstand in den nationalsozialistischen Konzentrationslagern, Frankfurt am Main 1980

Leighton-Langer Peter, X steht für unbekannt. Deutsche und Österreicher in den britischen Streitkräften im Zweiten Weltkrieg, Berlin 1999

Lein Hermann, Als Innitzergardist in Dachau und Mauthausen, Wien 1988

Leser Norbert, Ludwig Leser. Pionier des Burgenlandes, in: Österreich in Geschichte und Literatur, Heft 4, 1991, S. 194–205

Liebmann Maximilian, Die „Antifaschistische Freiheitsbewegung Österreichs", in: Geschichte und Gegenwart, 4. Jg., Dezember 1985, 255–281

Liebmann Maximilian, Planungen und Aktion der „Antifaschistischen Freiheitsbewegung Österreichs" sowie die von einzelnen ihrer Anhänger, in: Geschichte und Gegenwart, 5. Jg., Mai 1986, 108–138

Liebmann Maximilian (Hg.), Kirche in Österreich 1938–1988, Graz–Wien–Köln 1990

Liebmann Maximilian/Kronthaler Michaela (Hg.), Bedrängte Kirche. Bedrängt, verfolgt. befreit, Graz 1995

Liebmann Maximilian, Kirche und Anschluss, in: Maximilian Liebmann/Hans Paarhammer/Alfred Rinnerthaler (Hg.), Staat und Kirche in der „Ostmark", Frankfurt/Main 1998

Liebmann Maximilian, Schlussvortrag im Seligsprechungsprozess Maria Restituta (Helene Kafka), in: Dokumentationsarchiv des österreichischen Widerstandes (Hg.), Jahrbuch 1991, Wien 1991, S. 13–19

Liebmann Maximilian, Katholischer Widerstand – Der Umgang mit Priestern, die aus KZs zurückkamen, in: Karner/Duffek (Hg.), Widerstand, S. 39 ff.

Lotfi Gabriele, KZ der Gestapo. Arbeitserziehungslager im Dritten Reich, Stuttgart–München 2000

Lustiger Arno, Zum Kampf auf Leben und Tod! Das Buch vom Widerstand der Juden 1933–1945, Köln 1994

Lustiger Arno, Feldwebel Anton Schmid. Judenretter in Wilna 1941–1942, in: Wolfram Wette (Hg.), Retter in Uniform. Handlungsspielräume im Vernichtungskrieg der Wehrmacht, Frankfurt/ M 2002

Luza Radomir, Der Widerstand in Österreich 1938–1945, Wien 1985

Malle Augustin, Widerstand unter schwersten Bedingungen. Kärntner Slowenen im Widerstand, in: Karner/Duffek, Widerstand, S. 111–123

Mang Thomas, „Gestapo-Leitstelle Wien – Mein Name ist Huber" – Wer trug die lokale Verantwortung für den Mord an den Juden Wiens? Münster 2003

Mang Thomas, Retter, um sich selbst zu retten. Die Strategie der Rückversicherung. Dr. Karl Ebner, Leiter-Stellvertreter der Staatspolizeileitstelle Wien 1942–1945, Diplomarb., Univ. Wien, 1998

Manoschek Walter (Hg.), Opfer der NS-Militärjustiz. Urteilspraxis, Strafvollzug, Entschädigungspolitik in Österreich, Wien 2003

Meisel Josef, „Jetzt haben wir Ihnen, Meisel!" Kampf, Widerstand und Verfolgung des österreichischen Antifaschisten Josef Meisel (1911–1945), Wien 1985

Meisels Mosche, Die Gerechten Österreichs, Tel Aviv 1996

Mesner Maria (Hg.), Entnazifizierung zwischen politischem Anspruch, Parteienkonkurrenz und Kaltem Krieg. Am Beispiel SPÖ, Wien–München 2005

Messerschmidt Manfred/Wüllner Fritz, Die Wehrmachtjustiz im Dienste des Nationalsozialismus. Zerstörung einer Legende, Baden-Baden 1987

Mikrut Jan (Hg.), Blutzeugen des Glaubens. Martyrologium des 20. Jahrhunderts, 3 Bde., Wien 1999 ff.

Mikrut Jan, Die christlichen Märtyrer des Nationalsozialismus und Totalitarismus in Mitteleuropa 1938–1945, Wien 2005

Mitteräcker Hermann, Kampf und Opfer für Österreich. Ein Beitrag zur Geschichte des österreichischen Widerstandes 1938 bis 1945, Wien 1963

Molden Fritz, Fepolinski und Waschlapski auf dem berstenden Stern, Wien–München–Zürich 1976

Molden Otto, Der Ruf des Gewissens. Der österreichische Freiheitskampf 1938–1945, Wien 1958

Moll Martin, Habsburg gegen Hitler. Legitimisten und Monarchisten im Widerstand, in: Karner/Duffek (Hg.), Widerstand, S. 133–144

Moser Jonny, Widerstand gegen das NS-System, in: Themen der Zeitgeschichte und der Gegenwart, hgg. vom Dokumentationsarchiv des österreichischen Widerstandes, Wien 2004, S. 56–75

Moser Jonny, Wallenbergs Laufbursche. Jugenderinnerungen 1938–1945, Wien 2006

Moser Jonny, Österreichische Juden und Jüdinnen im Widerstand gegen das NS-Regime, in: Karner/Duffek (Hg.), Widerstand, S. 125–132

Moser Jonny, Dr. Benjamin Murmelstein, der dritte „Judenälteste" von Theresienstadt, in: Theresienstädter Gedenkbuch. Österreichische Jüdinnen und Juden in Theresienstadt 1942–1945, Prag 2005

Muchitsch Max, Die Partisanengruppe Leoben-Donawitz, Wien 1966

Muchitsch Wolfgang, Mit Spaten, Waffen und Worten. Die Einbindung österreichischer Flüchtlinge in die britischen Kriegsanstrengungen 1939-1945, Wien–Zürich 1992

Nausner Peter, Euthanasie – die Vernichtung lebensunwerten Lebens. Ein Bericht über die österreichische Psychiatrie in der NS-Zeit. Manuskript einer Sendung des Österreichischen Rundfunks, Wien, o. J. (1984)

Neugebauer Wolfgang, Politische Justiz in Österreich 1934–1945, in: Erika Weinzierl/Karl R. Stadler (Hg.), Justiz und Zeitgeschichte, Wien 1977, S. 169–209

Neugebauer Wolfgang, Die nationale Frage im Widerstand, in: Konrad (Hg.), Sozialdemokratie und „Anschluss", S. 88–93

Neugebauer Wolfgang, Widerstandsforschung in Österreich, in: Ackerl Isabella u. a. (Hg.), Politik und Gesellschaft im alten und neuen Österreich. Festschrift für Rudolf Neck zum 60. Geburtstag, Wien 1981, Bd. II, S. 359–376

Neugebauer Wolfgang/Steiner Herbert, Widerstand und Verfolgung in Österreich (im Zeitraum vom 12. Februar 1938 bis zum 10. April 1938), in: Anschluß 1938. Protokoll des Symposiums am 14. und 15. März 1978, Wien 1981, S. 86–108

Neugebauer Wolfgang, Neue Forschungen und Forschungslücken zur Geschichte des Widerstandes, in: Bericht über den 16. Österreichischen Historikertag in Krems/Donau veranstaltet vom Verband österreichischer Geschichtsvereine in der Zeit vom 3. bis 7. September 1984, Wien 1985, S. 168–180

Neugebauer Wolfgang, Der Widerstand in Österreich, in: Ger van Roon (Hg.), Europäischer Widerstand im Vergleich, Berlin 1985, S. 141–170

Neugebauer Wolfgang, Was ist Widerstand?, in: Dokumentationsarchiv des österreichischen Widerstandes (Hg.), Jahrbuch 1986, Wien 1986, S. 61–71

Neugebauer Wolfgang, Das NS-Terrorsystem, in: Wien 1938, Wien 1988

Neugebauer Wolfgang, Im Spannungsfeld von Wissenschaft und Politik: DÖW, Widerstandsforschung und Antifaschismus, in: Gerhard Botz/Gerald Sprengnagel (Hg.), Kontroversen um Österreichs Zeitgeschichte. Verdrängte Vergangenheit, Österreich-Identität, Waldheim und die Historiker, Frankfurt/Main–New York 1994, S. 557–572

Neugebauer Wolfgang, Richter in der NS-Zeit. Politische und gesellschaftliche Rahmenbedingungen, in: Erika Weinzierl et al. (Hg.), Richter und Gesellschaftspolitik. Symposion Justiz und Zeitgeschichte 12. und 13. Oktober 1995 in Wien, Innsbruck–Wien 1997, S. 56–68

Neugebauer Wolfgang, Unser Gewissen verbietet uns, an dieser Aktion mitzuwirken. Der Widerstand der Sr. Anna Bertha Königsegg, in: Dokumentationsarchiv des österreichischen Widerstandes (Hg.), Jahrbuch 1999, Wien 1999, 71–79

Neugebauer Wolfgang, Widerstand und Opposition, in: Emmerich Talos et al. (Hg.), NS-Herrschaft in Österreich. Ein Handbuch, Wien 2000, S. 187–212

Neugebauer Wolfgang, Repressionsapparat und -maßnahmen 1933–1938, in: Talos/Neugebauer (Hg.), Austrofaschismus, S. 298–321

Neugebauer Wolfgang/Schwarz Peter, Der Wille zum aufrechten Gang. Offenlegung der Rolle des BSA bei der gesellschaftlichen Reintegration ehemaliger Nationalsozialisten, hgg. vom Bund sozialdemokratischer AkademikerInnen, Intellektueller und KünsterInnen (BSA), Wien 2004

Neugebauer Wolfgang/Schwarz Peter, Stacheldraht, mit Tod geladen ... Der erste Österreichertransport in das KZ Dachau 1938, Wien 2008

Neuhauser Johannes/Pfaffenwimmer Michaela (Hg.), Hartheim. Wohin unbekannt. Briefe & Dokumente, Weitra o. J. (1992)

Niethammer Lutz, Der „gesäuberte" Antifaschismus. Die SED und die roten Kapos von Buchenwald, Berlin 1994

Noever Peter (Hg.), Margarete Schütte-Lihotzky. Soziale Architektur. Zeitzeugin eines Jahrhunderts, Wien 1993

Nowak Kurt, „Euthanasie" und Sterilisierung im „Dritten Reich". Die Konfrontation der evangelischen und katholischen Kirche mit dem Gesetz zur Verhütung erbkranken Nachwuchses und der „Euthanasie"-Aktion, 3. Aufl., Göttingen 1984

Oberkofler Gerhard, Eduard Rabofsky (1911–1994). Jurist der Arbeiterklasse. Eine politische Biographie, Innsbruck–Wien 1997
Oberkofler Gerhard, Das Regierungsprojekt einer Dokumentation über den Beitrag Österreichs zu seiner Befreiung, zitiert nach: http://www.klahrgesellschaft.at/Mitteilungen/Oberkofler_3_03.html, 1. 6. 2006
Olah Franz, Die Erinnerungen, Wien–München–Berlin 1995
Paucker Arnold, Standhalten und Widerstehen. Der Widerstand deutscher und österreichischer Juden gegen die nationalsozialistische Diktatur, Stuttgart 1995
Pelinka Anton/Weinzierl Erika (Hg.), Hermann Langbein – Zum 80. Geburtstag. Festschrift, Wien 1993
Pfeifer Edda, Beiträge zur Geschichte der österreichischen Widerstandsbewegung des konservativen Lagers 1938–1940, phil. Diss, Wien 1963
Pfeifer Helfried, Die Ostmark. Eingliederung und Neugestaltung, Wien 1941
Pirker Peter, Schöne Zeiten, harte Zeiten. Recherchen über den Widerstand gegen den Nationalsozialismus im Rahmen der britischen SOE-Missionen in Friaul/Kärnten/Osttirol 1944, in: Zwischenwelt (2004), 4, 12–19
Posselt Alfred M., Österreichische Soldaten in den alliierten Streitkräften des Zweiten Weltkrieges, Wien 1988
Priestoph Matthias, Josef Ritter von Gadolla, Gotha 1998
Putz Erna, Gefängnisbriefe und Aufzeichnungen. Franz Jägerstätter verweigert 1943 den Wehrdienst, Linz–Passau 1987
Putz Erna, Franz Jägerstätter: „… besser die Hände als der Wille gefesselt …", Grünbach 1997
Putz Erna, (Hg.), Franz Jägerstätter. Der gesamte Briefwechsel mit Franziska. Aufzeichnungen 1941–1943, Wien 2007
Rabinovici Doron, Instanzen der Ohnmacht. Wien 1938–1945. Der Weg zum Judenrat, Frankfurt am Main 2000
Rabofsky Eduard, Über das Wesen der Gruppe „Soldatenrat". Erinnerungen und Einschätzungen, in: Konrad Helmut/Neugebauer Wolfgang (Hg.), Arbeiterbewegung – Faschismus – Nationalbewußtsein. Festschrift zum 20jährigen Bestand des Dokumentationsarchivs des österreichischen Widerstandes und zum 60. Geburtstag von Herbert Steiner, Wien–München–Zürich 1983
Alwin Ramme, Der Sicherheitsdienst der SS, Berlin o. J. (1969)
Rappersberger Othmar, Das Schicksalsjahr 1945 in Freistadt, Freistadt 1997
Rathkolb Oliver, Raoul Bumballa. Ein politischer Nonkonformist 1945. Fallstudie zur Funktion der O5 im Widerstand und in der Parteienrestauration, in: Unterdrückung und Emanzipation. Festschrift für Erika Weinzierl, Wien 1985, S. 295–317
Rathkolb Oliver, Anmerkungen zur Entnazifizierungsdebatte über Richter und Staatsanwälte in Wien 1945/46 vor dem Hintergrund politischer Obsessionen und Pressionen während des Nationalsozialismus, in: Erika Weinzierl et al. (Hg.), Justiz und Zeitgeschichte. Symposiumsbeiträge 1976–1993, Bd. 2, Wien 1995, S. 75–101
Rauchensteiner Manfried, Der Krieg in Österreich 1945, Wien 1995
Rausch Josef, Der Partisanenkampf in Kärnten im Zweiten Weltkrieg, Wien 1979
Reichhold Ludwig, Geschichte der ÖVP, Graz 1975
Reschreiter Walter, Anna Bertha Königsegg. Die Proteste der Visitatorin der Barmherzigen Schwestern vom hl. Vinzenz von Paul gegen die NS-Euthanasie, in: Dokumentationsarchiv des österreichischen Widerstandes (Hg.), Jahrbuch 1991, Wien 1991, S. 51–66
Reuband Karl-Heinz, Denunziation im Dritten Reich. Die Bedeutung von Systemunterstützung und Gelegenheitsstrukturen, in: Historical Social Research, Vol. 26 – 2001 – Nr. 2/3, S. 219–234
Reuband Karl-Heinz, „Schwarzhören" im Dritten Reich. Verbreitung, Erscheinungsformen und Kommunikationsmuster beim Umgang mit verbotenen Sendern, in: Archiv für Sozialgeschichte, 2001, S. 374–398
Rieger Hans, Verurteilt zum Tod. Ein Dokumentarbericht, Wuppertal 1967

van Roon Ger (Hg.), Europäischer Widerstand im Vergleich, Berlin 1985
Rost Nico, Goethe in Dachau. Literatur und Wirklichkeit, München o. J.
Safrian Hans, Die Eichmann-Männer, Wien–Zürich 1993,
Schafranek Hans, Im Hinterland des Feindes. Sowjetische Fallschirmagenten im Deutschen Reich 1942–1944, in: Dokumentationsarchiv des österreichischen Widerstandes (Hg.), Jahrbuch 1996, Wien 1996, S. 10–40
Schafranek Hans, Widerstand und Verrat. Die Unterwanderung der illegalen Arbeiterbewegung in Österreich (1938–1944) durch die Gestapo, Wien 1996
Schafranek Hans, V-Leute und „Verräter". Die Unterwanderung kommunistischer Widerstandsgruppen durch Konfidenten der Wiener Gestapo, in: IWK. Internationale wissenschaftliche Korrespondenz zur Geschichte der deutschen Arbeiterbewegung, Heft 3, 2000, S. 300–349
Schafranek Hans/Tuchel Johannes (Hg.), Krieg im Äther. Widerstand und Spionage im Zweiten Weltkrieg, Wien 2004
Schärf Adolf, Österreichs Erneuerung 1945–1955, Wien 1955
Schärf Paul, Otto Haas. Ein revolutionärer Sozialist gegen das Dritte Reich, Wien 1967
Scheuer Manfred, Selig, die keine Gewalt anwenden. Das Zeugnis des Franz Jägerstätter, Innsbruck 2007
Schmid Kurt/Streibel Robert (Hg.), Der Pogrom 1938. Judenverfolgung in Österreich und Deutschland, Wien 1990
Schreiber Horst, Nationalsozialismus und Faschismus in Tirol und Südtirol. Opfer – Täter – Gegner, Innsbruck–Wien–Bozen 2007
Schuster Walter, Franz Langoth. Deutschnational – Nationalsozialistisch – Entnazifiziert, Linz 1999
Schütte-Lihotzky Margarete, Erinnerungen aus dem Widerstand, Hamburg 1985
Schwager Irma, Zum hundertsten Geburtstag von Selma Steinmetz, in: Mitteilungen Alfred Klahr-Gesellschaft, 14. Jg., Nr. 3, September 2007, S. 21
Schwarz Robert, „Sozialismus" der Propaganda. Das Werben des „Völkischen Beobachters" um die österreichische Arbeiterschaft 1938/1939, Wien 1975
Schwarz Ursula, Landesverrat, in: Form/Neugebauer/Schiller (Hg.), NS-Justiz, S. 262 ff.
Schweling Otto Peter, Die deutsche Militärjustiz in der Zeit des Nationalsozialismus, bearbeitet, eingeleitet und herausgegeben von Erich Schwinge, Marburg 1978
Shell Kurt L., Jenseits der Klassen? Österreichs Sozialdemokratie seit 1934, Wien–Frankfurt–Zürich 1969
Sofsky Wolfgang, Die Ordnung des Terrors. Das Konzentrationslager, 2. Aufl., Frankfurt/M. 1993
Spiegel Tilly, Österreicher in der belgischen und französischen Resistance, Wien–Frankfurt 1969
Sporrer Maria/Steiner Herbert, Rosa Jochmann, Wien 1983
Stadler Karl, Österreich 1938–1945 im Spiegel der NS-Akten, Wien 1966
Stadler Karl R., Adolf Schärf. Mensch, Politiker, Staatsmann, Wien–München–Zürich 1982
Steiner Herbert, Zum Tode verurteilt. Österreicher gegen Hitler. Eine Dokumentation, Wien 1964
Steiner Herbert, Die Kommunistische Partei Österreichs 1918–1933. Bibliographische Bemerkungen, Wien 1968
Steiner Herbert, Käthe Leichter. Leben und Werk, Wien 1973
Stelzl-Marx Barbara, Carl Szokoll und die Sowjets, in: Karner/Duffek, Widerstand, S. 167 ff.
Stern Erich, Die letzten zwölf Jahre Rothschild-Spital in Wien 1931–1943, Wien 1974
Stourzh Gerald, Geschichte des Staatsvertrages 1945–1955. Österreichs Weg zur Neutralität, 2., neu bearb. und erw. Aufl., Graz 1980
Stourzh Gerald, Um Einheit und Freiheit: Staatsvertrag, Neutralität und das Ende der Ost-West-Besetzung Österreichs 1945–1955, 4., völlig überarbeitete und wesentlich erweiterte Aufl., Wien 1998
Streibel Robert/Schafranek Hans (Hg.), Strategie des Überlebens. Häftlingsgesellschaften in KZ und Gulag, Wien 1996
Strobl Ingrid, Österreichische jüdische Exilantinnen in der Résistance, in: Context XXI, Wien 2003, Sondernummer 6–7, S. 12–19

Szecsi Maria/Stadler Karl, Die NS-Justiz in Österreich und ihre Opfer, Wien 1962
Talos Emmerich et al. (Hg.), NS-Herrschaft in Österreich. Ein Handbuch, Wien 2000
Talos Emmerich/Neugebauer Wolfgang (Hg.), Austrofaschismus. Politik – Ökonomie – Kultur 1933–1938, 5., völlig überarbeitete und ergänzte Ausgabe, Wien-Münster 2005
Tesarek Anton, Unser Seitz, Wien 1949
Thurner Erika, Nationalsozialismus und Zigeuner in Österreich, Wien–Salzburg 1983
Topf Christian, Auf den Spuren der Partisanen, Grünbach 1996
Trauttenberg Hubertus/Vogl Gerhard, Traditionspflege im Spannungsfeld der Zeitgeschichte, in: Österreichische Militärische Zeitschrift, Juli/August 2007
Treichl Heinrich, Fast ein Jahrhundert. Erinnerungen, Wien 2004
Trost Ernst, Figl von Österreich, Wien 1972
Trotzkistische Opfer des NS-Terrors in Österreich. Eine Dokumentation, Wien 2001
Ueberschär Gerd R., Der militärische Umsturzplan „Walküre", in: Peter Steinbach/Johannes Tuchel (Hg.), Widerstand gegen die nationalsozialistische Diktatur 1933–1945, Berlin 2004, S. 489 ff.
Verlegt und ermordet. Behinderte Menschen als Opfer der Euthanasie im Dritten Reich. Eine Dokumentation aus dem Evangelischen Diakoniewerk Gallneukirchen anläßlich des „Tag des Gedenkens für die Opfer der Euthanasie 1941" am 25. Jänner 1991 in Gallneukirchen, Gallneukirchen 1991
Vogelmann Karl, Die Propaganda der österreichischen Emigration in der Sowjetunion für einen selbständigen österreichischen Nationalstaat (1938–1945), phil. Diss., Wien 1973
Wagner Walter, Der Volksgerichtshof im nationalsozialistischen Staat, Stuttgart 1974
Wallgram Peter, Hubert Mayr 1913–1945, Ein Leben im Kampf um die Freiheit, Innsbruck–Wien–Bozen 2005
Walter Thomas, Standhaft bis in den Tod. Die Zeugen Jehovas und die NS-Militärgerichtsbarkeit, in: Manoschek, NS-Militärjustiz, S. 342–357
Walzl August, Gegen den Nationalsozialismus. Widerstand gegen die NS-Herrschaft in Kärnten, Slowenien und Friaul, Klagenfurt 1994
Waschek Hans (Hg.), Rosa Jochmann. Ein Kampf der nie zu Ende geht. Reden und Aufsätze, Wien 1994
Weber Friedrich, Die linken Sozialisten 1945–1948. Parteiopposition im beginnenden Kalten Krieg, phil. Diss., Salzburg 1977
Weinert Willi, „Mich könnt ihr löschen, aber nicht das Feuer". Ein Führer durch den Ehrenhain der Gruppe 40 am Wiener Zentralfriedhof für die hingerichteten WiderstandskämpferInnen, Wien 2004
Weinzierl Erika, Der österreichische Widerstand 1938–1945, in: Das neue Österreich. Die Geschichte der Zweiten Republik, Wien 1972, S. 11–29
Weinzierl Erika, Zu wenig Gerechte. Österreicher und Judenverfolgung 1938–1945, 4., erweiterte Aufl., Graz–Wien–Köln 1997
Weinzierl Erika, Kirchlicher Widerstand gegen den Nationalsozialismus, in: Themen der Zeitgeschichte und der Gegenwart. Arbeiterbewegung – NS-Herrschaft – Rechtsextremismus. Ein Resümee aus Anlass des 60. Geburtstags von Wolfgang Neugebauer, Wien 2004, S. 78 f.
Weisz Franz, Die Geheime Staatspolizei, Staatspolizeileitstelle Wien 1938–1945. Organisation, Arbeitsweise und personale Belange, phil. Diss., Wien 1991
Weisz Franz, Personell vor allem ein „ständestaatlicher Polizeikörper". Die Gestapo in Österreich, in: Gerhard Paul/Klaus Michael Mallmann (Hg.), Die Gestapo – Mythos und Realität, Darmstadt 1995
Weitz Dagmar, „Verbotener Umgang mit Kriegsgefangenen" vor dem Sondergericht Wien, Dipl.-Arb., Univ., Wien 2006
Wilhelm Marianne, Jugendwiderstand im Nationalsozialismus am Beispiel der Jugendgruppe Deutschkreutz, Dipl. Arbeit, Universität Wien, 2001
Wilhelm Marianne, SD-Hauptaußenstelle und Volkstumsstelle Eisenstadt. Institutionelle und personelle Verflechtungen, phil. Diss., Wien 2004

Wodak Ruth, „Wir sind alle unschuldige Täter". Diskurshistorische Studien zum Nachkriegsantisemitismus in Österreich, Wien 1990

Zahn Gordon F., Er folgte seinem Gewisssen. Das einsame Zeugnis des Franz Jägerstätter, Graz 1967

*Zeugen Jehovas.*Vergessene Opfer des Nationalsozialismus, hgg. vom Dokumentationsarchiv des österreichischen Widerstandes, Wien 1998

Zwei Dokumente zur Geschichte des KZ Buchenwald, in: Dokumentationsarchiv des österreichischen Widerstandes (Hg.), Jahrbuch 1992, Wien 1992, S. 94–106

Abkürzungsverzeichnis

BDM	Bund Deutscher Mädel
CV	Österreichischer Cartellverband
DAF	Deutsche Arbeitsfront
DÖW	Dokumentationsarchiv des österreichischen Widerstandes
ELAS	Ellinikos Laikos Apelerthevotikos Stratos (Befreiungsarmee der griechischen Nationalen Front)
Gestapa	Geheimes Staatspolizeiamt
Gestapo	Geheime Staatspolizei
GÖFB	Großösterreichische Freiheitsbewegung
Hg., hgg	Herausgeber, herausgegeben
HJ	Hitler-Jugend
i. G.	im Generalstab
IBV	Internationale Bibelforscher-Vereinigung
IKG	Israelitische Kultusgemeinde
IMG	Internationaler Militärgerichtshof Nürnberg
IÖKF	Illegale Österreichische Kaisertreue Front
KJV	Kommunistischer Jugendverband
KL	Konzentrationslager
KPÖ	Kommunistische Partei Österreichs
KZ	Konzentrationslager
LG	Landgericht bzw. Landesgericht
MStGB	Militärstrafgesetzbuch
NS	Nationalsozialismus, nationalsozialistisch
NSDAP	Nationalsozialistische Deutsche Arbeiter-Partei
O5	Name einer Widerstandsgruppe (steht für Oe/Österreich)
OF	Osvobodilna fronta
ÖFB	Österreichische Freiheitsbewegung
ÖFF	Österreichische Freiheitsfront
OFM	Ordinis Fratrum Minorum (Franziskanerorden)
ÖJV	Österreichisches Jungvolk
OLG	Oberlandesgericht
OSS	Office of Strategic Services
ÖStA	Österreichisches Staatsarchiv
POEN	Provisorisches Österreichisches Nationalkomitee
RM	Reichsmark
RS	Revolutionäre Sozialisten
RSHA	Reichssicherheitshauptamt
RStGB	Reichsstrafgesetzbuch
SA	Sturmabteilung (der NSDAP)
SAH	Sozialistische Arbeiterhilfe
SAJ	Verband der sozialistischen Arbeiterjugend
SD	Sicherheitsdienst der SS
SDAP	Sozialdemokratische Arbeiterpartei
SG	Sondergericht
SOE	Special Operations Executive
SS	Schutzstaffel (der NSDAP)

StG	Strafgesetz
STPO	Strafprozessordnung
TA	Travail Anti-Allemand
VF	Vaterländische Front
VG	Volksgericht
VGH	Volksgerichtshof
ZK	Zentralkomitee

Personenverzeichnis

Afritsch, Josef 60
Aichern, Maximilian 127
Alge, Josef 147
Alram, Karl 162
Aly, Götz 27, 44
Amery, Jean 28, 210
Andreasch, Otto Ernst 171f.
Andree, Georg 148
Angermann, Josef 95
Antl, Paul 144
Arlow, Otto 140
Aubrunner, Rudolf 217
Augustin, Karl 224

Bachmann, Therese 206
Bader, Franz Xaver 118
Baier, Otto 222f.
Bailer, Brigitte 12
Baldrmann, Josef 71
Bartesch, Martin 171
Batthyany, Ivan 24
Batthyany, Margareta 24
Baubelik, Karl 87f.
Bauer, Franziska 223
Bauer, Johann 226
Bauer, Othmar 223
Bauer, Otto 49
Bauer, Rudolf 223
Baumgartner, Johann 143
Beck, Johann 122
Beck, Oskar 173
Becker, Hans (von) 196
Beda-Löhner, Fritz 201
Beer, Ludwig 83
Beer, Siegfried 177
Benesch, Eduard 164
Bernardis, Robert 193f.
Bernaschek, Richard 24, 54
Bernhardt, Michael 76
Bernold, Josef 61
Bernthaler, Franz 153
Berze, (Richard) 79
Besenböck, Olga 160
Bevelaqua, Gottfried 31
Bichlmair, Georg 131
Biedermann, Karl 40, 194

Bielewicz, Alexander 175
Bihary, Johanna 206
Bihary, Napoleon 206
Billes, Stefan 202
Bily (Billy), Johann 99
Binderitsch, Franz Martin 210
Birkmeyer, Anton 213
Birkmeyer, Jolanthe 213
Birnstein, Max 169
Bittner, Leopold 108f.
Blaha, Alois 117
Blandenier, Peter August 146
Blaschek, Anton 161
Blaschek, Franziska 161
Blaschek, Josef 75
Blaszusek, Otto 217
Blauensteiner, Anna 87
Blauensteiner, Franz 87
Blauensteiner, Leopold 70
Blechner, Leopold 221
Blie, Oskar 213
Blumenthal, Johann 136
Bock, Fritz 31, 203
Boes, Josef 221
Böhm, Johann 64
Böhm-Raffai, Helmut 219
Bonarewitz, Hans 44
Boretzky, Emilie (Berta) 94
Bormann, Martin 124
Born, Ludger 131
Botz, Gerhard 21, 47, 61
Bourcard, Oskar 136
Brachaczek, Adolf 104f.
Bramberger, Ignaz 63
Brauner, Friedrich 109
Braunwald, Margarethe 224
Brenner, Josef 30
Brenner, Leopold 167
Brenner, Lydia (geb. Luftmann) 167
Broda, Christian 14f., 92f.
Brom, Franz 206
Brtna, Leopold 92
Bruck, Emil 220
Bruha, Antonia 85
Brunner, Anton 112
Buben, Verena 131

Buchta, Franz 51
Budin, Karl 92
Bumballa-Burenau, Raoul 196
Bürckel, Josef 22, 114f.
Burda, Franz 97
Bures, Rudolf 68
Bürgler, N. 235
Burgstaller, Petrus (Bernhard) 139
Burian, Karl 145, 188
Buttinger, Joseph 54f.
Buttinger, Mary (siehe Gardiner, Muriel)

Caldonazzi, Walter 152, 154f., 157, 228
Cäsar, Johann 56
Cebul, Mathilde 150
Cech, Franz 42
Cervenka, Rudolf 100
Chleborad, Antonin 86
Chmela, Antonin 86
Christ, Viktor 86
Christian, Vinzenz 96
Christian, Theresia 96
Churchill, Winston 210
Crammer, Herbert 135
Crinis, Irene de 92
Crinis, Maximinian de 92

Daim, Wilfried 129
Dalla Rosa, Heinrich 123
Danihelka, Franz 148
Danneberg, Robert 54
Danneberg-Löw, Franzi 169f.
Deimmel, Rudolf 151
Demuth, Alfred 41
Diasek, Edgard 84, 86
Diatel, Marie 230
Dirlewanger, Oskar 40, 43, 44
Dirmhirn, Hermine 108
Dirmhirn, Lothar 108
Dlabaja, Albert 30
Dlouhy, Karl 57
Dollfuß, Engelbert 49, 136, 141f.
Donath, Anna Marie 213
Dörner, Rudolf 187
Döry von Jobbahaza, Aladar 61
Döry von Jobbahaza, Ladislaus 205f.
Drapal, Ludwig 224
Drasche-Wartinberg, Nadine 206
Draxler, Therese 173
Drechsler, Alfred 51

Drews, Karl 78f.
Dubber, Bruno 73, 90
Duffek, Johann 186
Dulles, Allan W. 197
Dürr, Walter 151
Dworzak (Dworak), Stefan 215

Ebenauer, Johann 219
Ebner, Karl 26f., 159, 165
Ecker, Johann 117
Ecker, Leopold 36
Eder, Josef 146
„Edi" (Deckname) 29, 53
Eibel, Franz 87
Eibel, Richard 87
Eichholzer, Herbert 11, 77–80, 103, 188
Eichinger, Leopold 149f.
Eichmann, Adolf 33
Eidlitz, Johannes 196
Eifler, Alexander 54
Eigruber (August) 24, 40, 180
Eisenkölbl, Robert 217
Ellenbogen, Wilhelm 54
Ellinger, Alfred 139
Ellinger, Johann 139
Endl, Johann 99
Engelbrecht, Guido 195
Engelhardt, Georg 224
Engelmann, Leo 170, 175, 179
Engler, Stefanie 87
Englisch, Karl 228
Enzinger, Franz 218
Estermann, (Viktor) 191
Everts, Karl 187
Exenberger, Herbert 39
Exter, Friedrich 96
Exter, Sophie 96

Falle, Anton 54
Fantner, Benedikt 175
Färber, Olga 214
Färber, Richard 139
Federn, Ernst 201
Felleis, Roman 54
Fels, Olga 119
Felzmann, Josef 99
Fenz, Alfred 91
Ferrer, Margarita 201
Fexer, Friedrich 112
Fey, Emil 22

Ficker (Fickert), Karl 44
Fiedler, Richard 216
Fiedler, Rudolf 65
Figl, Leopold 31, 157f.
Filz, Sepp 180
Finke, Otto 219
Fischer, Ernst 197
Fischer, Franz 65
Fischer, Leopold 90
Fischer, Maria 71
Fischer, Otto 77
Fischer, Rudolf 71
Fischer, Wilhelm (Wenzel) 110
Fischer-Ledenice, Gerhard 135, 139
Flach, Paul 140
Fleck, Franziska 186
Fleck, Johann 186
Fleischer, Kurt 217
Fleischmann, Franz 72
Fließer (Joseph Calasanz) 125
Fohringer, Josef 28
Form, Wolfgang 35
Frank, Anne 177
Frank, Willi 73, 78, 181
Frankl, Ernst Thomas 214
Frankl, Viktor E. 169f.
Fraser, Georg 196
Frauenfeld, Eduard 205
Frei, Bruno 61
Freisinger, Maria 96
Freisler, Roland 35, 120, 122, 232
Freund, Richard 57
Fried, Jakob 55, 147
Friedl, Josef 106
Friedlander, Henry 131
Friemel, Rudolf 200f.
Fritsche, Maria 187
Fröch, Franz Josef 92
Frodl, Ferdinand 153
Fröhlich, Aloisia 119
Fröhlich, Anna 119
Fröhlich, Franz 107
Fromm (Friedrich) 187
Frühwirth, Johanna 222
Fuchs, Martin 146
Fuchs, Otto 143
Fuhrich, Leopold 42
Fürer, Erwin 210
Fussenegger, Erwin 238

Gabler, Leo 73
Gabriel, Ernst 112f.
Gabriel, Helene 56
Gadolla, Josef (Ritter von) 191
Gaiswinkler, Albrecht 177, 180
Galen, Clemens August Graf von 127ff., 156
Gapp, Jakob 17, 120
Gardiner, Muriel (=Buttinger, Mary) 55
Gassner, Josef 111
Gavric, Elisabeth 84
Gebauer, Emanuel 63
Gehrig, Emilie 151
Geist, Rudolf 2
Gelany, Leopold 144
Geldmacher, Thomas 186
Gelny, Emil 234
Gerhardt, Maria 208
Gertner, Fritz 33
Gföllner (Heinrich) 130, 229, 231
Ghelleri, Oskar 154
Gindelhumer, Irma 165
Glanz, Stefan 154
Glaser, Herbert
Glaser, Karl 142
Gmeiner, Hans 54
Goebbels, Joseph 87, 101, 206
Goethe, Johann Wolfgang von 101
Goldhammer, Alfred 109
Goldstein, Bernhard 60f.
G.(oldstein), Helene 60
G.(oldstein), Jakob 60
G.(oldstein), Pepi 60
Gölles, Peter 160f.
Gollosch, Barbara 224
Gorbach, Alfons 157
Göring, Hermann 41, 61, 63, 208
Göth, Eduard 57
Gottek, Franz 214
Götzenauer, Johann 216
Grabatsch, Paul 53
Graber, Johann 142
Graf, Eduard 43
Graf, Johann 76
Graf, Rosalia 76
Grafl, Hans 177
Grand, Anselm 144
Granichstädten-Czerva, Rudolf 153
Granig, Anton 152f.
Grausam, Johann 226
Greif, Walter 30, 83

Gries, Karl 105f.
Grimburg, Wilhelm 190
Grimm, Kurt 197
Gröger, Karl 177
Groh, Olga 207
Groll, Franz 207
Grosser (Augustin) 139
Grossmann, Oskar 176
Gruber, Josef 31
Gruber, Karl 195, 198f.
Grübling, Johanna 160
Grulich, Karl 74
Grünbaum, Fritz 201
Grüner, Leopold 42
Gubitzer, Adolf 139
Günser, Julius 75
Günzburg, Frieda 83
Gürth, Ferdinand 222
Gurtner, Gisela 220
Gurtner, Josef 220

Haan, Otto 141
Haas, Johann Otto 56f.
Haas, Karl August 162
Haas, Philomena 56
Haberger, Augusta 112
Habergut, Johann 43
Habsburg, Otto 15, 145–148, 152ff.
Hackl, Erich 200
Hager, Franz 111
Hajek, Rene 84
Halbkram, Erich 84
Halbrainer, Heimo 27
Halwax, Samuel 100
Hammerschmid, Hermine 108
Hammerschmid, Josef 108
Hanifle, Elisabeth 150
Hanifle, Maria 150
Hanifle, Rudolf 150
Hanisch, Ernst 46, 131, 216, 218
Hansmann, Rudolf 208
Harant, Leopold 215
Hartmann, Elfriede 91
Hartmann, Gerhard 157
Hartmann, Otto 29, 135f., 138f.
Haselsteiner, Leopold 41
Haslinger, Josef 92
Hauptvogel, Friedrich 207
Häuser, Rudolf 85
Hauser, Vinzenz 158

Hebra, Wilhelm 145f.
Heigelmayr, Franz 30f.
Heine, Werner 198
Heintschel-Heinegg, Hanns Georg 135, 139
Heinzel, Gertrude 79
Helia, Aloisia 209
Hellbach-Ohdenal, Rudolf 209
Helmer, Oskar 64
Hentschel, Helene 195
Herbert, Franz 157
Hergöth, Friedrich 216
Herkl, Alois 217
Herzka, Helene 168
Herzka, Paul 168
Herzler, Josef 99
Herzog, Josefine 168
Herzog, Paul 168
Heydrich, Reinhard 22, 25, 51, 175
Hiebl, Laurenz 181
Hietler, Anton 225
Hillegeist, Friedrich 51
Himmler, Heinrich 25, 29, 30f., 85, 183, 208
Hirsch, Robert 148
Hirschmann, Theresia 161
Hitler, Adolf 19f., 24, 50, 56f., 64f., 69, 76, 79, 89f., 97ff., 110ff., 114, 117, 120f., 124, 127, 134, 141, 145, 147, 158f., 162, 174, 178, 181, 191ff., 205–211, 217f., 227f., 238
Hladnig, Otto 123
Hock, Heinrich 136, 139
Hof, Leopold 149f.
Hofer, Andreas 154f.
Hofer, Franz 121, 234
Hoffenberg, Max 201
Höfler, Rudolf 41
Hofmann, Cäcilie 136
Hofstätter, Josef (Theoderich) 137
Höger, Friedrich 41
Holas, Hermine 208
Holec, Elisabeth 161
Holl, Fritz 144
Höllisch, Friedrich 36
Holoubek (Karl) 53
Holzbauer, Josef 164
Holzer, Gottfried 104
Holzmeister, Clemens 77f.
Honner, Franz 181
Horeischy, Kurt 24
Horn, Otto 171f.
Horst, Otto 142

Hortsch, Franziska   152
Hospodka, Jaroslav   84
Houdek, Alois   84
Houdek, Marie   86
Hrdlicka, Hermine (oder Mathilde)   196
Hron, Johanna   161
Huber, Franz Josef   25f., 161
Hudomalj, Karl   56, 97
Huly, Rudolf   148
Hurdes, Felix   97, 156, 192
Huth, Alfred   40, 194, 239
Huttary, Adolf   96
Huttary, Albert   95
Huttary, Karoline   95
Hutterer, Robert   65

Ifkovics, Emil   92
Igalffy, Ludwig   112
Igler, Wolfgang   196
Illing (Ernst)   230
Innitzer, Theodor   114f., 123f., 131, 153
Iwanow, Michail   98

Jadrny, Melanie   136
Jägerstätter, Franz   9, 11, 17, 116, 121, 125f.
Jägerstätter, Franziska   125f.
Jahn, Angela   225
Jahoda, Margarete   135
Jakobovits, Josef Friedrich Ernst   111
Janka, Alois   42
Jarosch, Karl   217
Jedlicka, Ludwig   13ff.
Jekelius, Erwin   229ff.
Jeschek, Josef   146
Jochmann, Rosa   51f.
Johannes Paul II.   120, 122, 125, 189
Johnson, Eric A.   27, 44
Jörg, Helmuth   140
Jung, Rosa Franziska   222
Jury, Hugo   42, 229, 234

Kadanik, Emmerich 62
Kafka, Helene (= Schwester Maria Restituta)
   17, 116, 124f.
Kahane, Grete   75
Kainz, Ignaz   40
Kaiser, Jakob   156
Kales, Otto   75
Kalmar, Rudolf   201
Kaltenbrunner, Ernst   25, 92, 156

Kamhuber, Maria   98
Kammermayer, Anna   119
Kämpf, Walter   91, 93
Kanagur (Kennedy), Siegmund   177
Kanitz, Luise   135
Kanitz, Otto Felix   54
Karas, Friedrich   119
Karner, Stefan   39
Karrer, (Otto)   155
Käs, Ferdinand   193
Kascha, Franz   111
Kascha, Leopold   111
Kasperkowitz, Alois   161
Kasteiner, Franz   175
Kastelic, Jakob   133, 136, 138f., 152, 157
Kaysenbrecht, Richard   119
Keitel (Wilhelm)   228
Keller, Gottfried   143
Kellner, Josef   227
Kempner, Benedicta Maria   127
Kennerknecht, Georg   96
Kerner, Karl   40
Kersche, Gregor (Georg)   94, 97
Kettenburg, Marie Therese   151
Kielmansegg, Manuela Gräfin   131
Kiesel, Gustav   75
Kirchweger, Franz   148
Kirnosow, Ilja   98
Klahr, Alfred   66
Klamper, Elisabeth   12
Klang, Marcell   223
Klaus, Josef   62
Klebelsberg, Ernst   234
Klee, Ernst   131
Klepell, Hermann   154f.
Klestil, Thomas   239
Kliemstein, N.   234
Klimberger, Karl   54, 61
Knapp, Karl   64
Knoeringen, Waldemar von   56
Knoll, Harald   39
Knoll, Johann (Hans)   156f.
Köck (Eduard)   124
Kodré, Franz   42
Kodre, Heinrich   193
Köhler, Hermann   94
Kokta, Franz   28
Kolar, Anton   68
Kolar, Johann   215
Kolpas, Franz   212

281

König, Emil 36
Königsegg, Anna Bertha (Reichsgräfin) von 116, 129f.
Konopicky, Anton 41f.
Konopicky, Theresia 41
Koplenig, Johann 73, 197
Koppel, Kurt („Ossi") 29, 75f.
Korn, Theresia 59, 221
Körner, Theodor 64
Kornweitz, Julius 73f., 76
Kosjek, Walter 68
Kostroun, Ludwig 56, 97
Kovarik, Leopoldine 91
Kovner, Abba 189
Kowarik, Karl 115
Kozdon, Eugen 195
Kozian, Rudolf 210
Kraft, August 160
Krajnc, Walter 189f.
Kralik, Franz 104f.
Kramer, Maria 223
Kraupa, Ferdinanda 160
Krause, Charlotte (= Lehmann, Lotte) 208
Krausz-Wienner, Ludwig 145
Krawarik, Johannes 115
Kraxner, Josef 177
Kreisky, Bruno 14f., 54, 85, 190
Kreissler, Felix 178
Krejci, Anna 56
Kremarik, Josef 106
Kretschmer, Anna Maria 129
Kretschmer, Julius 145
Krinninger, Josef 145
Kritek, Erwin 43
Kriz, Anna 220
Kriz, Josef 220
Krof, Franz 157
Kronister (Ferdinand) 150
Krumpl, Karl 152f.
Kubasta, Gottfried 83f.
Kubsky, Ludwig 106
Kühnl, Otto 67, 143f.
Kunke, Hans 54
Kunke, Steffi 54
Kunnert, Heinrich 33
Kutej, Anton 122
Kutschera, Alfred 223f.

Lambert, Franz 154
Lammers (Hans Heinrich) 232

Lampert, Carl 121
Lampl, Adolf 225
Landauer, Hans 170, 174f.
Landgraf, Josef 112
Landl, Johann 165
Langbein, Hermann 166, 200
Lange, Jörn 24
Langer, Egon 148
Länger, Josef 106
Langoth, Franz 35, 207
Larcher, Josef 110
Lavaulx, Viktor 41
Le Corbusier 79
Lederer, Karl 133, 137ff., 152, 157
Legradi, Helene 155
Legradi, Theodor 155
Lehmann, Fritz 139
Lehmann, Lotte (= Krause, Charlotte) 208
Lehr, Antonie 82f.
Leichter, Käthe 50, 54
Lein, Hermann 115
Leinböck-Winter, Friedrich 122f.,
Leinkauf, Hans 158
Leischner, Adolf 32
Leitner, Franz 200
Lennox, John Robert 146
Lenz, Johann (Nepomuk) 116
Leopoldi, Hermann 201
Lepuschitz, Hans 141
Leser, Ludwig 53
Leskoschek, Axl 77f.
Leuschner, Wilhelm 64
Lhotak, Emil 61
Lhotak, Karoline 61
Lichtblau, Gisela 222
Lichtblau, Harry 222
Lichtblau, Kurt 222
Lichtblau, Theresia 222
Liebeneiner, Wolfgang 128
Lillich, Walter 39
Linden (Herbert) 230
Linert, Gustav 234
Ling, Johanna 231
Lingens, Ella 17, 60, 220
Lingens, Kurt 60f.
Liska, Matthias 108
Loch (Günther) 139
Lorbeck, Rudolf 183
Lorenz, Rudolf 43
Lorenz, Willi 14f.

Lörincz, Adalbert 113
Löwy, Anna 210
Lueben, Werner 121
Lukas, Adolf 61
Lusk, Josef 104f.
Lustiger, Arno 166
Lux, Franz 62
Luza, Radomir 16, 67, 73, 87, 97, 197

Maasburg, Nikolaus 196
Mach, Karl 100
Magrutsch, Engelbert 108
Mahr, Leopold 148
Maier, Heinrich 152, 154f., 157, 228
Mair, Franz 198
Malle, Augustin 184
Manoschek, Walter 39, 185f.
Marinic, Johann 41
Mark, Karl 56, 97
Markisch, Ignaz 50
Markusfeld-Brunswick von Korompa, Ida 76
Maria Restituta (siehe Kafka, Helene)
Marogna-Redwitz, Rudolf (Graf) 193
Marold, Karl 88
Marsik, Rudolf 109
Marx, Franz 177
Mascher, Hubert 141
Maschitz (Mazsits), Liborius 68
Masl (Maschl), Rudolf 91
Mastny, Rudolf 99
Matejka, Friedrich 221
Matejka, Josef 223
Matejka, Marie 223
Matejka, Viktor 197, 201
Mauczka (Alfred) 230
Mautner, Rudolf 102
Mayer, N. 234
Mayer, Heinz 141
Mayer, Louise Marie 147
Mayer-Gutenau, Wolfgang 144
Mayerhofer, Emma 96
Mayerhofer, Franz 96
Mayr, Hubert 59, 178
Mehany, Christa 12
Mehler-Bergmann, Sure 222
Meier, Ines Viktoria 78
Meisel, Curt (Kurt) 221
Meisel, Josef 83
Meithner, Karl 67, 143f., 157
Memelauer, Michael 128

Menczer, Aron 168f.
Menitz, Josef 187
Mersits, Franz 222
Messner, Franz Josef 152, 154f., 157, 228
Michalek, Johann 226
Michna, Ludmilla 160
Miegl (Alfred) 139
Migsch, Alfred 55f., 97
Mika, Franz Josef 32
Mikler, Andreas 33
Mikrut, Jan 120f.
Milata, Robert 228
Miseluk, Iwan 98
Mistinger, Anna 94
Mistinger, Leo 94
Mitkrois, Alfred 144
Mitteräcker, Hermann 13
Moik (Wilhelmine) 53
Molden, Ernst 140
Molden, Fritz 140, 197f.
Molden, Otto 13, 139, 196
Molecz, Michael 118
Moltkau, Heinrich 188
Moser, Hans 26
Moser, Jonny 166f., 177
Moteszicky, Karl 61
Mraz, Hildegard 94
Mraz, Lorenz 94
Mrozek, Johann 228
Muck, Michael 187
Müller, Heinrich 26
Müller, Johann 146f., 190
Müllner, Hermine 95
Müllner, Viktor 196
Murer, Franz 189
Murmelstein, Benjamin 168
Mussolini, Benito 89
Muzik, Anna 36
Muzyka, Friedrich 91

Nagl, Josef 54
Nakowitz, Franz 84, 86
Nausner, Peter 235
Nebenführ, Hans 140
Nedwed, Ernst 218
Nemec, Leo 84
Nemschak, Franz 77f.
Nestler, Pauline 50
Nesvadba, Friedrich 71
Neuhold, Josef 79

283

Neumann, Richard   106
Neururer, Otto   17, 122
Neustadtl, Adolf   76
Newikluf, Gabriele   224
Newikluf, Johann   224
Niederwanger, Karl   141
Niederwieser, Helmut   141
Niederwieser, Josef   141
Niessner, Rudolf   23
Nimmerrichter, Richard („Staberl")   9, 241
Nödl, Friederike   50, 53
Novak, Paul   187
Novak, Thomas   187

Oberkofler, Gerhard   14
Obhlidal, Stefanie   163
Ochshorn, Gottfried   171
Odwody, Katharina   36
Öllerer, Johann   234
Opll, Ferdinand   12
Orel, Anton   156
Ortner, Ernst   152f.
Österreicher, Johannes   131
Ottlyk, Rudolf   141
Ozana, Gustav   228

Papesch, Grete   234
Papesch, Josef   234
Pascher, Johann   33
Pasicznyk, Myron   75
Pauk, Anton   118
Pausinger (Clemens)   54
Pav, Hans   50
Pawlikowsky (Ferdinand)   123
Pawlowski, Wladimir von   128
Pepper, Hugo   191
Perko, Walter von   219
Pernter, Hans   158
Peschke, Alfons   71
Peterka, Anton   88
Petznek, Leopold   64
Petzold, Rudolf   222
Pfannenstiel, Franz   53
Pfaffenwimmer (Michaela)   165
Pfeffer, Franz   56
Pieller, Wilhelm   152f., 157
Pilz, Leo   42
Pinzenöhler, Josef   146
Pirker, Peter   177f.
Pissaritsch, Georg („Hagen, Paul")   121

Pius XII.   127, 131
Plackholm, Hermann   40
Plaschka, Camilla   222
Plieseis, Sepp   180
Plocek, Johann   106
Plohberger, Reinhold   137
Podhajsky (Wilhelm)   230
Pogner, Wolfgang   101
Polatsek, Hermine   224
Pollak, Oskar   59
Polly, Agnes   148
Polly, Karl   147f.
Pölzl, Ditto   77
Popp, Anastasia   151
Pöschl, Martin   187
Pötzl, Otto   169
Powolny, Eduard   36
Prätorius, Franziska   57
Prätorius, Friedrich   57
Preradovic, Paula von   140
Prieler, Josef   33
Primosch, Wenzel   152f.
Probst, Otto   31
Proft, Gabriele   64
Pulsator, Philipp   151
Pumpernig, Eduard   152f.
Pürrer, Josef   31
Puschmann, Erwin   41, 73, 75–78

Rabinovici, Doron,   168
Rabofsky, Alfred   91, 93
Rabofsky, Eduard   15
Radatz, Georg   187
Rainer, Franz   141
Rainer, Friedrich   129f.
Rakwetz jun., Theodor   95
Rakwetz, Theodor   95
Rankow, Alexander   98
Raschke, Rudolf   40, 194
Rath, Florian (Gebhard)   136f.
Rauch, Anton   23f.
Rauch, Maria   24
Rehmann, Franz   22f.
Reichhold, Ludwig   158
Reimann, Viktor   135
Reingruber, Franz   90
Reinisch, Franz   121
Reisinger, Anton   73
Reiß, Stefanie   223
Reither, Josef   192

Reitschmidt, Franz 189
Renner, Karl 45, 50
Renno, Georg 231
Reschny, Anton 40
Resseguier Graf de Miremont, Gerhard 144
Ressek, Karl 226
Restituta (siehe Kafka, Helene)
Richter, Josef 211
Richter, Oswald 54
Riese, Josef 209
Ringel, Erwin 114
Ritsch (Wilhelm) 154
Rohracher, Andreas 127f.
Rollig, Leonore 221
Rössel-Majdan, Karl 136f.
Roth, Stephan 12
Rothfuss, Johann 98
Rothfuss, Tatjana 98
Rothmayer, Josef 196
Rottmann, Alfred 231
Rouca, Franz 28
Roz, Milia 183
Rudolf, Karl 118
Ruffer, August 44
Ruggenthaler, Johann 143
Rusch, Paulus 121, 129
Ryvarden, Fritz 76
Ryvarden, Juana 76

Salzer, Johann 104f.
Sanitzer, Johann 29, 94
Sasso, Josef 96
Sator-Buron, Ewald 188
Schachermayer, Johann 42
Schachinger, Karl 70
Schafranek, Hans 94
Schalleck, Rudolf 136
Schärf, Adolf 64, 97, 192, 197
Scharf, Erwin 181
Scharitzer (Karl) 234
Scharpf, Michael 229
Schelasko, Iwan 98
Scheuer, Georg 92
Schifter, Günther „Howdy" 219
Schiller, Friedrich 101
Schimek, Otto 189
Schirach, Baldur von 26, 33, 120, 205, 230
Schlagenhauser, Marie 139
Schlesinger, Johannes Paul 54
Schmid, Anton 189

Schmid, Otto 220
Schmidt, Leopold 76
Schmidt, Ludwig 73f.
Schmuhl, Hans-Walter 131
Schneeweiß, Josef 175f.
Schneider, Andreas 36
Scholz, Roman Karl 11, 133ff., 138f., 152, 157
Schönfeld, Franz 150f.
Schönfeld, Marie 150f.
Schramek, Franz 225
Schramm, Eduard 148
Schreiber, Paula 151
Schuppert, Elsbeth 150
Schuschnigg, Kurt 18, 20, 45, 47, 49, 51, 78, 136, 145, 156, 210f.
Schütte, Wilhelm 80
Schütte-Lihotzky, Margarethe 77f., 80, 103
Schwager, Friedrich 74f.
Schwarz, Ursula 12
Schweinberger, Josef 61
Schwella, Gustav 98
Schwella, Maria 98
Schwinge, Erich 40
Schwingshackl, Johann Nepomuk 122
Sedlaczek, Emanuel 62
Sedlmayer, Franz 220
Segall, Leopold 87
Seilern, Paul 206
Seitz, Eduard 196
Seitz, Karl 64, 192
Semeliker, Mathias 118f.
Seystock, Fritz 141
Seywald, Franz 150
Skalda, Willi 12
Skorzeny, Otto 40
Skritek, Otto 43
Skumanz, Maria 84
Slaby, Leopold 106
Slavik, Felix 55, 147
Sobek, Franz 196, 202
Sommer, Ottokar 156
Soswinski, Ludwig 202
Soucek, Aloisia 94
Soyfer, Jura 103, 201f.
Speihs, Franz 62
Spiro-Wende, Karoline 168
Spitz, Ernst 197
Springer, Adalbert von 76
Stadler, Karl 13–16, 39, 87, 104

Stalin, (Josif Vissarionovič) 73, 89, 210
Stanicz, Gisela 207
Staszyszyn, Ludwig 206
Staudacher, Karl 152f.
Staudinger, Franz 62
Stauffenberg, Claus Schenck Graf von 192
Stawaritsch, Adele 89
Steffek, Anton 206
Steffek, Viktor 143
Stehle, August Josef 119
Stein, Viktor 54
Steinbauer, Theresia 119
Steindl, Josef 97
Steiner, Herbert 178
Steiner, Ludwig 198
Steininger, Emma 213
Steinitz, Heinrich 54
Steinmetz, Selma 176
Steinwender, Anton 129
Steinwender, Eduard 152f.
Stella, Franz 61f.
Stelzhammer, Rudolf 144
Steyskal, Robert (Ritter von) 144
Stich, Johann 42
Stiebitz, Franz 101
Stiedl, Otto 43
Stillfried, Alfons 196f.
Stillfried, Emanuel 202
Stix, Friedrich 106
Stojaspal, Ernst 187
Stoppacher (Franz) 153
Strasser von Györvar, Rudolf 135
Strasser, Johann 31
Strasser, Otto 111
Strecha, Georg 74
Streit, Andreas 210
Strobl, Ingrid 170
Strobl, Karl 129, 141
Strohmer, Franz 76
Strohmer, Hans 76
Strohsacker, Augustin (Hartmann) 117
Strozka, Alfred 226
Stumfohl, Lambert 124
Stumpacher, Johann 36
Stumpf, Fritz 186
Stürgkh, Carl Georg 152
Suchanek, Josefine 164
Suchomel (Hugo) 232
Suess, Walter 43, 87
Suppinger, Johann 226

Svoboda, Johann 147
Swatosch, Wilhelm 62
Szecsi, Maria 14f., 39, 104, 202
Szelinger, Anna 226
Szokoll, Carl 191–194, 197f.

Tencer, Ester 176
Tesarik, Franz 71f.
Tesinsky, Karl 88
Thalberg, Hans 197
Thaler, Andreas 57
Thanner, Erich 147
Theiss, Friedrich 141
Thurn-Taxis, Willy 196
Tiefenbrunner, Otto 154
Tischer, Leopold 28
Toifl, Franz 207
Tolnay, Emilie 76
Tomasek, Karl 36
Tomasek, Leopold 75
Toth, Hermann 219
Tragatsch, Arnold 167
Tragatsch, Maria 167
Tränkler, Fritz 179
Trauttmannsdorff, Karl 93
Trentinaglia, Ferdinand 143
Trksak, Irma 84f.
Trompeter, Hubert (Ernst) 117
Trotzki, Leo 111
Truskowski, Igor 98
Tschank, Michael 187
Tschida, Ludwig 186
Tucek, Eduard 83, 176
Tuch, Karl 112
Türk, (Marianne) 230

Uebelhör, Alfons 136
Umberto (Kronprinz) 154
Umlauf (Hubert) 230
Unger, Alfred 157
Unger, Ernst 33
Urach, Hedwig 71ff.
Urbarz, Walter 135

Valach, Alois 84ff.
Vetter, Johann 118
Vogelsang, Karl 30, 156, 236
Vollmar, Hans 24
Vozihnoj, Max 56
Vranitzky, Franz 17, 239

Wachs, Walter 170
Wagner, Richard 101
Wagner, Willibald 189
Waitz, Sigismund 129
Waldheim, Kurt 17, 239
Wallenberg, Raul 177
Wallner, Rudolf 138f.
Walter, Adolf 217
Walter, Thomas 160
Walzer, Josef 162
Wanner, Karl 153f., 158
Wehofschitz, Otto 31
Weigel (Margarete) 119
Weinberger, Lois 156, 158, 192
Weinzierl, Erika 116, 134, 220
Weiß, Franz 78f.
Weißensteiner, Raimund 117
Westermeier, Alois 100
Wetreich, N. 221
Wewerka, Karl 221
Wewerka, Riza 221
Wichart, Karl 107
Widerhofer, Gerta 229f.
Widerhofer, Leopold 229f.
Wiesenthal, Simon 196
Wild, Josef 113
Wildgans, Friedrich 139, 212
Wilhelm, Marianne 113
Winkler, Franz (Evermod) 117
Winkler, Maria 99
Wirths (Eduard) 200

Wödl, Anna 230
Wolf, Karl 147
Wolf, Peter 118
Wölfel, Leopold 108
Wolfer (Leo) 231
Wolff (Gustav) 149
Wörndl, August 122f.
Wotypka, Josef 145
Wurm jun., Georg 72
Wurm, Georg sen. 72
Wurm, Gregor 72
Wutte-Luc, Janez 182f.
Wyhnal, Josef 154f.
Wyt, Karl 71

Zach, Richard 80
Zak, Johann 40
Zehentner, Friedrich 130
Zehner, Wilhelm 22
Zeiner, Franz 162f.
Zeininger, Josef 143
Zembaty, Konrad 213
Zemljak, Wilhelm 145, 147
Ziegler, Gustav 209
Ziegler, Hubert 196
Zimmerl, Hans 135, 139
Zoul, Wladimir 71f.
Zurek, Karl 107
Zwerger, Camilla 220
Zwickl (Franz) 224
Zwiefelhofer, Karl 73f.

Bildnachweis:

Dokumentationsarchiv des österreichischen Widerstandes (DÖW): Cover, 26, 36, 52, 55, 59, 64, 72, 75, 77, 80, 82, 85, 93, 105, 115, 123, 125, 129, 136, 155, 162, 169, 180, 183, 193, 197, 198, 202, 212
Wiener Stadt- und Landesarchiv: 57, 60, 133, 171

Am Cover abgebildet: Sr. Maria Restituta, Franz Jägerstätter, France Pasterk-Lenart, Hedwig Urach

Das Gedicht auf Seite 2 entstammt der Gedicht-Sammlung von Rudolf Geist „ZUM TAG DER MENSCHHEIT", 291a. (Rudolf-Geist-Archiv, Spittal an der Drau)